DuD-Fachbeiträge

Reihe herausgegeben von

Gerrit Hornung, Institut für Wirtschaftsrecht, Universität Kassel, Kassel, Deutschland

Helmut Reimer, Erfurt, Deutschland

Karl Rihaczek, Bad Homburg vor der Höhe, Deutschland

Alexander Roßnagel, Wissenschaftliches Zentrum für Informationstechnik-Gestaltung (ITeG), Universität Kassel, Kassel, Deutschland

Die Buchreihe ergänzt die Zeitschrift DuD – Datenschutz und Datensicherheit in einem aktuellen und zukunftsträchtigen Gebiet, das für Wirtschaft, öffentliche Verwaltung und Hochschulen gleichermaßen wichtig ist. Die Thematik verbindet Informatik, Rechts-, Kommunikations- und Wirtschaftswissenschaften. Den Lesern werden nicht nur fachlich ausgewiesene Beiträge der eigenen Disziplin geboten, sondern sie erhalten auch immer wieder Gelegenheit, Blicke über den fachlichen Zaun zu werfen. So steht die Buchreihe im Dienst eines interdisziplinären Dialogs, der die Kompetenz hinsichtlich eines sicheren und verantwortungsvollen Umgangs mit der Informationstechnik fördern möge.

Stephan Blazy

Rechtsverträgliche Gestaltung von Ende-zu-Ende-Verschlüsselung zur Förderung des Selbstdatenschutzes

Darstellung am Beispiel der Verteilung kryptographischer Schlüssel

Springer Vieweg

Stephan Blazy
Fachbereich Wirtschaftswissenschaften
Universität Kassel
Kassel, Deutschland

Die vorliegende Arbeit wurde vom Fachbereich Wirtschaftswissenschaften der Universität Kassel als Dissertation zur Erlangung des akademischen Grades eines Doktors der Rechtswissenschaften (Dr. jur.) angenommen.
Erster Gutachter: Prof. Dr. Alexander Roßnagel
Zweiter Gutachter: Prof. Dr. Dr. Walter Blocher
Tag der Disputation: 11.11.2025

ISSN 2512-6997 ISSN 2512-7004 (electronic)
DuD-Fachbeiträge
ISBN 978-3-658-51255-2 ISBN 978-3-658-51256-9 (eBook)
https://doi.org/10.1007/978-3-658-51256-9

Die Deutsche Nationalbibliothek verzeichnet diese Publikation in der Deutschen Nationalbibliografie; detaillierte bibliografische Daten sind im Internet über https://portal.dnb.de abrufbar.

Planung/Lektorat: Karina Kowatsch
Springer Vieweg ist ein Imprint der eingetragenen Gesellschaft Springer Fachmedien Wiesbaden GmbH und ist ein Teil von Springer Nature.
Die Anschrift der Gesellschaft ist: Abraham-Lincoln-Str. 46, 65189 Wiesbaden, Germany

Für Michael (†)

Geleitwort

Das Konzept des Selbstdatenschutzes geht davon aus, dass das Grundrecht auf informationelle Selbstbestimmung davon profitiert, wenn die betroffene Person in der Lage ist, dieses Grundrecht durch verfügbare technische Mittel selbst zu schützen, und selbst darüber entscheiden kann, wann es solche Selbstdatenschutztechniken einsetzt. Der Einsatz technischer Mittel und die Nutzung der dafür notwenigen Infrastruktur benötigen sehr oft einer rechtlichen Unterstützung, die das Angebot und die Nutzung der Selbstschutzmittel koordiniert, zulässt und schützt. Wie diese rechtliche Unterstützung gelingen kann, zeigt die Arbeit von Herrn Blazy am Beispiel der Ende-zu-Ende-Verschlüsselung von E-Mails.

Ein wichtiges Instrument des Selbstdatenschutzes ist die Ende-zu-Ende-Verschlüsselung. Durch die Nutzung asymmetrischer Verschlüsselungstechnik kann die betroffene Person selbst darüber bestimmen, welche Daten sie vor einer unerwünschten Kenntnisnahme oder Veränderung schützen will und wer diese Daten zu Kenntnis nehmen können soll. Hierfür muss sie aber die öffentlichen Schlüssel der Kommunikationspartner kennen.

Ein wichtiges Anwendungsfeld der Ende-zu-Ende-Verschlüsselung ist die Kommunikation mittels E-Mail. Für diese haben sich im Wesentlichen zwei gängige Verschlüsselungsverfahren herausgebildet, nämlich PGP und S/MIME. Diese sind allerdings nicht miteinander kompatibel. Vor allem haben sie aber nicht das Verteilen und Finden öffentlicher Verschlüsselungsschlüssel so gelöst, dass man auch mit unbekannten Stellen verschlüsselt kommunizieren kann. Selbstdatenschutz durch verschlüsselte E-Mail-Kommunikation ist jedoch umso wirksamer, je mehr Stellen daran teilnehmen – je einfacher und komfortabler, je vertrauenswürdiger und effizienter die Nutzung von Ende-zu-Ende-Verschlüsselung ist.

Die Arbeit von Herrn Blazy verfolgt das Ziel, durch die nutzerfreundliche und rechtssichere Gestaltung eines Systems zur Verteilung kryptographischer Schlüssel den Selbstdatenschutz im E-Mail-Verkehr zu fördern. Die zu gestaltende Technik soll dabei kompatibel mit den gängigen Verschlüsselungsverfahren sein. Hierzu entwickelt Herr Blazy er ein rechtliches Anforderungsprofil und erarbeitet aus diesem Vorschläge zur Gestaltung dieser Technik. Er untersucht, wie die rechtlichen Rahmenbedingungen und Anforderungen für eine Infrastruktur beschaffen sein müssen, um die Nutzung von Verschlüsselungsmechanismen zum Zwecke des Selbstdatenschutzes zu unterstützen. Mit seiner Untersuchung der rechtsverträglichen Gestaltung eines unterschiedliche Verschlüsselungsverfahren übergreifenden Systems der Verteilung kryptographischer Schlüssel für die Ende-zu-Ende-Verschlüsselung füllt Herr Blazy eine wesentliche Lücke im Recht modernster Informations- und Kommunikationstechniken.

Indem er den Problemhintergrund einer Infrastruktur zur Verteilung öffentlicher Verschlüsselungsschlüssel analysiert, beschreibt er wichtige Verwirklichungsbedingungen für den Selbstdatenschutz durch Ende-zu-Ende-Verschlüsselung. Indem er die rechtlichen Rahmenbedingungen für eine einfache und komfortable, vertrauenswürdige und effiziente Nutzung von Ende-zu-Ende-Verschlüsselung untersucht, bietet er wertvolle Hinweise für das Verständnis eines aktuellen und bedeutsamen Rechtsproblems und erarbeitet wichtige Grundlagen für seine Lösung. Indem er zeigt, wie Lösungen durch rechtsverträgliche Technikgestaltung gefunden werden können, entwickelt er wertvolle Vorschläge für die Praxis des Selbstdatenschutzes und bietet wichtige Hinweise für die Rechtspolitik, die solche interdisziplinären Lösungen unterstützen muss.

Die Arbeit entstand zu großen Teilen im Rahmen der Mitarbeit in dem interdisziplinären Forschungsprojekt „Vertrauenswürdige Verteilung von Verschlüsselungsschlüssel“ (VVV), das von 2016 bis 2018 mit Unterstützung des Bundesministeriums für Bildung und Forschung durchgeführt wurde. In ihm bearbeitete Herr Blazy in dem Teilprojekt „Rechtsverträgliche Gestaltung“ der Projektgruppe verfassungsverträgliche Technikgestaltung der Universität Kassel selbstständig die hier untersuchten Rechtsthemen und konnte in enger interdisziplinärer Zusammenarbeit mit Forschern u. a. des Fraunhofer-Instituts für Sichere Informationstechnologie (SIT), Darmstadt, und dem Unabhängigen Landeszentrum für Datenschutz Schleswig-Holstein (ULD), Kiel, Fragen nachgehen, die in der zu begutachtenden Arbeit relevant sind. Die Erkenntnisse wurden in den folgenden Jahren konkretisiert, erweitert und aktualisiert.

Für die künftige Praxis des Selbstdatenschutzes im E-Mai-Verkehr sowie die rechtswissenschtliche Diskussion über diese Möglichkeit ist zu hoffen, dass die Entscheidungsträger in Politik, Wirtschaft und Wissenschaft die Erkenntnisse dieser Arbeit zur Kenntnis nehmen und bei ihren Entscheidungen berücksichtigen.

Kassel
im Januar 2026

Alexander Roßnagel

Vorwort

Diese Dissertation entstand im Rahmen meiner Tätigkeit als wissenschaftlicher Mitarbeiter der *Projektgruppe verfassungsverträgliche Technikgestaltung* (provet) am *Wissenschaftlichen Zentrum für Informationstechnik-Gestaltung* (ITeG) der Universität Kassel. Ausgangspunkt der Arbeit war das vom Bundesministerium für Bildung und Forschung (BMBF) geförderte Forschungsprojekt *Vertrauenswürdige Verteilung von Verschlüsselungsschlüsseln* (VVV).

Zum Gelingen dieser Arbeit haben zahlreiche Personen auf unterschiedliche Weise beigetragen. Mein besonderer Dank gilt meinem Doktorvater, Herrn Prof. Dr. Alexander Roßnagel, für die Übernahme der Betreuung meiner Dissertation. Ebenso danke ich Herrn Prof. Dr. Dr. Walter Blocher für die Erstellung des Zweitgutachtens sowie allen weiteren Mitgliedern der Promotionskommission.

Ein besonderer Dank gilt zudem meinem langjährigen Geschäftspartner und Freund Dr. Kevin Marschall, der mich während des gesamten Entstehungsprozesses geistig wie auch emotional unterstützt hat. Die Fortführung und der erfolgreiche Abschluss dieser Arbeit nach meiner Zeit als wissenschaftlicher Mitarbeiter sowie parallel zur Gründung unseres Unternehmens wären ohne ihn nicht möglich gewesen. Darüber hinaus danke ich meiner Familie und meinen Freunden für ihre fortwährende Unterstützung und ihr stets offenes Ohr. Ebenso gilt mein Dank meiner Partnerin Denise für ihre Geduld und ihr Vertrauen in meine Fähigkeiten.

Die Arbeit wurde Anfang März 2025 unter dem Titel „Rechtsverträgliche Gestaltung von Ende-zu-Ende-Verschlüsselung zur Förderung des Selbstdatenschutzes – dargestellt am Beispiel der Verteilung kryptographischer Schlüssel“ als Dissertation an der Universität Kassel eingereicht. Die Disputation fand am

11. November 2025 statt. Grundlage der Veröffentlichung ist der Gesetzesstand von Anfang März 2025; Literatur wurde bis zu diesem Zeitpunkt berücksichtigt. Sämtliche in der Arbeit verwendeten Verweise auf Quellen aus dem World Wide Web wurden zuletzt im Dezember 2025 auf ihre Aktualität überprüft.

Kassel
im Januar 2026

Stephan Blazy

Interessenkonflikt Der/die Autor*in hat keine relevanten Interessenskonflikte im Zusammenhang mit dieser Publikation.

Inhaltsverzeichnis

Abkürzungsverzeichnis

A	Anforderung
a. A.	anderer Ansicht
ABl.	Amtsblatt
Abs.	Absatz
AEUV	Vertrag über die Arbeitsweise der Europäischen Union
a. F.	alte Fassung
AGB	Allgemeine Geschäftsbedingungen
Alt.	Alternative
AMR	Academy of Management Review (Fachzeitschrift)
AnwBl	Anwaltsblatt (Fachzeitschrift)
ArbGG	Arbeitsgerichtsgesetz
ArbStättV	Arbeitsstättenverordnung
Art.	Artikel
Az.	Aktenzeichen
BayStrWG	Bayerisches Straßen- und Wegegesetz
BB	Betriebs Berater (Fachzeitschrift)
BBG	Bundesbeamtengesetz
BC	Zeitschrift für Bilanzierung, Rechnungswesen und Controlling (Fachzeitschrift)
Bd.	Band
BDSG	Bundesdatenschutzgesetz
beA	besonderes elektronisches Anwaltspostfach
BeckOK	Beck'scher Onlinekommentar
BeckRS	Beck-Rechtsprechung
BfDI	Bundesbeauftragte für den Datenschutz und die Informationsfreiheit
BFSG	Barrierefreiheitsstärkungsgesetz

BFSGV	Verordnung zum Barrierefreiheitsstärkungsgesetz
BGB	Bürgerliches Gesetzbuch
BGB-E	Gesetzesentwurf zum BGB
BGBl.	Bundesgesetzblatt
BGG	Behindertengleichstellungsgesetz
BGH	Bundesgerichtshof
BGHZ	Entscheidungen des Bundesgerichtshofes in Zivilsachen
BGP	Border Gateway Protocol
BImSchV	Verordnung zur Durchführung des Bundes-Immissionsschutzgesetzes
BITV 2.0	Barrierefreie-Informationstechnik-Verordnung
BKR	Zeitschrift für Bank- und Kapitalmarktrecht (Fachzeitschrift)
BMBF	Bundesministerium für Bildung und Forschung
BMI	Bundesministerium des Innern und für Heimat
BMJ	Bundesministerium der Justiz
BMVI	Bundesministerium für Digitales und Verkehr
BMWi	Bundesministerium für Wirtschaft und Klimaschutz
BND	Bundesnachrichtendienst
BNotO	Bundesnotarordnung
BORA	Berufsordnung für Rechtsanwälte
BRAK-Mitt.	Bundesrechtsanwaltskammer-Mitteilungen (Fachzeitschrift)
BRAO	Bundesrechtsanwaltsordnung
Bs	Beschluss
BSI	Bundesamt für Sicherheit in der Informationstechnik
BSIG	Gesetz über das Bundesamt für Sicherheit in der Informationstechnik
BSI-KritisV	Verordnung zur Bestimmung Kritischer Infrastrukturen nach dem BSI-Gesetz
bspw.	beispielsweise
BT-Drs.	Bundestagsdrucksache
BvD-News	Fachmagazin des Berufsverbands der Datenschutzbeauftragten Deutschlands
BVerfG	Bundesverfassungsgericht
BVerfGE	Entscheidungssammlung des Bundesverfassungsgerichts
C	Entscheidung des EuGH
c't	Magazin für Computertechnik
CA	Certificate Authority (Zertifizierungsstelle)
CB	Compliance Berater (Fachzeitschrift)
CCZ	Corporate Compliance Zeitschrift (Fachzeitschrift)

CDN	Content Delivery Network
COD	Ordinary legislative procedure
COM	European Commission (Europäische Kommission)
CR	Computer und Recht (Fachzeitschrift)
CRA	Cyber Resilience Act
CRL	Certificate Revocation List
DA	Data Act
DANE	DNS-based Authentication of Named Entities (Netzwerkprotokoll)
DDG	Digitale-Dienste-Gesetz
DDoS	Distributed Denial of Service (Art von Cyberangriff)
DeMailG	De-Mail-Gesetz
DENIC	Deutsches Network Information Center
ders.	derselbe
DFN	Verein zur Förderung eines Deutschen Forschungsnetzes
DGA	Data Governance Act
DIN	Deutsches Institut für Normung
DI-RL	Digitale-Inhalte-Richtlinie
DMA	Digital Markets Act
DNotZ	Deutsche Notar-Zeitschrift (Fachzeitschrift)
DNS	Domain Name System
DNSSEC	Domain Name System Security Extensions
DÖV	Die Öffentliche Verwaltung (Fachzeitschrift)
DSA	Digital Services Act
DSB	Datenschutz-Berater (Fachzeitschrift)
DSGVO	Datenschutzgrundverordnung
DSK	Datenschutzkonferenz (Gremium)
DSR	Datenschutzrecht
DSRITB	Deutsche Stiftung für Recht und Informatik – Tagungsband
DSRL	Datenschutzrichtlinie (EU)
DStR	Deutsches Steuerrecht (Fachzeitschrift)
DuD	Datenschutz und Datensicherheit (Fachzeitschrift)
e. V.	eingetragener Verein
ECLI	European Case Law Identifier
eco	electronic commerce
EDSA	Europäischer Datenschutzausschuss
EG	Europäische Gemeinschaft
EGMR	Europäischer Gerichtshof für Menschenrechte
eIDAS	electronic IDentification, Authentication and trust Services

EKEK	Europäischer Kodex für die elektronische Kommunikation
EMiG	E-Mail Made in Germany
EMPL	Ausschuss für Beschäftigung und soziale Angelegenheiten
EMRK	Europäische Menschenrechtskonvention
EN	Europäische Norm
engl.	englisch
e-Privacy-RL	Datenschutzrichtlinie für elektronische Kommunikation
e-Privacy-VO-E	Verordnungsentwurf über Privatsphäre und elektronische Kommunikation
ErwGr	Erwägungsgrund
EU	Europäische Union
EuGH	Europäischer Gerichtshof
EuGRZ	Europäische Grundrechte-Zeitschrift (Fachzeitschrift)
EUid	Europäische digitale Identität
EUV	Vertrag über die Europäische Union
EuZW	Europäische Zeitschrift für Wirtschaftsrecht (Fachzeitschrift)
EWR	Europäischer Wirtschaftsraum
f.	folgende
ff.	fortfolgende
FGO	Finanzgerichtsordnung
Fn.	Fußnote
gem.	gemäß
GeschGehG	Gesetz zum Schutz von Geschäftsgeheimnissen
GG	Grundgesetz
GMX	Global Message eXchange
GnuPG	GNU Privacy Guard
GPG	GNU Privacy Guard (Kryptokomponente)
GRCh	Charta der Grundrechte der Europäischen Union
GRUR	Gewerblicher Rechtsschutz und Urheberrecht (Fachzeitschrift)
GSZ	Zeitschrift für das Gesamte Sicherheitsrecht (Fachzeitschrift)
HmbBfDI	Der Hamburgische Beauftragte für Datenschutz und Informationsfreiheit
HKP	HTTP Keyserver Protocol
HMD	HMD Praxis der Wirtschaftsinformatik (Fachzeitschrift)
Hrsg.	Herausgeber
Hs.	Halbsatz
HTTP	Hypertext Transfer Protocol
HTTPS	Hypertext Transfer Protocol Secure

i. d. R.	in der Regel
i. S.	im Sinne
i. S. d.	im Sinne des/der
i. S. e.	im Sinne einer/eines
i. S. v.	im Sinne von
i. V. m.	in Verbindung mit
I+G	Informatik und Gesellschaft
IaaS	Infrastructure-as-a-Service
IAB	Interactive Advertising Bureau
IANA	Internet Assigned Numbers Authority
ICANN	Internet Corporation for Assigned Names and Numbers
ID	Identifikator
IEEE	Institute of Electrical and Electronics Engineers
ifrOSS	Investigation into Information Requirements of the Social Sciences
IMCO	Ausschuss für Binnenmarkt und Verbraucherschutz
IMR	Immobilien- und Mietrecht (Fachzeitschrift)
ISO	International Organization for Standardization
IT	Informationstechnologie
ITRE	Ausschuss für Industrie, Forschung und Energie
IT-SiG	IT-Sicherheitsgesetz
IuK	Information und Kommunikation
JA	Juristische Arbeitsblätter (Fachzeitschrift)
JI-Richtlinie	Strafverfolgungsrichtlinie 2016/680
JOIN	joint proposals
JR	Juristische Rundschau (Fachzeitschrift)
JURI	Rechtsausschuss
JuS	Juristische Schulung (Fachzeitschrift)
JZ	Juristenzeitung (Fachzeitschrift)
K	Kriterium
K&R	Kommunikation und Recht (Fachzeitschrift)
Kfz	Kraftfahrzeug
KJ	Kritische Justiz (Fachzeitschrift)
KOM	Kommission (EU)
KORA	Konkretisierung rechtlicher Anforderungen
LAG	Landesarbeitsgericht
LDAP	Lightweight Directory Access Protocol
LG	Landgericht
LIBE	Ausschuss für bürgerliche Freiheiten, Justiz und Inneres

lit.	Litera (Buchstabe)
LTZ	Legal Tech – Zeitschrift für die digitale Anwendung
m. w. N.	mit weiteren Nennungen
M2M	Maschine-zu-Maschine-Kommunikation
MDR	Monatsschrift für Deutsches Recht (Fachzeitschrift)
MIME	Multipurpose Internet Mail Extensions
MMR	Multimedia und Recht (Fachzeitschrift)
MoPPA	Modellierung des Privacy-Paradoxons aus technischer und psychologischer Sicht
MUA	Mail User Agent (E-Mail-Client)
MüKo	Münchener Kommentar
n. F.	neue Fassung
NIS-2-Richtlinie	Zweite EU-Richtlinie zur Netzwerk- und Informationssicherheit
NJW	Neue Juristische Wochenschrift (Fachzeitschrift)
Nr.	Nummer
NRW	Nordrhein-Westfalen
NStZ	Neue Zeitschrift für Strafrecht (Fachzeitschrift)
NT	Netzwerkterminierung
NVwZ	Neue Zeitschrift für Verwaltungsrecht (Fachzeitschrift)
NWB	Neue Wirtschafts-Briefe (Verlag)
NZA	Neue Zeitschrift für Arbeitsrecht (Fachzeitschrift)
NZG	Neue Zeitschrift für Gesellschaftsrecht (Fachzeitschrift)
NZS	Neue Zeitschrift für Sozialrecht (Fachzeitschrift)
NZV	Neue Zeitschrift für Verkehrsrecht (Fachzeitschrift)
OLG	Oberlandesgericht
OpenPGP	Open-Source-Version von PGP
OPENPGPKEY	Resource Record zum Veröffentlichen von PGP-Schlüsseln per DNS
OSI	Open Systems Interconnection
OTT	Over-The-Top
OVG	Oberverwaltungsgericht
OX-Guard	Kryptokomponente für Open Xchange
PaaS	Platform-as-a-Service
PEP	Pretty Easy privacy
PGP	Pretty Good Privacy
PinG	Privacy in Germany
PKA	Public Key Association
PKCS#12	Public-Key Cryptography Standard Nr. 12

PKI	Public Key Infrastructure
ProdSG	Produktsicherheitsgesetz
RDi	Recht Digital (Fachzeitschrift)
RDV	Recht der Datenverarbeitung (Fachzeitschrift)
REV	Revisioniert
RFC	Request for Comments
RL	Richtlinie
Rn.	Randnummer
RR	Resource Record (Informationseinheit)
RSA	Rivest-Shamir-Adleman (kryptographisches Verfahren)
s.	siehe
S/MIME	Secure/Multipurpose Internet Mail Extension
SaaS	Software-as-a-Service
SGG	Sozialgerichtsgesetz
sic	sīc erat scriptum
SKS	Synchronizing Key Server
SMIMEA	Ansatz zum Schlüsselaustausch bei S/MIME
sog.	sogenannt
SRV-RR	Service Resource Record
StBerG	Steuerberatungsgesetz
StGB	Strafgesetzbuch
StPO	Strafprozessordnung
TCP	Transmission Control Protocol
TDDDG	Telekommunikation-Digitale-Dienste-Datenschutz-Gesetz
TIA	Transfer-Impact-Assessment
TK	Telekommunikation
TKG	Telekommunikationsgesetz
TKÜV	Telekommunikations-Überwachungsverordnung
TLS	Transport Layer Security
TLSA	Transport Layer Security Authentication
TMG	Telemediengesetz
TOFU	Trust On First Use
TTDSG	Telekommunikation-Telemedien-Datenschutzgesetz
TTL	Time to Live
u. a.	und andere
UAbs.	Unterabsatz
UN-BRK	UN-Behindertenrechtskonvention
UP KRITIS	Umsetzungsplan Kritische Infrastruktur
UrhG	Urhebergesetz

Urt.	Urteil
USA	United States of America
V	Vorgabe
v.	vom
VDG	Vertrauensdienstegesetz
VG	Verwaltungsgericht
vgl.	vergleiche
VO	Verordnung
VO-E	Verordnungsentwurf
VoIP	Voice over IP
Vorb.	Vorbemerkung
VVV	Vertrauenswürdige Verteilung von Verschlüsselungsschlüsseln
VwGO	Verwaltungsgerichtsordnung
VwVfG	Verwaltungsverfahrensgesetz
WKS	Web Key Service
WP	Working Paper
WPO	Wirtschaftsprüferordnung
X.509	Standardformat für Public-Key-Zertifikate
Z	Ziel
z. B.	zum Beispiel
ZaöRV	Zeitschrift für ausländisches öffentliches Recht und Völkerrecht (Fachzeitschrift)
ZD	Zeitschrift für Datenschutz (Fachzeitschrift)
ZEuP	Zeitschrift für Europäisches Privatrecht (Fachzeitschrift)
ZfPC	Zeitschrift für Product Compliance (Fachzeitschrift)
ZfPW	Zeitschrift für die gesamte Privatrechtswissenschaft (Fachzeitschrift)
ZfS	Zeitschrift für Soziologie (Fachzeitschrift)
Ziff.	Ziffer
ZIS	Zeitschrift für Internationale Strafrechtswissenschaft (Fachzeitschrift)
ZPO	Zivilprozessordnung
ZRP	Zeitschrift für Rechtspolitik (Fachzeitschrift)
ZUM	Zeitschrift für Urheber- und Medienrecht (Fachzeitschrift)
ZVertriebsR	Zeitschrift für Betriebsrecht (Fachzeitschrift)

Abbildungsverzeichnis

Einleitung 1

E-Mails gelten heutzutage als unverzichtbares Kommunikationsmedium. Gleichzeitig offenbart die ihnen zugrundeliegende Technik eine der größten Schwachstellen bezüglich Spionage und Cyberattacken in der IT-Infrastruktur.[1] Dieses Problems sind sich die E-Mail-Provider bewusst, begegnen diesem jedoch in unterschiedlicher, zumeist ungenügender Weise.[2] So beschränken sie sich in aller Regel auf eine reine Transportverschlüsselung, die jedoch mit einigen Schwächen behaftet ist und keinen Schutz gegen das serverseitige Auslesen von Administratoren oder Behörden darstellt.[3] Eine unberechtigte Einsichtnahme in den Inhalt von E-Mails lässt sich indes nur zuverlässig verhindern, wenn die Nachrichten durch Ende-zu-Ende-Verschlüsselung geschützt sind.[4]

Die zur Verfügung stehenden Technologien zur Ende-zu-Ende-Verschlüsselung von E-Mails sind nicht neu. Allerdings nutzt – aufgrund fehlender Laientauglichkeit – nur eine überschaubare Anzahl an Nutzern die Verfahren Pretty Good

---

[1] Weiterführend hierzu *Herfert/Selzer/Waldmann*, BvD-News, 1/2016, 57; *Klett/Lee*, CR 2010, 644.

[2] Zu unterschiedlichen Schutzkonzepten *Bleich*, c´t 13/2015, 138 (139); *Schmidt*, c´t 9/2014, 30 (30); *ders.*, c´t 4/2014, 86 (86 ff.).

[3] *Koetter/Strotmann*, Geleitschutz: DANE verbessert sicheren Transport zwischen Mailservern, heise.de vom 26. Juni 2015, https://www.heise.de/ratgeber/Geleitschutz-2626378.html?seite=all; zu den Schwächen *Schwenk* 2020, 251 f.; EMiG-Mail setzt bspw. einzig auf Transportverschlüsselung mittels TLS und stellt somit wie die De-Mail-Initiative keine Ende-zu-Ende-Verschlüsselung dar. Zur Lage bei De-Mail: BT-Drs. 17/4893, 11; *Wittmaack* u.a., DuD 2016, 274.

[4] *Heinlein* 2008, 592; *Klett/Lee*, CR 2010, 645; *Voßhoff/Büttgen*, ZRP 2014, 233; *Deusch/Eggendorfer*, DSRITB 2014, 543.

S. Blazy, *Rechtsverträgliche Gestaltung von Ende-zu-Ende-Verschlüsselung zur Förderung des Selbstdatenschutzes*, DuD-Fachbeiträge,
https://doi.org/10.1007/978-3-658-51256-9_1

Privacy (PGP) oder Secure/Multipurpose Internet Mail Extension (S/MIME).[5] Darüber hinaus sind diese Verfahren untereinander nicht kompatibel und die notwendigen Verschlüsselungsschlüssel des jeweiligen Kommunikationspartners mitunter nur schwer auffindbar. Beabsichtigen Kommunikationspartner verschlüsselt miteinander zu kommunizieren, sehen sie sich zudem mit dem Problem konfrontiert, benutzungsfreundlich und vertrauenswürdig überprüfen zu können, ob der jeweilige Schlüssel auch wirklich dem gewünschten Kommunikationspartner gehört.

Folglich besteht ein dringender Bedarf nach benutzerfreundlichen Verfahren zur Schlüsselverteilung und -authentifizierung, die sich in vorhandene Informationsinfrastrukturen (wie bspw. E-Mail-Clients) integrieren lassen.[6] Ein derartiges System wird jedoch nur eine erfolgreiche Verbreitung finden, wenn mögliche Risiken sowie die rechtssichere Verwendung allen beteiligten Akteuren bekannt sind. Zudem bewegt sich ein Verfahren, das die Verbreitung kryptographischer Kommunikation bezweckt, zwangsläufig zwischen den Polen Sicherheit und Freiheit. Das gilt aber primär für solche Systeme, die eine Verwaltung des privaten Schlüssels umfassen und daher eine Entschlüsselung des zuvor mit dem zugehörigen öffentlichen Schlüssel verschlüsselten Kommunikationsinhalts ermöglichen.[7] Des Weiteren muss die Technik hinter einer derartigen Vertrauensinfrastruktur in der Lage sein, komplexe Vorgänge rechtssicher auf einem nutzerfreundlichen Niveau darzustellen, ohne jedoch zu simplifizierend vorzugehen.[8] Diese Probleme sind nicht neu, jedoch existiert bisher kein internetweites Verfahren, das eine rechtlich und technisch akzeptable Lösung offeriert. Dies ist spätestens seit den Enthüllungen Edward Snowdens zur breit angelegten Abhörtätigkeit der Geheimdienste nicht hinnehmbar.[9]

---

[5] *Hemker*, DuD 2010, 626; weiterführend zur psychologischen Ursachenforschung dieses Paradoxons s. *Gerber/Volkamer/Gerber*, in: Deutscher Dialogmarketing Verband e.V. 2017, 142 ff.

[6] *Herfert/Waidner* 2013, 8; *Hahn/Johannes/Lange*, DuD 2015, 79.

[7] Vgl. *Moser-Knierim* 2014, 125 ff., speziell im Kontext der Kryptodebatte *Gerhards* 2010, 114.

[8] Zur mangelnden Nutzerakzeptanz aufgrund zu einfacher Handhabung von Ende-zu-Ende-Verschlüsselung vgl. *Sheng/Broderick/Koranda/Hyland* 2006, 1 f.; *Whitten/Tygar* 1999, 183; speziell zur mangelnden Laientauglichkeit mobiler Anwendungen *Schiller/Adamsky*, in: Parkin/Viganò 2022, 182. Vor dem Hintergrund kritisch zur Praxistauglichkeit von E-Mail-Verschlüsselungsvorgaben der Aufsichtsbehörden *Petrlic/Dessani*, DuD 2021, 534 f.

[9] Vgl. *Rottmann*, AnwBl 2014, 966 ff.; zur strategischen Fernmeldeüberwachung des BND im Speziellen *Schantz*, NVwZ 2015, 873 (873) und zur aktuellen Rechtsprechung *Waegner*, ZD-Aktuell 2024, 01908; *Huber*, NVwZ-Beilage 2020, 3; zum stetig ansteigenden Informationsbedarf europäischer Sicherheitsbehörden s. *Brunner*, Regierungen fragen massenhaft

1.1 Zielsetzung und Struktur der Arbeit

Die vorliegende Arbeit hat das Ziel, durch die nutzerfreundliche und rechtssichere Gestaltung eines Systems zur Verteilung kryptographischer Schlüssel[10] den Selbstdatenschutz im E-Mail-Verkehr zu fördern. Die zu gestaltende Technik soll dabei kompatibel mit den gängigen Verschlüsselungsverfahren sein.[11] Weitere Fragestellungen im Zusammenhang mit Verschlüsselungsschlüsseln – wie bspw. deren Erzeugung – oder den zugrundeliegenden Verschlüsselungsverfahren (das schließt auch den eigentlichen Verschlüsselungsvorgang von Kommunikationsinhalten mit ein) sollen in dieser Arbeit nicht behandelt werden.

Das zu entwickelnde rechtliche Anforderungsprofil wird die verschiedenen Rechtspositionen der an der Technik beteiligten Akteure beachten und in einen Ausgleich bringen. Die Ergebnisse aus der rechtlichen Betrachtung sollen sodann auf die technische Gestaltungsebene überführt werden. Zentraler Anknüpfungspunkt für die Rechtsinterpretation und die hieraus entwickelte Lösungsinfrastruktur wird das Vertrauen der Nutzer in die Technik sein.[12]

Die Arbeit soll in einem ersten Abschnitt mit einer Schilderung des Problemhintergrundes zur Verteilung von Verschlüsselungsschlüsseln ihren Ausgangspunkt finden. Hierzu sollen nach einer kurzen Vorstellung der gängigen Verschlüsselungsverfahren – PGP und S/MIME – existierende Verfahren zum Verteilen der öffentlichen Schlüssel vorgestellt und ein grundlegendes Verständnis für die dahinterliegende Technologie geschaffen werden. In diesem Zuge sollen sowohl positive Eigenschaften – die es gegebenenfalls in der Technikgestaltung zu antizipieren lohnt – als auch negative Eigenschaften – die es umgekehrt möglichst zu vermeiden gilt – aufgezeigt werden. Als Conclusio sollen anschließend erste (technische) Gestaltungsprämissen formuliert werden, die dem folgenden Gestaltungsprozess eine grobe Stoßrichtung geben. Nach dieser vorwiegend technischen Betrachtung des Problemfelds soll sich ein Perspektivenwechsel – hin zum Recht – vollziehen. In einem rechtlichen Grundlagenteil

---

Nutzerdaten an, faz.net vom 8. März 2025, https://www.faz.net/aktuell/wirtschaft/unternehmen/spitzenreiter-deutschland-regierungen-fordern-massenhaft-nutzerdaten-an-110339646.html.

[10] Im Fortgang der Arbeit aus Gründen der Leserlichkeit auch als „(zu gestaltende) Technik (zur Schlüsselverteilung)", „System" oder „Dienst" bezeichnet. Dort, wo neben den Technikkomponenten zusätzlich auf leistungserbringende Akteure (Abschnitt 3.1.2) referenziert wird, auch als „Lösungsinfrastruktur" bezeichnet.

[11] S. hierzu ausführlich Abschnitt 2.1.

[12] Als zentrale Kriterien für Systeme zur Stärkung des Selbstdatenschutzes erkennend *Johannes/Roßnagel* 2016, 25 ff.

sollen relevante Rechtsgebiete für das Verteilen von Verschlüsselungsschlüsseln identifiziert werden, die es im Rahmen der rechtsverträglichen Technikgestaltung zu berücksichtigen gilt. Der Fokus soll hierbei auf einer datenschutzrechtlichen Betrachtung liegen und, wo es für die Zielsetzung der Arbeit zielführend erscheint, zudem flankierende Rechtsgebiete – etwa im Bereich des Rechts der Vertrauensdienste oder des Datenrechts[13] – umfassen.

Nachdem die technischen und rechtlichen Rahmenbedingungen für ein System zur vertrauensvollen kryptographischen Schlüsseldistribution bekannt sind, wird die rechtsverträgliche Technikgestaltung diese, bisher getrennten, Stränge miteinander verknüpfen. Dies geschieht durch den Einsatz der Methode zur Konkretisierung rechtlicher Anforderungen (KORA)[14], die bei der Entwicklung neuer Informationstechnologien bereits mehrfach erfolgreich zum Einsatz kam.[15] Die Anwendung dieser Methode ermöglicht durch eine interdisziplinäre und schrittweise Vorgehensweise einen Brückenschlag zwischen allgemeinen normativen Rechtsanforderungen einerseits und der technischen Ausführungsweise als zu gestaltendes Element andererseits.[16] Dieser Diktion folgend werden zunächst (verfassungs)rechtliche Vorgaben im Hinblick auf Funktionen und Anwendungsbereiche der Technik aus grundlegenden und beständigen Gesetzen abgeleitet.[17] Diese werden mit Chancen und Risiken, die durch den Einsatz von Verschlüsselungstechniken verstärkt werden, verknüpft und ergeben zusammen die Basis für die folgenden Untersuchungsschritte. Hieraus werden in einem ersten Schritt rechtliche Anforderungen abgeleitet, die den Ausgangspunkt für die Bewertung und Gestaltung des Systems bilden, das die E-Mail-Verschlüsselung entscheidend vorantreiben soll. Als Bewertungsmaßstab, inwieweit ein solches System die rechtlichen Anforderungen erfüllt, werden nicht zuletzt einfachgesetzliche Rechtsnormen, soziotechnische und rechtlich-technische Kriterien abgeleitet, die im Wesentlichen den im rechtlichen Grundlagenteil beschriebenen Rechtsgebieten entstammen. Hieraus werden nun anzustrebende technische Gestaltungsziele für die vertrauensvolle Schlüsselverteilung formuliert. Diese sind zwar in der Sprache

[13] Weiterführend zum Datenrecht als Querschnittsmaterie *Apel/Huber*, JuS 2024, 410 ff.; s. zum Kontext dieser Arbeit Kapitel 4.

[14] Zur erstmaligen Anwendung *Hammer/Pordesch/Roßnagel* 1993, 46 ff.; ausführlich zum Vorgehen s. Abschnitt 1.2.

[15] Vgl. dazu *Marschall* 2019, 119 ff.; *Müller* 2024, 142; *Geminn* 2014, 336 ff.; *Richter* 2012, 83 ff.; *Idecke-Lux* 2000, 223 ff.; *Skistims* 2015, 109 ff.; *Laue* 2009, 113 ff.; *Pordesch* 2003, 173 ff.

[16] *Pordesch* 2003, 260; *Richter* 2012, 33; einen Schwerpunkt auf verfassungsrechtliche Vorgaben setzend *Müller* 2024, 148.

[17] Vgl. hierzu und zum in der Folge geschilderten Aufbau von KORA *Pordesch* 2003, 262.

der Technik gehalten, jedoch in einer abstrahierten Form. Die Gestaltungsziele wiederum werden im letzten Untersuchungsschritt zu technischen Gestaltungsvorschlägen konkretisiert. Die Gestaltungsvorschläge sollen aufgrund ihres starken technischen Charakters im Rahmen dieser juristischen Arbeit nur exemplarisch behandelt werden.

1.2 Methode der Konkretisierung rechtlicher Anforderungen

Bei der Entwicklung neuartiger Technologien ist darauf zu achten, dass sie sich in die bestehende Rechtsordnung integrieren lassen. Die Schwierigkeit besteht darin, die allgemein und abstrakt formulierten Normen bereits während des Entwicklungsprozesses systematisch in Gestaltungsvorschläge zu überführen.[18] Einen Ansatz, um diesen Brückenschlag zwischen normativen Rechtsanforderungen einerseits und der technischen Ausführungsweise als zu gestaltendem Element andererseits zu vollziehen, bietet die Methode zur Konkretisierung rechtlicher Anforderungen (KORA).[19] Von der Projektgruppe verfassungsverträgliche Technikgestaltung entwickelt, kam KORA bei der rechtsverträglichen Entwicklung neuer Informationstechnologien bereits vielfach erfolgreich zum Einsatz.[20] Der Begriff der Rechtsverträglichkeit erschöpft sich hierbei nicht bereits in der Rechtmäßigkeit, also in einer reinen Erfüllung normativer Tatbestandsmerkmale. Vielmehr trägt das Konzept der Rechtsverträglichkeit dem Umstand Rechnung, dass normative Maßstäbe, ebenso wie die Technik, einem stetigen Wandel und damit einer begrenzten Gültigkeit unterliegen.[21] Es gilt sich also bei der Untersuchung an einer möglichst grundlegenden und langlebigen Werteordnung zu orientieren. Eine solche Werteordnung bietet in erster Linie das Grundgesetz. Rechtsverträglichkeit bedeutet, über das absolut notwendige Mindestmaß und über aktuelle unterkonstitutionelle Gesetze hinaus die Ziele des Grundgesetzes möglichst weitgehend zu erfüllen.

---

[18] *Hammer/Pordesch/Roßnagel*, I+G 1/1993, 21, *Gitter* 2007, 39; zur notwendigen Allgemeinheit staatlicher Gesetze und daraus resultierender Interpretationsbedürftigkeit s. *Schachtschneider* 1994, 887 ff.

[19] Zur erstmaligen Anwendung *Hammer/Pordesch/Roßnagel* 1993, 46 ff.

[20] Vgl. dazu exemplarisch *Müller* 2024, 142 ff.; *Geminn* 2014, 336 ff.; *Richter* 2012, 83 ff.; *Idecke-Lux* 2000, 223 ff.; *Skistims* 2016, 109 ff.; *Pordesch* 2003, 173 ff.; *Hammer/Pordesch/Roßnagel* 1993, 46 ff.; *Laue* 2010, 121 ff.; *Henning-Schulz* 2016, 297 ff.; *Johannes u.a.* 2013, 133 ff.; *Gitter* 2007, 38 ff.

[21] *Roßnagel* 1993, 194; *Skistims* 2016, 110; *Roßnagel,* in: Schulte 1997, 149.

Die Methode KORA erlaubt auf dieser Basis eine zukunftsgerichtete Betrachtung, die es ermöglicht, Chancen und Risiken für die Verwirklichungsbedingungen der verfassungsrechtlichen Ziele zu identifizieren und konkrete Vorgaben an die Technik zu entwickeln, die die Chancen fördern und die Risiken minimieren.[22]

Die Anwendung der Methode KORA bedient sich hierzu einer gestuften interdisziplinären Vorgehensweise, bei der sukzessive die abstrakten rechtlichen Vorgaben durch eine terminologische Transformation in konkrete technische Gestaltungsvorschläge überführt werden.[23] Diese Übersetzungs- und Konkretisierungsarbeit erlaubt es dem Recht, auch in der Sphäre der Technikentwicklung seine normative Kraft zu entfalten.[24]

Dieser Diktion folgend werden zunächst (grund)*rechtliche Vorgaben*, im Hinblick auf Funktionen und Anwendungsbereiche der Technik, aus grundlegenden und beständigen Gesetzen – in erster Linie aus dem Grundgesetz – abgeleitet.[25] Diese werden mit Chancen und Risiken, die durch den Einsatz von Verschlüsselungstechniken verstärkt werden, verknüpft und ergeben zusammen die Basis für die folgenden Untersuchungsschritte. Hieraus werden in einem ersten Schritt *rechtliche Anforderungen* abgeleitet, die den Ausgangspunkt für die Bewertung und Gestaltung des Systems (hier: sichere und leicht zu nutzende Schlüsselverteilung) bilden. Im zweiten Schritt werden die rechtlichen Anforderungen zu *rechtlichen Kriterien* weiter konkretisiert. Diese sind schon techniknäher angelegt, aber noch in der Sprache des Rechts beschrieben. Hieraus werden dann im dritten Schritt *technische Gestaltungsziele* für die vertrauensvolle Schlüsselverteilung formuliert. Hier findet ein Sprachwechsel statt. Die Gestaltungsziele sind in der Sprache der Technik gehalten. Die Gestaltungsziele wiederum werden im letzten Untersuchungsschritt zu *technischen Gestaltungsvorschlägen* konkretisiert.

Durch eine durchgängige Verknüpfung der einzelnen Teilschritte miteinander, welche ebenso Rückkopplungen zulassen, entsteht ein kohärenter Untersuchungsvorgang, der alle relevanten Faktoren umfasst, denen ein System zur Schlüsselverteilung nebst Verifizierung der Kommunikationspartner unterliegt.[26]

---

[22] *Skistims* 2016, 110; *Henning-Schulz* 2016, 298; *Roßnagel* 1993, 19; *Laue* 2010, 119 f.

[23] *Laue* 2010, 122; *Richter* 2012, 33.

[24] Vor diesem Hintergrund zur interdisziplinären und ganzheitlichen Zusammenarbeit zwischen Recht und Technik *Rill*, DuD 2023, 451 ff.; konkret zur Wirkung von KORA s. *Laue* 2010, 122.

[25] Vgl. hierzu und dem nachfolgenden Aufbau von KORA *Pordesch* 2003, 262.

[26] Zur Verknüpfung der Teilschritte s. *Geminn* 2014, 365; *Richter* 2012, 151.

1.3 Rechtliche und technische Ausgangslage

Das Thema Verschlüsselung ist bis heute ein Topos für rechtswissenschaftliche und politische Kontroversen. Die Frage nach der – heute grundsätzlich bejahten – Zulässigkeit kryptographischer Systeme bewegt sich im Spannungsfeld zwischen dem Schutz der Privatsphäre der Nutzer einerseits und dem Aufklärungsinteresse der Strafverfolgungsbehörden andererseits.[27] In diesem Zusammenhang wurden die Möglichkeiten einer gesetzlichen Beschränkung des Einsatzes von Verschlüsselung im E-Mail-Verkehr auf Ebene des deutschen Verfassungsrechts diskutiert.[28] Diesbezüglich wurde das Bestehen eines „Grundrechts auf Verschlüsselung“ im Kontext des Selbstdatenschutzes wissenschaftlich untersucht.[29] Das Spannungsfeld zwischen Freiheit und Sicherheit, in dem das Thema Ende-zu-Ende-Verschlüsselungen für verschiedene Kommunikationskanäle diskutiert wird, gewann zuletzt im Rahmen der EU-Cybersicherheitsstrategie an Bedeutung – die neben der beabsichtigten Stärkung von Ende-zu-Ende-Verschlüsselungstechnologien im gleichem Atemzug die Notwendigkeit technischer Lösungen für die Aushebelung von Verschlüsselungstechnologien fordert, um die Untersuchungsbefugnisse der Strafverfolgungsbehörden nicht zu konterkarieren.[30]

Auch wurde exploriert, wie der einzelne Bürger seine Grundrechte im Rahmen des Selbstschutzes konkret durch Verschlüsselungstechniken, etwa im Bereich

---

[27] Weiterführend zu der als „Kryptodebatte“ bekannten Diskussion um Verschlüsselungsregulierung in den 90er-Jahren *Dix*, CR 1997, 42 f.; *Hornung*, MMR 2015, 145 f.; *Bizer*, in: Kubicek u.a. 1995, 214 ff.; *Heuser*, in: ebd., 224 ff. Aktuell reüssiert das Thema durch die Forderung von „Sicherheit durch Verschlüsselung und Sicherheit trotz Verschlüsselung“. Hierzu ausführlicher Fn. 28 sowie *Dietrich*, GSZ 2021, 1 f.

[28] Grundsätzliches Verneinen eines Verschlüsselungsverbotes *Gerhards* 2010, 123 ff.; teilweise andere Auffassung, aber grundsätzlich gleiches Resultat *Meyn* 2003, 39 ff.

[29] *Gerhards* 2010, 121 ff.

[30] In der Cybersicherheitsstrategie der EU-Kommission, Gemeinsame Mitteilung an das Europäische Parlament und den Rat – Die Cybersicherheitsstrategie der EU für die digitale Dekade, JOIN(2020) 18 final, vom 16. Dezember 2020 angesprochen und eindeutiger in Ministerrat, Entschließung des Rates zur Sicherheit durch Verschlüsselung und Sicherheit trotz Verschlüsselung, 13084/1/20 REV 1, vom 24. November 2020, 2 ff. Vor diesem Hintergrund auf die Verschlüsselungsproblematik hinweisend *Kipker*, MMR-Aktuell 2021, 435332; speziell den Einsatz von Verschlüsselungstechniken zwischen Grundrechtsschutz und staatlicher Sicherheitsgewährleistung diskutierend *Dietrich*, GSZ 2021, 1 ff.; insoweit klar gegen die Schwächung der Verschlüsselung durch das Schaffen von „Hintertüren“ Position beziehend EGMR, Entscheidung v. 13.2.2024 – Nr. 33696/19 Podchasov/Russland, Rn. 76 ff.; weiterführend hierzu *Marquard*, ZD-Aktuell 2024, 01628 und *Etteldorf*, MMR-Aktuell 2024, 01438.

der E-Mail-Kommunikation, besser schützen kann.[31] In der Fachliteratur wurden überdies verschiedene rechtliche Teilaspekte von Verschlüsselung einer Betrachtung zugeführt. Rechtspflichten zur Verschlüsselung[32] wurden ebenso thematisiert wie Verschlüsselung aus Datenschutzperspektive,[33] zum Zwecke der Anonymisierung im Cloud-Computing[34] oder zur Sicherung von Eigentumsrechten.[35] Diese Arbeiten befassen sich primär mit der rechtlichen Zulässigkeit oder unmittelbaren Wirkung von Verschlüsselung. Veröffentlichungen zur Frage, wie Systeme zur Schlüsselverteilung datenschutzrechtlich einzuordnen sind, sind rar und erschöpfen sich i. d. R. in der Beurteilung bereits bestehender Technologien.[36]

Die Rechtswissenschaft bleibt jedoch die Antwort schuldig, wie die rechtlichen Rahmenbedingungen und Anforderungen für eine Infrastruktur beschaffen sein müssen, welche die Nutzung von Verschlüsselungsmechanismen zum Zwecke des Selbstdatenschutzes aktiv zu fördern sucht.[37]

In der jüngeren Vergangenheit widmeten sich interdisziplinäre Forschungsprojekte dem Feld der E-Mail-Verschlüsselung aus Nutzersicht. So wurde im Rahmen des Projekts „Modellierung des Privacy-Paradoxons aus technischer und psychologischer Sicht" (MoPPA) untersucht, weshalb Nutzer Verschlüsselungsverfahren nutzen oder nicht nutzen.[38]. Die fehlende Laientauglichkeit des etablierten Ende-zu-Ende-E-Mail-Verschlüsselungsverfahrens PGP zu minimieren,

---

[31] *Johannes/Roßnagel* 2016, 29 ff.; *Hahn/Herfert/Lange* 2016, 16 ff.

[32] *Klett/Lee*, CR 2008, 645 ff.; *Koch*, DuD 2014, 691 ff.; *Deusch*, DSRITB 2014, 546 ff.; *Hessel/Potel*, RDi 2021, 304.

[33] Zur Bedeutung und Wirkung von Verschlüsselung im Datenschutzrecht *Stiemerling/Hartung*, CR 1/2012, 60 (60 ff.); im Rahmen des Selbstdatenschutzes *Voßhoff/Büttgen*, ZRP 2014, 232 (232 ff.); vor dem Hintergrund immateriellen Schadensersatzes bei fehlender Ende-zu-Ende-Verschlüsselung *Rothe/Eder*, CCZ 2024, 50 ff.

[34] *Kroschwald*, ZD 2014, 75 ff.; *ders.*, Informationelle Selbstbestimmung in der Cloud 2015, 84 ff.

[35] Weiterführend hierzu *Hoppen*, CR 2015, 804 ff.; *Hoeren*, MMR 2019, 6; *Kühling/Sackmann*, ZD 2020, 24 ff.

[36] Zur datenschutzrechtlichen Bewertung populärer Schlüsselverteilungsmechanismen für PGP *Mueller/Wittner/Federrath*, in: Ude 2021, B-2 ff.; kurze datenschutz- und telemedienrechtliche Einordnung *Mommers*, DFN-Infobrief Recht 4/2011, 2.

[37] Erkennend *Kutscha*, in: Roßnagel 2018, 135; allgemein den Rahmen für Eigenschaften von Systemen zum Selbstdatenschutz aufstellend *Johannes/Roßnagel* 2016, 21 bis 27; konkreter für die Konzeption von PKI *Yildirim* 2004, 297.

[38] Vgl. BMBF, MoPPa – Bauchgefühl oder logisches Denken? Projekt zur Modellierung des Privacy Paradoxons, http://www.forschung-it-sicherheit-kommunikationssysteme.de/projekte/moppa.

wurde unter anderem mit dem Projekt EasyGPG[39] zu erreichen versucht. Allerdings beschränkte sich das Projekt auf PGP und ließ Verfahren zur Verteilung von S/MIME-Zertifikaten unbeachtet.

Das Projekt „Volksverschlüsselung“ widmete sich ebenfalls dem Aspekt der fehlenden Benutzerfreundlichkeit kryptographischer Verfahren sowie der mangelnden Verbreitung kryprographischer Schlüssel.[40] Diese beiden – als zentral identifizierten – Hindernisse beziehen sich dabei auf die grundsätzliche Anwendbarkeit der etablierten Verfahren PGP und S/MIME und betreffen mithin verschiedene Aspekte der Nutzung. Ziel des Projekts „Volksverschlüsselung“ war es, privaten Nutzern nach einer Identifizierung kostenfrei ein X.509-Zertifkat[41] für die E-Mail-Verschlüsselung (S/MIME) auszustellen.[42] Insoweit wurde das Problem der Beschaffung von Verschlüsselungsschlüsseln thematisiert und nicht das nachgelagerte Problem des Auffindens von öffentlichen Schlüsseln von Kommunikationspartnern. Das Projekt „Volksverschlüsselung“ thematisierte zudem nur das Verfahren S/MIME und nicht PGP.

Ebenfalls beim zentralen Thema der Laientauglichkeit ansetzend, versuchte das Projekt „Vertrauenswürdige Verteilung von Verschlüsselungsschlüsseln“ (VVV), das Problem der Schlüsselverteilung für die beiden prominentesten Verschlüsselungsverfahren PGP und S/MIME in einem Ansatz zu lösen. Neben Fragen der technischen Realisation spielten die datenschutzrechtlichen Anforderungen bei der Gestaltung eine zentrale Rolle.[43] Die datenschutzrechtliche Begleitung der Technikgestaltung mit dem Fokus auf die Datenschutzpraxis erfolgte durch die „Projektgruppe verfassungsverträgliche Technikgestaltung“ (provet) an der Universität Kassel unter der Leitung von Prof. Dr. Alexander Roßnagel. Die Zusammenarbeit mit den Projektpartnern ermöglichte die interdisziplinäre Entwicklung eines Systems zur Verteilung kryprographischer Schlüssel zur Ende-zu-Ende-verschlüsselten E-Mail-Kommunikation, das die gängigen Verfahren PGP und S/MIME unterstützt. Die datenschutzrechtlichen Anforderungen

---

[39] BSI, BSI-Projekt „EasyGPG“: E-Mail-Verschlüsselung vereinfachen, https://www.bsi.bund.de/dok/11532822.

[40] *Herfert/Waidner/Selzer*, DuD 2016, 291.

[41] Eine weitergehende Beschreibung von X.509-Zertifikaten erfolgt im Rahmen der technischen Beschreibung des Verfahrens S/MIME in Abschnitt 2.1.2.

[42] *Blazy/Gonscherowski/Selzer*, in: Eibl/Gaedke 2017, 753.

[43] Förderkennzeichen:16KIS0356; BMBF, VVV – Sichere und einfach nutzbare E-Mail-Kommunikation dank vertrauenswürdiger Schlüsselverteilung, https://www.forschung-it-sicherheit-kommunikationssysteme.de/projekte/vvv; weiterführend zu den rechtswissenschaftlichen Aspekten des Projekts s. *Blazy/Gonscherowski/Selzer*, in: Eibl/Gaedke 2017, 751 ff.

konnten im Rahmen der Entwicklung direkt in die Technik überführt werden. Diese Arbeit ist im Rahmen des Forschungsprojekts VVV entstanden und bildet einen Beitrag zum aus (datenschutz-) rechtlicher Sicht bisher nicht ausreichend erschlossenen Bereich der Verteilung öffentlicher Schlüssel und Gestaltung korrespondierender Verzeichnisdienste.[44]

Die nutzerfreundliche und sichere Verteilung von Verschlüsselungsschlüsseln zur E-Mail-Kommunikation war bisher weitestgehend Gegenstand der Technikforschung.[45] Eine rechtliche Bewertung dieser Lösungsansätze ist hingegen nicht vorhanden. Ebenso fehlt es an einer Analyse der Rechtsbeziehungen der innerhalb eines solchen Systems beteiligten Akteure sowie einer Analyse datenschutzrechtlicher Fragen.[46]

Im Laufe der Zeit sind verschiedene Ansätze zur Verbesserung der bestehenden Verfahren PGP und S/MIME aus technischer Sicht aufgekommen, die im Wesentlichen ohne rechtliche Bewertung oder gar Entwicklungsbegleitung gestaltet wurden und sich unter anderem in der technischen Realisierung und den verwendeten Vertrauensmodellen unterscheiden.[47] Hierbei sind zudem Ansätze vertreten, die nicht (ausschließlich) auf den etablierten Verfahren PGP und S/MIME basieren und teils auf eigene, proprietäre Formate und Standards setzen.[48] Hierzu zählt die Initiative „E-Mail made in Germany“ – einer ursprünglichen Initiative der Deutschen Telekom und GMX und web.de –, bei der es sich im Wesentlichen um einen geschlossenen Verbund von E-Mail-Providern handelt,

---

[44] Verzeichnisdienste umfassen vor dem Hintergrund dieser Arbeit die Schlüsselserver, auf denen die öffentlichen Schlüssel der Nutzer hinterlegt werden, inklusive eines Verzeichnis-Auskunftsdienstes, der es ermöglicht nach bestimmten Schlüsseln zu suchen und sie im Anschluss auszuliefern.

[45] Zur Veröffentlichung von Public Keys *Jacobson/Neppach*, DuD 2009, 399 (400 ff.); speziell zur Verteilung verschlüsselter Nachrichten mittels DANE *Koetter/Strotmann*, Geleitschutz: DANE verbessert sicheren Transport zwischen Mailservern, heise.de vom 26. Juni 2015, https://www.heise.de/ratgeber/Geleitschutz-2626378.html?seite=all; *Strotmann*, „DNSSEC und DANE: Hilfestellung zur Mailverschlüsselung“, heise.de vom 24. Juni 2015, https://www.heise.de/ratgeber/Hilfestellung-2619026.html?seite=all.

[46] Zu den konkreten Akteuren im Rahmen dieser Technikgestaltung mittels KORA s. Abschnitt 3.1.

[47] Einen guten Überblick und Vergleich über vorhandene Technologien bieten *Straub/Baust/Mitzel*, in: Paulsen 2015, B-4 ff. Eine detaillierte Übersicht etablierter Verfahren zur Veröffentlichung von Verschlüsselungsschlüsseln, die für den Fortgang der Technikgestaltung von Relevanz sind, folgt in Abschnitt 2.2 und 2.3. Eine Übersicht von E-Mail-Providern, die Verschlüsselungstechnologien (darunter auch Ende-zu-Ende-Verschlüsselung) anbieten, liefern *Hahn/Herfert/Lange* 2015, 23 ff.

[48] So exemplarisch der Dienst Shazzlemail in der Übersicht von *Straub/Baust/Mitzel*, in: Paulsen 2015, B-8.

die den Versand von E-Mails untereinander transportverschlüsselt ermöglichen.[49] Hierbei handelt es sich nicht um eine Form der Ende-zu-Ende-Verschlüsselung, da die E-Mails nach wie vor unverschlüsselt auf den Servern der E-Mail-Provider liegen. Zudem stößt der proprietäre Ansatz an seine Grenzen, wenn E-Mails an nicht dem Verbund angehörende E-Mail-Provider gesendet werden sollen.

Neben der Initiative „E-Mail made in Germany“ – die die sichere Übermittlung elektronischer Nachrichten zum Ziel hat – ist der Dienst „De-Mail“ eine weitere deutsche Initiative, die eine verbindliche und rechtssichere Zustellung von E-Mails ermöglicht und auf der VO (EU) Nr. 910/2014 des Europäischen Parlaments und des Rates über elektronische Identifizierung und Vertrauensdienste für elektronische Transaktionen im Binnenmarkt und zur Aufhebung der RL 1999/93/EG (eIDAS-VO) basiert.[50] Ähnlich wie bei „E-Mail made in Germany“ erfolgt die Übermittlung von E-Mails bei „De-Mail“ auch transportverschlüsselt und ermöglicht optional die Nutzung einer Ende-zu-Ende-Verschlüsselung. Der Dienst widmet sich primär – dem im Rahmen der E-Mail-Kommunikation ebenfalls wesentlichen Punkt – der Vertrauenswürdigkeit und nicht primär der Datensicherheit. Letztlich kann der Dienst De-Mail aber nicht als Technik zur Förderung der Ende-zu-Ende-Verschlüsselung bezeichnet werden.[51]

Um das Problem der fehlenden Laientauglichkeit bei Verfahren zur Ende-zu-Ende-Verschlüsselung des E-Mail-Verkehrs zu adressieren, existieren zudem Ansätze, die eine dienstleisterseitige Verwaltung des privaten Schlüssels, der für die Verschlüsselung von E-Mail-Inhalten erforderlich ist, zum Gegenstand haben.[52] Mitunter wird dieses Vorgehen mit einer dienstleisterseitigen standardmäßigen Ende-zu-Ende-Verschlüsselung – sollten die entsprechenden technischen Voraussetzungen auch auf Empfängerseite gegeben sein – ohne aktives Zutun des Nutzers verbunden (sog. opportunistische Verschlüsselung).[53] Zweifelsohne ist eine dienstleisterseitige Verwaltung privater Schlüssel geeignet, einen laientauglichen Ansatz zum Schlüsselmanagement darzustellen. Allerdings bringt ein solcher Ansatz erhebliche Risiken mit sich, da es dem Besitzer des privaten Schlüssels – oder einem unberechtigten Dritten, der sich hierauf Zugriff verschafft – möglich ist, die zuvor mit dem korrespondierenden öffentlichen

---

[49] *Pohlmann* 2019, 461; kritisch *Gliss*, DSB 2014, 153 ff.

[50] *Pohlmann* 2019, 462.

[51] *Roßnagel*, NJW 2011, 1473 (1474); s. Abschnitt 4.5 zum Faktor der Vertrauenswürdigkeit und der rechtlichen Grundlage der eIDAS-VO.

[52] Hierzu gehören die Dienste Startmail, s. https://www.startmail.com/de, Safemail, s. http://www.safemail.org/de/ oder Tuta, s. https://tuta.com/de/encryption.

[53] S. *Oppliger* 2020, 191 f.

Schlüssel verschlüsselten Kommunikationsinhalte zu entschlüsseln.[54] Die Problematik des pragmatischen Ansatzes einer dienstleisterseitigen Verwaltung der privaten Schlüssel der Nutzer gewinnt – zusätzlich vor allgemeinen Datensicherheitsbedenken – vor dem Hintergrund von Dienstleistern mit Sitz in Drittstaaten zusätzliches Bedrohungspotenzial. Je nach landestypischer Gesetzgebung können Sicherheitsbehörden in die Lage versetzt werden, vom Dienstleister die Herausgabe des privaten Schlüssels oder entsprechend die entschlüsselten E-Mail-Nachrichten zu verlangen.[55]

Das Problem der dienstleisterseitigen Verwaltung privater Schlüssel kann durch die Verlagerung einer serverseitigen Schlüsselverwaltung (beim Diensteanbieter) auf den Client des Nutzers gelöst werden. Prominente Initiativen der opportunistischen, clientseitigen Ende-zu-Ende-Verschlüsselung stellen bspw. Aurocrypt und PEP (Pretty Easy Privacy) dar, die auf das Vertrauensmodell des „Trust On First Use“ (TOFU) setzen. Hierbei werden die öffentlichen Schlüssel im Rahmen des erstmaligen Kontakts der Kommunikationspartner untereinander ausgetauscht.[56] Diese Ansätze basieren auf PGP, führen mit TOFU allerdings ein zusätzliches Vertrauensmodell ein, das die Verfügbarkeit von öffentlichen Schlüsseln der Kommunikationspartner, mit denen verschlüsselt kommuniziert werden soll, stark einschränkt, da sie immer vom jeweiligen Kommunikationspartner bezogen werden müssen und nicht dezentral auffindbar sind.[57]

Es bleibt festzuhalten, dass das Problem des Austauschs öffentlicher Schlüssel zur Ende-zu-Ende-verschlüsselten E-Mail-Kommunikation vornehmlich ein Problem der Technikforschung ist und konkretisierende (datenschutz)rechtliche Maßstäbe nicht (ausreichend) diskutiert wurden. Diese Arbeit soll folglich einen Beitrag zu einem aus rechtswissenschaftlicher Sicht bisher vernachlässigten Bereich des Selbstdatenschutzes leisten.

---

[54] Problematisch insbesondere bei fehlendem Vertrauen gegenüber E-Mail-Providern. S. hierzu *Pohlmann* 2019, 462; das Hinterlegen des privaten Schlüssels bei einem Dienstleister bewertet das Projekt Pro Privacy mit einem mittleren Sicherheitsgrad, gegenüber einer hohen Sicherheit bei der nutzerseitigen Verwaltung des privaten Schlüssels. S. *Hahn/Herfert/Lange* 2015, 35.

[55] Zur Problematik von Drittlandübermittlungen am Beispiel der USA s. exemplarisch *Jungkind/Raspé/Schramm*, NZG 2020, 1056 ff., für die Diskussion um das Urteil vom 16. Juli 2020 Schrems II, C-311/18, ECLI:EU:C:2020:559 und die derzeitige Situation *Dehmel/Ossmann-Magiera/Weiss*, MMR 2023, 17 ff.

[56] Zu Autocrypt s. *Bundesmann*, Autocrypt automatisiert E-Mail-Kryptografie, heise.de, April 2018, https://www.heise.de/select/ix/2018/5/1524784198472399; zu PEP s. *Oppliger* 2020, 194 f.; weiterführend zu TOFU *van Oorschot* 2021, 220.

[57] Demgegenüber setzen PGP und S/MIME grundsätzlich auf die Verteilung von öffentlichen Schlüsseln durch Schlüsselserver. Siehe hierzu die detaillierten Ausführungen in Abschnitt 2.1 und 2.2.

2 Technische Grundlagen

Im Folgenden wird der technische Rahmen der rechtsverträglichen Technikgestaltung skizziert. Es sollen zunächst die wesentlichen zur Verfügung stehenden Technologien zur Ende-zu-Ende-Verschlüsselung – PGP und S/MIME – von E-Mails aufgezeigt werden. Die zu gestaltende Technik soll beide Verfahren unterstützen. Jedoch basieren die Verschlüsselungsverfahren grundsätzlich auf verschiedenen Vertrauensmodellen und sind miteinander nicht kompatibel. Diesen Umstand gilt es in der Technikgestaltung entsprechend zu berücksichtigen.

Ein besonderes Augenmerk wird vor dem Hintergrund der Zielsetzung dieser Arbeit dem inhärenten Problem der Schlüsselverteilung zuteil. Dementsprechend sollen die gängigen Verfahren zur Schlüsselverteilung sowohl für PGP als auch für S/MIME aufgezeigt werden. Die grundsätzliche Unvereinbarkeit der beiden Verschlüsselungsverfahren zeichnet sich auch bei den Mechanismen zur Schlüsselverteilung fort. Daher existieren derzeit nur wenige technische Möglichkeiten, um Verschlüsselungsschlüssel beider Verschlüsselungsverfahren zu verteilen. Vor dem Hintergrund dieser Technikgestaltung – die zur Schlüsselverteilung von PGP und S/MIME geeignet sein soll – sollen die Vor- und Nachteile derzeitiger Verfahren zur Schlüsselverteilung herausgearbeitet werden und so einen gestalterischen Ansatzpunkt für die Technikgestaltung bieten. Hieran anschließend werden die für die Technikgestaltung maßgeblichen technischen und organisatorischen Gestaltungsprämissen formuliert.

S. Blazy, *Rechtsverträgliche Gestaltung von Ende-zu-Ende-Verschlüsselung zur Förderung des Selbstdatenschutzes*, DuD-Fachbeiträge,
https://doi.org/10.1007/978-3-658-51256-9_2

2.1 Existierende Verfahren zur Ende-zu-Ende-Verschlüsselung von E-Mails

Beabsichtigt ein Nutzer, seinen E-Mail-Verkehr zu verschlüsseln, stehen hierfür grundsätzlich zwei Ansätze zu Verfügung. Für den Nutzer besteht etwa die Möglichkeit, eine Transportverschlüsselung zu etablieren, bei der der Kommunikationskanal zwischen dem E-Mail-Server des Versenders und dem empfangenden E-Mail-Server des Kommunikationspartners verschlüsselt wird.[1] Die E-Mail selbst wird bei diesem Vorgehen nicht verschlüsselt und liegt demgemäß auf den Servern der E-Mail-Provider (sowohl beim Versender als auch beim Empfänger) im Klartext vor. Ein weiteres Risiko der Transportverschlüsselung – in dem zugleich ein laientauglicher Vorteil zu sehen ist – liegt darin begründet, dass sie vom Nutzer unbemerkt im Hintergrund aufgebaut wird. Kann diese Verbindung zwischen den Mailservern aber aus verschiedenen Gründen nicht aufgebaut werden – etwa wenn ein selbstkonfigurierter E-Mail-Server nicht über das entsprechende Protokoll zum Errichten einer Transportverschlüsselung verfügt –, erfolgt der Versand i. d. R. unverschlüsselt, ohne dass die Kommunikationspartner hiervon etwas merken.[2]

Für mehr Sicherheit besteht die Möglichkeit, anstelle der Transportverschlüsselung eine Ende-zu-Ende-Verschlüsselung des E-Mail-Verkehrs zu etablieren. Bei diesem Verfahren wird nicht der Kommunikationskanal, sondern die E-Mail selbst verschlüsselt. Diesem Verfahren liegt das Prinzip der asymmetrischen Verschlüsselung oder auch Public-Key-Verschlüsselung zugrunde.[3] Hierfür wird ein zusammenhängendes Schlüsselpaar benötigt. Mit dem sog. öffentlichen Schlüssel wird die Nachricht auf dem Client des Nutzers verschlüsselt. Mit dem sog. privaten Schlüssel – dieser ist von jedem Nutzer geheim zu halten – kann die zuvor mit dem zugehörigen öffentlichen Schlüssel verschlüsselte Nachricht vom Kommunikationspartner wieder dechiffriert werden.[4] Im Rahmen der Ende-zu-Ende-Verschlüsselung von E-Mails stehen Nutzern im Wesentlichen die Methoden PGP und S/MIME zur Verfügung. Obgleich beide Methoden nach dem

---

[1] *Tremmel*, c't 8/2021 ,27; zur Technik *Pohlmann* 2019, 437; speziell aus der Sicht des Sozialdatenschutzes betrachtend *Brüggemann/Hötzel*, in: Kipker/Voskamp 2021, Kapitel 4 Rn. 58.

[2] So etwa, wenn die von *Spiecker gen. Döhmann/Bretthauer*, in: Spiecker/Bretthauer 2024, G 2.4.117, 5.1 beschriebenen Konfigurationen zum Erzwingen der Transportverschlüsselung nicht vorgenommen werden; zu weiteren Risiken der Transportverschlüsselung s. *Tremmel*, c't 8/2021, 27; *Rothe/Eder*, CCZ 2024, 50 (51).

[3] *Fischer/Kunz/Lorenz/Waldmann*, in: Eibl/Gaedke 2017, 737 (738).

[4] *Müller* 2018, 454; weiterführend zum technischen Prinzip s. Wong 2023, *192*.

geschilderten Prinzip funktionieren, sind die beiden Verfahren nicht miteinander kompatibel und weisen in ihrer Konzeption Unterschiede auf, auf die im Folgenden näher eingegangen wird.[5]

2.1.1 PGP

„Pretty Good Privacy" (PGP) ist eine Methode zur Ende-zu-Ende-Verschlüsselung von E-Mails und Dateien. Mit dem Ziel, staatliche Überwachungsmöglichkeiten zu beschränken und jedermann eine sichere Kommunikation zu ermöglichen, wurde PGP bereits in den 1990er-Jahren von Philip Zimmermann ins Leben gerufen und in der Folge stets weiterentwickelt.[6] Unter dem Begriff PGP versteht man heute eine kommerzielle Version der Verschlüsselungsmethode.[7] Neben dieser kommerziellen Variante existieren mit OpenPGP und GnuPG weit verbreitete Open-Source-Varianten von PGP, die auf dem bereits 1995 veröffentlichten Quellcode basieren.[8] In ihrer Funktionsweise sind die verschiedenen Varianten von PGP daher nahezu identisch. Im weiteren Verlauf dieser Arbeit wird daher für alle Varianten, die auf dem ursprünglichen Konzept von PGP basieren, einheitlich der Begriff „PGP" verwendet.

Im Rahmen der E-Mail-Verschlüsselung agiert PGP als Plugin, das den Mail-Client des Nutzers um Funktionen wie das Erzeugen von Schlüsselpaaren zur verschlüsselten-E-Mail-Kommunikation, das Ver- und Entschlüsseln und das Signieren von E-Mails oder das Verwalten von Verschlüsselungsschlüsseln erweitert.[9] Das mit der Entstehungsgeschichte von PGP verbundene Misstrauen gegenüber staatlichen Stellen spiegelt sich implizit auch in dem zugrundeliegenden dezentralen Vertrauensmodell wider. So überrascht es nicht, dass das Vertrauensmodell von PGP keine zentrale Instanz vorsieht, die einem Nutzer die

---

[5] *Fischer/Kunz/Lorenz/Waldmann*, in: Eibl/Gaedke 2017, 737 (738); *Edelhoff/Schmeh*, in: BSI 2022 139 (140); zum hybriden Verfahren von PGP s. *Wobst* 2001, 348.

[6] *Zimmermann* 1995, 3 ff.; ausführlicher zur Historie s. *Wobst* 2001, 346.

[7] *Atkins/Stallings/Zimmermann*, PGP Message Exchange Formats, RFC 1991, August 1996, 2, https://www.rfc-editor.org/rfc/rfc1991; *Weis*, in: Bidgoli 2006, 873.

[8] Im weiteren Verlauf wird die einheitliche Bezeichnung PGP verwendet, die auch die heutigen Open-Source-Varianten der Verschlüsselungsmethode umfasst. Zu OpenPGP s. *Callas/Donnerhacke/Finney/Thayer*, OpenPGP Message Format, RFC 2440, November 1998, 4, https://www.rfc-editor.org/rfc/rfc2440; *Heinrich,* in: Jajodia/Samarati/Yung 2025, 1863 ff.; *Zimmermann* 1995, 3 ff.; Vergleich der Varianten von PGP *Weis*, in: Bidgoli 2006, 873.

[9] *Schwenk* 2020, 349 ff.; weiterführend zum Funktionsumfang s. *Wobst* 2001, 348.

Authentizität eines öffentlichen Schlüssels bestätigt. Um die Authentizität eines öffentlichen Schlüssels zu bestätigen und einwandfrei belegen zu können, dass ein öffentlicher Schlüssel wirklich zu einem bestimmten Kommunikationsteilnehmer gehört, wird ein dezentrales System, das sog. „Web of Trust“, verwendet. Benutzer können hiernach mit ihrem privaten Schlüssel die öffentlichen Schlüssel anderer Nutzer, denen sie vertrauen, signieren. Dieses Vertrauensmodell ist zudem transitiv: Wenn ein Nutzer (A) einen anderen Nutzer (B) als vertrauenswürdig einstuft und davon ausgeht, dass dieser wiederum nur vertrauenswürdige öffentliche Schlüssel signiert, so kann A prinzipiell auch allen von B signierten öffentlichen Schlüsseln vertrauen, obwohl A bisher keinen direkten Kontakt mit diesen Nutzern hatte und die Vertrauenswürdigkeit des Schlüsselmaterials nicht selbst bestätigt hat.[10] Das dezentrale Vertrauensmodell des „Web of Trust“ hat sich insbesondere bei Privatanwendern durchgesetzt und findet im – vorwiegend hierarchisch geprägten – Unternehmenskontext kaum Anwendung, wobei PGP technisch auch für ein hierarchisches Vertrauensmodell adaptiert werden kann.[11]

PGP erlaubt es prinzipiell jedem Anwender ein Schlüsselpaar – bestehend aus privatem und öffentlichem Schlüssel – zu erzeugen. Die Bestandteile des öffentlichen Schlüssels umfassen im Wesentlichen den eigentlichen Schlüssel, bspw. zum Verschlüsseln von E-Mail-Inhalten, Angaben zum Schlüsselinhaber (wie z. B. die E-Mail-Adresse), die Signaturen anderer Kommunikationspartner, die mit ihrem privaten Schlüssel die Echtheit des öffentlichen Schlüssels bestätigen können, sowie gegebenenfalls weitere Unterschlüssel.[12] Dabei können im Schlüssel weitere Attribute enthalten sein, die jedoch nicht standardisiert sind. So ist es etwa möglich, im Rahmen der Angaben zum Schlüsselinhaber weitere Informationen – wie bspw. Gesichtsbilder oder Ähnliches – einzufügen.[13]

---

[10] *Schwenk* 2020, 349 ff.

[11] *Schmeh* 2016, 575; *Schwenk* 2020, 349 ff.; zum vorwiegend hierarchischen Ansatz s. die in Abschnitt 2.1.2 beschriebene Funktionsweise von S/MIME.

[12] *Callas/Donnerhacke/Finney/Thayer*, OpenPGP Message Format, RFC 2440, November 1998, 40 ff., https://www.rfc-editor.org/rfc/rfc2440; *Schmeh* 2016, 601 f.

[13] Gem. *Callas/Donnerhacke/Finney/Thayer*, OpenPGP Message Format, RFC 2440, November 1998, 47., https://www.rfc-editor.org/rfc/rfc2440 werden unter Punkt 5.11. explizit keine Einschränkungen zum Inhalt gemacht; s. auch *Blazy/Gonscherowski/Selzer*, in: Eibl/Gaedke 2017, 755; selbst dem Darknet zuzurechnende Bestellformulare und zugehörige Links sind laut *Lorenzo-Dus* 2023, 166 in Schlüsseln gefunden worden.

2.1.2 S/MIME

„Secure/Multipurpose Internet Mail Extensions“ (S/MIME) wurde mit dem Ziel entwickelt, sich möglichst einfach in bereits bestehende E-Mailing-Produkte einzufügen.[14] Im Ergebnis lassen sich mit S/MIME Inhaltsdaten von E-Mails im gleichen Maße wie bei PGP verschlüsseln. Da S/MIME konstruktionsbedingt auf dem Industriestandard MIME basiert, der die heute gängige technische Struktur von E-Mails definiert, beschränkt sich der Funktionsumfang von S/MIME ausschließlich auf das Verschlüsseln und Authentifizieren von Mails und nicht – wie bei PGP möglich – auf weitere Einsatzzwecke wie die Dateiverschlüsselung.[15]

Im Gegensatz zu PGP ist S/MIME nicht das Werk nur eines Menschen, sondern einer institutionellen Entwicklung.[16] Auch ist die hinter S/MIME stehende Motivation nicht die Skepsis gegenüber staatlichem oder anderen Stellen. Das vorausgeschickt überrascht es nicht, dass sich die Philosophie, die sich in dem Vertrauensmodell von S/MIME niederschlägt, von der hinter PGP stark unterscheidet. Um die Vertrauenswürdigkeit und Authentizität von öffentlichen Schlüsseln sicherzustellen, bedient sich S/MIME einer hierarchischen Struktur.

Im Gegensatz zu PGP – dass es jedem Nutzer ermöglicht entsprechende Schlüssel zu erstellen – basiert S/MIME auf X.509-Zertifikaten[17], die von einer Zertifizierungsinstanz (sog. Certification Authority / CA) ausgestellt und zur Gewährleistung der Authentizität signiert.[18] Die CA übernimmt bei S/MIME demnach die vertrauensbildende Funktion, die bei PGP das „Web of Trust“

---

[14] *Kaeo* 2004, 74; *Ramsdell*, S/MIME Version 3 Message Specification, RFC 2633, Juni 1999, https://www.rfc-editor.org/rfc/rfc2633.

[15] *Schwenk* 2020, 373; *Kaeo* 2004, 74.

[16] Ursprünglich entwickelt von der RSA Data Security Inc. Hierzu *Houseley*, IEEE Communications Magazine, 11/2022, 6.

[17] X.509-Zertifikate enthalten (wie bei PGP) – neben den Angaben zum Schlüsselinhaber – einen öffentlichen Schlüssel. Der Verständlichkeit halber wird im Fortgang der Arbeit sowohl bei PGP als auch bei S/MIME von „öffentlichen Schlüsseln“ oder „Verschlüsselungsschlüsseln“ gesprochen.

[18] *Pohlmann* 2019, 458 f. Unterschieden wird in drei Zertifikatsklassen, die sich in ihrer Vertrauensstufe (aufsteigend von Klasse 1 bis 3) unterscheiden, nicht aber in der Form der Verschlüsselung.

erfüllt.[19] Konsequenterweise sind die in X.509-Zertifikaten enthaltenen Informationen standardisiert und können nicht wie bei PGP nutzerseitig individualisiert werden.[20]

2.2 Verfahren zur Veröffentlichung von PGP-Schlüsseln

Kommunikationsteilnehmer, die für ihre E-Mail-Verschlüsselung PGP verwenden, haben die Möglichkeit, sich gegenseitig ihren öffentlichen Schlüssel – etwa per initialer E-Mail – zu schicken. Voraussetzung hierfür ist, dass sich die jeweiligen Kommunikationspartner und insbesondere deren Kontaktdaten im Vorfeld der Ende-zu-Ende-verschlüsselten E-Mail-Kommunikation bekannt sind. Die simple Direktverteilung öffentlicher Schlüssel stößt indes schnell an ihre Grenzen, wenn eine verschlüsselte Korrespondenz mit einem oder gar mehreren unbekannten Kommunikationspartnern geführt werden soll. Bedingt durch die mangelnde Praktikabilität des direkten Austauschs in einem Umfeld wechselnder Kommunikationspartner existieren alternative Verfahren zur Veröffentlichung von öffentlichen PGP-Schlüsseln. Im Folgenden sollen bereits bestehende Verfahren einer Betrachtung zugeführt werden.[21] Dieser Schritt soll das Verständnis für das Technologieumfeld schärfen und das Fundament für mögliche Lösungsansätze für die sich anschließende Technikgestaltung bilden.

2.2.1 Veröffentlichung auf Schlüsselservern (HKP)

Eine gängige Praktik, öffentliche Schlüssel möglichst vielen potenziellen Kommunikationspartnern verfügbar zu machen, stellt ihre Veröffentlichung auf Schlüsselservern dar. Schlüsselserver sind für PGP nach dem HTTP Keyserver

---

[19] Weiterführend zum Prinzip der Zertifizierungsinfrastruktur bei S/MIME *Horster* 1995, 138.

[20] Zum Format *Schmeh* 2016, 592; *Kruth* 2009, 192.

[21] Bei der folgenden Schilderung handelt es sich um eine Auswahl verbreiteter Verfahren, die keinen Anspruch auf eine vollständige Schilderung aller existierenden Verfahren hat. Der Austausch öffentlicher Schlüssel ist darüber hinaus – wie jede Technik – einer stetigen technischen Weiterentwicklung unterworfen.

Protocol (HKP) konfiguriert.[22] Diese über das offene Internet ansteuerbaren sog. HKP-Server unterstützen ausschließlich PGP-basierte Verfahren und sind daher nicht mit S/MIME kompatibel.

Bis 2021 verfügten die meisten Schlüsselserver, auf denen PGP-Schlüssel hochgeladen werden konnten, über die Fähigkeit, ihren Schlüsselbestand mit anderen Schlüsselservern abzugleichen und innerhalb eines Serververbunds zu synchronisieren.[23] Auf diese Weise kann ein öffentlicher Schlüssel auf allen dem Serververbund angehörenden Schlüsselservern veröffentlicht werden. Die regelmäßigen Synchronisationen des Schlüsselbestands – etwa mittels SKS (engl. Synchronizing Key Server) – halten die Schlüsselinformationen, wie die Signaturen anderer Nutzer, die die Authentizität des öffentlichen Schlüssels bestätigen, auf einem aktuellen Stand. Auch begünstigt die Synchronisation das Auffinden eines gesuchten öffentlichen PGP-Schlüssels, da dieser nicht lediglich an einem Ort veröffentlicht ist. Nachteilig ist bei dieser Funktionalität, dass ein einmal veröffentlichter PGP-Schlüssel mitunter nicht mehr gelöscht werden kann, da der Schlüssel im Rahmen der Synchronisation auf einer Vielzahl anderer Schlüsselserver vorhanden ist. Bleibt der zu löschende Schlüssel lediglich auf einem dem Serververbund angehörigen Schlüsselserver gespeichert, so wird er bei der nächsten Synchronisation wieder auf alle Schlüsselserver „gespiegelt“.[24] Das ist etwa bei einem Verlust des privaten Schlüssels – bei dem der öffentliche Schlüssel nutzlos wird – problematisch, da der jeweilige Nutzer keine Möglichkeit hat, den korrespondierenden öffentlichen Schlüssel zu löschen.

Problematisch in diesem Kontext ist zudem, dass auch kompromittierte Schlüssel nicht aus der Welt geschafft werden können. Importiert ein Angreifer etwa eine große Menge an Signaturen in einen öffentlichen Schlüssel, kann sich das

---

[22] *Mueller/Stuebs*, in: Ude 2019, F-4; *Shaw*, The OpenPGP HTTP Keyserver Protocol (HKP) 2003, https://www.ietf.org/archive/id/draft-shaw-openpgp-hkp-00.txt. Schlüsselserver für OpenPGP werden demgemäß auch HKP-Server genannt.

[23] *Oppliger* 2020, 155; *Blazy/Gonscherowski/Selzer*, in: Eibl/Gaedke 2017, 753; diese Synchronisation kann über E-Mail oder entsprechende Protokolle wie das mittlerweile abgeschaltete SKS (engl. Synchronizing Key Server) erfolgen.

[24] *Blazy/Gonscherowski/Selzer*, in: Eibl/Gaedke 2017, 753; *Mueller/Wittner/Federrath*, in: Ude 2021, B-3.

Verschlüsselungsprogramm eines Nutzers beim Import dieses öffentlichen Schlüssels aufhängen.[25] Diese datenschutzrechtlichen Bedenken führten letztlich zur Abschaltung von SKS.[26]

Datenschutzrechtlich problematisch bei öffentlich zugänglichen PGP-Schlüsselservern ist zudem, dass – bedingt durch das Konzept des sog. „Web of Trust" – der „soziale Graph" eines Schlüsselinhabers anhand der Signaturen seiner Kommunikationspartner in seinem öffentlichen Schlüssel nachvollzogen werden kann.[27] Diese Informationen können prinzipiell (auch missbräuchlich) zur Profilbildung verwendet werden.

2.2.2 Schlüsselinformationen auf einem DNS-Server

Die beschriebene Problematik der automatischen Synchronisation gängiger HKP-Server sowie der Umstand, dass bei einem „einfachen" HKP-Server das Auffinden eines öffentlichen Schlüssels mitunter problematisch und technisch anspruchsvoll ist, werden durch das sog. „erweiterte HKP" adressiert. Hierbei handelt es sich um einen HKP-Server, der Informationen über den Speicherort eines öffentlichen Schlüssels unter der Mail-Domain in sog. „Service Resource Records" (SRV-RRs) hinterlegt.[28] Die E-Mail-Adresse wird damit zu einem zentralen Anknüpfungspunkt, um einen konkreten Schlüsselserver ausfindig zu machen, auf dem der gesuchte öffentliche Schlüssel eines Kommunikationspartners gespeichert ist. Voraussetzung hierfür ist, dass jede Mail-Domain einen eigenen HKP-Server besitzt, der in einem SRV-RR hinterlegt wird.[29] Die notwendigen Informationen aus dem SRV-RR können über das DNS vom PGP-Client des Kommunikationspartners abgerufen werden.

---

[25] *Biselli*, OpenPGP – Entwickler warnen davor, SKS-Keyserver weiter zu nutzen, golem.de vom 1. Juli 2019, https://www.golem.de/news/openpgp-entwickler-warnen-davor-sks-keyserver-weiter-zu-nutzen-1907-142239.html.

[26] *Böck*, SKS – Das Ende der alten PGP-Keyserver, golem.de vom 25. Juni 2021, https://www.golem.de/news/sks-das-ende-der-alten-pgp-keyserver-2106-157613.html.

[27] *Fischer/Kunz/Lorenz/Waldmann*, in: Eibl/Gaedke 2017, 740.

[28] So gem. Punkt 7 in *Shaw*, The OpenPGP HTTP Keyserver Protocol (HKP), März 2003, 9, https://datatracker.ietf.org/doc/html/draft-shaw-openpgp-hkp-00 beschrieben. Weiterführend zur Funktion von RRs im Zusammenspiel mit dem DNS s. Wendzel 2012, 37 ff.

[29] *Shaw*, The OpenPGP HTTP Keyserver Protocol (HKP), März 2003, 9, https://datatracker.ietf.org/doc/html/draft-shaw-openpgp-hkp-00; *Gulbrandsen/Vixie/Esibov*, A DNS RR for specifying the location of services (DNS SRV), RFC 2782, Februar 2000, 2, https://www.rfc-editor.org/rfc/rfc2782.

Die in den SRV-RRs hinterlegten Informationen zum Auffinden eines PGP-Schlüssels auf einem HKP-Server sind für das erweiterte HKP essenziell, da – im Gegensatz zu herkömmlichen HKP-Servern – keine Synchronisation innerhalb eines Serververbunds stattfindet. Ein gesuchter öffentlicher PGP-Schlüssel steht mithin nicht auf mehreren HKP-Servern zur Verfügung. Das hat zur Folge, dass öffentliche Schlüssel auch wieder gelöscht werden können.

Ein ähnlicher Ansatz, Informationen über den Speicherort eines öffentlichen Schlüssels im DNS zu hinterlegen, wird auch durch das Verfahren „Public Key Association" (PKA) verfolgt.[30] Auch hier kommt den E-Mail-Providern eine zentrale Rolle zu, da diese in der Lage sind, die von ihnen ausgegebenen und verwalteten E-Mail-Adressen mit den korrespondierenden öffentlichen Schlüsseln in Verbindung zu bringen. Das wird im PKA-Verfahren, wie bei der erweiterten HKP-Lösung, durch DNS-Einträge realisiert. Diese enthalten – abweichend vom beschriebenen erweiterten HKP – neben der E-Mail-Adresse und der Adresse der Bezugsquelle des öffentlichen Schlüssels auch dessen Fingerprint zur Validierung.[31] Problematisch beim erweiterten HKP sowie beim PKA-Verfahren sind allerdings ihre mangelnde Verbreitung in der Praxis.

2.2.3 Schlüsselhinterlegung auf einem Webserver

Ein Verfahren, das ohne HKP-Server auskommt, ist „Web Key Service" (WKS). Möchte ein Nutzer seinen öffentlichen Schlüssel veröffentlichen, muss er zunächst eine vom E-Mail-Provider bereitgestellte Datei, die eine E-Mail-Adresse enthält, abrufen. An diese E-Mail-Adresse kann nun der öffentliche PGP-Schlüssel gesendet werden. Um sicherzustellen, dass der Nutzer auch die Herrschaft über die dem Schlüssel zugeordnete E-Mail-Adresse ausübt, sendet der E-Mail-Provider eine mit dem öffentlichen Schlüssel verschlüsselte Nachricht an den Nutzer, die dieser bestätigen muss. Der Nutzer kann mit seinem privaten Schlüssel die Nachricht entschlüsseln und so die Echtheit des öffentlichen Schlüssels verifizieren.[32] Durch dieses sog. „Challenge-Response-Verfahren" wird das Risiko der Veröffentlichung gefälschter Schlüssel minimiert.

---

[30] *Koch* 2006, 2 ff.

[31] *Koch* 2006, 4 f.; *Fischer/Kunz/Lorenz/Waldmann*, in: Eibl/Gaedke 2017, 746 f.; die bei PKA eingesetzten DNS-Einträge tragen die Bezeichnung PKA-RR.

[32] *Koch*, OpenPGP Web Key Directory, 5. Dezember 2024, 5 f., https://www.ietf.org/archive/id/draft-koch-openpgp-webkey-service-19.txt.

Möchte ein Kommunikationspartner den veröffentlichten Schlüssel des Nutzers finden, so ist die Kenntnis der E-Mail-Adresse hierfür ausreichend. Anhand der Domain, die der E-Mail-Adresse zugeordnet ist (bspw. @example.de), wird eine HTTP-Abfrage bei einem Server gestartet, der unter eben dieser Domain zu erreichen ist. In einem proprietären Verfahren wird anhand des Local-Parts der E-Mail-Adresse (bspw. alice) der passende Schlüssel identifiziert und über eine Webschnittstelle dem Kommunikationspartner zur Verfügung gestellt.[33]

Positiv ist bei diesem Verfahren die Verifikation der Herrschaft des Nutzers über den öffentlichen Schlüssel. Eine Verbreitung von gefälschten Schlüsseln im großen Stil – wie dies bei herkömmlichen HKP-Servern der Fall ist – wird hierdurch ausgeschlossen. Nachteilig ist indes, dass eine Absicherung des Webservice mit DANE[34] nicht vorgesehen ist und das verbreitete HKP-Protokoll nicht unterstützt wird.

2.2.4 Schlüssel auf dem DNS-Server

Im Gegensatz zu den bisher geschilderten Verfahren, bei denen der Schlüssel auf einem Schlüsselserver veröffentlicht wird, existiert alternativ die Möglichkeit, diesen im DNS selbst zu hinterlegen. In den hierfür verwendeten Resource Records[35] werden nicht lediglich die Informationen zum Auffinden des gesuchten Schlüsselmaterials hinterlegt, sondern die öffentlichen Schlüssel selbst.

Diese Möglichkeit ist sowohl für die Verteilung von PGP-Schlüsseln mit dem Verfahren „OPENPGPKEY“ als auch zur Verteilung von X.509-Zertifikaten für S/MIME mit dem Verfahren „SMIMEA“ definiert.[36] Beide Verfahren sind sich technisch sehr ähnlich und bauen maßgeblich auf den DNS-Erweiterungen

---

[33] *Koch*, OpenPGP Web Key Directory, 5. Dezember 2024, 3 f., https://www.ietf.org/archive/id/draft-koch-openpgp-webkey-service-19.txt; *Fischer/Kunz/Lorenz/Waldmann*, in: Eibl/Gaedke 2017, 748.

[34] S. hierzu ausführlich Abschnitt 2.2.4.

[35] Hierbei handelt es sich um eine Informationseinheit des DNS.

[36] Die Verfahren sind nach den jeweils für sie definierten Resource Records bezeichnet. Für OpenPGP *Wouters*, DNS-Based Authentication of Named Entities (DANE) Bindings for OpenPGP, RFC 7929, August 2016, 1, https://www.rfc-editor.org/rfc/rfc7929; ein ähnlicher Ansatz für S/MIME *Hoffman/Schlyter*, Using Secure DNS to Associate Certificates with Domain Names for S/MIME, RFC 8162, Mai 2017, 1 ff., https://www.rfc-editor.org/rfc/rfc8162.html; SMIMEA bietet gegenüber OPENPGPKEY die Möglichkeit, wahlweise das gesamte Zertifikat im SVR-RR zu veröffentlichen oder aber nur den gehashten Fingerprint des S/MIME-Zertifikats.

DNS Security Extensions (DNSSEC) und DNS-based Authentication of Named Entities (DANE) auf.

Bei DNSSEC handelt es sich im Wesentlichen um verschiedene Internetstandards, mit denen Einträge im DNS signiert werden und so die Authentizität und Integrität dieser Einträge garantiert werden können.[37] Um das zu erreichen, baut DNSSEC auf der hierarchischen Struktur des DNS auf. Wenn ein Domain-Inhaber (bspw. der Mail-Domain „example.de“) seine DNS-Einträge mit DNSSEC signiert, geschieht das mit dem öffentlichen Schlüssel der hierarchisch darüberliegenden Domain. Diese Vertrauenskette erstreckt sich bis zur obersten sog. Top-Level-Domain (in diesem Beispiel „.de“), die alle hierarchisch darunterliegenden Domains (hier mit der Endung „.de“) signiert.[38] Ein Client kann diese Signaturkette bis zur obersten Instanz nachprüfen und somit bspw. feststellen, ob ein DNS-Eintrag unverfälscht ist.

DANE setzt seinerseits auf DNSSEC auf und ermöglicht die Ausweitung der Vertrauenskette des DNS auch für andere Protokolle nutzbar zu machen. Im Fall von OPENPGPKEY oder SMIMEA ermöglicht DANE durch verfahrensindividuelle Resource Records die Bindung öffentlicher PGP-Schlüssel bzw. S/MIME-Zertifikate an eine Domain.[39]

Das Veröffentlichen von Schlüsselmaterial durch DNSSEC/DANE-basierte Verfahren erhöht deren Authentizität, da lediglich der Domain-Inhaber für seine Domain Schlüsselmaterial im DNS veröffentlicht oder bei Bedarf auch wieder entfernen kann. Mail-Clients, die mit entsprechenden Komponenten für OPENPGPKEY oder SMIMEA arbeiten, können das gesuchte Schlüsselmaterial automatisch aus der DNS-Zone der angefragten Domain beziehen.[40]

---

[37] *Arends/Austein/Larson/Massey/Rose*, DNS Security Introduction and Requirements, RFC 4033, März 2005, 1 ff., https://www.rfc-editor.org/rfc/rfc4033; allgemein zu DNSSEC s. *Wander*, in: Hölldobler 2016, 349.

[38] *Strotmann*, DNSSEC und DANE: Hilfestellung zur Mail-Verschlüsselung, heise.de vom 24. Juni 2015 https://heise.de/-2619026; *Wisser*, Domain Name System absichern mit DNSSEC, heise.de vom 15. Januar 2010, https://heise.de/-903318; für die Verwaltung der Top-Level-Domain „.de“ ist die DENIC zuständig.

[39] *Hoffman/Schlyter*, The DNS-Based Authentication of Named Entities (DANE) – Transport Layer Security (TLS) Protocol: TLSA, RFC 6698, August 2012, 4, https://www.rfc-editor.org/rfc/rfc6698; *Koetter/Strotmann*, Geleitschutz: DANE verbessert sicheren Transport zwischen Mailservern, heise.de vom 26. Juni 2015, https://www.heise.de/ratgeber/Geleitschutz-2626378.html?seite=all; *Strotmann*, DNSSEC und DANE: Hilfestellung zur Mail-Verschlüsselung, heise.de vom 24. Juni 2015, https://heise.de/-2619026.

[40] *Strotmann,* DNSSEC und DANE: Hilfestellung zur Mail-Verschlüsselung, heise.de vom 24. Juni 2015, https://heise.de/-2619026; Zivadinovic, heise.de, v. 12.12.2015.

Ein zentrales Problem dieser Lösung stellen die Performanz und die Skalierbarkeit dar. Das DNS ist bei einer starken Auslastung ausfallanfällig. Die begrenzte Größe der Resource Records kann außerdem zum Hindernis werden, wenn PGP-Schlüssel abgelegt werden sollen, die eine Vielzahl an Signaturen anderer Kommunikationspartner aufweisen. Bedenkt man, dass noch weitere beliebige Daten in einem PGP-Key gespeichert werden können, wird das Problem der limitierten Datengröße noch deutlicher. Das System ist daher nur in gewissen technisch bedingten Grenzen mit dem zugrundeliegenden Vertrauensmodell von PGP in Einklang zu bringen.[41] Zudem ist bei den beschriebenen Lösungen das im DNS hinterlegte Schlüsselmaterial nicht verschlüsselt, sodass die dort enthaltenen Informationen prinzipiell von Dritten ausgelesen werden könnten.

2.3 Verfahren zur Veröffentlichung von S/MIME-Zertifikaten

Analog zu PGP besteht auch bei S/MIME die Möglichkeit, dass sich die Kommunikationspartner in einem initialen Erstkontakt (bspw. per E-Mail) das jeweils andere X.509-Zertifikat mitteilen, das für die Verschlüsselung der folgenden E-Mail-Korrespondenz genutzt werden soll. Gebräuchlicher ist jedoch die Veröffentlichung in LDAP-Verzeichnissen, die – im Gegensatz zu PGP – im Wesentlichen die einzige Veröffentlichungsmethode darstellen.

2.3.1 LDAP-Verzeichnisse

Eine gängige Form, die zur Verschlüsselung benötigten Zertifikate potenziellen Kommunikationspartnern zur Verfügung zu stellen, ist das „Lightweight Directory Access Protocol" (LDAP).[42] LDAP ist seit längerem bekannt und mit den meisten E-Mail-Clients – wie etwa Microsoft Outlook, Lotus Notes oder Mozilla Thunderbird – kompatibel, die durch LDAP befähigt werden, selbstständig nach

[41] *Fischer/Kunz/Lorenz/Waldmann*, in: Eibl/Gaedke 2017, 747; dieses Problem erkennt auch initial *Wouters*, DNS-Based Authentication of Named Entities (DANE) Bindings for OpenPGP, RFC 7929, August 2016, 11, https://www.rfc-editor.org/rfc/rfc7929.

[42] *Zeilenga*, Lightweight Directory Access Protocol (LDAP) – „Who am I?" Operation, RFC 4532, Juni 2006, 1 ff., https://www.rfc-editor.org/rfc/rfc4532.html; *Schwenk* 2020, 403; *Jacobson/Neppach*, DuD 2009, 399.

Zertifikaten auf Verzeichnisservern zu suchen.[43] S/MIME hat sich vor allem im institutionellen Umfeld – wie etwa in privatwirtschaftlichen Unternehmen oder öffentlichen Anstalten – gegenüber PGP etabliert. Die Institutionszertifikate werden typischerweise in LDAP-Verzeichnissen im Intranet der jeweiligen Institution vorgehalten. Mitunter können diese Verzeichnisse ein Bestandteil einer institutionseigenen Public-Key-Infrastruktur (PKI)[44] sein. In der Regel verhindern Zugriffsbeschränkungen der Institution den Zugriff von externen Kommunikationspartnern auf die (internen) Verzeichnisse und umgekehrt den Zugriff interner Benutzer auf externe Verzeichnisse.[45]

Selbst wenn die Institution den beiderseitigen Zugriff gestattet, sieht sich ein Nutzer mit einer eingeschränkten Praktikabilität konfrontiert. Beabsichtigt er etwa eine E-Mail an mehrere Kommunikationspartner zu senden, deren Zertifikate in verschiedenen Verzeichnissen vorgehalten werden, ergibt sich das Problem, dass die meisten Kryptokomponenten für E-Mail-Clients zwar unterschiedliche Verzeichnisse verwalten können, aber nur eines davon aktiv sein kann.[46]

2.3.2 Zusammenspiel mehrerer LDAP-Verzeichnisse

Weiß ein Nutzer nicht, wo er ein gesuchtes S/MIME-Zertifikat seines Kommunikationspartners beziehen kann, bietet das Zusammenspiel mehrerer LDAP-Verzeichnisse hierfür eine potenzielle Lösung. Analog zur Synchronisation bei SKS-basierten HKP-Servern für Open PGP besteht die technische Möglichkeit der Synchronisation auch bei LDAP-Verzeichnisservern. Diese Methode wird hauptsächlich von Institutionen zum Zweck der Ausfallsicherheit ihres Verzeichnisses praktiziert und weicht gegenüber SKS dahingehend ab, dass die Synchronisation in der Regel auf lediglich einem weiteren Server unter der Kontrolle der Institution erfolgt.[47] Diese Kontrolle ermöglicht es – im

[43] LDAP wurde erstmals 1993 in *Yeong/Howes/Kille*, X.500 Lightweight Directory Access Protocol, RFC 1487, Juli 1993, 1 ff., https://www.rfc-editor.org/rfc/rfc1487.html vorgestellt; *Herfert/Selzer/Waldmann*, DuD 2016, 293.

[44] Zu den Bestandteilen einer PKI s. weiterführend *Bless u.a.* 2005, 361; *Schmeh* 2016, 561 ff.

[45] *Jacobson/Neppach*, DuD 2009, 399; *Fischer u.a.*, in: Eibl/Gaedke 2017, 739.

[46] *Herfert/Selzer/Waldmann*, DuD 2016, 293.

[47] *Zeilenga/Choi*, Lightweight Directory Access Protocol (LDAP): Technical Specification Road Map, RFC 4510, Juni 2006, 5, https://www.rfc-editor.org/rfc/rfc4510; *Kania/Ollenburg* 2023 204 ff.

Gegensatz zu SKS oder ähnlichen synchronisationsbasierten Verfahren bei PGP – bereits veröffentlichte Zertifikate wieder zu löschen. Allerdings bietet die primär auf Verfügbarkeit des Dienstes gerichtete „begrenzte" Replikation von LDAP-Verzeichnissen keinen zusätzlichen Beitrag, wenn es um das Auffinden eines S/MIME-Zertifikats geht, da i. d. R. Replikas verschiedener Verzeichnisse nicht auf einem Server zusammengeführt werden, was die Auffindbarkeit von gesuchten Zertifikaten erhöhen würde.

Befindet sich auf einem angefragten Verzeichnis nicht das gesuchte Zertifikat, so sieht LDAP in diesem Fall die Möglichkeit eines Verweises auf ein oder mehrere andere LDAP-Verzeichnisse vor, auf denen das gesuchte Zertifikat zu finden sein könnte.[48] Der Client des Nutzers kann auf Basis dieser Informationen in dem oder den jeweiligen LDAP-Verzeichnissen automatisch nach dem Zertifikat suchen. Allerdings sieht sich ein Nutzer bei diesem sog. „Referral-Mechanismus" mit dem Problem konfrontiert, das es unter Umständen zu einer Feedbackschleife kommen kann, wenn der Client des Nutzers den Informationen folgt und ein anderes Verzeichnis wieder auf das ursprünglich angefragte „Ausgangsverzeichnis" verweist.[49] Um dieses Problem zu vermeiden, muss der Nutzer seinen Client entsprechend konfigurieren.

2.4 Zusammenfassung der etablierten Verfahren

Trotz vielversprechender Ansätze, den öffentlichen Schlüssel möglichst unkompliziert einem Kommunikationspartner zur Verfügung zu stellen, ist bei PGP nach wie vor das Veröffentlichen auf dezentralen HKP-Servern weit verbreitet.[50] Allerdings bringt diese Form der Schlüsselveröffentlichung einige Nachteile, wie etwa das mangelnde Vertrauen in die Echtheit der verfügbaren PGP-Schlüssel. Die übrigen vorgestellten Verfahren adressieren diese Probleme auf unterschiedlicher

---

[48] Zur Funktion des Verweises bei LDAP *Sermersheim*, Lightweight Directory Access Protocol (LDAP): The Protocol, RFC 4511, Juni 2006, 12, https://www.rfc-editor.org/rfc/rfc4511.html; *Zeilenga*, Named Subordinate References in Lightweight Directory Access Protocol (LDAP) Directories, RFC 3296, Juli 2002, 7, https://www.rfc-editor.org/rfc/rfc3296.txt beschreibt verschiedene Szenarien für Verweismöglichkeiten; die Information kann über Universal Resource Identifiers an den Client gesendet werden.

[49] *Herfert/Selzer/Waldmann*, DuD 2016, 293; *Sermersheim*, Lightweight Directory Access Protocol (LDAP): The Protocol, RFC 4511, Juni 2006, 12, https://www.rfc-editor.org/rfc/rfc4511.html.

[50] S. *Mueller/Wittner/Federrath*, in: Ude 2021, B-3.

Weise und bauen auf unterschiedlichen Infrastrukturkomponenten auf. Jedes der Verfahren birgt seinerseits Vor- und Nachteile.

Verzeichnisse für S/MIME sind demgegenüber häufig institutionell verwaltet und stehen isoliert. Das Zusammenspiel mehrerer LDAP-Verzeichnisse bildet hierfür einen praxisnahen Lösungsansatz. Prinzipiell lassen sich auch öffentliche PGP-Schlüssel mittels LDAP verteilen, jedoch ist ein zentrales Problem die bereits angesprochene Isolation der jeweiligen Verzeichnisse.

Sowohl für PGP als auch für S/MIME bildet die Veröffentlichung von öffentlichen Schlüsseln auf dem DNS-Server eine interoperable und vor dem Hintergrund der Technikgestaltung vielversprechende Lösung. Ähnlich wie bei der Veröffentlichung von öffentlichen Schlüsseln auf Webservern ist die Auffindbarkeit des Schlüssels durch die Verknüpfung der zugehörigen E-Mail-Adresse als verhältnismäßig laientauglich zu qualifizieren.

3 Technisch-organisatorische Gestaltungsprämissen

Die nachfolgenden Ausführungen sollen den technischen Rahmen für die sich im Anschluss vollziehende rechtsverträgliche Technikgestaltung bilden. Die Prämissen stellen die Grundbausteine der zu gestaltenden Technik dar, die teilweise bereits bekannten und etablierten Technologien entstammen. Demgemäß soll keine völlig neue Technik oder ein proprietärer Ansatz entwickelt werden, sondern die (bekannten) Bausteine sollen neu zusammengefügt werden. Auf diese Weise gilt es einerseits Akzeptanz und technische Kompatibilität mit angrenzenden Technologien zu schaffen und andererseits der Technikgestaltung eine grobe Richtung zu geben. Die Gestaltungsprämissen stellen dabei für den Prozess der rechtsverträglichen Technikgestaltung keine absoluten Grenzen dar. Soweit es zielführend und entsprechend begründbar ist, kann von den Prämissen abgewichen werden. Das wäre bspw. der Fall, wenn sich zugunsten der einfachen Benutzbarkeit des Systems auch für eine Verwaltung privater Schlüssel der Nutzer und damit gegen eine Gestaltungsprämisse entschieden werden sollte.

Zunächst sollen die gängigen Verfahren PGP und S/MIME von der zu gestaltenden Technik zur Schlüsselverteilung unterstützt werden. Wie gezeigt, sind die beiden Verschlüsselungsverfahren miteinander nicht kompatibel, jedoch, was das Erzeugen, Auffinden und Authentifizieren von Schlüsseln anbelangt, im gleichen Maße umständlich zu handhaben.[1] Die zu gestaltende Technik soll nach Möglichkeit entsprechende Mechanismen zur Schlüsselverteilung für beide Verfahren vorsehen.

Zudem soll die Technik für eine möglichst große Nutzerakzeptanz und die damit einhergehende Verbreitung möglichst einfach in der Handhabung sein und die derzeit bestehenden technischen Hindernisse bei der Schlüsselsuche von PGP

[1] *Bless* u. a. 2005, 473.

S. Blazy, *Rechtsverträgliche Gestaltung von Ende-zu-Ende-Verschlüsselung zur Förderung des Selbstdatenschutzes*, DuD-Fachbeiträge,
https://doi.org/10.1007/978-3-658-51256-9_3

und S/MIME so weit wie möglich verringern. Hierzu soll das System – so weit es möglich ist – auf bereits etablierte und verbreitete Standards setzen.[2] Die zu gestaltende Lösungsarchitektur sollte sich zur benutzerfreundlichen und sicheren Verteilung der benötigten Schlüsselinformationen auf das abgesicherte Abrufverfahren mittels DANE und der zugrundeliegenden DNSSEC stützen.[3] Eine Anforderung an die Systemgestaltung wird in der einfachen Zuteilung des öffentlichen Schlüssels liegen, wofür allein die Kenntnis der E-Mail-Adresse des Kommunikationspartners ausreichen soll. Die Bedienung der Verschlüsselung soll benutzerfreundlich über den gewohnten Mail User Agent, auch ohne Fachkenntnisse, erfolgen können.[4] Die Benutzbarkeit wird letztlich über die Verbreitung und Praxistauglichkeit des Systems entscheiden. Gerade dies stellt in Bezug zur Komplexität bisheriger Schlüsselinfrastrukturen eine Herausforderung dar.[5]

Vor diesem Hintergrund muss geklärt werden, unter welchen Voraussetzungen verlässlich ermittelt werden kann, dass der Eigentümer des öffentlichen Schlüssels auch im Besitz des dazugehörigen privaten Schlüssels ist und zudem den Zugang zum E-Mail-Account hat, dem das Schlüsselpaar zugeordnet ist. Auch muss bedacht werden, wie automatisch mit veralteten Schlüsseln umzugehen ist, ohne die Nutzerrechte zu beschneiden.[6] Bereits thematisierte Ansätze, bei denen neben der Verwaltung öffentlicher Schlüssel auch die Verwaltung des privaten Schlüssels – sei es durch einen Dienstleister oder ein clientseitiges Plugin – vorgenommen wird, sollen in dieser Technikgestaltung nach Möglichkeit nicht aufgegriffen werden. Im Kern der Technikgestaltung soll primär ein Lösungsansatz für das Problem der Verwaltung öffentlicher Schlüssel formuliert werden. Eine Fremdverwaltung privater Schlüssel durch die Technik oder deren Akteure birgt das Risiko der Wirkungslosigkeit der Ende-zu-Ende-Verschlüsselung, etwa im Fall eines Angriffs auf den Server eines E-Mail-Anbieters, des Zugriffs

[2] S. hierzu die unter Abschnitt 2.2 und Abschnitt 2.3 beschriebenen existierenden Verfahren zur Veröffentlichung von Schlüsseln.

[3] Vgl. zur Funktionsweise von DANE und DNSSEC *Strotmann*, DNSSEC und DANE: Hilfestellung zur Mail-Verschlüsselung, heise.de vom 24. Juni 2015, https://heise.de/-2619026; *Koetter/Strotmann*, Geleitschutz: DANE verbessert sicheren Transport zwischen Mailservern, heise.de, vom 26. Juni 2015, https://www.heise.de/ratgeber/Geleitschutz-2626378.html?seite=all; *Wouters*, DNS-Based Authentication of Named Entities (DANE) Bindings for OpenPGP, RFC 7929, August 2016, 11 f., https://www.rfc-editor.org/rfc/rfc7929; *Hahn/Herfert/Lange* 2015, 40.

[4] Die Gefahr einer zu starken Vereinfachung ansprechend *Whitten/Tygar* 1999, 183.

[5] *Straub* 2005, 78 ff.

[6] Derzeitig hauptsächlich durch manuelle Überprüfung anhand sog. Certificate Revocation Lists. Vgl. dazu *Schmeh* 2016, 622 f.

auf Kommunikationsinhalte oder geheime Schlüssel durch Systemadministratoren oder des Zugriffs auf Kommunikationsinhalte durch staatliche Behörden.[7] Zudem setzt ein derartiges Verfahren ein höheres Vertrauen der Nutzer in den schlüsselverwaltenden Akteur voraus als die ausschließliche Verwaltung öffentlicher Schlüssel. Gerade mit Blick auf die Nutzerschaft von PGP im Speziellen und verschlüsselter Kommunikation im Allgemeinen kann ein solches Vertrauen nicht vorausgesetzt werden, was wiederum eine weite Verbreitung der Technik konterkarieren könnte.[8]

Da zum Auffinden der öffentlichen Schlüssel nach Möglichkeit lediglich die Kenntnis über die E-Mail-Adresse ausreichen soll, bietet es sich an, die Verwaltung der öffentlichen Schlüssel und der Schlüsselserver bei den E-Mail-Providern zu verorten.

Bisherige Probleme mit Systemen der Schlüsselverteilung – wie etwa das Ermöglichen automatischer Abfragen bei HKP-Servern – sollen im Rahmen der Technikgestaltung antizipiert und – wo es möglich ist – gelöst werden.[9] In diesem Zusammenhang sollte das System nur die notwendigsten Daten unter möglichst hohen Sicherheitsvorkehrungen vorhalten.

Das zu entwickelnde System sollte sich zudem als minimalinvasive Technik in bereits bestehende (Rand-)Systeme einfügen, sie ergänzen und letztlich bereichern. Ziel der Technikgestaltung muss es folglich sein, die bereits bestehenden Systeme und Prozesse nach Möglichkeit nicht zu verändern, es sei denn, das erweist sich als unvermeidbar. Es ist zu erwarten, dass eine Veränderung der zugrundeliegenden Techniken und Prozesse – wie bspw. das zugrundeliegende Vertrauensmodell von PGP – zu weniger Akzeptanz bei den Nutzern führen und damit das Ziel einer möglichst weiten Verbreitung konterkarieren würde.

3.1 Beteiligte Akteure des Verfahrens

Das E-Mail-Ökosystem, in das sich die zu gestaltende Technik einfügen soll, zeichnet sich durch verschiedene Akteure aus. Die Akteure interagieren auf verschiedene Weise mit dem zu gestaltenden System. Im Nachfolgenden sollen die

---

[7] Zu den genannten Angriffsmöglichkeiten *Hahn/Herfert/Lange* 2015, 19; für die nutzerseitige Kontrolle des privaten Schlüssels auch *Straub/Baust/Mitzel*, in: Paulsen 2015, B-3; ähnlich auch *Hahn/Herfert/Lange* 2016, 35 f.

[8] *Straub/Baust/Mitzel*, in: Paulsen 2015, B-3; zur Skepsis – vor allem gegenüber staatlichen Stellen – des PGP-Habitats s. *Wobst* 2001, 346.

[9] *Jacobson/Neppach*, DuD 2009, 400; zu den Problemen einzelner bisher im Einsatz befindlicher Verfahren s. Abschnitt 2.2.1 ff.

Akteure skizziert werden und als Ausgangsszenario für die sich anschließende Technikgestaltung dienen.

3.1.1 Nutzer

Der Nutzer ist in der Lage, die gängigen Verschlüsselungsprogramme PGP und S/MIME zu bedienen und verfügt – je nach Anwendungsszenario für PGP und S/MIME – über seine privaten und öffentlichen Verschlüsselungsschlüssel. Der Nutzer kann eine Privatperson, ein Unternehmen oder eine öffentliche Stelle repräsentieren. Er hat einen E-Mail-Account bei einem externen E-Mail-Provider und greift auf seine E-Mails mittels eines lokalen Mail User Agent (wie bspw. Thunderbird) oder direkt über einen Webmailer auf den Server des E-Mail-Providers zu. Es soll ferner vorausgesetzt werden, dass der Nutzer grundlegende Kenntnisse über die wesentlichen Funktionen der E-Mail-Kommunikation, namentlich das Lesen, Verfassen, den Versand und den Empfang besitzt. Erweiterte Kenntnisse, sowohl was die Verschlüsselungsverfahren als auch die E-Mail als Kommunikationsmedium anbelangt, sollen nicht vorausgesetzt werden. Abseits der E-Mail-Adresse sind dem Nutzer als Akteur keine weiteren relevanten Daten des Kommunikationspartners bekannt. Das schließt insbesondere auch die Unkenntnis über den Auffindungsort des/der öffentlichen Schlüssel des Kommunikationspartners mit ein.

3.1.2 E-Mail-Provider

Der E-Mail-Provider hat die Kontrolle über seine Domäne und verwaltet den E-Mail-Account des Nutzers. Der E-Mail-Provider hat seinen Sitz in Deutschland und unterliegt demzufolge deutschem und europäischem Recht. Gem. den zuvor aufgestellten Gestaltungsprämissen verwaltet er einen Schlüsselserver, auf dem er die öffentlichen Schlüssel, die zu seiner Domäne gehören, veröffentlichen kann. Der E-Mail-Provider nimmt neben den beschriebenen Funktionen nicht die Aufgabe einer CA wahr.[10]

[10] Demgemäß übt er die Funktion eines Verzeichnisdienstes aus. Die Gestaltung einer PKI ist vorliegend nicht Gegenstand der Arbeit.

3.2 Anwendungsfälle

Die Anwendungsfälle bilden die Basis für die Technikgestaltung. Sie werden aus wesentlichen Leistungsmerkmalen bisheriger Systeme zur Schlüsselverteilung gebildet. Die zu gestaltende Technik muss alle Anwendungsfälle abbilden können, um grundsätzlich funktionsfähig zu sein. Im Rahmen der Gestaltung kann es mitunter verschiedene Wege der technischen Realisation einzelner Anwendungsfälle geben. Es ist mithin die Aufgabe der rechtsverträglichen Technikgestaltung, die Form der Realisation zu wählen, die die Rechtspositionen aller Akteure am besten in einen Ausgleich zueinander bringt und bestehende Nachteile bereits etablierter Systeme nach Möglichkeit vermeidet.

- Veröffentlichung eines Schlüssels: Das zu gestaltende System muss es dem Nutzer ermöglichen, die im Vorfeld erzeugten öffentlichen Schlüssel hochzuladen. Hierbei sollen die beiden Verfahren PGP und S/MIME unterstützt werden. Der Upload eines Schlüssels muss dem Nutzer sowohl in einem Web-Client als auch in einem lokalen Mailprogramm möglich sein. Demzufolge muss die Technikgestaltung client- und serverseitige Plugins umfassen.
- Suchen und Ausliefern von öffentlichen Schlüsseln: Für den Fall, dass ein Nutzer mit einem Kommunikationspartner Ende-zu-Ende-verschlüsselt kommunizieren möchte, muss das System in der Lage sein, bereits veröffentlichte Schlüssel zu finden und je nach gewähltem Verfahren (PGP oder S/MIME) auszuliefern. Für diesen Anwendungsfall soll die Kenntnis der E-Mail-Adresse des Kommunikationspartners ausreichen.
- Zurückziehen und Löschen eines Schlüssels: Das System muss es dem Nutzer ermöglichen, einen einmal in die Schlüsselserver hochgeladenen öffentlichen Schlüssel wieder aus der Welt zu schaffen. Im Idealfall soll diese Aktion selbstständig durch das System oder den Akteur, unter dessen Kontrolle sich der Schlüsselserver befindet, durchgeführt werden können, wenn ein Schlüssel nicht mehr aktuell ist.

4 Rechtliche Grundlagen

Nachdem im vorangegangenen Kapitel die technische Ausgangslage untersucht wurde, soll im Folgenden der rechtliche Rahmen analysiert werden, in dem sich die rechtsverträgliche Technikgestaltung vollzieht. Hierzu sollen die bereits bekannten Gestaltungsprämissen – die sich aus schon vorhandenen Technologien (PGP und S/MIME) und Akteuren im Bereich der Schlüsselverteilung zur Ende-zu-Ende-E-Mail-Verschlüsselung ergeben – rechtlich eingeordnet werden. Da die in den Gestaltungsprämissen aufgeführten Technologien und Akteure die Ausgangsbasis für die neu zu gestaltende Technik zur Schlüsselverteilung bilden sollen, müssen die für sie relevanten Gesetze auch in der sich anschließenden Technikgestaltung berücksichtigt werden. Die sich anschließende rechtsverträgliche Technikgestaltung soll einen datenschutzrechtlichen Fokus haben. Neben der DSGVO sollen flankierende (europäische und nationale) Gesetze, die ebenfalls den Schutz und die Sicherheit personenbezogener Daten (teil)regulieren, in den Rechtsrahmen zur Technikgestaltung einfließen. Hierzu zählen auch bereichsspezifische Regulierungen des Datenrechts. Das Datenrecht repräsentiert dabei ein verhältnismäßig junges Rechtsgebiet, das verschiedene Regelungsmaterien vereint, die auch Vorgaben für die Gestaltung von Systemen aufstellen, die personenbezogene Daten verarbeiten.[1] Neben datenschutzrechtlichen Aspekten soll auch die Vertraulichkeit der avisierten Lösung zur Schlüsselverteilung rechtlich beleuchtet werden. Deshalb soll das Recht der Vertrauensdienste den vornehmlich am Datenschutzrecht orientierten Rahmen als „wesensfremdes" Recht ergänzen.

---

[1] S. grundlegend *Apel/Huber*, JuS 2024, 410; neben den im Folgenden thematisierten Überschneidungen zwischen Datenschutzrecht und Datenrecht ergeben sich auch Zielkonflikte, die *Specht-Riemenschneider*, ZEuP 2023, 645 ff. eingehender beschreibt und die im Verlauf der Arbeit nicht näher betrachtet werden sollen.

S. Blazy, *Rechtsverträgliche Gestaltung von Ende-zu-Ende-Verschlüsselung zur Förderung des Selbstdatenschutzes*, DuD-Fachbeiträge,
https://doi.org/10.1007/978-3-658-51256-9_4

4.1 Datenschutzgrundverordnung

Da die Technikgestaltung einen datenschutzrechtlichen Fokus haben soll, werden die Regelungen der Datenschutzgrundverordnung sowie flankierende datenschutzrechtliche Regelungen aus europäischem und nationalem Recht den Kern der rechtlichen Grundlagen bilden. Vorliegend soll nach einer Schilderung der Entwicklung der Grundverordnung der sachliche Anwendungsbereich der Grundverordnung im Fokus stehen und geklärt werden, welche Daten, die durch die Komponenten der Technik potenziell verarbeitet werden könnten, als personenbezogen zu qualifizieren sind.

4.1.1 Genese der Datenschutzgrundverordnung

Die Anfänge des Datenschutzes im sekundären Gemeinschaftsrecht bildete die Richtlinie 95/46/EG zum Schutz natürlicher Personen bei der Verarbeitung personenbezogener Daten und zum freien Datenverkehr (DSRL).[2] Die 1995 verabschiedete Richtlinie hatte das Ziel, durch die Harmonisierung nationaler Regelungen den freien Verkehr von personenbezogenen Daten im gemeinsamen Binnenmarkt zu stärken und den Schutz der Privatsphäre natürlicher Personen bei der Verarbeitung personenbezogener Daten zu gewährleisten.[3] Das gewählte Instrument der Richtlinie ließ den Mitgliedsstaaten indes Interpretationsspielraum bei der Umsetzung der einzelnen Regelungen, was folglich zu unterschiedlichen Handhabungen des Datenschutzes und Rechtsunsicherheit führte.[4] Dieses datenschutzrechtliche Ungleichgewicht innerhalb der Union galt es auf ein einheitlich hohes Schutzniveau zu nivellieren, um den Schutzstandard personenbezogener Daten in allen Mitgliedsstaaten gleichermaßen zu gewährleisten.[5] Zudem erwies es sich als zunehmend schwierig, die stetig voranschreitende technische Entwicklung – wie bspw. in den Bereichen Big Data, Ubiquitous Computing oder Industrie 4.0 – angemessen zu regulieren.[6]

---

[2] RL 95/46/EG vom 24.10.1995, ABl. EG 1995, Nr. L281, 31.

[3] S. Art. 1 Abs. 1 und 2 DSRL; weiterführend zu den Inhalten s. *Simitis/Hornung/Spiecker gen. Döhmann*, in: Simitis/Hornung/Spieker 2025, Einleitung Rn. 141 ff.

[4] ErwGr 9 Satz 1 DSGVO; *Albrecht*, in: Simitis/Hornung/Spiecker 2025, Einleitung Rn. 212.

[5] ErwGr 10 Satz 1 DSGVO.

[6] Zur Notwendigkeit der Anpassung des Rechtsrahmens *Hornung*, MMR 2004, 7; *Roßnagel* 2007, 8.

Vor diesem Hintergrund forderte die Kommission eine Anpassung und Vereinheitlichung des bestehenden Rechtsrahmens.[7] Nach einem Konsultationsprozess – zur Bedarfs- und Anforderungsermittlung an ein neu zu gestaltendes europäisches Datenschutzrecht – wurde am 25.1.2012 ein Kommissionsentwurf zur Ablösung der bis dahin bestehenden DSRL vorgelegt.[8] Das Europäische Parlament hat seinerseits nach intensiver Beratung in den Ausschüssen eine konsolidierte Entwurfsfassung am 12.3.2014 angenommen.[9] Insgesamt wurden von den Abgeordneten 3.999 Änderungsanträge eingereicht.[10] Anhand dieser gewaltigen Zahl lässt sich die rechtspolitische Brisanz des Topos „Datenschutzrecht" ermessen. Ein umstrittener Tagesordnungspunkt blieb die DSGVO auch im Rat der Europäischen Union. Dieser legte am 15.5.2015 seine Verhandlungsposition vor, die sich – trotz substantieller Widerstände einiger Mitgliedsstaaten – sehr stark an den Entwürfen von Kommission und Parlament orientierte.[11] Mit der Position des Rats wurde die DSGVO zusammen mit Kommission und Parlament im Trilog verhandelt und es wurde sich am 28.1.2016 auf eine einheitliche Fassung verständigt.[12] Nach der sich daran anschließenden Verabschiedung durch den Rat und das Parlament wurde die DSGVO im Amtsblatt am 4.5.2016 veröffentlicht und trat gem. Art. 99 Abs. 1 DSGVO 20 Tage später in Kraft.[13]

Als Verordnung i. S. d. Art. 288 AEUV gilt die DSGVO in allen Mitgliedsstaaten unmittelbar und es bedarf – anders als bei einer Richtlinie – keiner Umsetzung in nationales Recht durch die mitgliedsstaatlichen Legislativen. Indes ist die DSGVO nicht das alleinige Maß aller Dinge in Sachen Datenschutz, vielmehr

---

[7] EU-Kommission, KOM (2009) 262 endgültig vom 10. Juni 2009.

[8] Der Konsultationsprozess wurde gemeinsam von der Kommission und dem Rat im sog. „Stockholmer Programm" vorangetrieben, ABl. EU 2010 C 155/1 vom 4. Mai 2010, 10 f.; Kommission, KOM(2012) 11 endgültig vom 25. Januar 2010; s. *Reding*, ZD 2012, 195 ff.

[9] Federführend war der Ausschuss für bürgerliche Freiheiten, Inneres und Justiz (LIBE). Flankierende beratende Funktion übernahmen die Ausschüsse für Recht (JURI), Industrie, Forschung und Energie (ITRE), Binnenmarkt und Verbraucherschutz (IMCO), Beschäftigung und soziale Angelegenheiten (EMPL); Europäisches Parlament, EP-PE_TC1-COD(2012)0011, 12. März 2014, 1 ff., https://www.europarl.europa.eu/doceo/document/TC1-COD-2012-0011_DE.pdf?redirect; s. dazu *Roßnagel/Kroschwald*, ZD 2014, 496.

[10] *Albrecht*, in: Simitis/Hornung/Spieker 2025, Einleitung Rn. 220.

[11] Weiterführend s. *Albrecht*, in: Simitis/Hornung/Spieker 2025, Einleitung Rn. 226 ff.; *Roßnagel/Nebel/Richter*, ZD 2015, 455; der Verhandlungsprozess wurde vor allem durch die Mitgliedsstaaten Deutschland, Großbritannien und Dänemark verzögert.

[12] Zu den Hintergründen der Trilog-Verhandlungen s. *Albrecht*, CR 2016, 88 ff.

[13] VO 2016/679 vom 27. April 2016, ABl. EU 2016, Nr. L 119, 1 ff.

erfordert es nationalgesetzliche Präzisierungen abstrakter Regelungen, Konkretisierungen unfertiger Regelungen sowie das Ausfüllen expliziter und impliziter Öffnungsklauseln.[14]

Rückblickend lässt sich feststellen, dass der DSGVO ein großes Maß an medialer Aufmerksamkeit zuteilwurde und das Thema Datenschutz durch die Gesetzesinitiative größeren Stellenwert in der öffentlichen Debatte einnahm und – vor dem Hintergrund der stetig voranschreitenden Digitalisierung aller Lebensbereiche – auch künftig einnehmen wird.[15] Neben dem grundsätzlich zu begrüßenden öffentlichen Diskurs muss aber auch festgestellt werden, dass die DSGVO an einigen Stellen konzeptionelle Schwächen aufweist, die verhindern, dass sie ihrer Herausforderung vollumfänglich gerecht werden kann.[16]

4.1.2 Sachlicher Anwendungsbereich der DSGVO

Der sachliche Anwendungsbereich der DSGVO ist in Art. 2 DSGVO normiert. Nach deren Abs. 1 gilt die Verordnung umfassend für die Verarbeitung von personenbezogenen Daten, unabhängig davon, ob diese ganz, teilweise oder nichtautomatisiert verarbeitet werden, soweit die Daten in einem Dateisystem gespeichert sind oder dies beabsichtigt wird. Der sachliche Anwendungsbereich ist infolgedessen sehr weit gefasst, wie dies bereits bei der „Vorgängerregelung" der DSRL der Fall war.[17]

Der sachliche Anwendungsbereich ist nach Art. 2 Abs. 1 DSGVO eröffnet, wenn die Verarbeitung personenbezogener Daten ganz oder teilweise automatisiert erfolgt. Zentraler Begriff ist in diesem Kontext die Automatisation. Dabei ist es nicht erforderlich, dass der gesamte Verarbeitungsvorgang unter Zuhilfenahme informationstechnologischer Systeme erfolgt. Es ist bereits ausreichend, wenn lediglich ein Teil der Verarbeitung durch informationstechnische Mittel unterstützt wird.[18] Auch auf das Format der personenbezogenen Daten kommt es hier nicht an. Insoweit ist es nicht von Belang, ob die automatisierte Verarbeitung Bilddaten oder Textdaten mit Personenbezug umfasst.

---

[14] *Roßnagel*, in: Roßnagel 2018, § 1 Rn. 13; kritisch hierzu *Kühling/Martini*, EuZW 2016, 488 (449).

[15] *Wolff/Brink/von Ungern-Sternberg*, in: BeckOK DSR 2024, Einleitung Rn. 19a.

[16] *Roßnagel/Geminn* 2020, 82.

[17] *Gola*, in: Gola/Heckmann 2022, Art. 2 DSGVO Rn. 1; so auch *Roßnagel* in: Simitis/Hornung/Spieker 2025, Art. 2 DSGVO Rn. 13.

[18] *Roßnagel*, in: Simitis/Hornung/Spieker 2025, Art. 2 Rn. 14.

4.1.2.1 Personenbezogene Daten

Der Begriff des personenbezogenen Datums ist in Art. 4 Nr. 1 DSGVO legaldefiniert und stellt – wie schon zuvor bei der Datenschutzrichtlinie – das zentrale Tatbestandsmerkmal der Grundverordnung dar.[19] Hierbei ist indes zu beachten, dass das Schutzgut des Datenschutzrechts nicht „die" analogen oder digitalen Daten an sich sind, sondern vielmehr die natürlichen Personen, deren Daten verarbeitet werden. Der Begriff stellt mithin die sekundärrechtliche Manifestation des primärrechtlichen Schutzes personenbezogener Daten dar, wie er auf europäischer Ebene in Art. 8 GRCh verankert ist.[20] Wie den sachlichen Anwendungsbereich in Gänze, so steckt die DSGVO auch den Begriff des personenbezogenen Datums weit ab.[21] Schon das Bundesverfassungsgericht hat in seiner Entscheidung zum Volkszählungsurteil aus dem Jahre 1983 festgestellt, dass es kein „belangloses" Datum gibt. Entscheidend sind vielmehr die unter Einsatz moderner Informationstechnologie bestehenden Aggregations- und Verknüpfungsmöglichkeiten sowie der Zweck der Datenverarbeitung.[22] Insoweit ist eine weite Auslegung dieses zentralen Begriffs nur folgerichtig.

4.1.2.1.1 Personenbezug

Im Sinne der Grundverordnung handelt es sich – nach dem Wortlaut des Art. 4 Nr. 1 1. Hs. DSGVO – dann um personenbezogene Daten, soweit sich eine „Information" auf eine „betroffene Person" bezieht. Das Tatbestandsmerkmal der „Information" umfasst dabei jedweden Hinweis über eine natürliche Person, unabhängig von der Art, dem Inhalt oder dem Format der Information.[23] Des Weiteren ist es für das Vorhandensein eines Personenbezugs erforderlich, dass sich die Information auf eine „betroffene Person" bezieht. Betroffen kann – ganz im Sinn des Schutzzwecks der Grundverordnung – lediglich eine natürliche Person sein. Eine Ausweitung auf juristische Personen ist vom europäischen Gesetzgeber hingegen nicht vorgesehen. Dies stellt der Verordnungsgeber in ErwGr 14 Satz 2 DSGVO ausdrücklich klar.

---

[19] *Karg*, in: Simitis/Hornung/Spieker 2025, Art. 4 DSGVO Rn. 1 mit Bezugnahme auf *Boehme-Neßler*, DuD 2016, 419.

[20] ErwGr 2 DSGVO; Karg, in: Simitis/Hornung/Spieker 2025, Art. 4 Nr. 1 DSGVO Rn. 1 m. w. N.

[21] EuGH, Urteil vom 17. Juli 2014, YS u. a., C141/12, ECLI:EU:C:2014:2081, Rn. 64; *Streinz/Michl*, EuZW 2011, 387.

[22] BVerfGE, 65, 1 (45).

[23] Art.-29-Gruppe, WP 136, 7 f.; weiterführend hierzu *Karg*, in: Simitis/Hornung/Spieker 2025, Art. 4 Nr. 1 DSGVO Rn. 25.

Allerdings können Informationen über juristische Personen gleichwohl von datenschutzrechtlicher Relevanz sein, soweit sich aus ihnen eine direkte Verbindung zu einer natürlichen Person ergeben.[24] Ein Beispiel für solche „Überlappungen" von Informationen von natürlichen und juristischen Personen können Firmenbezeichnungen darstellen, wenn diese den Namen des Gründers im Namen tragen. Auch geschäftliche E-Mail-Adressen oder kryptographische Schlüssel können sowohl als Informationen über die betroffene Person wie auch als Information über die juristische Person qualifiziert werden.[25] Entscheidend ist in diesem Kontext, dass sich die Informationen auf eine natürliche Person beziehen.[26]

4.1.2.1.2 Identifizierbarkeit

Damit es sich um personenbezogene Daten i. S. d. Verordnung handelt, muss sich eine Information einer betroffenen Person zuordnen lassen. Hierbei ist es unerheblich, ob sich der Bezug zwischen Information und natürlicher Person auf den ersten Blick erschließt oder nicht. Der Verordnungsgeber stellt das in Art. 4 Nr. 1 1. Hs. DSGVO klar, indem er die „betroffene Person" als eine identifizierte oder identifizierbare natürliche Person definiert. Bei einer identifizierten natürlichen Person ist der Personenbezug unmittelbar durch bekannte Informationen gegeben.[27] Dies ist etwa der Fall, wenn der Kontext eine direkte Zuordnung eines Datums – wie des Namens auf einer Gästeliste – zu einer betroffenen Person ermöglicht.[28] Die Identität der betroffenen Person ist also bereits bekannt.

Anders verhält es sich bei der Identifizierbarkeit. Die Identität einer natürlichen Person ist – im Gegensatz zu einer bereits identifizierten natürlichen Person – noch nicht bekannt. Identifizierbar ist eine Person nach Art. 4 Nr. 1 2. Hs. DSGVO, wenn sie direkt oder indirekt durch die Zusammenführung von Daten identifiziert werden kann. Die Verordnung nennt hier beispielhaft die

---

[24] Irritierenderweise exkludiert die Verordnung in ihrem Wortlaut des ErwGr 14 Satz 2 DSGVO personenbezogene Daten juristischer Personen. Der Autor schließt sich diesbezüglich *Ziebarth*, in: Sydow/Marsch 2022, Art. 4 DSGVO Rn. 13 an, wonach diese Formulierung als redaktionelles Versehen anzusehen ist.

[25] S. dazu *Ernst*, in: Paal/Pauly 2021, Art. 4 DSGVO Rn. 5; EuGH, Urteil vom 9. November 2010, Eifert, C93/09, ECLI:EU:C:2009:284, Rn. 53; *Nehab*, ZD 2013, 383; zu den im Schlüsselmaterial enthaltenen Informationen über den Schlüsselinhaber s. Abschnitt 2.1.1 und 2.1.2.

[26] Art.-29-Gruppe, WP 136, 10; Art.-29-Gruppe, WP 105, 9.

[27] *Schild* in: BeckOK DSR 2024, Art. 4 DSGVO Rn. 14.

[28] *Ziebarth*, in: Sydow/Marsch 2022, Art. 4 DSGVO Rn. 14.

Zuordnung zu Kennungen – wie die Zuordnung des Namens zu einer Kennnummer, zu Standortdaten oder einer Onlinekennung – oder zu speziellen Merkmalen, die Ausdruck der physischen, physiologischen, genetischen, psychischen, wirtschaftlichen, kulturellen oder sozialen Identität der Person sind. Der Umstand, dass diese Aufzählung in der Verordnung mit dem Wort „insbesondere" eingeleitet wird, lässt darauf schließen, dass weitere Zuordnungsmöglichkeiten von Daten, die eine eindeutige Identifizierbarkeit natürlicher Personen ermöglichen, durch die Grundverordnung abgedeckt werden.

Die durch die Grundverordnung aufgeführten Kennungen lassen ihrerseits Spielraum für konkrete technische Sachverhalte. So umfasst der Begriff der Kennnummer sämtliche alphanumerischen Zeichenkombinationen, die zur Identifikation einer natürlichen Person verwendet werden können.[29] Auch die erwähnten Standortdaten können in den verschiedensten Varianten zur Identifizierbarkeit einer natürlichen Person beitragen.[30] Im Lichte der voranschreitenden technischen Entwicklungen kommt dem Begriff der Onlinekennung eine herausgehobene Stellung zu.[31] Wie die zuvor erläuterten Begriffe ist auch der der Onlinekennung bewusst weit gefasst. ErwGr 30 DSGVO füllt den Rahmenbegriff exemplarisch mit eindeutigen Kennungen wie der IP-Adresse oder Cookie-Kennungen. Hierbei wird klargestellt, dass es unerheblich ist, ob diese Kennungen durch Softwareanwendungen, -tools, Protokolle oder durch das jeweilige Endgerät der natürlichen Person erzeugt werden.[32] Entscheidend ist, dass sie – auch unter Zuhilfenahme weiterer Datensätze – zur Identifizierung geeignet sind.

Der Verordnungsgeber belässt die Identifizierbarkeit auf der Basis von Kennungen allerdings nicht derart apodiktisch bei der reinen „Geeignetheit" des Datums. In ErwGr 26 Satz 3 f. DSGVO wird die Eignung einer Kennung zur Identifizierbarkeit in Relation zum Aufwand gestellt, den es nach „allgemeinem Ermessen wahrscheinlich" benötigt, um das Datum einer natürlichen Person zuzuordnen. Hierbei spielen objektive Faktoren wie Kosten, Zeit und die verfügbare Technologie eine Rolle, um zu beurteilen, ob das Datum als personenbeziehbares Datum zu qualifizieren ist.[33] Nach ErwGr 26 Satz 3 DSGVO

[29] *Ziebarth*, in: Sydow/Marsch 2022, Art. 4 DSGVO Rn. 18 nennt Personalausweisnummer, Steuer-ID, Kfz-Kennzeichen als Beispiele alphanumerischer Kennungen.

[30] S. entsprechend zur alten Rechtslage *Weichert*, DuD 2009, 350; *Karg*, ZD 2012, 256 f.

[31] Im Gegensatz zu den übrigen Kennungsbegriffen des Art. 4 Nr. 1 2. Hs. DSGVO widmet sich der Verordnungsgeber in ErwGr 30 DSGVO verstärkt dem der Online-Kennung.

[32] Zur IP-Adresse als personenbezogenes Datum: EuGH, Urteil vom 19. April 2012, Bonnier Audio, C-461/10, ECLI:EU:C:2012:219, Rn. 51.

[33] ErwGr 26 Satz 4 DSGVO; s. analog zur DSRL EuGH, Urteil vom 19. Oktober 2016, Breyer, C-582/14, ECLI:EU:C:2016:779, Rn. 48.

in Verbindung mit der einschlägigen Rechtsprechung des EuGH zur Identifizierbarkeit einer natürlichen Person auf der Basis von dynamischen IP-Adressen muss sich der Verantwortliche[34] die für einen Dritten zur Verfügung stehenden Mittel zur Herstellung eines Personenbezugs zurechnen lassen, sofern er diese vernünftigerweise einsetzen könnte.[35] Das führt dazu, dass es in der Praxis maßgeblich auf den konkreten Einzelfall ankommt, ob eine Identifizierbarkeit von dem Verantwortlichen möglich ist.[36] Auf eine tatsächliche Vornahme der Identifizierung (gegebenenfalls unter Zuhilfenahme eines Dritten) kommt es dabei nicht an. Wäre dies nicht der Fall und würde einzig auf eine tatsächlich vorgenommene Identifizierung abgestellt werden, so läge die Entscheidung, wann es sich um ein personenbezogenes Datum handelt und mithin ob der sachliche Anwendungsbereich der Grundverordnung eröffnet ist, bei eben jenen Verantwortlichen selbst.[37]

Die Mittel, die der Verantwortliche nach „allgemeinem Ermessen wahrscheinlich" nutzt, um den Personenbezug herzustellen, konturieren sich – neben der praktischen Undurchführbarkeit – am rechtlich Erlaubten. Rechtswidrige Praktiken zur Herstellung eines Personenbezugs fallen demnach nicht unter das „allgemeine Ermessen" i. S. d. ErwGr 26 Satz 3 DSGVO.[38] Diese Ansicht ist allerdings vor dem Hintergrund zunehmender wirtschaftlicher Interessen großer datenverarbeitender Konzerne und Datenskandale von staatlichen Stellen grundsätzlich diskutabel.[39]

---

[34] Zum Begriff „Verantwortlicher" wird auf die Definition des Art. 4 Nr. 7 DSGVO verwiesen.

[35] S. EuGH, Urteil vom 19. Oktober 2016, Breyer, C-582/14, ECLI:EU:C:2016:779, Rn. 43; *Karg*, in: Simitis/Hornung/Spieker 2025, Art. 4 DSGVO Rn. 62; vgl. auch *Hofmann/ Johannes*, ZD 2017, 222.

[36] Zur diesbezüglichen relativen Theorie *Karg*, in: Simitis/Hornung/Spiecker 2025, Art. 4 Nr. 1 DSGVO Rn. 61 m. w. N.; maßgeblich auf die Perspektive des Empfängers abstellend EuG, ZD 2023, 399 (402); zur Abgrenzung von relativer und absoluter Theorie bereits *Voigt*, MMR 2009, 379.

[37] *Karg*, in: Simitis/Hornung/Spieker 2025, Art. 4 Nr. 1 DSGVO Rn. 63.

[38] EuGH, Urteil vom 19. Oktober 2016, Breyer, C-582/14, ECLI:EU:C:2016:779, Rn. 46 ff.; *Krügel*, ZD 2017, 459.

[39] Kritisch dazu s. *Karg*, in: Simitis/Hornung/Spieker 2025, Art. 4 Nr. 1 DSGVO Rn. 66 m. w. N.

4.1.2.1.3 Pseudonyme und anonyme Daten

Das Adjektiv pseudonym ist dem Griechischen entlehnt und bedeutet so viel wie „mit oder unter falschem Namen".[40] Für die Grundverordnung sind i. S. d. Art. 4 Nr. 5 DSGVO personenbezogene Daten als pseudonym zu qualifizieren, wenn diese ohne Hinzuziehung zusätzlicher Informationen nicht mehr einer spezifischen betroffenen Person zugeordnet werden können.[41] Hierfür ist es erforderlich, dass diese zusätzlichen Informationen, die eine Identifizierbarkeit und damit die Herstellung eines Personenbezugs ermöglichen, gesondert aufbewahrt und durch technische und organisatorische Maßnahmen geschützt werden. Die zusätzlichen Informationen lassen mithin eine Zuordnung eines Datums zu einer natürlichen Person zu und sollen nach ErwGr 26 Satz 2 DSGVO als Informationen über eine identifizierbare natürliche Person betrachtet werden. Mithin fallen auch pseudonyme Daten unter den sachlichen Anwendungsbereich der DSGVO.[42]

Mittels eines kryptographischen Verfahrens verschlüsselte personenbezogene Daten (z. B. Kommunikationsinhalte einer Ende-zu-Ende-verschlüsselten E-Mail) sind i. d. R. als pseudonymisierte Daten zu qualifizieren, soweit die in Art. 4 Nr. 5 DSGVO aufgeführten Bedingungen erfüllt sind. Die Daten werden anhand der „zusätzlichen Information" (Zuordnungsregel) – hier der kryptographische Schlüssel i. V. m. dem entsprechenden Verschlüsselungsverfahren – so weit verändert, dass eine erneute Zuordnung des Personenbezugs ohne diese Zuordnungsregel nicht mehr möglich ist.[43] Nur diejenigen, denen der kryptographische Schlüssel bekannt ist, können den Personenbezug wiederherstellen. Ist der Schlüssel – also die Zuordnungsregel – hingegen nicht bekannt, so entfällt der Personenbezug, da es sich um anonyme Daten handelt.

Im Gegensatz zur „Pseudonymisierung" findet sich – anders als in der alten Fassung des BDSG – keine Legaldefinition zur Anonymisierung in der Grundverordnung.[44] Anonym – vom griechischen anónymos – bedeutet „ungenannt/namenlos".[45] Bei der Anonymisierung wird der Personenbezug – anders als bei der Pseudonymisierung – irreversibel entfernt. Es handelt sich bei diesen Daten zwar nach wie vor um Einzelangaben zu natürlichen Personen, jedoch ist

---

[40] *Weigand*, 1876, 402.

[41] Zum Begriff des Pseudonymisierens unter der alten Rechtslage des § 3 Abs. 6a BDSG a. F. s. *Bedner* 2012, 180.

[42] *Ernst*, in: Paal/Pauly 2021, Art. 4 DSGVO Rn. 40; Art.-29-Gruppe, WP 136, 21.

[43] *Bedner* 2012, 120; Art.-29-Gruppe, WP 136, 21.

[44] S. zur alten Rechtslage § 3 Abs. 6 BDSG a. F.; *Meyerdierks*, MMR 2009, 10.

[45] *Weigand* 1873, 53.

eine Zuordnung nicht mehr möglich.[46] Da die Grundverordnung die Verarbeitung von personenbezogenen Daten reguliert, fallen anonyme Daten – bei denen dieser Personenbezug fehlt – nicht unter das Regelungsregime der DSGVO.[47] Eine Einschränkung des sachlichen Anwendungsbereichs erfolgt dahingehend indes nur implizit in Art. 89 DSGVO, der die Datenverarbeitung zum Zwecke der Forschung in bestimmten Bereichen privilegiert.[48] Flankierend dazu stellt ErwGr 26 Satz 6 DSGVO explizit klar, dass die Grundverordnung die Verarbeitung von anonymen Daten – auch für statistische oder Forschungszwecke – nicht regelt. Folglich sind gem. ErwGr 26 Satz 5 DSGVO die Grundsätze des Datenschutzrechts auch nicht auf anonyme Daten anwendbar.

4.1.2.1.4 Einordnung kryptographischer Schlüssel

Die Ende-zu-Ende-Verschlüsselung von E-Mails nach dem S/MIME-Verfahren verwendet X.509-Zertifikate.[49] Ein solches X.509-Zertifikat wird von einer Zertifizierungsstelle ausgestellt, die zugleich die Vertrauenswürdigkeit des öffentlichen Schlüssels bescheinigt. Hierfür sind im jeweiligen Zertifikat – neben dem öffentlichen Schlüssel – noch weitere, zum Teil auch personenbezogene, Daten enthalten. Hierunter fällt etwa standardmäßig die E-Mail-Adresse des Zertifikatsinhabers.[50] Zudem ist es möglich, dass der Name oder – bei organisationsvalidierten Zertifikaten – ein Firmenname oder die konkrete Abteilung, in der der Zertifikatsinhaber arbeitet, im Zertifikat als personenbeziehbare Daten mit aufgeführt werden.[51]

Es ist allerdings auch möglich, dass lediglich pseudonymisierte personenbezogene Daten, wie etwa eine pseudonyme E-Mail-Adresse, des Nutzers im jeweiligen Zertifikat enthalten sind. Wie bereits gezeigt, fallen jedoch auch pseudonyme Daten unter den sachlichen Schutzbereich der Grundverordnung,

---

[46] *Roßnagel/Scholz*, MMR 2000, 723; *Ernst*, in: Paal/Pauly 2021, Art. 4 DSGVO Rn. 48.

[47] *Karg*, in: Simitis/Hornung/Spieker 2025, Art. 4 Nr. 1 DSGVO Rn. 20; *Nink/Pohle*, MMR 2015, 564.

[48] *Hofmann/Johannes*, ZD 2017, 223.

[49] Dazu bereits ausführlich in Abschnitt 2.1.2; s. zudem weiterführend *Fischer u. a.*, in: Eibl/Gaedke 2017, 739.

[50] *Blazy u. a.*, in: Eibl/Gaedke 2017, 752. Der Aufbau von X.509-Zertifikaten wird detailliert in *Cooper u. a.*, Internet X.509 Public Key Infrastructure Certificate and Certificate Revocation List (CRL) Profile, RFC 5280, Mai 2008, 16 ff., https://www.rfc-editor.org/rfc/rfc5280.txt, beschrieben. Dieser Standard wird stetig weiterentwickelt und der Zertifikatsaufbau entsprechend erweitert. S. weiterführend *Schwenk* 2020, 390 ff.

[51] Zertifizierungsstellen bieten i. d. R. verschiedene nichtstandardisierte Validierungsstufen von Zertifikaten an, bei denen entsprechend mehr personenbezogene Daten überprüft werden und die Angaben im Zertifikat entsprechend erweitert werden. S. *Pohlmann* 2019, 459.

sodass im Rahmen der Verwaltung und Verteilung von X.509-Zertifikaten die einschlägigen datenschutzrechtlichen Regelungen zu beachten sind.[52] Durch die Verknüpfung personenbezogener Daten des Zertifikatsinhabers zum individuellen öffentlichen Schlüssel wird dieser ebenfalls zu einem pseudonymen Datum.

PGP arbeitet im Gegensatz zu S/MIME nicht mit X-509-Zertifikaten, sondern stützt sich auf einen eigenen Standard. Ein PGP-Zertifikat beinhaltet im Wesentlichen die folgenden Bestandteile:[53]

- Ein öffentlicher Schlüssel des Zertifikatsinhabers.
- Eine oder mehrere User-ID (Kennung), die den Inhaber mittels (gegebenenfalls pseudonymisierten) Name(n) und E-Mail-Adresse(n) identifizieren.
- Korrespondierend zu den User-ID eine gleiche Anzahl digitaler Signaturen. Diese Signaturen bestätigen die Zugehörigkeit des Schlüssels zum Nutzer und können vom Nutzer selbst oder von Dritten erstellt werden.

Bedingt durch die Funktionsweise von PGP sind – im Gegensatz zu S/MIME – neben personenbezogenen Daten des Zertifikatsinhabers folglich noch die Signaturen von Dritten enthalten, welche die Vertrauenswürdigkeit des jeweiligen öffentlichen Schlüssels erhöhen sollen.[54] Diese Signaturen, die eine Rückverfolgbarkeit zum Unterzeichnenden ermöglichen und beabsichtigen, sind ihrerseits Pseudonyme und unterfallen ebenfalls der Grundverordnung. Darüber hinaus lässt PGP noch das Einfügen weiterer, nicht standardisierter Inhalte zu. So kann der Nutzer etwa ein Gesichtsbild zur weitergehenden Identifizierung in das Zertifikat einfügen.[55]

Neben den öffentlichen Schlüsseln wird sowohl bei PGP als auch bei S/MIME ein privater Schlüssel zur Entschlüsselung übermittelter Nachrichten benötigt. Der private Schlüssel stellt eine Zuordnungsfunktion dar, mit welcher es möglich ist, eine verschlüsselte E-Mail (pseudonymer Datensatz) wieder in einen lesbaren Text zu überführen und die darin enthaltenen Daten einer spezifischen Person zuzuordnen.[56] Der private Schlüssel ist vom Inhaber entsprechend sicher zu verwahren.

---

[52] *Blazy u. a.*, in: Eibl/Gaedke 2017, 752.

[53] *Callas/Donnerhacke/Finney/Thayer*, OpenPGP Message Format, RFC 2440, November 1998, 17 ff., https://www.rfc-editor.org/rfc/rfc2440; *Schmeh* 2016, 601 f.

[54] S. Oppliger 2020, 96; bei S/MIME wird das Vertrauen durch die Signierende CA gewährleistet.

[55] *Blazy u. a.*, in: Eibl/Gaedke 2017, 755.

[56] Art.-29-Gruppe, WP 216, 24 f.; *Hansen*, in: Simitis/Hornung/Spiecker 2025, Art. 4 Nr. 5 DSGVO Rn. 30.

4.1.2.2 Verarbeitung

Ein weiterer zentraler Begriff des sachlichen Anwendungsbereichs aus Art. 2 Abs. 1 DSGVO ist neben dem des personenbezogenen Datums der der (ganz oder teilweise automatisierten) Verarbeitung. Am Begriff der Verarbeitung konturieren sich die Rechte der Betroffenen, die Pflichten des Verantwortlichen sowie die aufsichtsbehördlichen Befugnisse.[57] Der Verordnungsgeber umreißt in Art. 4 Nr. 2 DSGVO exemplarisch, was unter diesem Begriff zu verstehen ist, und fasst unter die „Verarbeitung" exemplarisch „das Erheben, das Erfassen, die Organisation, das Ordnen, die Speicherung, die Anpassung oder Veränderung, das Auslesen, das Abfragen, die Verwendung, die Offenlegung durch Übermittlung, Verbreitung oder eine andere Form der Bereitstellung, den Abgleich oder die Verknüpfung, die Einschränkung, das Löschen oder die Vernichtung".[58]

Auffällig bei dieser Aufzählung ist, dass die genannten Verarbeitungsvorgänge scheinbar ein aktives Tun des Verantwortlichen hinsichtlich der personenbezogenen Daten implizieren.[59] Ein Zustand ohne aktives Zutun des Verantwortlichen – etwa das bloße Vorhandensein personenbezogener Daten – ist der Begriffsbestimmung nicht zu entnehmen. Die Verordnung scheint diese Ansicht zu stützen, wenn in Art. 4 Nr. 2 DSGVO von der Verarbeitung als „ausgeführte[m] Vorgang" gesprochen wird.[60]

Eine solch eingrenzende Auslegung des Verarbeitungsbegriffs verkennt allerdings den mit der Grundverordnung verfolgten Anspruch, vollumfänglich alle Formen der Verarbeitung personenbezogener Daten zu erfassen, um etwaige Risiken für den Schutz personenbezogener Daten (Art. 8 Abs. 1 GRCh), das Recht auf Achtung des Privat- und Familienlebens (Art. 7 GRCh) und die informationelle Selbstbestimmung (Art. 2 Abs. 1 i. V. m. Art. 1 Abs. 1 GG) zu vermeiden und im Umkehrschluss einen umfassenden Grundrechtsschutz der Betroffenen zu gewährleisten.[61]

---

[57] *Roßnagel*, in: Simitis/Hornung/Spieker 2025, Art. 4 Nr. 2 DSGVO, Rn. 8.

[58] Art. 4 Nr. 2 DSGVO.

[59] Zur Verarbeitung im Sinne einer aktiven Handlung s. *Herbst*, in: Kühling/Buchner 2021, Art. 4 Nr. 2 DSGVO, Rn. 14; OVG Hamburg, Beschluss vom 15.10.2020, 5 Bs 152/20, 5.

[60] So auch die englische („proceeding means any operation […] wich is performed") und französische („traitement, toute opération […] effectuées") Fassung der DSGVO. Demgemäß wäre die Verarbeitung als „zurechenbare willensgetragene menschliche Aktivität" i. S. d. OVG Hamburg, Beschluss vom 15.10.2020, 5 Bs 152/20, 6 zu verstehen.

[61] *Schantz*, in: BeckOK DSR 2024 Art. 1 DSGVO Rn. 5 ff.; *Spiecker gen. Döhmann/Eisenbarth*, JZ 2011, 172; *Hornung/Spieker*, in: Simitis/Hornung/Spieker 2025, Art. 1 DSGVO Rn. 6.

Risiken aus der Verarbeitung von personenbezogenen Daten resultieren nicht ausschließlich aus aktiven oder gar „willensgetragenen“ Verarbeitungen. Auch ein passiver Zustand kann – etwa bei einer unsachgemäßen Lagerung personenbezogener Daten – signifikante Risiken für die Rechte und Freiheiten der Betroffenen bedeuten, die etwa in einer Vernichtung oder Offenlegung münden können.[62] Eine Verneinung des Verarbeitungsbegriffs in Ermangelung einer aktiven Verarbeitung hinterließe einen blinden Fleck im Schutzkonzept der Grundverordnung und würde, in Ermangelung der Eröffnung des sachlichen Anwendungsbereichs, gleichermaßen Betroffenenrechte (Art. 12 ff. DSGVO) wie aufsichtsrechtliche Maßnahmen konterkarieren.[63]

Der Verarbeitungsbegriff muss deshalb – wie der gesamte sachliche Anwendungsbereich der Grundverordnung – weit verstanden und ausgelegt werden. Das zeigt auch der europäische Verordnungsgeber in Art. 4 Nr. 2 DSGVO, wenn er unter der Verarbeitung „jeden mit oder ohne Hilfe automatisierter Verfahren ausgeführten Vorgang oder jede solche Vorgangsreihe“ verstanden wissen will und die nachfolgende Aufzählung von Verarbeitungsbeispielen gerade nicht abschließend ist, sondern lediglich exemplarischen Charakter hat.

Gemäß diesem Begriffsverständnis wird der Duktus der gesamten Grundverordnung deutlich, den Betroffenen einen möglichst umfassenden, technologieneutralen Schutz ihrer Rechte zu gewährleisten.[64] Der Verarbeitungsbegriff beschränkt sich demnach gerade nicht auf einzelne Prozesse der Datenverarbeitung, sondern umfasst – im Sinne einer grundrechtskonformen Auslegung – sämtliche denkbaren Formen der Verarbeitung von personenbezogenen Daten.[65] Ein Umgehen des Begriffs – mit der Folge einer Unanwendbarkeit des sachlichen Anwendungsbereichs – ist für Verantwortliche demnach nicht ohne weiteres möglich.

Gem. Art. 2 Abs. 1 DSGVO ist der sachliche Anwendungsbereich bei Vorliegen einer ganz oder teilweise automatisierten Verarbeitung von personenbezogenen Daten eröffnet. Eine Eingrenzung erfolgt lediglich hinsichtlich der

---

[62] So umfasst der Begriff „storage“ der englischen Fassung ebenso wie der Begriff „conservation“ der französischen Fassung sowohl den Vorgang als auch den Zustand der Aufbewahrung. So auch *Roßnagel*, in: Simitis/Hornung/Spieker 2025, Art. 4 Nr. 2 DSGVO Rn. 19; *Ernst*, in: Paal/Pauly 2021, Art. 4 DSGVO Rn. 25.

[63] So könnten Auskunftsansprüche (Art. 15 DSGVO) etwa nur isoliert über spezielle Normen – wie im Arzt-Patienten-Verhältnis über § 630g BGB – durchgesetzt werden.

[64] Zum Begriff der Technologieneutralität *Reding*, ZD 2012, 198; *Roßnagel*, in: Roßnagel 2018, § 1 Rn. 42; s. zudem ErwGr 15 DSGVO.

[65] *Ernst*, in: Paal/Pauly 2021, Art. 2 DSGVO Rn. 5.

manuellen Verarbeitung, wenn die entsprechenden Daten in einem Dateisystem gespeichert sind oder dies zukünftig geplant ist, wobei der Begriff des Dateisystems ebenfalls weit auszulegen ist.[66]

Nach diesem weitläufigen Verständnis des Verarbeitungsbegriffs ist etwa das Hochladen, Speichern, Veröffentlichen und/oder das Verteilen kryprographischer Schlüssel eine Verarbeitung i. S. d. Art. 2 Abs. 1 i. V. m. Art. 4 Nr. 2 DSGVO. Hierbei spielt es zunächst keine Rolle, ob die einzelnen Verarbeitungsschritte von unterschiedlichen Akteuren innerhalb einer Architektur erbracht werden.[67] Bietet ein Akteur – etwa durch den Betrieb eines Key-Servers – die infrastrukturelle Möglichkeit, dass Nutzer selbstständig ihr (öffentliches) Schlüsselmaterial dort hochladen können und dieses von potenziellen Kommunikationspartnern (oder sonstigen Dritten) heruntergeladen werden kann, liegt auch hier eine Verarbeitung vor, obwohl der Serverbetreiber selbst keinen „aktiven" Vorgang mit den Daten durchführt, sondern lediglich den entsprechenden Speicherplatz bietet.

4.1.3 Grenzen des sachlichen Anwendungsbereichs

Der sachliche Anwendungsbereich der Grundverordnung erstreckt sich nicht auf die in Art. 2 Abs. 2 lit. a bis d DSGVO aufgeführten Verarbeitungssituationen. Vor dem Hintergrund dieser Arbeit erscheint insbesondere lit. d von herausragender Bedeutung, der die Anwendbarkeit der Grundverordnung bei der Verarbeitung durch „Behörden zum Zwecke der Verhütung, Ermittlung, Aufdeckung oder Verfolgung von Straftaten oder der Strafvollstreckung, einschließlich des Schutzes vor und der Abwehr von Gefahren für die öffentliche Sicherheit" verneint. Dieser Bereich ist Gegenstand der Richtlinie (EU) 2016/680 (JI-Richtlinie) und der diesbezüglich vorgesehenen Öffnungsklauseln, die unter anderem in Teil 3 des BDSG eine Konkretisierung erfahren.[68] Zudem gilt gem. Art. 2 Abs. 2 lit. c DSGVO die Grundverordnung nicht für eine Verarbeitung personenbezogener Daten für ausschließlich persönliche oder familiäre Tätigkeiten. Hierunter fallen prinzipiell auch die in sog. Keyrings lokal beim Nutzer gespeicherten öffentlichen

[66] Vgl. Personalakte als Dateisystem LAG Sachsen-Anhalt, BeckRS 2018, Rn. 51 ff.; s. Weiterführend *Bäcker*, in: BeckOK DSR 2024, Art. 2 DSGVO, Rn. 1 ff.

[67] Zur Verantwortung des für die Verarbeitung Verantwortlichen: *Blazy*, in: Roßnagel 2018, § 5 Rn. 5 ff.

[68] Weiterführend hierzu s. *Hornung/Spiecker gen. Döhmann*, in: Simitis/Hornung/Spieker 2025, Einleitung Rn. 244 ff.

Schlüssel, mit dem Zweck der Ende-zu-Ende-verschlüsselten privaten Kommunikation.[69] Nicht hiervon umfasst sind indes die zur Veröffentlichung bestimmten öffentlichen Schlüssel auf Schlüsselservern im Rahmen von Verzeichnisdiensten.

4.2 Recht der elektronischen Kommunikation

Die personenbezogenen Daten in Gestalt des Schlüsselmaterials werden vor dem Hintergrund des technologischen Kommunikations-Ökosystems in elektronischer Form durch die zu gestaltende Technik und deren Akteure verarbeitet. Insofern soll im Folgenden das Recht der elektronischen Kommunikation dahingehend betrachtet werden, ob und gegebenenfalls wie es im Rahmen der Technikgestaltung zu berücksichtigen ist.

4.2.1 e-Privacy-RL

Nach Inkrafttreten der Grundverordnung verblieb grundsätzlich ein Regelungsbedarf im speziellen Bereich der elektronischen Kommunikation. Die Richtlinie 2002/58/EG (e-Privacy-RL)[70] konkretisiert als sektorspezifischer Komplementär die Grundverordnung im Bereich der Bereitstellung öffentlich zugänglicher elektronischer Kommunikationsdienste und bezweckt dessen europaweite Rechtsharmonisierung.[71] Die auf Basis der Richtlinie beruhenden Rechtsnormen, welche die Regulierung personenbezogener Daten betrifft, gehen gem. der Kollisionsregel des Art. 95 DSGVO als spezialgesetzliche Regelungen denen der Grundverordnung vor.[72] Allerdings bedürfen die Regelungen – die aus den Jahren 2002 und 2009 stammen – einer grundlegenden Überarbeitung, um den aktuellen technologischen und wirtschaftlichen Standard angemessen regulieren zu können und sich letztlich auch reibungsärmer in das Feld der europäischen Daten(schutz)rechts

[69] In Anlehnung an die bei *Gola*, in: Gola/Heckmann 2022, Art. 2 DSGVO Rn. 19 genannten Telefonverzeichnisse.

[70] RL 2002/58/EG vom 12. Juli 2002, ABl. L 201/2002, 37.

[71] ErwGr 1 e-Privacy-RL.

[72] Zur Abgrenzung der Richtlinie gegenüber der Grundverordnung *Jandt*, in: Jandt/Steidle 2025, II, Nr. 3 lit. b Rn. 69.

einzufügen.[73] Eine Aktualisierung erfuhr der Normentext zuletzt durch die Richtlinie 2009/136/EG (sog. Cookie-Richtlinie)[74], mit dem Ziel, die Verarbeitung von in den Endgeräten der Nutzer gespeicherten Informationen zu regulieren.[75] Die nationale Umsetzung der datenschutzrechtlich relevanten Normen erfolgt im Telekommunikation-Digitale-Dienste-Datenschutz-Gesetz (TDDDG).[76]

4.2.2 Ausblick auf die e-Privacy-VO

Die fortschreitende wirtschaftliche und technologische Entwicklung im Bereich der elektronischen Kommunikation veranlasste den europäischen Gesetzgeber die bisher bestehende e-Privacy-RL und ihre letzte Ergänzung durch die sog. Cookie-Richtlinie grundlegend zu überarbeiten und in die Form einer Verordnung zu gießen.

So sind klassische Kommunikationsdienste, wie etwa die Festnetztelefonie, in den vergangenen Jahren zugunsten von Over-The-Top-Kommunikationsdiensten (OTT-Dienste) (wie etwa Instant-Messaging oder VoIP-Telefonie) zunehmend in den Hintergrund getreten, die aber nicht mehr vom Anwendungsbereich der e-Privacy-RL erfasst werden.[77] Neben diesen neuen Kommunikationstechnologien soll zudem der Datentransfer zwischen Maschinen (M2M-Kommunikation), ebenso wie Metadaten und Daten in Bezug zu juristischen Personen, vom Anwendungsbereich der kommenden Verordnung umfasst werden.[78]

---

[73] Siehe zur Überarbeitungsbedürftigkeit auch sogleich Abschnitt 4.2.2 sowie zur Problematik der Abgrenzung zwischen DSGVO und e-Privacy-RL *Laue/Nink/Kremer* 2024, § 1 Rn. 85 ff.

[74] RL 2009/136/EG vom 25. November 2009, ABl. L 33/2009, 11.

[75] *Spiecker gen. Döhmann/Bretthauer*, in: Spieker/Bretthauer 2024, G 2.4.91.

[76] Siehe hierzu Abschnitt 4.3.2 mit Ausführungen zur Anwendbarkeit des TDDDG vor dem Hintergrund dieser Technikgestaltung. Ein Rückgriff auf die Bestimmungen der e-Privacy-RL wäre nur bei einer notwendigen europarechtskonformen Auslegung der nationalen Umsetzungsrechtsakte erforderlich. Eine detaillierte Betrachtung der e-Privacy-RL soll vor diesem Hintergrund in dieser Arbeit nicht weiterverfolgt werden. Den Vorrang der DSGVO gegenüber der relevanten Norm des TDDDG vertretend *Jandt*, in: Jandt/Steidle 2024, II Nr. 3 lit. d Rn. 83.

[77] Zur Regelung von OTT-Diensten durch den Entwurf der e-Privacy-VO *Maier/Schaller*, ZD 2017, 374.

[78] EU-Kommission, KOM(2017) 10 endgültig vom 10. Januar 2017, 2.

Ein erster Verordnungsentwurf wurde seitens der EU-Kommission am 10.01.2017 lanciert.[79] Es folgten die Stellungnahmen der Art.-29-Datenschutzgruppe sowie der Ausschüsse für Binnenmarkt und Verbraucherschutz (IMCO), für Industrie, Forschung und Energie (ITRE), für Recht (JURI) und für bürgerliche Freiheiten, Inneres und Justiz (LIBE).[80] Die Entschließung des EU-Parlaments, welche die Änderungsvorschläge der EU-Kommission beinhaltete, folgte am 28.10.2017.[81] Sowohl von der kroatischen als auch von der nachfolgenden deutschen Ratspräsidentschaft eingebrachte Verordnungsentwürfe vermochten bislang keinen entscheidenden Durchbruch bei den Verhandlungen zu erzielen.[82] Um den gordischen Knoten zu lösen, wurde nunmehr Ende 2019 erklärt, den Gesetzgebungsprozess mit einem grundsätzlich überarbeiteten Kommissionsentwurf von neuem zu beginnen.[83]

Es bleibt abzuwarten, wann die e-Privacy-RL durch eine entsprechende Verordnung ersetzt wird. Einstweilen gilt es sich für die Gestaltung einer Infrastruktur zum Verteilen kryptographischer Schlüssel an den bestehenden Normen – sowohl auf europäischer als auch auf nationaler, konkretisierender Ebene – zu orientieren. Das gilt insbesondere, da zum Zeitpunkt des Entstehens dieser Arbeit nicht abgesehen werden kann, inwieweit diese relevanten Regelungen in einen späteren Verordnungstext Eingang finden und mithin als rechtsverbindliche Kriterien in der Technikgestaltung verstanden werden müssten. Indes sollten die bisher lancierten Entwürfe als weitere – weniger verbindliche – Gestaltungsimplikationen verstanden werden. Mitunter finden sich konkrete Normen in den Verordnungsentwürfen, die direkte Anforderungen an die zu gestaltende Technik stellen.[84] Die folgende Untersuchung soll dabei auch möglichen Problemen begegnen, die aus einer inhaltlichen Kollision zwischen (derzeit) nicht verbindlichen Normen der Verordnungsentwürfe und den verbindlichen

---

[79] EU-Kommission, KOM(2017) 10 endgültig vom 10. Januar 2017.

[80] Weiterführend zu den Stellungnahmen der einzelnen Ausschüsse s. EU-Parlament, Bericht – A8-0324/2017 vom 20. Oktober 2017, https://www.europarl.europa.eu/doceo/document/A-8-2017-0324_DE.html.

[81] EU-Parlament, Bericht – A8-0324/2017 vom 20. Oktober 2017, https://www.europarl.europa.eu/doceo/document/A-8-2017-0324_DE.html.

[82] *Stiegler*, MMR 2020, 641 f.; *Stögmüller*, NJW 2020, 3763.

[83] Redaktion, MMR-Aktuell 2019, 422777.

[84] So etwa der Verordnungsentwurf der Kommission in Art. 15 e-Privacy-VO-E zu Verzeichnisdiensten. Dementgegen stellte der Änderungsvorschlag des Rats, 2017/0003(COD) vom 4. Oktober 2019 in Art. 15 nur auf Verzeichnisse nummerngebundener interpersoneller Kommunikationsdienste ab und würde insofern eine technologische Verengung der Anwendbarkeit der Norm vornehmen.

Normen der Grundverordnung oder weiterer maßgeblicher (Datenschutz-)Gesetze resultieren.

Die e-Privacy-VO wird normenhierarchisch auf der gleichen Ebene wie die Datenschutzgrundverordnung stehen. Eine Abgrenzungsproblematik besteht allerdings, ob die e-Privacy-VO gegenüber der Grundverordnung lediglich bereichsspezifische Konkretisierungen vornimmt oder aber generell als Lex specialis anzusehen und damit vorrangig anzuwenden ist.[85] Dass der Verordnungsgeber angesichts zweier Verordnungen, die den Umgang mit personenbezogenen Daten regeln, es bisher versäumt hat, eindeutig klarzustellen, in welches Verhältnis er die beiden Verordnungen zueinander stellt, erzeugt derzeit noch rechtliche Unsicherheit bei dem Bestreben, die im Entwurfsstadium befindlichen Regelungen im Rahmen der Technikgestaltung zu antizipieren. Betrachtet man jedoch die Entwurfsfassung der e-Privacy-VO, so wird deutlich, dass diese – ganz im Gegensatz zur Grundverordnung – gerade keine allgemeinen Standards zur Verarbeitung von personenbezogenen Daten statuiert, sondern – wie sich aus Art. 2 Abs. 1 e-Privacy-VO-E ergibt – spezielle Verarbeitungssituationen im Rahmen der Nutzung elektronischer Kommunikationsdienste und Endeinrichtungen der Nutzer regelt.[86] Insoweit kann von einer ergänzenden und damit lückenschließenden Funktion gegenüber der Grundverordnung ausgegangen werden.

Im Gegensatz zur Grundverordnung enthält der geplante Verordnungsentwurf mit Art. 11a und Art. 11b e-Privacy-VO-E nur wenig Öffnungsklauseln, die eine Beschränkung der enthaltenen Pflichten für Zwecke des allgemeinen öffentlichen Interesses gem. Art. 23 Abs. 1 lit. a bis d DSGVO und eine Überwachung von Kommunikationsdaten oder Kommunikationsendeinrichtungen (etwa auf Basis von § 170 Abs. 1 TKG i. V. m. § 3 Abs. 2 Satz 1 Nr. 6 TKÜV) zulassen.[87]

Art. 10 Abs. 1 e-Privacy-VO-E umfasst nicht lediglich „bewusste" Kommunikation, sondern ist geeignet, jegliche Form der Datenübertragung (einschließlich Maschine-zu-Maschine-Kommunikation) und die entsprechend zugrundeliegende Software zu regulieren.[88] Mithin fallen auch ein (automatisiertes) Verfahren zur Abfrage und Übermittlung von kryptographischen Schlüsseln sowie damit

---

[85] ErwGr 5 e-Privacy-VO-E postuliert einen lückenfüllenden Charakter gegenüber den allgemeinen Regelungen der Grundverordnung. Demgegenüber spricht die Begründung der EU-Kommission, KOM(2017) 10 endgültig, 10. Januar 2017, 3 von einem Lex-specialis-Verhältnis zur Grundverordnung; s. zur Kollisionsproblematik *Schmitz*, ZRP 2017, 173.

[86] So auch *Engeler/Felber*, ZD 2017, 252 f.

[87] *Roßnagel*, MedienWirtschaft 1/2018, 36.

[88] *Koglin*, Die Auswirkungen der ePrivacy-Verordnung auf Open Source-Projekte, ifrOSS vom 15. Januar 2018, https://www.ifross.org/?q=artikel/auswirkungen-eprivacy-verordnung-open-source-projekte.

einhergehende, technikbedingte Datenflüsse unter den Anwendungsbereich des e-Privacy-VO-E.[89] Im Rahmen der rechtsverträglichen Technikgestaltung sollen einschlägige Normen des künftigen e-Privacy-VO-E nach Möglichkeit antizipiert werden, um bei einem nachgelagerten Inkrafttreten (größeren) Anpassungsbedarf der Technik bereits im Vorfeld zu vermeiden.

4.2.3 Telekommunikationsgesetz

Das Telekommunikationsgesetz (TKG)[90] ist ein Ergebnis der Liberalisierung von Telekommunikationsinfrastrukturen zugunsten nicht öffentlicher Anbieter seitens des europäischen sowie des deutschen Gesetzgebers und hat seit Inkrafttreten am 1.8.1996 zahlreiche Novellierungen erfahren.[91] Ein Gros der vorgenommenen Anpassungen hatte dabei weniger die fortschreitenden technologischen Entwicklungen im Telekommunikationssektor als vielmehr den Verbraucher- und Kundenschutz zum Ziel.[92] Die letzte grundlegende Reform des Telekommunikationsgesetzes erfolgte durch das Telekommunikationsmodernisierungsgesetz, das in Form eines Artikelgesetzes die nationale Umsetzung der Richtlinie (EU) 2018/1972 (Kodex für die elektronische Kommunikation / EKEK)[93] darstellt.[94] Die am 20.12.2018 in Kraft getretene Richtlinie galt es gem. Art. 124 Abs. 1 EKEK bis

---

[89] Darüber hinaus enthält der Verordnungsentwurf in Art. 15 e-Privacy-VO-E i. V. m. ErwGr 30 und 31 e-Privacy-VO-E konkrete Anforderungen an sog. Verzeichnisdienste, auf die im weiteren Verlauf der Technikgestaltung einzugehen ist.

[90] Telekommunikationsgesetz vom 23. Juni 2021 (BGBl. I S. 1858), das zuletzt durch Artikel 35 des Gesetzes vom 6. Mai 2024 (BGBl. 2024 I Nr. 149) geändert worden ist.

[91] *Scherer*, NJW 1996, 2953 f.; *Scherer*, NJW 2004, 3001; *Cornils*, in: Geppert/Schütz 2023, Einleitung A Rn. 35 ff.; zur historischen Entwicklung des TKG s. *Scherer*, NJW 1998, 1607 ff.; *Scherer*, NJW 2003, 1004 ff.; *Scherer*, NJW 2006, 2016 ff.; *Scherer/Heinickel*, NVwZ 2009, 1405 ff.; *Scherer/Heinickel*, NVwZ 2012, 142 ff.; *Scherer/Heinickel*, NVwZ 2016, 965 ff.; *Heinickel/Scherer*, NVwZ 2018, 1014 ff.

[92] S. exemplarisch zur Verbraucherschutzorientierung *Holznagel*, NJW 2012, 1622 ff.; notwendige regulatorische Anpassungen wären etwa schon frühzeitiger im Bereich der OTT-Dienste erforderlich gewesen, s. WAR, Positionspapier des WAR zum Ordnungsrahmen für OTT-Kommunikationsdienste, 20. Juli 2016, 24 ff., https://www.bundesnetzagentur.de/SharedDocs/Downloads/DE/Allgemeines/Bundesnetzagentur/WAR/Pressemitteilung20_07_2016.pdf?__blob=publicationFile&v=1.

[93] RL 2018/1972 vom 11. Dezember 2018, ABl. L 321/2018, 36.

[94] Die letzte Änderung des TKG durch Art. 35 des Gesetzes vom 6. Mai 2024 (BGBl. 2024 I Nr. 149) hatte im Wesentlichen lediglich redaktionellen Charakter.

zum 21.12.2020 in nationales Recht zu überführen.[95] Der deutsche Gesetzgeber reagierte hier verspätet mit einem Referentenentwurf des BMWi und des BMVI für ein Telekommunikationsmodernisierungsgesetz zur Umsetzung der Richtlinie im Dezember 2020.[96]

Durch diese strukturelle Neufassung des Telekommunikationsgesetzes führt der Gesetzgeber mit § 1 Abs. 2 TKG n. F. erstmals ausdrücklich eine Regelung zum Anwendungsbereich ein. Hiernach werden alle Unternehmen oder Personen erfasst, die Telekommunikationsnetze oder Telekommunikationsanlagen in Deutschland betreiben oder Telekommunikationsdienste in Deutschland erbringen.[97]

4.2.3.1 Telekommunikationsrechtliche Einordnung der Lösungsarchitektur

Die Frage, ob Akteure der Lösungsarchitektur oder diese selbst dem Regelungsbereich des Telekommunikationsrechts unterliegen, hat unter anderem bei behördlichen Auskunftsanfragen in Bezug auf Bestandsdaten i. S. v. § 22 TDDDG Relevanz.[98] Ebenso könnte bei einem Bejahen der Anwendbarkeit womöglich gem. § 156 TKG n. F. ein Recht auf Versorgung mit Telekommunikationsdiensten für die Endnutzer bestehen.

Ob die Normen des Telekommunikationsgesetzes auf die Lösungsarchitekturkomponenten oder einzelne Akteure Anwendung finden und damit zwingend im Rahmen der Technikgestaltung zu berücksichtigen sind, richtet sich maßgeblich danach, ob sie als „Telekommunikationsdienste" i. S. v. § 3 Nr. 61 TKG n. F. (in Anlehnung an Art. 2 Nr. 4 EKEK) zu qualifizieren sind.[99] Das wäre der

---

[95] Die Richtlinie trat gem. Art. 126 EKEK drei Tage nach ihrer Veröffentlichung im europäischen Amtsblatt ABl. L 321, 36-214, vom 17.12.2018 in Kraft. Die Richtlinie vereinheitlicht und modernisiert die Richtlinien 2002/19/EG, 2002/20/EG, 2002/21/EG sowie die Richtlinie 2002/22/EG.

[96] Weiterführend hierzu der Gesetzesentwurf BT-Drs. 19/26108, 8 ff.; *Stögmüller*, NJW 2021, 3763.

[97] S. Gesetzesbegründung zu § 1 Abs. 2 TKG n. F. BT-Drs. 19/26108, 226.

[98] S. BT-Drs. 19/25294, 5 ff.; nach § 172 Abs. 1 TKG n. F. (§ 111 Abs. 1 TKG a. F.) hat ein Akteur, der geschäftsmäßig TK-Dienste erbringt und in diesem Zug eine feste Zuordnung von Rufnummern vornimmt oder Anschlusskennungen vergibt, die entsprechenden Bestandsdaten auf Verlangen den entsprechend berechtigten Sicherheitsbehörden zur Verfügung zu stellen. S. zur Auskunftspflicht von E-Mail-Providern *Eckhardt*, in: Geppert/Schütz 2023, § 172 TKG, Rn. 10.

[99] Anstelle von „Telekommunikationsdiensten" spricht das supranationale Recht vom inhaltsgleichen Begriff „elektronischer Kommunikationsdienste"; s. auch Begründung zu § 1 Abs. 1 TKG n. F. BT-Drs. 19/26108, 223.

Fall, wenn es sich um in der Regel gegen Entgelt über Telekommunikationsnetze erbrachte „interpersonelle Kommunikationsdienste“ gem. § 3 Nr. 61 lit. b TKG n. F. oder um „Dienste, die ganz oder überwiegend in der Übertragung von Signalen bestehen“ gem. § 3 Nr. 61 lit. c TKG n. F. handelt.[100]

4.2.3.1.1 Entgeltlichkeit des Dienstes

Die Einordnung eines Telekommunikationsdienstes in die Fallgestaltungen des § 3 Nr. 61 lit. a bis c TKG n. F. knüpft sich an das kumulative Erfordernis, dass die Diensterbringung „in der Regel gegen Entgelt“ erfolgt.[101] Mit dem verstärkten Aufkommen digitaler Geschäftsmodelle werden auch Telekommunikationsdienste den Endnutzern häufig nicht mehr gegen eine Geldzahlung, sondern gegen die Nutzung personenbezogener respektive personenbeziehbarer Daten wie etwa Informationen über die Endgeräte oder Geodaten bereitgestellt.[102] Um dieser Entwicklung Rechnung zu tragen, soll sich der Begriff der „Entgeltlichkeit“ – ausweislich ErwGr 16 EKEK und der entsprechenden Gesetzesbegründung zu § 3 Nr. 61 TKG n. F. – auch auf solche Fallgestaltungen erstrecken, in denen die Endnutzer dem Anbieter von Telekommunikationsdiensten Daten wissentlich auf direkte oder indirekte Weise zur Verfügung stellen oder den Zugriff hierauf gewähren.[103]

Für die Beurteilung, ob die Lösungsinfrastruktur den Tatbestand der Entgeltlichkeit i. S. d. Telekommunikationsrechts erfüllt, kommt es maßgeblich auf das jeweilige praktische Anwendungsszenario an. Da die Lösungsinfrastruktur Einzug in das Produktportfolio von E-Mail-Providern finden und den Providervertrag mit dem Endnutzer entsprechend erweitern soll, wäre zumindest bei diesem Akteur eine Entgeltlichkeit anzunehmen. Dies gilt umso mehr vor dem Hintergrund,

---

[100] Die Fallgestaltung der „Internetzugangsdienste“ gem. § 3 Nr. 61 lit. c TKG n. F. kann für die Einordnung unberücksichtigt bleiben; zur Abgrenzung von Telemedien vor dem Hintergrund der kodex-basierten Änderungen im Telekommunikationsrecht s. *Hornung/Schindler*, in: Hornung/Schallbruch 2024, Teil III § 21 Rn. 4 ff.

[101] Demgegenüber spricht Art. 2 Nr. 4 EKEK von „gewöhnlich“ gegen Entgelt erbrachten Diensten, was im Ergebnis aber zu keinem anderen Ergebnis führt, da der korrespondierende ErwGr 16 EKEK seinerseits von in der „Regel“ gegen Entgelt erbrachten Diensten spricht.

[102] ErwGr 16 EKEK; Gesetzesbegründung zu § 3 Nr. 61 TKG n. F. BT-Drs. 19/26108, 237; zum Wert von personenbezogenen Daten als Gegenleistung digitaler Geschäftsmodelle s. auch ErwGr 24 Richtlinie (EU) 2019/770; zur wirtschaftlichen Perspektive auf personenbezogene Daten in der digitalen Ökonomie s. *Wessels u. a.*, in: Ochs/Friedewald/Hess/Lamla 2019, 13 ff.; exemplarisch zu datengestützten Versicherungen als Geschäftsmodell im Kontext von Smart-Cars *Buchner*, in: Roßnagel/Hornung 2019, 68.

[103] Die Gesetzesbegründungen stellen bewusst auf personenbezogene oder „sonstige“ Daten ab, sodass auch anonymisierte Daten unter den Begriff der „Daten“ fallen.

dass die Entgeltlichkeit auch solche Fallgestaltungen abdecken soll, in denen die „Entlohnung“ nicht durch den Endnutzer direkt erfolgt, sondern die erhobenen Daten bei Dritten monetisiert werden, oder der Endnutzer als Bedingung zum Zugang zu dem Dienst – respektive der (auf den E-Mail-Dienst aufsetzenden) Schlüsselinfrastruktur – das Anzeigen von Werbung erdulden muss.[104] Eine Entgeltlichkeit kann demgegenüber für selbstständige PGP-Schlüsselserver – soweit vom Anwendungsszenario umfasst – jedenfalls nicht pauschal angenommen werden.

Letztlich kann – abgesehen von einer Restunschärfe dahingehend, ob einzelne Akteure kein Entgeltlichkeitskonzept vorsehen – aber von einer im Regelfall entgeltlichen Nutzung der Lösungsinfrastruktur ausgegangen werden.

4.2.3.1.2 Rechtliche Regulierung von interpersonellen Kommunikationsdiensten de lege lata

Der Kodex sieht in Art. 2 Nr. 4 EKEK eine abweichende und zugleich weiterreichende Definition von „elektronischen Kommunikationsdiensten“ vor, als es im bisherigen deutschen Telekommunikationsrecht der Fall war. Gem. Art. 2 Nr. 4 lit. b EKEK fallen unter den Begriff auch sog. „interpersonelle Kommunikationsdienste“. Hierunter fasst der Richtliniengeber nach Art. 2 Nr. 5 1. Hs. EKEK solche – in der Regel gegen Entgelt bereitgestellte – Dienste, die „einen direkten interpersonellen und interaktiven Informationsaustausch über elektronische Kommunikationsnetze zwischen einer endlichen Zahl von Personen ermöglich[en], wobei die Empfänger von den Personen bestimmt werden, die die Kommunikation veranlassen oder daran beteiligt sind“.[105] Einem interpersonellen Kommunikationsdienst ist folglich ein interaktives Element des wechselseitigen Informationsaustauschs zwischen Kommunikationspartnern inhärent.[106] Auf die bisherige zentrale Fragestellung nach der Signalübertragung kommt es nach dieser Definition nicht mehr an, sodass auch OTT-Dienste unter den regulatorischen Rahmen des Kodex fallen.[107] Die durch das Telekommunikationsmodernisierungsgesetz in Art. 1 vorgenommene Änderung in § 3 Nr. 24 TKG

[104] ErwGr 16 EKEK; Gesetzesbegründung zu § 3 Nr. 61 TKG n. F.; das Anzeigen von (individualisierter) Werbung ist insbesondere bei vermeintlich „kostenlosen“ E-Mail-Providern verbreitete Praxis.

[105] Art. 2 Nr. 5 1. Hs. EKEK.

[106] BT-Drs. 19/26108, 228.

[107] *Eckel/Rottmeier*, NStZ 2021, 11.

n. F. (interpersoneller Telekommunikationsdienst) übernimmt diese Formulierung wörtlich.[108]

Mit dieser Definition – die stärker als der bisherige § 3 Nr. 24 TKG a. F. auf die Funktionsweise eines Dienstes abstellt als auf dessen technische Charakteristika – fallen auch E-Mail-Provider gem. § 3 Nr. 61 lit. c TKG n. F. unter den Anwendungsbereich des Telekommunikationsrechts.[109] Dieser zentrale Akteur der Lösungsinfrastruktur unterliegt damit speziellen Vorschriften, wie etwa § 164 Abs. 1 TKG n. F., der das Ergreifen von technischen und organisatorischen Schutzmaßnahmen nach dem Stand der Technik vorsieht. Hiervon sind auch die Komponenten der Lösungsinfrastruktur zumindest mittelbar betroffen, da diese allgemeinen Vorschriften den Diensterbringer in Gänze verpflichten.

Entscheidend für ein System zur Verteilung kryptographischer Schlüssel sind Art. 2 Nr. 5 1. Hs. EKEK und seine wörtliche Entsprechung in § 3 Nr. 24 2. Hs. TKG n. F. Hiernach fallen Dienste nicht unter die Definition des interpersonellen Kommunikationsdienstes, sofern sie „lediglich als untrennbar mit einem anderen Dienst verbundene untergeordnete Nebenfunktion ermöglichen".

Die zu gestaltende Lösungsinfrastruktur soll auf der bereits bestehenden E-Mail-Kommunikationsinfrastruktur aufsetzen und dem Nutzer das Auffinden und Übertragen von öffentlichen Verschlüsselungsschlüsseln eines Kommunikationspartners ermöglichen. Eine technische Möglichkeit des aktiven interpersonellen Informationsaustauschs besteht nicht. Er ist folglich nicht für die Kommunikation als solche erforderlich, sondern fördert lediglich deren „Sicherheit". Wird dieser Dienst von E-Mail-Providern zusammen mit dem zugrundeliegenden E-Mail-Dienst angeboten, ergänzt diese Funktion das bestehende Angebot als Nebenfunktion i. S. d. § 3 Nr. 24 2. Hs. TKG n. F. i. V. m. Art. 2 Nr. 5 2. Hs. EKEK. Demzufolge sind die Komponenten der Lösungsinfrastruktur jedenfalls nicht als Telekommunikationsdienst i. S. v. § 3 Nr. 61 lit. c TKG n. F. einzustufen.

4.2.3.1.3 Ganz oder überwiegende Übertragung von Signalen

Vor der grundlegenden Anpassung durch das Telekommunikationsmodernisierungsgesetz war das zentrale Tatbestandsmerkmal zur Qualifizierung als Telekommunikationsdienst gem. § 3 Nr. 24 TKG a. F. die Signalübertragung über Telekommunikationsnetze.[110] Die Debatte, wann eine „Signalübertragung" i. S. d. Gesetzes vorliegt, wurde in der Fachliteratur mitunter emotional geführt und

---

[108] BT-Drs. 19/26108, 21.

[109] BT-Drs. 19/26108, 228; *Blazy*, ZD-Aktuell 2018, 06058; vgl. ErwGr 15 EKEK.

[110] Insoweit entsprach die Regelung Art. 2 lit. c e-Privacy-RL.

entzündete sich insbesondere an der Frage der telekommunikationsrechtlichen Einordnung von E-Mail-Providern.[111]

Auch nach der novellierungsbegründeten Erweiterung des Verständnisses für den Begriff der „Telekommunikationsdienste“ ist das – wenngleich nicht mehr exklusive – Merkmal der Signalübertragung i. S. d. § 3 Nr. 61 lit. c TKG n. F. ein wesentlicher Parameter zur Bestimmung der Anwendbarkeit des Telekommunikationsrechts auf entsprechende Dienste. Die Definition (eine wortgleiche Entsprechung von Art. 2 Nr. 4 lit. c EKEK) hat allerdings eine klarstellende Erweiterung im Vergleich zur alten Rechtslage erfahren. Exemplarisch für Dienste, bei denen eine Signalübertragung vorliegt, hat der Gesetzgeber hier Übertragungsdienste mit aufgeführt, die für den Rundfunk oder Maschine-zu-Maschine-Kommunikation genutzt werden.

Hierbei ist allerdings der Übertragungsdienst von dem übertragenen Dienst abzugrenzen. Ein Dienst der Maschine-zu-Maschine-Kommunikation – also bei einer automatischen Übermittlung von Signalen zwischen Geräten oder Softwareanwendungen, ohne oder mit geringem menschlichem Zutun – fällt nicht unter die Einstufung eines Telekommunikationsdienstes i. S. v. § 3 Nr. 61 lit. c TKG n. F.[112]

Das Merkmal der „Signalübertragung“ ist wiederum eng verknüpft mit dem Begriff der Telekommunikation, der in § 3 Nr. 59 TKG n. F. als „technische[r] Vorgang des Aussendens, Übermittelns und Empfangens von Signalen mittels Telekommunikationsanlagen“ legaldefiniert wird. Diese Klarstellung führt die bisherige Definition aus § 3 Nr. 22 TKG a. F. unverändert fort. Der enthaltene Begriff der Telekommunikationsanlagen wird in § 3 Nr. 60 TKG n. F. beschrieben als „technische Einrichtungen, Systeme oder Server, die als Nachrichten identifizierbare elektromagnetische oder optische Signale oder Daten im Rahmen der Erbringung eines Telekommunikationsdienstes senden, übertragen, vermitteln, empfangen, steuern oder kontrollieren können“. Im Vergleich zur alten Rechtslage des § 3 Nr. 23 TKG a. F. erfolgte eine inhaltliche Klarstellung dahingehend, dass sämtliche technischen Einrichtungen i. S. v. § 3 Nr. 61 lit. a bis c TKG n. F. von dem Begriff der Telekommunikationsdienste umfasst werden. Zudem wurde durch die Aufnahme des Begriffs „Server“ der technologischen Entwicklung Rechnung getragen. Der neu hinzugetretene Begriff „Daten“ ist ferner weit

---

[111] Exemplarisch für die wissenschaftliche Debatte *Kühling/Schall*, CR 2016, 192 Fn. 68 in Erwiderung auf *Schuster*, CR 2016, 177.

[112] Gesetzesbegründung zu § 3 Nr. 61 TKG n. F. BT-Drs. 19/26108, 237.

zu verstehen und umfasst sämtliche Daten über Kommunikationsverkehre, wie etwa Inhaltsverkehr oder Geodaten.[113]

Vor dem Hintergrund dieser Begrifflichkeiten gilt es, ein System zur Verteilung von Verschlüsselungsschlüsseln telekommunikationsrechtlich einzuordnen. Das System soll durch eine vom Endnutzer initiierte Schlüsselsuche (client- oder serverbasiert) das Aussenden, Übermitteln und Empfangen von Schlüsselinformationen innerhalb einer Serverarchitektur ermöglichen. Dies umfasst etwa auch eine Maschine-zu-Maschine-Kommunikation im Rahmen der Abfrage des Speicherortes eines Schlüssels über die im DNS hinterlegten Informationen oder das Übermitteln von Schlüsselmaterial zwischen den Servern verschiedener E-Mail-Provider sowie letztlich zum server- oder clientbasierten E-Mail-System des Endnutzers.[114] Mithin findet durch die verschiedenen Komponenten eine Telekommunikation i. S. d. § 3 Nr. 59 TKG n. F. unter Zuhilfenahme von Telekommunikationsanlagen gem. § 3 Nr. 60 TKG n. F. statt. Diese Feststellung allein genügt jedoch nicht, um die Lösungsarchitektur dem telekommunikationsrechtlichen Regelungsregime zu unterwerfen. Fraglich ist vielmehr, ob die technischen Gegebenheiten eine ganz oder überwiegende Signalübertragung i. S. d. § 3 Nr. 61 lit. c TKG n. F. bedingen und es sich vorliegend um einen Telekommunikationsdienst handelt.

Die Frage, wann ein Dienst ganz oder überwiegend in der Übertragung von Signalen besteht, war vor Inkrafttreten des Telekommunikationsmodernisierungsgesetzes hoch umstritten und wurde zuletzt durch die Einordnung der OTT-Dienste „Gmail“ und „SkypeOut“ beantwortet.[115] Da sich die aktuellen telekommunikationsrechtlichen Rahmenbedingungen zur Signalübertragung im Vergleich zur alten Rechtslage nahezu gleichen, sollen im Folgenden die unter der alten Rechtslage aufgestellten Maßstäbe – soweit möglich – analog zur Einordnung des in Frage stehenden Dienstes Berücksichtigung finden.[116]

Das VG Köln führte bei seiner Entscheidung, den E-Mail-Dienst Gmail als Telekommunikationsdienst einzustufen, die bereits skizzierte Verbindung des Vorgangs der Signalübertragung mit den Begrifflichkeiten der „Telekommunikation“ unter Zuhilfenahme von „Telekommunikationsanlagen“ an, da Gmail doch

---

[113] BT-Drs. 19/26108, 236.

[114] S. hierzu BSI 2013, 9.

[115] Wegweisend hier insbesondere der Verfahrensgang zu Gmail. S. dazu *Kiparski*, CR 2019, 460 ff.; *Ludwigs/Huller*, NVwZ 2019, 1099 ff. Exemplarisch für die vorangegangene wissenschaftliche Debatte stellvertretend *Kühling/Schall*, CR 2016, 192 Fn. 68; *Schuster*, CR 2016, 177.

[116] S. dazu die oben gemachten Ausführungen sowie die Gesetzesbegründungen zu den §§ 3 Nr. 59, 60 und 61 TKG n. F., in: BT-Drs. 19/26108, 236 f.

zumindest das Aussenden, Übermitteln und Empfangen von elektromagnetischen oder optischen Signalen unter Zuhilfenahme der als Telekommunikationsanlagen qualifizierten technischen Infrastruktur (Endgeräte der Nutzer, Posteingangs-/Postausgangsserver oder Router) ermögliche.[117]

Das VG Köln stützte sich insoweit auf die Argumentation des EuGH zur Frage der Einstufung von Zugangsberechtigungssystemen aus dem Jahr 2014.[118] Die Tatsache, dass die zur Nutzung eines Dienstes notwendige Signalübertragung über eine Infrastruktur erfolgt, die dem Diensteanbieter nicht gehöre, sei für die Klassifizierung eines Dienstes unerheblich, da der Diensteanbieter aus der Sicht der Endnutzer für die Signalübertragung, die den Dienst erst ermöglicht, verantwortlich sei.[119] Demzufolge – so schlussfolgert das VG Köln – müsse sich der Diensteanbieter die Signalübertragung zurechnen lassen, da sie von diesem veranlasst wird.[120] Die vermeintliche Konsequenz dieser „qualifizierten Veranlassung" mündet im Ergebnis in einer ausufernden Erweiterung der Anwendung des Telekommunikationsregimes auf eine Vielzahl von Diensten, wie Rechenzentren und Cloud-Dienste, die zur Diensterbringung auf fremde Telekommunikationsnetze angewiesen sind.[121]

Nach dieser Auffassung würden zum einen E-Mail-Provider wie Gmail in den Anwendungsbereich des Telekommunikationsrechts fallen. Zum anderen wäre aber auch der Betrieb eines Schlüsselservers, dessen Funktionsumfang im Empfangen – etwa durch eine automatisierte Schlüsselsuche initiiert – und Aussenden von Signalen – bspw. beim Übermitteln von öffentlichen Schlüsseln – besteht, hierunter zu fassen.

---

[117] VG Köln, Urteil vom 11. November 2015, 21 K 450/15, MMR 2016, 141 (143 Rn. 52); ähnliche Auffassung zur Einstufung von E-Mail-Diensten *Martini/von Zimmermann*, CR 2007, 430; *Schneider*, ZD 2014, 234; *Schumacher*, K&R 2015, 773; *Kremer/Völkel*, CR 2015, 504.

[118] VG Köln, Urteil vom 11. November 2015, 21 K 450/15, MMR 2016, 141 (143 f. Rn. 55 ff.); EuGH, Urteil vom 30. April 2014, UPC DTH, C-475/12, ECLI:EU:C:2014:285, Rn. 43; definitorisch s. auch § 3 Nr. 75 TKG n. F.

[119] Klarstellend auch bei der Einordnung von Gmail EuGH, Urteil vom 13. Juni 2019, Google, C-193/18, ECLI:EU:C:2019:498, Rn. 32 unter Verweis auf Urteil vom 30. April 2014, UPC DTH, C-475/12, EU:C:2014:285, Rn. 43; s. *Ludwigs/Huller*, NVwZ 2019, 1099.

[120] Ausführlich zur Veranlassungslehre s. *Kühling/Schall*, CR 2016, 192 ff.; VG Köln, Urteil vom 11.11.2015 – 21 K 450/15, MMR 2016, 141 (144 Rn. 59).

[121] Als „Büchse der Pandora" betitelnd *Schuster*, CR 2016, 175; VG Köln, Urteil vom 11.11.2015 – 21 K 450/15, CR 2016 132 (132 Rn. 14) verweist auf die Stellungnahme der Generaldirektion Kommunikationsnetze, Inhalte und Technologien, die ebenfalls auf die Kontrolle der Signalübertragung zur Einordnung abstellt.

Eine andere – technikspezifischere – Auffassung widerspricht dagegen der postulierten „untrennbaren Einheit“ von anwendungsbezogenen und transportbezogenen Komponenten eines Dienstes.[122] Bei der Frage nach dem Kriterium der Signalübertragung i. S. d. § 3 Nr. 24 TKG a. F. komme es – im Gegenteil – gerade darauf an, eben jene transportbezogenen von den anwendungsbezogenen Komponenten zu trennen.

Der Punkt der Netzwerkterminierung (NT) markiere dabei die technische Grenze der Signalübertragung.[123] Vor dem NT findet eine Signalübertragung über das offene Internet unter Verantwortung des Access-Providers statt, hinter dem NT beginnt hingegen der Bereich der „Nicht-Signalübertragung“ auf anwendungsbezogener Ebene.[124] Diese Differenzierung wird auch durch das OSI-Schichtenmodell unterstützt, wonach die Schichten 1 bis 4 als Transportebene (vom Access-Provider zu verantwortende Signalübertragung) und die Stufen 5 bis 7 als anwendungsorientierte Ebenen (ohne Signalübertragung) eingestuft werden.[125]

Zudem sei für eine „Übertragung von Signalen“ die tatsächliche und rechtliche Kontrolle über diesen Vorgang konstitutiv. Im Umkehrschluss bedeutet dies für einen Diensteanbieter, der nicht über diese Kontrolle verfügt, dass dieser keine Signalübertragung i. S. v. § 3 Nr. 24 TKG a. F. vornimmt und sich diese auch nicht zurechnen lassen muss.[126] Ein reines Aussenden und/oder Empfangen von Signalen begründet diese Kontrolle nicht, da die Signalübertragung über das offene Internet lediglich nach bestem Bemühen (sog. „Best-Effort-Prinzip“) erfolgt.[127] Die tatsächliche und rechtliche Kontrolle über die Netze und damit die Signalübertragung hat der Access-Provider, dessen Leistung sich in diesem Fall bedient wird.

Auch bei der zu gestaltenden technischen Lösung zum Verteilen von Verschlüsselungsschlüsseln werden die vom Endnutzer angefragten und/oder hinterlegten Informationen über das offene Internet nach dem „Best-Effort-Prinzip“ übertragen. Im Gegensatz zu klassischen Telekommunikationsdiensten verfügen

---

[122] *Kühling/Schall*, CR 2016, 191 bezugnehmend auf *Schuster*, CR 2016, 175 ff.

[123] Der NT wird dabei regelmäßig durch einen Router oder (bei Glasfaseranschlüssen) durch die Optical Network Unit dargestellt. S. auch § 3 Nr. 32 TKG n. F.

[124] *Schuster*, CR 2016, 175 ff.; *Kühling/Schall*, CR 2016, 191.

[125] *Grünwald/Nüßing*, MMR 2016, 95; *Schütz*, in: Geppert/Schütz 2023, § 5 TKG Rn. 50.

[126] *Gersdorf*, K&R, 2/2016, 97.

[127] So die Position von Google in EuGH, Urteil vom 13. Juni 2019, Google, C-193/18, ECLI:EU:C:2019:498, Rn. 21; s. auch *Gersdorf*, K&R, 2/2016, 98.

in der Regel weder der Betreiber eines Schlüsselservers noch ein E-Mail-Provider – als ein zentraler Akteur in der zu gestaltenden Infrastruktur – über einen Einfluss auf die Übermittlung der Informationen über das offene Internet. Auf Dienstqualitätsmerkmale, wie die Vermeidung von Verzögerungen in der Datenübertragung oder Datenverlusten, die eine tatsächliche und rechtliche Kontrolle der Signalübertragung voraussetzen, haben sie keinen Einfluss.[128]

Dass das reine Aussenden und Empfangen unter Zuhilfenahme eines von einem Access-Provider betriebenen Netzes nicht pauschal eine Anwendbarkeit von § 3 Nr. 24 TKG a. F. auslöst, stellte auch der EuGH in den Vorabentscheidungsverfahren zu Gmail und SkypeOut klar. Allerdings unterstützte der EuGH nicht die Auffassung, es läge schon keine Signalübertragung vor, wenn ein Diensteanbieter keine Kontrolle über diesen Vorgang besitzt. Das aktive Aussenden und Empfangen von Signalen sei vielmehr als Signalübertragung zu qualifizieren.[129] Dieser Umstand allein genüge aber nicht, um einen Dienst als „ganz oder überwiegend in der Übertragung von Signalen über elektronische Kommunikationsnetze bestehen[d]" zu qualifizieren, da die für die Funktionsfähigkeit eines Dienstes erforderliche Signalübermittlung maßgeblich durch die jeweiligen Access-Provider sichergestellt wird.[130] Damit folgt der Gerichtshof auch nicht der vom VG Köln vertretenen Ansicht, ein Diensteanbieter habe sich eine Signalübertragung über fremde Netzwerke durch eine „qualifizierte Veranlassung" zurechnen zu lassen.

Der Umstand, dass die Übertragung eines Signals über eine Infrastruktur erfolgt, die nicht unter der Kontrolle des Diensteanbieters steht, sei für eine Einordung i. S. d. § 3 Nr. 24 TKG a. F. irrelevant.[131] Entscheidend dagegen sei lediglich, dass der Diensteanbieter gegenüber den Endnutzern für die Signalübertragung, die den Dienst überhaupt erst gewährleistet, verantwortlich ist.[132]

---

[128] *Gersdorf*, K&R 2/2016, 99; eine Ausnahme hiervon besteht für E-Mail-Dienste, die auf Basis von Art. 3 Abs. 5 VO 2015/2120 erbracht werden.

[129] Die Signalübertragung für den Funktionsumfang des Aussendens und Empfangens von Signalen für Gmail bejahend EuGH, Urteil vom 13. Juni 2019, Google, C-193/18, ECLI:EU:C:2019:498, Rn. 34.

[130] So auch OVG NRW, MMR 2020, 347 (348 f. Rn. 29 f.) unter Verweis auf EuGH, Urteil vom 13. Juni 2019, Google, C-193/18, ECLI:EU:C:2019:498, Rn. 34-38; zum Verfahren vor dem EuGH s. *Schmitz*, ZD 2019, 542.

[131] EuGH, Urteil vom 5. Juni 2019, Skype Communications, C-142/18, ECLI:EU:C:2019:460, Rn. 29 rekurriert insoweit auf EuGH, Urteil vom 30. April 2014, UPC DTH, C-475/12, EU:C:2014:285, Rn. 43; so weit folgt auch das VG Köln, Urteil vom 11.11.2015 – 21 K 450/15, MMR 2016, 141 (143 Rn. 55).

[132] EuGH, Urteil vom 13. Juni 2019, Google, C-193/18, ECLI:EU:C:2019:498, Rn. 32.

Diese „Verantwortlichkeit“ gründet sich auf den Umstand, dass ein Diensteanbieter aus Nutzersicht die Übertragung der Signale – etwa auf einer vertraglichen Grundlage – entsprechend sicherstelle.[133] Diese „Verantwortlichkeit“ sah der Gerichtshof beim VoIP-Kommunikationsdienst SkypeOut gegeben, wohingegen er diese beim Webmailingdienst Gmail verneinte.[134]

Wie bereits festgestellt werden konnte, findet durch das Zusammenwirken der verschiedenen Komponenten der zur Schlüsselverteilung zu gestaltenden Infrastruktur Telekommunikation i. S. d. § 3 Nr. 59 TKG n. F. unter Zuhilfenahme von Telekommunikationsanlagen gem. § 3 Nr. 60 TKG n. F. statt. Den vom EuGH aufgestellten Grundsatz, dass der Diensterbringer – in diesem Fall die an der Telekommunikation beteiligten Akteure der Infrastruktur – für die Übertragung von Signalen – analog zu Access-Provider oder Netzbetreibern – gegenüber den Endnutzern verantwortlich sein muss, um als Telekommunikationsdienst analog zu § 3 Nr. 61 lit. c TKG n. F. zu gelten, muss man indes verneinen.

Die Verteilung der kryptographischen Schlüssel soll selbst nicht die Funktion eines elektronischen Kommunikationsdienstes erfüllen, sondern einen solchen (E-Mail) durch eine Funktionalität ergänzen. Wenn man einem internetbasierten E-Mail-Dienst die „Verantwortlichkeit“ für die Signalübertragung beim Empfangen und Aussenden von Nachrichten sowie der Zuordnung von IP- und E-Mail-Adressen absprechen muss, so kann diese erst recht nicht für Infrastrukturkomponenten gegeben sein, die auf eben jenen Grund-Dienst aufsetzen sollen.[135] Ziel ist es zudem, die Lösungsarchitektur in den jeweiligen E-Mail-Dienst zu integrieren, sodass für den Endnutzer keine „neuen“ Verantwortlichkeiten für eine Signalübertragung über das offene Internet begründet werden.

Trotz der notwendigerweise vorhandenen Telekommunikationskomponenten kann in der Gesamtheit der Lösungsinfrastruktur keine ganze oder überwiegende Übertragung von Signalen i. S. d. § 3 Nr. 61 lit. c TKG n. F. gesehen werden.

---

[133] *Fokken*, NZA 2020, 632; so auch im Fall Gmail das zuständige Appellationsgericht OVG NRW, MMR 2020, 347 (348, Rn. 28) mit Verweis auf EuGH, Urteil vom 5. Juni 2019, Skype Communications, C-142/18, ECLI:EU:C:2019:460, Rn. 44 f.

[134] EuGH, Urteil vom 5. Juni 2019, Skype Communications, C-142/18, ECLI:EU:C:2019:460, Rn. 49; EuGH, Urteil vom 13. Juni 2019, Google, C-193/18, ECLI:EU:C:2019:498, Rn. 41.

[135] EuGH, Urteil vom 13. Juni 2019, Google, C-193/18, ECLI:EU:C:2019:498, Rn. 37.

4.2.3.2 (Nicht-)Anwendbarkeit des Telekommunikationsgesetzes?

Im Ergebnis lassen sich die einzelnen Komponenten der Lösungsarchitektur nicht unter den Begriff des „Telekommunikationsdienstes“ fassen, sodass das Telekommunikationsgesetz hier auch keine Anwendung finden kann. Demgegenüber fallen E-Mail-Provider als zentrale Akteure in den Anwendungsbereich des Telekommunikationsregimes, was jedenfalls eine (mittelbare) Ausstrahlungswirkung telekommunikationsrechtlicher Vorschriften auf die Infrastrukturkomponenten (wie etwa der Betrieb eines Schlüsselservers) in deren Verantwortungsbereichen hat.

4.3 Recht der digitalen Dienste (DSA und DDG)

Das Gebiet des vormaligen Telemedienrechts hat in der jüngeren Vergangenheit grundlegende Reformen erfahren. Zum Ende des bisher durch das Telemediengesetz (TMG) geprägten Verständnisses des nationalen Internetrechts führte letztlich das Bestreben des europäischen Gesetzgebers zur Regulierung von Vermittlungsdiensten. Im Nachfolgenden soll daher zunächst ein Überblick zur Entwicklung dieses für die Technikgestaltung relevanten Rechtsgebiets gegeben werden. Hieran anschließend sollen die bekannten wesentlichen Eckpfeiler der zu gestaltenden Technik im Licht des Rechts der digitalen Dienste eingeordnet werden, um die Relevanz für die im Anschluss stattfindende Technikgestaltung zu klären.

4.3.1 Telemedienrecht de lege abrogata

Durch das am 1.3.2007 in Kraft getretene Telemediengesetz (TMG)[136] hatte der deutsche Gesetzgeber die Richtlinie 2000/31/EG (E-Commerce-RL)[137] in nationales Recht überführt und die bis dahin gültige Vorgängerregelung – das

[136] BGBl. I S. 179, 251; 2021 I S. 1380, zuletzt geändert durch Art. 3 des Gesetzes vom 12. August 2021 (BGBl. I S. 3544).

[137] RL 2000/31/EG vom 8. Juni 2000, ABl. L 178/2000, 1.

Teledienstegesetz – ersetzt.[138] Die letzte signifikante Neuerung erfuhr das Telemediengesetz durch eine Überarbeitung und Ausgliederung der datenschutzrechtlichen Vorschriften in das Telekommunikations-Telemedien-Datenschutz-Gesetz (TTDSG), das 2024 in Telekommunikation-Digitale-Dienste-Datenschutz-Gesetz (TDDDG) umbenannt und minimal angepasst wurde[139], das gleichermaßen den Datenschutz für Telekommunikationsdienste normiert.[140] Auch das Beauskunften von Bestandsdaten durch Telemediendiensteanbieter gegenüber Sicherheitsbehörden erfuhr mit dem Gesetz zur Anpassung der Regelungen über die Bestandsdatenauskunft an die Vorgaben aus der Entscheidung des Bundesverfassungsgerichts vom 27. Mai 2020 eine Novellierung.[141]

Die Regelungen des Telemediengesetzes konturierten sich – wenn auch nicht überschneidungsfrei – im Anwendungsbereich der elektronischen Kommunikation gegenüber dem Telekommunikationsgesetz sowie dem Rundfunkstaatsvertrag.[142] Im Vergleich zum Rundfunk wurden Telemedien niedrigschwelliger reguliert und unterlagen bspw. keiner Zulassung durch die Landesmedienanstalten.[143] Auch im Kontrast zu Diensten, die ausschließlich dem Telekommunikationsgesetz unterfallen, wurden Telemediendienste weniger stark reguliert.[144]

4.3.2 Recht digitaler Dienste de lege lata

Im Rahmen der europäischen Digitalstrategie trat am November 2022 die Verordnung (EU) 2022/2065 über einen Binnenmarkt für digitale Dienste und

---

[138] S. zur rechtlichen Genese des Telemedienrechts *Spindler*, MMR 2018, 48; zur E-Commerce-RL *Spindler*, ZUM 1999, 775 ff.

[139] BGBl. I 1982, ber. 2022 I 1045, zuletzt geändert durch BGBl. I 3544, 3545.

[140] Eine Überarbeitung erscheint vor allem aufgrund der ausbleibenden e-Privacy-VO erforderlich; s. weiterführend zum TTDSG *Schwartmann/Benedikt/Reif*, MMR 2021, 99; BT-Drs. 29/21, 262; zu inhaltlichen Änderungen durch die Umbenennung in TDDDG BT-Drs. 20/10031, 33 ff.

[141] BT-Drs. 19/25294, 2; BVerfGE 155, 119, Rn. 1 ff.

[142] Die stärkere Kontrolle des Rundfunks gegenüber Telemedien erfolgte aufgrund seines stärkeren Einflusses auf die individuelle Meinungsbildung (s. BT-Drs. 16/3078, 11). Diese Grundannahme geriet zunehmend ins Wanken, da sich das meinungsbildende Gewicht einiger Telemediendienste – insbesondere Social Media – gegenüber dem des „linearen“ Rundfunks verschoben hat.

[143] Zur alten Rechtslage s. *Martini*, in: Gersdorf/Paal 2019, § 1 TMG Rn. 2.

[144] So besteht etwa keine Meldepflicht des Dienstes bei der Bundesnetzagentur (§ 5 TKG n. F.).

zur Änderung der Richtlinie 2000/31/EG (DSA)[145] in Kraft und ersetzte die E-Commerce-RL durch unionsweit vollharmonisierende Regelungen. Dem TMG – das lange Zeit das nationale Herzstück des deutschen Internetrechts bildete – wurde dadurch die wesentliche regelungslegitimierende Grundlage entzogen. Demgegenüber verblieb für die übrigen Regelungen des TMG – die nicht durch den DSA verdrängt werden – grundsätzlich weiterhin Regelungsspielraum respektive eine dahingehende Notwendigkeit.[146] Der DSA verfolgt gem. Art. 1 Abs. 1 DSA das Ziel, ein sicheres, vorhersehbares und vertrauenswürdiges Onlineumfeld durch Regulierung von Vermittlungsdiensten zu schaffen. An die Vermittlungsdiensteanbieter wird durch den DSA eine Vielzahl von Anforderungen zur jeweiligen Ausgestaltung der Dienste und Unternehmen gestellt, deren Nichteinhaltung bußgeldbewehrt sind.[147]

Der deutsche Gesetzgeber hat mittels eines Durchführungsgesetzes[148] in Form eines Artikelgesetzes Anpassungen mehrerer, vom DSA und der Verordnung (EU) 2019/1150[149] betroffenen Gesetze vorgenommen. Vor dem Hintergrund des vormaligen Telemedienrechts wurde in Art. 1 des Durchführungsgesetzes das Digitale-Dienste-Gesetz (DDG) ins Leben gerufen, um die konkretisierungsbedürftigen Regelungen des DSA sowie die verbliebenen Regelungsspielräume des vormaligen TMG in einem Gesetz zusammenzuführen.[150] In diesem Zuge trat gem. Art. 37 Abs. 2 des Durchführungsgesetzes das TMG nach Verkündung des Durchführungsgesetzes außer Kraft. Konsequenterweise hat der deutsche Gesetzgeber auch Änderungen des erst im Dezember 2021 in Kraft getretenen TTDSG in Art. 8 des Durchführungsgesetzes vorgenommen, das im Rahmen der begrifflichen Angleichung nunmehr den Titel Telekommunikation-Digitale-Dienste-Datenschutz-Gesetz (TDDDG) trägt.

---

[145] VO 2022/2065 vom 19. Oktober 2022, ABl. L 277/2022, 1. Zugunsten der im allgemeinen Sprachgebrauch verwendeten Abkürzung DSA (Digital Services Act) wird auf die Verwendung einer deutschen Abkürzung der VO verzichtet.

[146] *Klink-Straub*, MMR-Aktuell 2024, 01286; so bedarf es weiterhin einer nationalen Umsetzung der e-Privacy-RL oder der Richtlinie 2010/13/EU, die bisher im Telemedienrecht (TMG und später TTDSG) verortet waren. S. auch BT-Drs. 20/10031, 54.

[147] Zum Pflichtenkanon ausführlich *von Lewinski/Klein*, RDi 2023, 184 ff.; grundsätzlich zum DSA s. *Raue/Heesen*, NJW 2022, 3537 ff.

[148] BGBl. 2024 I Nr. 149.

[149] VO 2019/1150 vom 20. Juni 2019, ABl. L 186/2019, 57.

[150] BT-Drs. 20/10031, 53; weiterführend zum DDG s. *Hofmann*, GRUR 2024, 81 f.; *Spindler*, CR 2023, 602 ff.

4.3.3 Einordnung der Lösungsarchitektur als digitaler Dienst

Mit der neuen Rechtslage entfällt die bisherige Definition des Telemedienbegriffs aus § 1 Abs. 1 Satz 1 TMG in Abgrenzung zum Rundfunkstaatsvertrag und – dem bereits diskutierten – Telekommunikationsgesetz in Gestalt einer negativ formulierten Residualnorm.

Regelungsgegenstand des DSA sind gem. Art. 1 Abs. 2 und Art. 2 Abs. 1 DSA sog. „Vermittlungsdienste", deren Angebot sich an Nutzer in der Union richtet. Auf den Niederlassungsort des Vermittlungsdienstes wird im Anwendungsbereich des DSA – wie schon beim Marktortprinzip der DSGVO – dabei nicht abgestellt. Was der DSA unter Vermittlungsdiensten versteht, wird in Art. 3 lit. g DSA legaldefiniert. Demnach handelt es sich hierbei um „Dienste der Informationsgesellschaft", die eine reine Durchleitung von Informationen, Caching-Leistungen oder Hosting-Diensten umfassen.[151] Für den konstituierenden „Dienst der Informationsgesellschaft" wird in Art. 3 lit. a DSA auf Art. 1 Abs. 1 lit. b der Richtlinie (EU) 2015/1535[152] referenziert. Demnach wird ein Dienst der Informationsgesellschaft „in der Regel gegen Entgelt elektronisch im Fernabsatz und auf individuellen Abruf eines Empfängers" erbracht.[153] Der Anwendungsbereich des DSA konturiert sich demnach an Vermittlungsdienstleistern, die als Dienste der Informationsgesellschaft in der Regel gegen Entgelt erbracht werden.

Auf nationaler Ebene vollzieht das DDG hinsichtlich des Anwendungsbereichs das durch den DSA vorgezeichnete Schema. Gem. § 1 Abs. 1 Satz 1 DDG soll das DDG Anwendung auf solche Diensteanbieter finden, die nach § 1 Abs. 4 Nr. 5 DDG digitale Dienste i. S. v. § 1 Abs. 4 Nr. 1 DDG erbringen. Was unter einem „digitalen Dienst" i. S. v. § 1 Abs. 4 Nr. 1 DDG zu verstehen ist, wird – wie bereits bei Art. 3 lit. a DSA – mit Verweis auf Art. 1 Abs. 1 lit. b der Richtlinie (EU) 2015/1535 klargestellt. Weshalb der nationale Gesetzgeber in puncto anwendungsbereichseröffnender Definition eine abweichende Formulierung zu der des DSA bemüht, um auf Rechtsfolgenseite durch eine gleichlautende Verweisung wiederum völlige Kongruenz herzustellen, kann letztlich dahingestellt bleiben.

---

[151] Eine exemplarische Ausdifferenzierung der einzelnen Vermittlungsdienste erfolgt in ErwGr 29 DSA und implizit ErwGr 28 Satz 3 ff. Die Definitionen entsprechen im Wesentlichen denen in Art. 12 bis 14 E-Commerce-RL 2000/31/EG; s. auch *Kuhlmann*, ZUM 2023, 172; *Gerdemann/Spindler*, GRUR 2023, 3 (4 f.).

[152] RL 2015/1535 vom 9. September 2015, ABl. L 241/2015, 1.

[153] Weiterführend zur Anwendbarkeit des DSA auf kommerzielle Dienstleister *Spindler*, GRUR 2021, 547; zum weiten Begriff der Entgeltlichkeit EuGH, Urteil vom 15. September 2016, Mc Fadden, C-484/14, ECLI:EU:C:2016:689, Rn. 41 f.

Rechtsunsicherheit in Gestalt einer – eventuell unbeabsichtigten – Erweiterung des Anwendungsbereichs des DDG gegenüber dem des DSA kann sich dahingehend manifestieren, dass das DDG sich nicht auf solche „digitalen Dienste" (der Informationsgesellschaft) beschränkt, die als Vermittlungsdienste i. S. d. Art. 3 lit. g DSA auftreten.[154] Für die Technikgestaltung könnte dieser Punkt von Relevanz sein, sofern die Technik zwar als Dienst i. S. v. Art. 1 Abs. 1 lit. b der Richtlinie (EU) 2015/1535, nicht aber als Vermittlungsdienst i. S. d. Art. 3 lit. g DSA zu klassifizieren wäre.

Um die Anwendbarkeit des Rechts der digitalen Dienste in Gestalt des DSA, DDG und letztlich auch des TDDDG auf die zu gestaltende Technik bejahen zu können, müssen Akteure oder einzelne Komponenten der Lösungsinfrastruktur in einem ersten Schritt die Anforderung an einen „Dienst" i. S. d. Art. 1 Abs. 1 lit. b Richtlinie (EU) 2015/1535 erfüllen. Die in Art. 1 Abs. 1 lit. b Ziffer i) bis iii) Richtlinie (EU) 2015/1535 beschriebenen Teildefinitionen lassen sich insgesamt recht unproblematisch auf die Rahmenparameter der zu gestaltenden Technik anwenden. So ist der zu gestaltende Dienst gerade dafür gedacht, einen Schlüsselaustausch ohne physische Anwesenheit der Nutzer oder weiterer Akteure der zu gestaltenden Infrastruktur zu ermöglichen und damit als eine „im Fernabsatz erbrachte Dienstleistung" zu klassifizieren. Zudem soll es die Technik ermöglichen, digitales Schlüsselmaterial ausschließlich auf elektronischem Wege auf Schlüsselserver hochzuladen und im Rahmen einer Schlüsselsuche entsprechend an den jeweiligen Nutzer zu übermitteln, weshalb auch eine „elektronisch erbrachte Dienstleistung" vorliegt. Ferner sollen die in den Anwendungsfällen der Technik beschriebenen Aktionen (Veröffentlichung, Suchen, Ausliefern, Zurückziehen/Löschen von öffentlichen Schlüsseln) allesamt durch den Nutzer initiiert werden, weshalb der Dienst keinen linearen Charakter aufweist und „auf individuellen Abruf eines Empfängers" erbracht wird.[155]

Die Klassifizierung der zu gestaltenden Technik oder einzelner Teilbereiche als Dienst (der Informationsgesellschaft) i. S. v. § 1 Abs. 1 Satz 1 DDG bzw. Art. 3 lit. a DSA i. V. m. Art. 1 Abs. 1 lit. b Richtlinie (EU) 2015/1535 setzt ferner eine Form der Entgeltlichkeit voraus. Im Lichte der EuGH-Rechtsprechung zur E-Commerce-Richtlinie, deren Prinzipien auch auf die neue Rechtslage anwendbar sind, ist der Begriff der Entgeltlichkeit grundsätzlich sehr weit zu verstehen und wird bereits durch das Anzeigen von Werbung zur Monetisierung des Dienstes

[154] So auch exemplarisch die Kritik am Referentenentwurf des DDG durch eco 2023, 2.

[155] S. Abschnitt 9.9. Wie die einzelnen Aktionen konkret durch die Technik erbracht werden sollen, ist Aufgabe der sich anschließenden rechtsverträglichen Technikgestaltung.

verwirklicht.[156] In diesem Punkt kann auf das positive Ergebnis der Prüfung des Entgeltlichkeitscharakters des Dienstes im Rahmen der Anwendbarkeit des TKG verwiesen werden.[157]

Die zu gestaltende Technik lässt sich folglich als Dienst i. S. d. Art. 1 Abs. 1 lit. b Richtlinie (EU) 2015/1535 klassifizieren. Da das DDG gem. dem Wortlaut seines Anwendungsbereichs in § 1 Abs. 1 Satz 1 i. V. m. § 1 Abs. 4 Nr. 5 DDG keine weitere Verengung auf bestimmte Kategorien von Diensteanbietern vornimmt, wäre der Anwendungsbereich des DDG bereits eröffnet. Der DSA erfasst nur solche Dienste der Informationsgesellschaft, die als Vermittlungsdienste i. S. v. Art. 3 lit. g Ziffer i) bis iii) DSA zu qualifizieren sind. Die in Art. 3 lit. g Ziffer i) DSA genannten Vermittlungsdienste einer „reinen Durchleitung“ umfassen eine weite Bandbreite an Diensten, wie bspw. DNS-Dienste, Zertifizierungsstellen, als Aussteller digitaler Zertifikate oder interpersonelle Kommunikationsdienste.[158] Hier wird deutlich, dass die zu gestaltende Technik als technisch bedingte Notwendigkeit auf andere Dienste, die als Vermittlungsdienste einzustufen sind, aufsetzt.[159] Maßgeblich ist vor diesem Hintergrund das E-Mail-Ökosystem – als interpersoneller Kommunikationsdienst – zu nennen, in das sich die zu gestaltende Technik einfügen soll. Zudem werden im Rahmen der Technikgestaltung weitere Vermittlungsdienste der reinen Durchleitung bedient, um die durch rechtliche Kriterien vorgegebene technische Funktionsweise in Form technischer Ziele zu realisieren.[160] Auch bei dem Zusammenwirken der verschiedenen Akteure der Lösungsarchitektur mit dem Ziel, kryptographische Schlüssel einem Kommunikationspartner zugänglich zu machen, ist das Finden und Übertragen von Inhalten (eben jener kryptographischen Schlüssel) erforderlich. Das bloße Bedienen anderer Vermittlungsdienste qualifiziert das zu gestaltendes System selbst indes nicht als Vermittlungsdienst. Betrachtet man die angestrebten Anwendungsfälle, die eine grobe Richtschnur für die kommende

---

[156] *Gerdemann/Spindler*, GRUR 2023, 4; s. bereits EuGH, Urteil vom 26. April 1988, Bond van Adverteerders v State of the Netherlands, C-352/85, ECLI:EU:C:1988:196, Rn. 16; EuGH, Urteil vom 11. September 2014, Papasavvas u. a., C-291/13, ECLI:EU:C:2014:2209, Rn. 30.

[157] S. hierzu ausführlich Abschnitt 4.2.3.1.1.

[158] S. ErwGr 29 Satz 2 1. Hs. DSA.

[159] Gem. ErwGr 29 Satz 5 DSA können Vermittlungsdienste isoliert, als Bestandteil von andersartigen Vermittlungsdiensten oder zusammen mit anderen Vermittlungsdiensten erbracht werden.

[160] Namentlich seinen Zertifizierungsstellen als Vertrauensdienste oder DNS-Dienste im Rahmen der Validierung von DNS-Zertifikaten genannt. S. hierzu exemplarisch Abschnitt 9.4.

Technikgestaltung darstellen, so fällt keine der angestrebten (Basis-)Funktionen (Veröffentlichung, Suchen, Ausliefern, Zurückziehen/Löschen von öffentlichen Schlüsseln) selbst unter den Begriff der „reinen Durchleitung".

Neben der „reinen Durchleitung" werden zudem „Caching"-Leistungen als Vermittlungsdienst i. S. v. Art. 3 lit. g Ziffer ii) DSA verstanden. Hierunter fällt neben der Übermittlung von Informationen in einem Kommunikationsnetz das Erfordernis der Zwischenspeicherung zum alleinigen Zweck der effizienteren Übermittlung eben jener Informationen auf Anfrage anderer Nutzer. Exemplarisch nennt die Verordnung proxyserverbasierte Netzwerke, wie das alleinige Betreiben von Netzwerken zur Bereitstellung von Inhalten (sog. Content-Delivery-Networks).[161] Mit Blick auf das Feld der zu gestaltenden Technik ist der Aufbau und Betrieb eines Proxy-Serververbunds zur Effizienzsteigerung nicht direkt anzunehmen. Es ist allerdings nicht auszuschließen, dass im Rahmen der rechtsverträglichen Technikgestaltung performanz- und effizienzbezogene Gestaltungsvorschläge eine rechtliche Einordnung – zumindest von Teilen der Infrastruktur – als „Caching"-Leistung ermöglichen, sofern hierbei nicht auf bereits bestehende Infrastrukturen bei den Akteuren zurückgegriffen werden soll. Ob die Technik im Rahmen der Technikgestaltung sich anderen Formen von Vermittlungsdiensten zuordnen lässt, kann an dieser Stelle demnach nicht abschließend beurteilt werden. Das Endprodukt und sein Einsatz in der Praxis sollten folglich individuell anhand der genauen technischen Ausgestaltung geprüft werden.[162]

Gem. Art. 3 lit. g Ziffer iii) DSA zählen ferner „Hostingdienste" – deren Funktionsumfang in der Speicherung von Informationen besteht, die vom Nutzer bereitgestellt wurden – zur Kategorie der Vermittlungsdienste. Hierunter fallen gem. ErwGr 29 Satz 3 DSA exemplarisch Dienste aus dem Bereich Cloud-Computing, Web-Hosting oder entgeltlicher Referenzierung.[163] Des Weiteren werden auch Onlinedienste zum Austausch von Informationen und Inhalten sowie der – in diesem Rahmen erforderlichen – Speicherung als „Hostingdienste" verstanden.[164] Das Verständnis dieser Dienste-Eigenschaften entspricht den Aufgaben eines Keyservers und letztlich auch dem des zu gestaltenden Systems.

---

[161] ErwGr 29 Satz 2 2. Hs. DSA; hierzu ausführlicher *Steinrötter/Schauer*, in: Steinrötter 2023, Teil 1 § 2 Rn. 33 ff.

[162] So auch ErwGr 29 Satz 6 DSA, der zur Klassifikation ausschließlich auf die technischen Funktionen eines Dienstes abstellt, die sich im Laufe der Zeit ändern können.

[163] S. zu Referenzierungsdiensten als Diensten der Informationsgesellschaft EuGH, Urteil vom 23. März 2010, Google France und Google, C-236/08, ECLI:EU:C:2010:159, Rn. 106 ff.

[164] ErwGr 29 Satz 3 DSA.

Nutzer sollen ihre öffentlichen Schlüssel auf der hierfür eingerichteten Infrastruktur speichern und verwalten und die öffentlichen Schlüssel anderer Nutzer auffinden und abrufen können. Demnach ist eine Einordnung der zu gestaltenden Technik als „Hostingdienst" i. S. v. Art. 3 lit. g Ziffer iii) DSA anzunehmen.

Eine besondere Form von „Hostingdiensten" – an die weitergefasste Verpflichtungen gestellt werden – sind „Online-Plattformen" nach Art. 3 lit. i DSA. Sie zeichnen sich dadurch aus, dass sie Informationen im Nutzerauftrag speichern und öffentlich verarbeiten.[165] Auch wenn man vor dem Hintergrund des angestrebten öffentlichen Charakters der zu gestaltenden Technik eine „öffentliche Verarbeitung" bejaht, so scheitert eine Qualifizierung als „Online-Plattform" i. S. d. DSA daran, dass es sich bei der Technik zur Schlüsselverteilung um eine Nebenfunktion des zugrundeliegenden Hauptdienstes – des E-Mail-Dienstes – handeln soll. Letztlich soll die zu gestaltende Technik die Ende-zu-Ende-Verschlüsselung des E-Mail-Verkehrs ermöglichen respektive vereinfachen. Ohne den zugrundeliegenden Hauptdienst wäre eine rechtsverträgliche Verwaltung öffentlicher Schlüssel sinnlos. Folglich wäre die zu gestaltende Technik – in Relation zum zugrundeliegenden E-Mail-Dienst – als „unbedeutende Nebenfunktion" i. S. v. Art. 3 lit. i DSA i. V. m. ErwGr 13 Satz 3 f. DSA zu bewerten, was ein Ausschlusskriterium für eine Beurteilung als „Online-Plattform" darstellt.[166]

4.3.4 Ausgangslage für die Technikgestaltung vor dem Hintergrund digitaler Dienste

Für einen – bereits zum jetzigen Zeitpunkt absehbaren – Kernbestandteil der Lösungsarchitektur ist folglich die Anwendbarkeit spezieller datenschutzrechtlicher Vorschriften im Bereich der digitalen Dienste zu bejahen. Die unübersichtliche rechtliche Topographie im Spannungsfeld der Datenschutzgrundverordnung, der e-Privacy-RL und des Fortbestehens von teilweise unionsrechtswidrigen Regelungen im TKG vermochte der deutsche Gesetzgeber zuletzt mit dem TDDDG zu nivellieren.[167] Das Überführen der datenschutzrechtlichen Normen

---

[165] Zu den weiteren Pflichten von Online-Plattformen s. Art. 19 bis 21 DSA sowie weiterführend zu den Adressaten des DSA und den gestuften Verpflichtungen *Legner*, ZUM 2024, 103-109. Zur Eigenschaft der Öffentlichkeit s. auch die Ausführungen zur „geschlossenen Benutzergruppe" i. S. d. eIDAS-VO in Abschnitt 4.5.1 sowie *Steinrötter/Schauer*, in: Steinrötter 2023, Teil 1 § 2 Rn. 40 ff.

[166] *Steinrötter/Schauer*, in: Steinrötter 2023, Teil 1 § 2 Rn. 44 ff.; *Schäufele/Krück*, GRUR-Prax 2023, 120 f.

[167] BT-Drs. 19/27441, 1; *Lang*, K&R 2020, 714.

aus TKG a. F. und TMG a. F. in das TDDDG vermag die vergangene Nichtanwendbarkeit datenschutzrechtlicher Normen im TMG a. F. – und den daraus resultierenden Vorrang der Grundverordnung – weitestgehend aus der Welt zu schaffen.[168] Es bleibt indes abzuwarten, ob und in welcher Form eine künftige e-Privacy-VO das jüngst geschaffene Einheitsgesetz für Telekommunikations- und Telemediendienste wieder verdrängt. Unter diesem Aspekt werden – wie bereits in Abschnitt 4.2.2 geschildert – auch Entwurfsfassungen der geplanten e-Privacy-VO in die rechtsverträgliche Technikgestaltung mit einbezogen.

4.4 Weitere Grundlagen des europäischen Datenrechts

Neben den bereits skizzierten rechtlichen Rahmenbedingungen existieren weitere europäische Rechtsakte, die das Feld des Datenrechts regulieren und in Wechselwirkung zum Datenschutzrecht und damit auch zu dieser Technikgestaltung stehen (können). Soweit sich im Rahmen der Vorüberlegungen zu den Anwendungsfällen der Technik und den beteiligten Akteuren ein möglicher Anwendungsbereich eröffnet, sollen die entsprechenden Gesetze im Rahmen der rechtsverträglichen Technikgestaltung mitberücksichtigt werden.

Im Rahmen der europäischen Digitalstrategie hat der europäische Gesetzgeber mit dem „Gesetz über digitale Märkte" – geläufiger in der englischen Fassung „Digital Markets Act" (DMA) – ein Regulierungsinstrument für große Internetplattformen verabschiedet.[169] Der DMA statuiert als kartellrechtliches Instrument für große Digitalplattformen (sog. Torwächter / engl. Gatekeepers, s. Art. 2 Nr. 1 DMA) die Interoperabilität nummernunabhängiger interpersoneller Kommunikationsdienste (Art. 7 DMA) und eine Interoperabilitätspflicht für Betriebssysteme (Art. 6 Abs. 7 DMA).[170] Allerdings werden die Akteure nicht die Schwellenwerte i. S. d. Art. 3 Abs. 1 und 2 DMA erfüllen, um als Torwächter klassifiziert

[168] BT-Drs. 19/27441, 1; zur Nichtanwendbarkeit des TMG neben der DSGVO schon früh *Roßnagel*, in: Roßnagel 2017, § 1 Rn. 11; s. auch *Schwartmann/Benedikt/Reif*, MMR 2021, 99; zum Vorrang der DSGVO gegenüber den Normen des TDDDG *Jandt*, in: Jandt/Steidle 2025, II. Rn. 83.

[169] VO (EU) 2022/1925 vom 14. September 2022, ABl. 2022 L 265, 1; als Teil der europäischen Digitalstrategie s. EU-Kommission, COM (2020) 67 final vom 19. Februar 2020; *Meyer*, EuZW 2023, 1134.

[170] *Galle/Dressel*, EuZW 2024, 107 und 111.

zu werden.[171] In der Folge stellen die Normen des DMA keine direkt bindende Wirkung im Rahmen der Technikgestaltung dar.

Neben der datenrechtlichen Regulierung von Torwächtern durch den DMA stellt der „Data Act“ (DA)[172] harmonisierte Vorschriften für einen fairen Datenzugang und eine faire Datennutzung sowie die Regelung von vernetzten Produkten (sog. Wearables) auf.[173] Von dem Regelungsregime des DA sind sowohl personenbezogene Daten als auch nicht-personenbezogene Daten umfasst. Bei der Verarbeitung personenbezogener Daten treten die Normen des DA neben die Vorschriften der Grundverordnung und des TDDDG.[174] Vor dem Hintergrund der Gestaltung eines Systems zur Schlüsselverteilung scheitert auf den ersten Blick die Einordnung der Systemkomponenten als „verbundener Dienst“ i. S. d. Art. 2 Nr. 6 DA, der mit einem vernetzten Produkt derart verbunden sein muss, dass das Produkt eine oder mehrere seiner Funktionen nicht ausführen kann. So könnte ein server- oder clientseitiges Plugin, das für die Schlüsselsuche und den Down- bzw. Upload zuständig ist, derart mit dem Mailprogramm des Anwenders verbunden sein, dass ohne das Plugin eine Ende-zu-Ende-verschlüsselte Kommunikation nicht oder nur mit hohem Aufwand möglich ist. Die Verordnung versteht unter einem (vernetzten) Produkt gem. Art. 2 Nr. 5 DA einen physischen Gegenstand, also bspw. Wearables. Dieses Verständnis schließt eine Berücksichtigung der Normen für Anbieter verbundener Dienste gem. Art. 1 Abs. 3 lit. a DA im Rahmen der folgenden Technikgestaltung aus.

Allerdings ist der Anwendungsbereich des DA nicht auf vernetzte Produkte begrenzt, sondern umfasst auch sog. Datenverarbeitungsdienste. Der Begriff der Datenverarbeitungsdienste ist gem. Art. 2 Nr. 8 DA i. V. m. ErwGr 80 DA sehr weit gefasst und stellt pauschal auf eine digitale Dienstleistung ab, die eine „Verwaltung auf Abruf und einen breiten Fernzugang zu einem skalierbaren und elastischen Pool gemeinsam nutzbarer, zentralisierter, verteilter oder

---

[171] Bisher hat die für die Benennung von Torwächtern zuständige EU-Kommission Benennungsbeschlüsse für Apple, Microsoft, Samsung, Alphabet und ByteDance erlassen, *Galle/Dressel*, EuZW 2024, 109; s. weiterführend *Herbers/Savary/Gröf*, GRUR-Prax 2023, 185.

[172] VO 2023/2854 vom 13. Dezember 2023, ABl. L 2023/2854.

[173] Der deutsche Gesetzestitel „Datengesetz“ soll auch hier der in der Fachliteratur gebräuchlicheren englischen Fassung „Data Act“ weichen.

[174] S. Art. 1 Abs. 5 DA und ErwGr 7 Satz 5 DA; weiterführend zum Verhältnis zwischen DSGVO und DA *Specht-Riemenschneider*, ZEuP 2023, 661 ff.; *Paal/Cornelius/Seeland*, RDV 1/2024, 7 ff.; *Götz/Blöink*, MMR 2024, 452.

hochgradig verteilter Rechenressourcen ermöglicht".[175] Hierunter fallen verschiedenste Cloud-Angebote, die sich unter die Modelle „Infrastructure-as-a-Service" (IaaS), „Platform-as-a-Service" (PaaS) und „Software-as-a-Service" (SaaS) einordnen lassen.[176] Da das zu gestaltende System letztlich auf verteilte Systeme und das Zusammenwirken unterschiedlicher Akteure angewiesen ist, wird sich das zu gestaltende System – oder zumindest Teile davon – unter einer der zuvor genannten, weit gefassten Cloud-Angebote subsumieren lassen, sodass einige Normen des DA im Rahmen der Technikgestaltung grundsätzlich zu berücksichtigen sind.

Neben dem DA bildet der „Data Governance Act" (DGA)[177] eine weitere zentrale Säule der europäischen Digitalstrategie.[178] Mit dem DGA wird das Ziel verfolgt, datengetriebene Innovation durch das Urbarmachen von Datenmengen zu fördern, sie stärker am Menschen zu orientieren und insgesamt vertrauenswürdiger und sicherer zu machen.[179] Hierfür sieht die Verordnung den unter der Maxime der Freiwilligkeit stehenden Austausch von Daten (diese können auch personenbezogen i. S. v. Art. 2 Nr. 3 DGA sein)[180] zwischen Unternehmen, öffentlichen Stellen und Bürgern vor. Die Verordnung definiert diesen gemeinnützigen Ansatz als „Datenaltruismus" in Art. 2 Nr. 16 DGA.

Vor dem Hintergrund dieser Technikgestaltung richtet sich der DGA neben öffentlichen Stellen auch an sog. „Datenvermittlungsdienste" und „datenaltruistische Organisationen". Letztgenannte müssen – um die Eintragungsanforderungen als anerkannte datenaltruistische Organisation zu erfüllen – die in Art. 18 lit. a bis e DGA aufgeführten Anforderungen erfüllen. Eine Qualifizierung (von Teilen) des zu gestaltenden Systems oder der daran beteiligten Akteure als datenaltruistische Organisation scheitert indes spätestens an Art. 18 lit. c DGA, wonach keinerlei Erwerbszweck durch die Organisation selbst verfolgt werden und es nicht mit anderen, Erwerbszwecke verfolgenden, Organisationen in Verbindungen stehen darf. Ziel des zu gestaltenden Systems ist es (unter anderem) das Angebotsspektrum von E-Mail-Providern – mithin erwerbszweckorientierten Unternehmen – um einen Dienst zur Stärkung des Selbstdatenschutzes der Nutzer

[175] Art. 2 Nr. 8 DA; nicht umfasst sind hingegen Online-Inhaltsdienste i. S. v. Art. 2 Abs. 5 Verordnung (EU) 2017/1128.

[176] ErwGr 81 Satz 2 DA; näher dazu *Siglmüller*, MMR 2024, 114.

[177] Verordnung (EU) 2022/868 vom 30. Mai 2022, ABl. L 152/2022, 1.

[178] EU-Kommission, COM(2020) 66 final vom 19. Februar 2020, Nr. 5 lit. A.

[179] S. ErwGr 2 und 3 DGA; weiterführend *Schreiber/Schoel*, LTZ 2024, 3; weiterführend zu Datenintermediären unter den Zielen des DGA s. *Richter*, GRUR Int. 2023, 462 ff.

[180] Ausführlich zum Verhältnis DGA und DSGVO *Specht-Riemenschneider*, ZEuP 2023, 645 ff.; weiterführend s. auch *Rachut*, ZD 2024, 248 ff.

zu erweitern, weshalb ein erwerbsorientierter Kontext jedenfalls ein realistisches Einsatzszenario darstellt.

Auch scheitert eine Einordnung von (Teil-)Komponenten oder Akteuren des zu gestaltenden Systems als „Datenvermittlungsdienst" i. S. v. Art. 10 lit. a bis c i. V. m. Art. 2 Nr. 11 DGA. Gem. ErwGr 28 Satz 3 DGA sollen Cloud-Speicher, Analysedienste, Software zur gemeinsamen Datennutzung, von Internetbrowsern oder Browser-Plugins sowie E-Mail-Dienste nicht als Datenvermittlungsdienst klassifiziert werden, sofern diese Dienste lediglich als „technische Werkzeuge" eine gemeinsame Datennutzung ermöglichen und weder den Abschluss geschäftlicher Beziehungen zwischen Dateninhabern und -nutzern bezwecken noch dem Diensteanbieter Rückschlüsse auf solche geschäftlichen Beziehungen ermöglichen. Auch das zu gestaltende System zur Schlüsselverteilung soll primär als ein solches „technisches Werkzeug" die gemeinsame Nutzung von Daten (hier öffentlichen Schlüsseln) ermöglichen und darüber hinaus keine weiteren Eigenschaften von Datenvermittlungsdiensten (auch i. S. v. Art. 2 Nr. 1 lit. a bis d DGA) erfüllen. Die Ziele des DGA und dessen Normen sollen folglich keinen Einfluss auf diese Technikgestaltung haben.

4.5 Recht der Vertrauensdienste - eIDAS-VO

Neben dem Informations- und Kommunikationsrecht ergeben sich möglicherweise weitere relevante Vorgaben aus dem Recht der Vertrauensdienste. Maßgeblicher Anknüpfungspunkt ist die am 18.9.2014 in Kraft getretene VO (EU) Nr. 910/2014[181] des Europäischen Parlaments und des Rates über elektronische Identifizierung und Vertrauensdienste für elektronische Transaktionen im Binnenmarkt und zur Aufhebung der RL 1999/93/EG (eIDAS-VO). Bereits mit der der eIDAS-VO vorangegangenen RL 1999/93/EG hatte der europäische Gesetzgeber versucht, einen einheitlichen Rechtsrahmen für elektronische Sicherungsmittel – wie elektronische Signaturen oder Siegel – zu schaffen, der sich jedoch nur vereinzelt, durch punktuelle mitgliedsstaatliche Umsetzung der Richtlinie, manifestierte.[182] Ziel der eIDAS-VO ist es, dieses Defizit zu beseitigen und

[181] VO Nr. 910/2014 vom 23. Juli 2014, ABl. 2014 L 257, 73.

[182] *Roßnagel*, NJW 2014, 3686; s. zudem ErwGr 3 eIDAS-VO.

durch Regelungen Signaturverfahren möglichst sicher, vertrauenswürdig und einfach nutzbar zu machen und einheitliche Regelungen zu Vertrauensdiensten zu schaffen.[183]

Als europäische Verordnung erlangt die eIDAS-VO in den Mitgliedsstaaten der Europäischen Union direkte Anwendung und verdrängt entsprechend etwaige in Konflikt stehende nationale Rechtsakte, die auf Basis der alten Richtlinie erlassen wurden. In Deutschland waren hiervon das Signaturgesetz und die entsprechende Signaturverordnung betroffen.[184] Da die eIDAS-VO allerdings für sich genommen zu abstrakt, unterkomplex und unvollständig ist, um die komplexe Materie der Vertrauensdienste und die elektronische Identifizierung rechtssicher abschließend zu regeln, finden sich ausführende und ergänzende Regelungen im Vertrauensdienstegesetz (VDG).[185] Letztlich vermochten die Regelungen der eIDAS-VO nicht die erhoffte flächendeckende Stärkung der Nutzung von Vertrauensdiensten herbeizuführen.[186] Um dieses Defizit zu beseitigen und die Nutzung digitaler Identitäten zu stärken, erfolgte eine Reform der eIDAS-VO (auch eIDAS-VO 2.0 genannt).[187] Der durch die Kommission Mitte 2021 vorgelegte Reformvorschlag sollte insbesondere die Verordnung stärker für privatwirtschaftliche Anwendungen öffnen und durch die Einführung der „European Digital Identity Wallet" (EUid-Wallet) die Nutzung einheitlicher digitaler Identitäten durch die Unionsbürger fördern.[188]

Im Kern der eIDAS-VO stehen Regelungen zum Angebot von Vertrauensdienstleistern, wobei die Verordnung zwischen „Vertrauensdiensten" und „qualifizierten Vertrauensdiensten" unterscheidet.[189] Unter einem „Vertrauensdienst" ist gem. Art. 3 Nr. 16 eIDAS-VO ein in der Regel gegen Entgelt erbrachter Dienst zu verstehen, der die Erstellung, Überprüfung, Validierung von elektronischen Signaturen, elektronischen Siegeln oder elektronischen Zeitstempeln, die

---

[183] *Kranz/Hildebrandt/Müller*, NVwZ 2019, 1496; *Voigt/Herrmann/Danz*, NJW 2020, 2991; ErwGr 2, 3 und 21 eIDAS-VO.

[184] *Roßnagel*, MMR 2015, 359 ff.; *Schulz*, in: Mann/Sennekamp/Uechtritz 2019, § 3a VwVfG Rn. 6; *Noack/Kremer*, in: Heidel/Hüßtege/Mansel/Noack 2021, § 126a BGB Rn. 13.

[185] Vertrauensdienstegesetz vom 18. Juli 2017, BGBl. I 2745; s. weiterführend *Roßnagel*, MMR 2018, 31 ff.

[186] So die Begründung des neuen Verordnungsentwurfs COM(2021) 281 final, vom 3. Juni 2021.

[187] VO 2024/1183 vom 11. April 2024, ABl. L, 2024/1183; EU-Kommission; weiterführend hierzu *Klink-Staub*, ZD-Aktuell 2023, 01126; weiterführend zu den geplanten Änderungen *Busch*, in: Steege/Chibanguza 2023, § 16 Rn. 20.

[188] *Busch*, in: Steege/Chibanguza 2023, § 16 Rn. 21 f.; *Johannes*, ZD-Aktuell 2022, 01166.

[189] S. Art. 3 Nr. 16 und 17 eIDAS-VO.

Zustellung elektronischer Einschreiben, elektronischer Attributsbescheinigungen sowie Zertifikats-Dienstleistungen für Webseiten-Authentifizierungen umfasst und die entsprechenden Signaturen, Siegel oder Zertifikate bewahrt. Im Rahmen der Novellierung zählen zu Vertrauensdiensten i. S. d. Verordnung zudem die elektronische Archivierung elektronischer Dokumente, die Verwaltung elektronischer Fernsignatur- und -siegelerstellungseinheiten sowie die Aufzeichnung elektronischer Daten in einem elektronischen Vorgangsregister. „Vertrauensdienste" unterliegen seitens der eIDAS-VO nur wenigen allgemein Regelungen, wohingegen „qualifizierte Vertrauensdienste" neben den allgemeinen Anforderungen noch spezielle Anforderungen erfüllen müssen.[190] Die erhöhten Anforderungen an „qualifizierte Vertrauensdienste" sollen sich positiv auf die Sicherheit und letztlich die Vertrauenswürdigkeit des Dienstes auswirken. An die so erwirkte „Qualifizierung" knüpfen entsprechende privilegierte Beweisvermutungen an.[191]

Vertrauensdienste – seien sie i. S. d. Verordnung qualifiziert oder nicht – werden von sog. Vertrauensdiensteanbietern erbracht. Gem. Art. 3 Nr. 19 eIDAS-VO ist ein Vertrauensdiensteanbieter eine natürliche oder juristische Person, die einen oder mehrere Vertrauensdienste erbringt. Vor dem Hintergrund des zu gestaltenden Systems zur automatisierten Schlüsselverteilung gelten keine der in Abschnitt 3.1 geschilderten Akteure – wie bspw. E-Mail-Provider – als Vertrauensdiensteanbieter, da sie die entsprechenden Dienste nicht selbst erbringen würden, sondern – je nach Ausgestaltung des Systems – diese von Dritten in Anspruch nehmen würden.[192]

4.5.1 Anwendungsbereich der eIDAS-VO

Die von der Verordnung aufgestellten Regelungen zu Vertrauensdiensten und die daran anknüpfenden beweisrechtlichen Vermutungen können im Rahmen der Technikgestaltung nur Wirkung entfalten, sofern der Anwendungsbereich der eIDAS-VO für das zugrundeliegende Einsatzszenario auch eröffnet ist. Gem. Art. 2. Abs. 1 eIDAS-VO gilt die Verordnung für in der Union niedergelassene Vertrauensdiensteanbieter i. S. d. Art. 3 Nr. 19 eIDAS-VO sowie von den Mitgliedsstaaten notifizierte elektronische Identifizierungssysteme i. S. v. Art. 3 Nr. 4 eIDAS-VO. Insoweit werden die Akteure des zu gestaltenden Systems nicht

[190] Dazu ausführlich *Roßnagel* 2016, 21; *Roßnagel* NJW 2014, 3689.

[191] *Roßnagel/Johannes*, ZD 2013, 67; s. ausführlich zu beweisrechtlichen Rechtsfolgen der eIDAS-VO *Marschall* 2019, 69; *Roßnagel*, MMR 2016, 648 ff.; *Jandt*, NJW 2015, 1205 ff.

[192] Ähnlich argumentierend auch *Marschall* 2019, 65.

selbst zum Regelungsadressaten, da sie nicht als Vertrauensdiensteanbieter auftreten.[193] Wirkung würde die Verordnung also auf Vertrauensdienste entfalten, die durch externe Vertrauensdiensteanbieter zur Stärkung der Vertraulichkeit der Technik zur Schlüsselverteilung gegebenenfalls zum Einsatz kommen.

Gem. Art. 2 Abs. 2 eIDAS-VO findet die Verordnung aber auf die Erbringung von Vertrauensdiensten keine Anwendung, sofern sie innerhalb geschlossener Benutzergruppen aufgrund nationalen Rechts oder Vereinbarungen bestimmter Beteiligter verwendet werden.[194] Exemplarisch führt die Verordnung hierfür Vertrauensdienste an, die in Systemen integriert sind, die der Eigenverwaltung innerhalb von Unternehmen oder Behörden dienen.[195] Diese Vorschrift zum Anwendungsbereich regelt nicht das Angebot von Vertrauensdiensteanbietern selbst, sondern stellt auf die Nutzung von erbrachten Vertrauensdiensten auf Anwendungsebene ab.[196] Vertrauensdienste – und vor dem Hintergrund dieser Technikgestaltung letztlich auch der Zugang zur Technologie der Schlüsselverteilung – müssen demnach für jedermann zugänglich sein, damit die Regelungen der eIDAS-VO Wirkung entfalten. Dass die Nutzung der Vertrauensdienste dabei an gewisse Voraussetzungen geknüpft wird, erfüllt für sich genommen noch nicht die Anforderungen an eine geschlossene Benutzergruppe.[197] Dieses Verständnis ergibt sich implizit aus der eIDAS-VO selbst. So ist die Nutzung elektronischer Siegel, elektronischer Zeitstempel und Zertifikate für die Website-Authentifizierung sowie Dienste für die Zustellung elektronischer Einschreiben selbst an gewisse (technisch bedingte) Hürden geknüpft. Es wird vorausgesetzt, dass ein öffentlicher Nutzer einen Vertrauensdienst selbst aktiv nutzen kann oder die Sicherheitsmaßnahmen entsprechend überprüfen kann, um das angestrebte Vertrauen in den zugrundeliegenden Dienst zu erhöhen. In der aktiven Nutzung oder der Überprüfung liegt noch keine derartige Hürde begründet, die eine bloße

---

[193] Dass bspw. E-Mail-Provider selbst Vertrauensdienste im Rahmen der Lösung anbieten, ist zwar theoretisch denkbar, soll mangels praktischer Umsetzbarkeit jedoch nicht weiterverfolgt werden. S. gleiche Begründung *Marschall* 2019, 67 Fn. 252.

[194] *Roßnagel*, MMR 2015, 361; aufgreifend *Johannes/Roßnagel* 2016, 45; s. ausführlich *Roßnagel* 2016, 44; Art. 2 Abs. 2 eIDAS-VO wurde insoweit nicht durch die Novelle abgeändert.

[195] ErwGr 21 Satz 3 eIDAS-VO.

[196] *Roßnagel* 2016, 44; aufgreifend *Marschall* 2019, 65.

[197] *Roßnagel* 2016, 45 unter Verweis auf das gleiche Begriffsverständnis einer „geschlossenen Benutzergruppe" im TKG a. F.; zur Entwicklung dieses Begriffsverständnisses s. ausführlich *Eckhardt*, in: Beck'scher TKG-Kommentar, 5. Aufl. 2023, § 170 TKG Rn. 15-18.

Verwendung von Vertrauensdiensten bereits als „geschlossene Benutzergruppe“ qualifizieren würde.[198]

Dass gewisse Zugangsvoraussetzungen zu Diensten, die mit Vertrauensdiensten verknüpft sind, noch keine „geschlossene Benutzergruppe“ begründen, kann exemplarisch anhand der Nutzung von De-Mail-Diensten gezeigt werden. So erfordert der Zugang zu den Teildiensten – wie dem Zustelldienst gem. § 5 DeMailG –, die als Vertrauensdienste i. S. d. eIDAS-VO zu qualifizieren sind, einen Vertrag zwischen dem Nutzer und einem nach § 17 DeMailG akkreditierten De-Mail-Diensteanbieter. Diese Teilnahmezugangsvoraussetzung macht De-Mail-Dienste jedoch nicht automatisch zu einer „geschlossenen Benutzergruppe“, da ausweislich § 1 Abs. 1 DeMailG die De-Mail-Dienste „einen sicheren, vertraulichen und nachweisbaren Geschäftsverkehr für jedermann im Internet sicherstellen sollen“ und damit gerade nicht einem exklusiven Nutzerkreis – wie es etwa bei sozialen Netzwerken der Fall ist – vorbehalten sein sollen.[199]

Ein Beilspiel für eine „geschlossene Benutzergruppe“ ist das besondere elektronische Anwaltspostfach (beA). Das im Auftrag der Bundesrechtsanwaltskammer betriebene beA erfüllt die Funktion eines elektronischen Zustelldienstes und stellt gem. § 130a Abs. 4 Nr. 2 ZPO[200] einen sicheren Übermittlungsweg zwischen zugelassenen Anwälten und Gerichten sowie der Anwaltschaft untereinander dar.[201] Ausweislich § 31a Abs. 1 BRAO ist das beA indes ausschließlich im Gesamtverzeichnis eingetragenen Mitgliedern einer Rechtsanwaltskammer und damit nur einem geschlossenen Nutzerkreis vorbehalten.[202] Spiegelbildlich verhält es sich gem. § 86d Abs. 1 StBerG mit dem besonderen elektronischen Steuerberaterpostfach oder nach § 78n Abs. 1 BNotO mit dem besonderen elektronischen Notarpostfach.[203]

---

[198] *Roßnagel* 2016, 45; exemplarisch anhand versicherungsthematischer Lebenssachverhalte veranschaulicht von *Marschall* 2019, 66.

[199] *Roßnagel* 2016, 46; zur maßgeblichen Zielsetzung des DeMailG *Roßnagel*, NJW 2011, 1474; zum Verhältnis zwischen eIDAS-VO und DeMailG s. *Johannes*, in: Hentschel/Hornung/Jandt 2020, 594.

[200] Ebenso die entsprechenden Pendants in § 32a Abs. 4 Nr. 2 StPO, § 65a Abs. 4 Nr. 2 SGG, § 52a Abs. 4 Nr. 2 FGO, § 46c Abs. 4 Nr. 2 ArbGG, § 55a Abs. 4 Nr. 2 VwGO.

[201] *Johannes*, in: Hentschel/Hornung/Jandt 2020, 594 f.; weiterführend zum beA s. *Brosch/Sandkühler*, NJW 2016, 2760.

[202] *Roßnagel* 2016, 46; *Braun Binder*, in: Sodan/Ziekow 2018, § 55a VwGO Rn. 29.

[203] Weiterführend zum Steuerberaterpostfach *Mehnert/Kalina-Kerschbaum*, DStR 2022, 2575.

Aus den Beispielen wird deutlich, dass die Intention hinter dem Einsatz von Vertrauensdiensten und von zur Erbringung solcher Dienste verwendeten Endnutzerprodukten maßgeblich für die Beurteilung ist, ob der Anwendungsbereich der eIDAS-VO eröffnet ist oder eine „geschlossene Benutzergruppe" i. S. v. Art. 2 Abs. 2 eIDAS-VO vorliegt.[204]

Betrachtet man die Voraussetzung, die für eine Teilnahme an dem System zur automatisierten Schlüsselverteilung aus Nutzersicht erforderlich ist, so manifestiert sie sich maßgeblich darin, dass der Nutzer einen E-Mail-Account bei einem E-Mail-Provider besitzen muss, der als Akteur Teil des zu gestaltenden Systems ist, und der Nutzer sich das entsprechende Plugin zum Up- bzw. Download öffentlicher Schlüssel von seinem E-Mail-Provider besorgt. Die Voraussetzung, mit einem teilnehmenden E-Mail-Provider einen Vertrag zu schließen, stellt zwar eine Hürde zur Nutzung des Systems dar, allerdings erscheint sie – insbesondere da die gleichen Voraussetzungen bei der Nutzung von De-Mail-Diensten erforderlich sind – für sich genommen nicht hoch genug, um eine „geschlossene Benutzergruppe" von Nutzern eines E-Mail-Providers zu begründen. Entscheidend ist, das mit dem System zur Schlüsselverteilung das Ziel verfolgt werden soll, durch einfache Nutzbarkeit – und den damit einhergehenden Abbau von Hürden – eine möglichst weite Verbreitung von Ende-zu-Ende-E-Mail-Verschlüsselungen zu fördern. Das setzt eine möglichst große Akzeptanz und darauf aufbauende Verbreitung sowohl bei Providern als auch bei Nutzern voraus. Einerseits wird eine Erfüllung dieses Ziels sich in der Art realisieren, dass möglichst viele E-Mail-Provider Teil des zu entwickelnden Systems werden und so die Hürde, das Angebot zu nutzen, möglichst niedrig ist. Andererseits erfordert das Ziel einer möglichst weiten Verbreitung gerade keine Ausgrenzung möglicher Nutzer und soll dieses System grundsätzlich jedem Interessierten offenstehen. Das System, in dem die Vertrauensdienste zum Einsatz kommen sollen, ist gem. der Zielsetzung offen ausgestaltet, weshalb auch die Vertrauensdienste der externen Vertrauensdiensteanbieter gegenüber der Öffentlichkeit mit Wirkung gegenüber Dritten – etwa durch den Nachweis der Authentizität des Schlüsselmaterials oder der (in einem Gerichtsverfahren überprüfbaren) Funktionstüchtigkeit interner Prozesse – erbracht werden.[205] Die Anwendbarkeit der Verordnung auf Vertrauensdienste, die innerhalb des Systems zum Einsatz kommen sollen, kann damit bejaht werden.

---

[204] *Roßnagel* 2016, 45.

[205] Ähnlich zur Anwendbarkeit bei IT-forensischen Systemen zur Aufdeckung von Versicherungsbetrug argumentierend *Marschall* 2019, 67; s. zudem ErwGr 21 eIDAS-VO.

4.5.2 Rechtswirkungen und ihr Nutzen im Rahmen der Technikgestaltung

Vertrauen in das zu gestaltende System und in die zugrundeliegenden Prozesse sowie das Vertrauen in das Schlüsselmaterial sind essenziell, um Akzeptanz bei allen Akteuren zu schaffen. Der Einsatz von Vertrauensdiensten bewirkt in diesem Kontext durch Rechtswirkungen zu Beweisvermutungen der eIDAS-VO belastbare Rahmenbedingungen.

Die Verordnung schafft in Art. 25 Abs. 1, 35 Abs. 1, 41 Abs. 1, 43 Abs. 1 und 46 eIDAS-VO zunächst Klarheit, dass elektronischen Signaturen, Siegeln, Zeitstempeln, Daten, Einschreiben und Dokumenten im Rahmen eines gerichtlichen Verfahrens nicht allein deshalb der Beweiswert abgesprochen werden kann, weil sie in elektronischer Form vorliegen.[206] Im Rahmen der Novellierung der Verordnung wurde das ebenso für elektronische Attributsbeschreibungen – die im EUid-Wallet i. S. v. ErwGr 7 eIDAS-VO sicher verwahrt werden können – und elektronische Vorgangsregister in Art. 45a Abs. 1 und Art. 45h Abs. 1 eIDAS-VO klargestellt. Ferner gilt – mit Ausnahme für elektronische Dokumente und Attributsbeschreibungen – für alle zuvor genannten Vertrauensdienste die grundsätzliche Privilegierung als Beweismittel auch dann, wenn sie nicht die Anforderungen an einen qualifizierten Vertrauensdienst erfüllen. Für diese Daten, die keine Qualifizierung aufweisen, wird kein besonderer Beweiswert festgelegt, sodass im Rahmen eines Zivilprozesses der Beweisantritt als Augenscheinsbeweis gem. § 371 Abs. 1 Satz 2 ZPO erfolgt und der freien Beweiswürdigung gem. § 286 ZPO unterliegt.[207]

Neben der allgemeinen beweisrechtlichen Klarstellung regelt die Verordnung für die einzelnen Vertrauensdienste weitergehende Rechtswirkungen, die mit einer Qualifizierung des jeweiligen Dienstes einhergehen. Einer qualifizierten elektronischen Signatur wird so gem. Art. 25 Abs. 2 eIDAS-VO die gleiche Rechtswirkung wie einer handschriftlichen Unterschrift zuteil. Weitere beweisrechtliche Vermutungen sieht die Verordnung für qualifizierte elektronische Siegel in Gestalt der Unversehrtheit gesiegelter Daten und der Richtigkeit über die Herkunftsangabe in Art. 35 Abs. 2 eIDAS-VO vor. Gem. Art. 41 Abs. 2 eIDAS-VO wird neben der Unversehrtheit bei qualifizierten elektronischen Zeitstempeln auch die Richtigkeit hinsichtlich des damit verbundenen Datums und der Zeit vermutet. Auch zu qualifizierten elektronischen Einschreiben normiert Art. 43 Abs. 2 eIDAS-VO die

---

[206] Am gesetzlichen Wortlaut sich orientierend auch *Marschall* 2019, 69 und speziell bei elektronischen Signaturen und Siegeln *Grigorjew* 2015, 319.

[207] *Voigt/Herrmann/Danz*, NJW 2020, 2993; *Jandt*, NJW 2015, 1209.

grundsätzliche Vermutung über die Unversehrtheit der übermittelten Daten und stellt Modalitäten des Versands auf.[208] Für qualifizierte elektronische Vorgangsregister werden in Art. 45h Abs. 2 eIDAS-VO beweisrechtliche Vermutungen dahingehend angestellt, dass die in ihnen enthaltenen Daten eindeutig und echt sind, sowie über die damit verbundene fortlaufende chronologische Reihenfolge im Vorgangsregister. Schließlich werden im Rahmen der Verordnungsnovelle qualifizierte elektronische Attributsbescheinigungen gem. Art. 45a Abs. 1 eIDAS-VO eingeführt, die die gleiche rechtliche Wirkung wie eine in Papierform ausgestellte Bescheinigung haben. Qualifizierten Vertrauensdiensten wird im Zivilprozess der höchste Beweiswert zuteil, denn sie gehen i. S. v. § 371a Abs. 1 Satz 2 ZPO über den reinen Anscheinsbeweis hinaus und können nur durch Tatsachen erschüttert werden, die ernsthafte Zweifel hinsichtlich der Urheberschaft, etwa bei einem Herrschaftsverlust über die jeweiligen Dienste, begründen.[209]

Vertrauensdienste i. S. d. eIDAS-VO könnten grundsätzlich als flankierender Dienst zur gestaltenden Technik zur Schlüsselverteilung zum Einsatz kommen, um bspw. die Authentizität des Schlüsselmaterials zu gewährleisten. Das würde insbesondere in Anwendungsszenarien, die Anforderungen an eine erhöhte Rechtssicherheit und Beweiskraft des Verschlüsselungsvorgangs und damit unmittelbar in Verbindung stehender (Teil-)Prozesse erfordern, einen möglichen Einfluss auf die Technikgestaltung eröffnen.[210]

[208] S. auch *Jandt*, NJW 2015, 1206; verweisend auch *Roßnagel* 2016, 27.

[209] *Voigt/Herrmann/Danz*, NJW 2020, 2993; *Jandt*, NJW 2015, 1209; ausführlich zur Wirkung von Vertrauensdiensten bei Beweiseinreden *Marschall* 2019, 253 ff.

[210] Siehe dazu auch Abschnitt 7.1.

(Grund)rechtliche Vorgaben

5

Im Folgenden wird die erste Stufe der rechtsverträglichen Technikgestaltung nach der Methode KORA gebildet. Hierfür werden als Ausgangspunkt zunächst die rechtlichen Vorgaben für das zu gestaltende System zur Verteilung von Verschlüsselungsschlüsseln identifiziert. Sie können dem Grundgesetz direkt entnommen werden, weshalb auf dieser Ebene keine eigene Begriffsbildung vorgenommen wird. Flankierend zu den Normen des deutschen Grundgesetzes treten korrespondierende Grundrechte auf europäischer und internationaler Ebene hinzu, sofern diese Normen für die Technikgestaltung relevant und anwendbar sind.

5.1 Fernmeldegeheimnis (V1)

Der essenzielle Wert von Telekommunikationsmedien für die heutige Informations- und Kommunikationsgesellschaft rückt das Fernmeldegeheimnis aus Art. 10 Abs. 1 3. Alt. GG zunehmend in den Fokus rechtlicher Betrachtungen. In diesem Zusammenhang wundert es nicht, dass sich aufgrund der rasanten Entwicklung elektronischer Kommunikationssysteme und daraus resultierender Mannigfaltigkeit eine genaue Bestimmung des Schutzbereichs mitunter schwierig gestaltet.[1]

Wie bereits aus dem Grundrecht innewohnenden Wortteil des „Geheimnisses" geschlossen werden kann, ist das Schutzgut des Art. 10 Abs. 1 3. Alt. GG

[1] *Pagenkopf*, in: Sachs 2024, Art. 10 GG Rn. 14; *Durner*, in: Dürig/Herzog/Scholz 2024, Art. 10 GG Rn. 109.

S. Blazy, *Rechtsverträgliche Gestaltung von Ende-zu-Ende-Verschlüsselung zur Förderung des Selbstdatenschutzes*, DuD-Fachbeiträge,
https://doi.org/10.1007/978-3-658-51256-9_5

die Vertraulichkeit fernmeldetechnisch übertragener Individualkommunikation.[2] In Abgrenzung zum Brief- oder Postgeheimnis stellt das Fernmeldegeheimnis hierbei maßgeblich auf die unkörperliche Übertragung der Kommunikation ab.[3] Das Fernmeldegeheimnis versucht den Gefahren für die Kommunikation zu begegnen, die sich infolge der Überbrückung räumlicher Distanz unter Einschaltung eines Dritten ergeben.[4] Die Gewährleistung des privaten Gedankenaustausches, fernab von staatlicher oder dritter Kenntnisnahme, fördert die freie und ungezwungene Entfaltung der Persönlichkeit. Kommunikationsfreiheit kann somit gleichsam sowohl für den freien Bürger als auch für die ihn umgebende freiheitlich-demokratische Grundordnung als konstituierend angesehen werden.[5]

Demzufolge ist auch die E-Mail-Kommunikation vom Schutzbereich des Art. 10 Abs. 1 3. Alt. GG umfasst. Auf eine inhaltliche Differenzierung nach privatem, geschäftlichem oder politischem Inhalt oder die Ausgestaltung der elektronischen Nachricht kommt es hierbei nicht an.[6] Insoweit schützt das Grundrecht vor hoheitlichen Eingriffen und bindet zugleich den Gesetzgeber, die Vertraulichkeit der Telekommunikation auch gegenüber Dritten zu schützen.[7] Dieser Schutz ist jedoch nicht bedingungslos, da in begründeten Einzelfällen eine Kenntnisnahme der Telekommunikation seitens staatlicher Stellen durchaus erforderlich ist.[8] Diesbezüglich ist Art. 10 Abs. 2 Satz 1 GG mit einem einfachen Gesetzesvorbehalt versehen, der Eingriffe auf Basis formell erlassener Gesetze gestattet, sofern diese mit dem Übermaßverbot in Einklang stehen. Dazu müssen sie der Verfolgung eines legitimen Ziels dienen, zur Zielerreichung geeignet

---

[2] *Wischmeyer*, in: Dreier 2023, Bd. 1, Art. 10 GG Rn. 55 f.; Kommunikationsdaten immer auch als personenbezogene Daten verstehend *Durner*, in: Dürig/Herzog/Scholz 2024, Art. 10 GG Rn. 49.

[3] *Jarass*, in: Jarass/Pieroth 2024, Art. 10 GG Rn. 5; *Pagenkopf*, in: Sachs 2024, Art. 10 GG Rn. 14a; *Wischmeyer*, in: Dreier 2024, Bd. 1, Art. 10 GG Rn. 43; gem. BVerfGE 108, 28 (36) kommt es regelmäßig nicht auf die konkrete Übermittlungsart (Kabel, Funk, analoge oder digitale Vermittlung) an.

[4] *Durner*, in: Dürig/Herzog/Scholz 2024, Art. 10 GG Rn. 69; BVerfGE 85, 386 (396); 106, 28 (36); 107, 299 (313); 115, 166 (184).

[5] *Durner*, in: Dürig/Herzog/Scholz 2024, Art. 10 GG Rn. 2; BVerfGE 67, 157 (171); 106, 28 (35); 110, 33 (53); *Bizer*, in: Alternativkommentar GG 2001, Art. 10 GG Rn. 43.

[6] *Guckelberger*, in: Schmidt-Bleibtreu 2021, Art. 10 GG Rn. 23; *Jarass* in: Jarass/Pieroth 2024, Art. 10 GG Rn. 8; *Meininghaus* 2007, 64; BVerfGE 67, 157 (172), 100, 313 (358); 106, 28 (36).

[7] *Gusy*, in: Huber/Voßkuhle 2024, Bd. 1, Art. 10 Rn. 32.

[8] Etwa im Falle der Strafverfolgung und Gefahrenabwehr. S. hierzu Abschnitt 7.8.

und erforderlich sowie verhältnismäßig im engeren Sinne sein.[9] Überdies enthält Art. 10 Abs. 2 Satz 2 GG eine Staatsschutzklausel für Nachrichtendienste, wonach ein gesetzmäßiger Eingriff in das Fernmeldegeheimnis zum Schutz der freiheitlich-demokratischen Grundordnung, des Bundes oder der Länder ohne Information des Betroffenen erfolgen kann.[10] Sobald eine E-Mail im alleinigen Herrschaftsbereich des jeweiligen Empfängers angekommen und der Übertragungsvorgang beendet ist, endet auch der Schutz durch das Fernmeldegeheimnis. In diesem Falle sind speziellere Grundrechte wie das Recht auf informationelle Selbstbestimmung oder die Unverletzlichkeit der Wohnung einschlägig.[11] Verbleibt der Speicherort der E-Mail nach Empfang und Kenntnisnahme jedoch auf dem Server des Providers, unterfällt sie nach wie vor dem Schutzbereich des Fernmeldegeheimnisses.[12]

Auf Ebene der EU schützt Art. 7 GRCh das Recht auf Achtung des Privat- und Familienlebens und der Kommunikation.[13] Da im Falle des Auslesens des E-Mail-Verkehrs die erhobenen Verkehrsdaten in der Regel personenbezogene Daten darstellen, ist in diesem Fall der speziellere Schutzbereich des Art. 8 GRCh eröffnet, wonach ein jeder gem. Art. 8 Abs. 1 GRCh das Recht auf Schutz der ihn betreffenden personenbezogenen Daten hat.[14] Eine äquivalente Grundrechtsgewährleistung wie die des Fernmeldegeheimnisses ist auf völkerrechtlicher Ebene nicht anzutreffen.[15] Der Schutzgehalt des Art. 10 Abs. 1 3. Alt. GG spiegelt sich hier vielmehr als Ausprägung eines allgemeinen Rechts auf Privatheit wider.[16]

---

[9] *Ogorek*, in: BeckOK GG 2024, Art. 10 GG Rn. 64 f.; *Jarass*, in: Jarass/Pieroth 2024, Art. 10 GG Rn. 16.

[10] Mit der Folge des faktischen Ausschlusses des Rechtsweges des Betroffenen. S. G10-Gesetz; *Moser-Knierim* 2014, 98, weiterführend *Martini*, in: von Münch/Kunig 2021, Art. 10 GG Rn. 105 ff.

[11] *Guckelberger*, in: Schmidt-Bleibtreu 2021, Art. 10 GG Rn. 27; *Durner*, in: Dürig/Herzog/Scholz 2024, Art. 10 GG Rn. 78; BVerfGE 120, 274 (307 f.); 115, 166 (183 ff.); vgl. zur informationellen Selbstbestimmung unten Abschnitt 7.2.

[12] *Gersdorf*, in: Gersdorf/Paal 2024, Art. 10 GG Rn. 17 f.; *Durner*, in: Maunz/Dürig 2024, Art. 10 GG Rn. 108; BVerfGE 124, 43 (54 ff.).

[13] *Roßnagel/Moser-Knierim/Schweda* 2013, 26.

[14] *Zimmer* 2012, 188; *Jarass* 2021, Art. 8 GRCh Rn. 6 f.; *Bernsdorff*, in: Meyer/Hölscheidt 2024, Art. 8 GRCh Rn. 13; *Roßnagel/Moser-Knierim/Schweda* 2013, 26.

[15] Die Ausnahme bilden Art. 22 des Internationalen Fernmeldevertrags sowie dessen Nachfolgeregelung Art. 37 der Konstitution der internationalen Fernmeldeunion, jedoch ohne subjektive Rechtsbegründung.

[16] *Durner*, in: Dürig/Herzog/Scholz 2024, Art. 10 GG Rn. 30.

Art. 8 Abs. 1 EMRK schützt hier den grundsätzlich weit auszulegenden Briefverkehr, der die E-Mail-Kommunikation mit einbezieht.[17] Diese Regelung entspricht ihrem Wesensgehalt nach der Formulierung des Art. 7 GRCh und gelangt folglich zum selben Ergebnis. Gem. Art. 52 Abs. 3 Satz 1 GRCh sind somit die Einschränkungsgründe des Art. 8 Abs. 2 EMRK für die korrespondierenden Grundrechte der Art. 7 und 8 GRCh zusätzlich zu Art. 52 Abs. 1 GRCh zu berücksichtigen.[18]

5.2 Allgemeines Persönlichkeitsrecht (V2)

Aus Art. 2 Abs. 1 GG erwächst in Kombination mit der Menschenwürde i. S. d. Art. 1 Abs. 1 GG die eigenständige Grundrechtsgarantie des allgemeinen Persönlichkeitsrechts.[19] Bedingt durch die abwehrrechtliche Natur eines Freiheitsrechts richtet sich das allgemeine Persönlichkeitsrecht primär gegen hoheitliche Eingriffe. Da Eingriffe in den Schutzbereich jedoch nicht zuletzt durch Dritte resultieren, ist der Gesetzgeber in der Pflicht, sich schützend vor das Grundrecht zu stellen und durch einfachgesetzliche Ausgestaltung ein Mindestmaß an positivem Schutz des allgemeinen Persönlichkeitsrechts zu gewährleisten.[20]

Der umfangreiche Schutzgegenstand dieses Grundrechts umfasst sowohl das gesamte Habitat der Selbstfindung im privaten Bereich als auch das der Selbstdarstellung der Person nach außen. Der Erhalt der engeren persönlichen Lebenssphäre und der ihr zugrundeliegenden Bedingungen ist für die freie Persönlichkeitsentfaltung und die daraus resultierende Integrität essenziell.[21] Wodurch ein Individuum diese Entfaltung im Einzelnen erfährt, unterliegt zuvörderst der eigenen Fasson. Indes ist bei aller Individualität der Persönlichkeitsbildung die Interaktion mit anderen Menschen ein konstituierendes Element der eigenen Freiheit. Ohne Kommunikation sind weder soziale Beziehungen noch bestimmte

[17] *Uerpmann-Wittzack/Janowska-Gilberg*, MMR 2008, 87.

[18] *Zimmer* 2012, 190 f.; *Tamblé* 2014, 30; *Maier* 2014, 367; weiterführend hierzu *Jarass* 2021, Art. 52 GRCh Rn. 59 f.

[19] *Barczak,* in: Dreier 2023, Bd. 1, Art. 2 GG Abs. 1 Rn. 76; *Di Fabio,* in: Dürig/Herzog/Scholz 2024, Art. 2 Abs. 1 GG Rn. 127; *Rixen*, in: Sachs 2024, Art. 2 GG Rn. 60; BVerfGE 35, 202 (220).

[20] Zu dieser „mittelbaren Drittwirkung" *Rixen*, in: Sachs 2024, Art. 2 GG Rn. 59; *Di Fabio,* in: Dürig/Herzog/Scholz 2024, Art. 2 Abs. 1 GG Rn. 138 ff.

[21] *Jarass*, in: Jarass/Pieroth 2024, Art. 2 GG Rn. 43 und 38; *Barczak*, in: Dreier 2023, Bd. 1, Art. 2 Abs. 1 GG Rn. 26 und 31; *Rixen*, in: Sachs 2024, Art. 2 GG Rn. 60; BVerfGE 54, 148 (153).

Formen individueller Lebensverwirklichung möglich.[22] Diesbezüglich beeinflusst der stetige Wandel, dem IuK-Technologien unterliegen, das kommunikative Verhalten und folglich auch die Persönlichkeitsentfaltung.[23] Um aus gesellschaftlichen oder technischen Entwicklungen resultierenden Bedrohungen für die Integrität der menschlichen Persönlichkeit möglichst effektiv zu begegnen, bedarf es, nach der Spruchpraxis des Bundesverfassungsgerichts, einer dynamischen Interpretation des Grundrechtsschutzes des allgemeinen Persönlichkeitsrechts.[24]

Das bisherige Verständnis des Schutzbereichs wurde maßgeblich durch die vom Bundesverfassungsgericht entwickelte Sphärentheorie geprägt. Hiernach sind Informationen, die dem absoluten Kernbereich der Intimsphäre entspringen, ohne Rechtfertigung vor einer externen Kenntnisnahme geschützt.[25] Sofern ein Individuum jedoch in Kommunikation mit anderen tritt und dadurch auf diese einwirkt, eröffnet sich, abhängig vom Grad der Preisgabe von Informationen, die weniger schützenswerte Privat- oder Sozialsphäre.[26] Eine derartige Abgrenzung verkennt jedoch, dass sich der Mensch als kommunikatives Wesen über Sozialkontakte verwirklicht und sich die postulierten Sphären überschneiden sowie gegenseitig bedingen.[27] Aufgrund dessen ist die Rechtsprechung im Bereich der automatisierten Datenverarbeitung mit dem Konzept der informationellen Selbstbestimmung vom bisherigen Verständnis der Sphärentheorie abgerückt. Zu Recht muss vielmehr auf die Verwendbarkeit der Daten selbst und nicht der entstammenden Sphäre abgestellt werden. Die heutige IT vermag, durch Verarbeitung und Verknüpfungen an sich belangloser, nicht intimer Daten Informationen von enormer Tragweite zu generieren, mit der Konsequenz, dass es „kein belangloses Datum" mehr gibt.[28]

---

[22] *Spitznagel/Schmidt-Atzert* 1986, 11; *Hammer/Pordesch/Roßnagel* 1993, 51.

[23] So in Anlehnung an Habermas *Han* 2013, 16 ff.

[24] *Di Fabio*, in: Dürig/Herzog/Scholz 2024, Art. 2 Abs. 1 GG Rn. 127; BVerfGE 101, 361 (380); 79, 256 (268); 54, 148 (153); 65, 1 (41).

[25] BVerfGE 6, 32 (41); 27, 1 (6); 80, 367 (372).

[26] BVerfGE 35, 35 (39); 35, 202 (220); 80, 367 (374); s. zur Abgrenzung *Di Fabio*, in: Dürig/Herzog/Scholz 2024, Art. 2 Abs. 1 GG Rn. 157 ff.

[27] BVerfGE 65, 1, (45); *Roßnagel* u. a., in: Buchmann 2012, 285; *Franzius*, ZJS 2015, 264.

[28] BVerfGE 65, 1, (45); so auch *Gerhards* 2010, 178; *Rixen*, in: Sachs 2024, Art. 2 GG Rn. 106.

Zur Beurteilung der von verschlüsselungsfördernden Techniken ausgehenden Risiken für das allgemeine Persönlichkeitsrecht bedarf es aufgrund seines „unbenannten“[29] Charakters einer technikadäquaten Konkretisierung. Diese ist in den vom Bundesverfassungsgericht herausgearbeiteten Teilgehalten des Grundrechts zu suchen.[30] So unterliegen nach Abschluss des E-Mail -Verkehrs die Kommunikationsdaten dem *Recht auf informationelle Selbstbestimmung*, wonach ein jeder die Entscheidungshoheit über die Preisgabe und die Verwendung seiner persönlichen Daten innehat.[31] Im Bezug zum Fernmeldegeheimnis ist dieses Recht grundsätzlich subsidiär, entfaltet jedoch nach der Übertragungsphase seine volle Schutzwirkung.[32] Im Kontext dieser Untersuchung sind des Weiteren die Grundrechtskonkretisierungen in Gestalt des Rechts am eigenen, nicht öffentlich geäußerten *Wort*[33] sowie dem eigenem *Bild*[34] relevant. Schlussendlich muss sich eine Technik, die auf bestehende IuK-Infrastrukturen aufsetzt, am abgeleiteten Grundrecht der *Vertraulichkeit und Integrität informationstechnischer Systeme* messen lassen.[35]

Als Pendant des allgemeinen Persönlichkeitsrechts im Völkerrecht lässt sich Art. 7 GRCh ins Feld führen, der die Intimsphäre als Voraussetzung der freien Entfaltung des Menschen schützt. Datenschutzrechtliche Sachverhalte sind indes am spezielleren Art. 8 GRCh zu beurteilen, was einen Rekurs auf Art. 1 GRCh, in Anlehnung an die deutsche Herleitung der Informationellen Selbstbestimmung, ausschließt.[36] Art. 8 EMRK schützt den weitestgehend unkonturierten Begriff des Privatlebens, der auch die Entwicklung der Persönlichkeit und die Beziehung zu anderen Personen und zur Außenwelt einschließt.[37]

---

[29] S. BVerfGE 79, 256 (268).

[30] *Hammer/Pordesch/Roßnagel* 1993, 49; im Rahmen der rechtlichen Anforderungen werden diese Teilgehalte einer detaillierten Betrachtung zugeführt.

[31] Aufgrund seiner Ableitung aus anderen Grundrechten im Kontext dieser Technikgestaltung als eigenständige Anforderung definiert; s. unten Abschnitt 7.2; BVerfGE 130, 1 (35); 118, 168 (184); 120, 274 (312).

[32] BVerfGE 65, 1 (1 ff.); *Meininghaus* 2007, 64; *Guckelberger*, in: Schmidt-Bleibtreu 2021, Art. 10 GG Rn. 27.

[33] BVerfGE 34, 238 (246); 54, 148 (154); 106, 28 (39).

[34] BVerfGE 87, 334 /340); 97, 228 (268); 120, 180 (198).

[35] BVerfGE 120, 274 (314).

[36] *Wallau* 2010, 249.

[37] S. dazu EGMR, Urteil vom 29.4.2002 – 2346/02, NJW 2002, 2851 (2853).

5.3 Allgemeine Handlungsfreiheit (V3)

Art. 2 Abs. 1 GG zeichnet sich durch die Besonderheit aus, dass ihm zwei Grundrechtsgarantien entspringen. Zum einen schützt das aus Art. 2 Abs. 1 i. V. m. Art. 1 Abs. 1 GG abgeleitete allgemeine Persönlichkeitsrecht[38] durch ein passives Naturell die Respektierung eines bereits geschaffenen Privatsphärenbereichs (Integritätsschutz), zum anderen zeichnet sich die, in aktiver Weise entfaltende, allgemeine Handlungsfreiheit gem. Art. 2 Abs. 1 GG durch den Schutz des konkreten Verhaltens aus (Aktivitätsschutz).[39] Die freie Entscheidung, etwas zu tun oder zu unterlassen, wird umfassend von der allgemeinen Handlungsfreiheit geschützt.[40] Die freie Kommunikation und zwischenmenschliche Interaktion ist folglich, unabhängig von ihrer Form und Ausgestaltung, ein Ausfluss der allgemeinen Handlungsfreiheit.[41] Die Kontrolle über die Kommunikationsmedien, die das „Ob" und „Wie" der Kommunikation bestimmt, ist daher im Kontext dieser Arbeit entscheidend zu berücksichtigen. Die Kommunikationspartner sollen eigenständig darüber entscheiden, ob und, wenn ja, wie sie verschlüsselt per E-Mail kommunizieren wollen. Die Technik muss die allgemeine Handlungsfreiheit im Bereich der sicheren Kommunikation positiv fördern und im Rahmen der Technikgestaltung mögliche Hindernisse, die der allgemeinen Handlungsfreiheit entgegenstehen würden, identifizieren und beseitigen.

In der Gestalt eines allgemeinen Freiheitsrechts kommt der allgemeinen Handlungsfreiheit grundsätzlich der Status eines Auffanggrundrechts mit Anwendungssubsidiarität zu.[42] Darüber hinaus ist Art. 2 Abs. 1 GG als status negativus primär gegen Einschränkungen des Einzelnen durch hoheitliche Gewalt zu verstehen.[43] „Was nach Abzug der rechtlichen Einschränkung für den einzelnen an Möglichkeit zur individuellen Betätigung übrigbleibt, bildet seine Freiheitssphäre."[44] Hieraus resultiert einerseits Passivität hoheitlichen Handelns, andererseits wird ein aktiver Grundrechtsschutz des Staates begründet, um die Gemeinverträglichkeit von Freiheit zu gewährleisten. Denn Freiheit über das eigene Handeln

---

[38] S. dazu oben Abschnitt 5.2.

[39] *Dreier*, in: Dreier 2023, Bd. 1, Art. 2 Abs. 1 GG Rn. 27.

[40] *Rixen*, in: Sachs 2024, Art. 2 GG Rn. 52; *Jarass*, in: Jarass/Pieroth 2024, Art. 2 GG Rn. 5 m. w. N.; BVerfGE 6, 32 (36); 80, 137 (152).

[41] S. dazu *Buchner* 2006, 61; so bereits schon *Herrmann* 1975, 371.

[42] *Di Fabio*, in: Dürig/Herzog/Scholz 2024, Art. 2 Abs. 1 GG; Rn. 21; BVerfGE 63, 45, 60.

[43] S. dazu *Di Fabio*, in: Dürig/Herzog/Scholz 2024, Art. 2 Abs. 1 GG Rn. 102; *Eichenberger*, in: Huber/Voßkuhle 2024, Bd. 1, Art. 2 GG Rn. 50.

[44] *Jellinek* 1914, 419.

bedeutet zugleich frei von nötigender Willkür eines anderen zu sein.[45] Insofern steht es dem Einzelnen frei, Verschlüsselungstechnologien – und solche Technologien, die sie ergänzen und fördern – zu nutzen. Staatliche Verbote, welche die Schutzwirkung von Verschlüsselungstechnologien konterkarieren würden, sind mit dem Grundrecht folglich nicht vereinbar.[46] Im Rahmen der allgemeinen Handlungsfreiheit sollen die verschlüsselten Inhalte jedoch keine Gefährdung für die Verwirklichung der allgemeinen Handlungsfreiheit anderer darstellen. Hieraus können in der Praxis entsprechende Friktionen im Spannungsverhältnis zwischen Freiheit und Sicherheit resultieren.

Die rechtliche Einschränkbarkeit der allgemeinen Handlungsfreiheit bemisst sich anhand der sog. Schrankentrias, die im zweiten Halbsatz des Art. 2 Abs. 1 GG verortet ist.[47] Hiernach findet die persönliche Entfaltung ihr Ende im Beschneiden der Rechte anderer, dem Verstoß gegen die verfassungsmäßige Ordnung oder dem Sittengesetz. Die verfassungsmäßige Ordnung bezeichnet hierbei jedwedes formell und materiell verfassungskonforme Gesetz.[48] Insofern wird ihr der Rang eines einfachen Gesetzesvorbehalts zuteil. Diese grundsätzlich weite Ausdehnung hat zu einer weitgehenden Bedeutungslosigkeit der anderen beiden Schranken in der Praxis geführt.[49]

In den internationalen Menschenrechtsabkommen findet sich indes keine Pauschalgarantie, die der Gewährleistung der allgemeinen Handlungsfreiheit entspricht. In dieselbe Schutzrichtung weisend, jedoch deutlich spezieller, ist die in Art. 5 Abs. 1 Satz 1 EMRK verankerte körperliche Freiheit. Auch auf Ebene der EU kann das Recht auf Freiheit und Sicherheit des Art. 6 GRCh nicht als Äquivalent zur deutschen Grundrechtsgarantie herangezogen werden, da es sich schwerpunktmäßig auf bestimmte Eingriffe in die körperliche Bewegungsfreiheit bezieht.[50]

---

[45] *Eichenberger*, in: Huber/Voßkuhle 2024, Bd. 1, Art. 2 GG Rn. 1; s. ausführlich *Schachtschneider* 1994, 980 ff.

[46] Weiterführend zu einem „Grundrecht auf Verschlüsselung" *Gerhards* 2010, 305 ff.

[47] Weiterführend hierzu s. *Di Fabio*, in: Dürig/Herzog/Scholz 2024, Art. 2 Abs. 1 GG; Rn. 38 ff.; *Barczak*, in: Dreier 2023, Bd. 1, Art. 2 Abs. 1 GG, Rn. 58.

[48] Eichberger, in: Huber/Voßkuhle 2024, Bd. 1, Art. 2 GG Rn. 76; BVerfGE 6, 32 (36 ff.); 80, 137 (152 f.); 96, 10 (21).

[49] So *Jarass*, in: Jarass/Pieroth 2024, Art. 2 GG Rn. 14 f.

[50] *Jarass* 2021, Art. 6 GRCh Rn. 2; so auch *Knecht*, in: Schwarze 2019, Art. 6 GRCh Rn. 4; *Bernsdorff*, in: Meyer/Hölscheidt 2024, Art. 6 GRCh Rn. 11; ebenfalls keine Entsprechung auf unionsrechtlicher Ebene feststellend *Barczak*, in: Dreier 2023, Bd. 1, Art. 2 Abs. 1 GG Rn. 14.

5.4 Berufsfreiheit (V4)

Das zentrale Schutzziel des Art. 12 Abs. 1 GG ist die Berufsfreiheit, die aus der Freiheit der Berufswahl (Satz 1) und der Berufsausübung (Satz 2) besteht. Bedingt durch die Konnexität der beiden Garantien ist nach Auffassung des Bundesverfassungsgerichts keine klare Grenzziehung zwischen diesen möglich.[51] Der „Beruf" als zentrales Tatbestandsmerkmal ist offen und weit auszulegen. Er erschöpft sich nicht an traditionellen Berufsbildern, sondern umfasst auch untypische durch technisch soziale Prägungen hervorgegangene Betätigungen.[52] Gemeinhin wird hierunter eine „auf Dauer angelegte Tätigkeit zur Schaffung und Erhaltung einer Lebensgrundlage"[53] verstanden. Eine Vielzahl der unter diese Definition fallenden Betätigungen könnte ohne den Einsatz von Telekommunikationsmedien schlicht nicht ausgeübt werden. Ständige Erreichbarkeit ist heutzutage ebenso essenziell wie der unmittelbare und zeitgleiche Informationsaustausch.[54] Hierbei ist zum einen der vertrauliche Umgang mit (elektronischer) geschäftlicher Korrespondenz essenziell,[55] zum anderen wird durch eben diesen Umstand ein Markt für Verschlüsselungstechnologien geschaffen. Letzteres betrifft vor allem die Unternehmerfreiheit, die ebenfalls unter den Schutz des Art. 12 Abs. 1 GG fällt, sofern sie einen Bestandteil der Freiheit der Berufsausübung ausmacht.[56]

Überdies hat die nachlassende Trennschärfe zwischen Privat- und Berufsleben zur Folge, dass die private Nutzung von E-Mail-Systemen sich auf das Berufsleben auswirken kann, wenn persönliche Daten dem Arbeitgeber zugänglich gemacht werden.[57]

---

[51] *Mann*, in: Sachs 2024, Art. 12 GG Rn. 14; BVerfGE 92, 140 (151); 95, 193 (214).

[52] *Mann*, in: Sachs 2024, Art. 12 GG Rn. 43 ff.; *Manssen*, in: Huber/Voßkuhle 2024, Bd. 1, Art. 12 GG Rn. 37; BVerfGE 7, 377 (397); 14, 19 (22).

[53] *Remmert*, in: Dürig/Herzog/Scholz 2024, Art. 12 Abs. 1 GG Rn. 76; *Mann*, in: Sachs 2024, Art. 12 GG Rn. 45; s. zur ständigen Rechtsprechung BVerfGE 7, 377 (397 ff.); 54, 301 (313); 68, 272 (281); 97, 228 (252 f.).

[54] *Hammer/Pordesch/Roßnagel* 1993, 51; ausführlich zur erweiterten berufsbezogenen Erreichbarkeit s. *Ossoinig* 2020, 4 ff.

[55] S. exemplarisch zu Verschlüsselungspflichten für Berufsgeheimnisträger *Koch*, DuD 2014, 692 ff.; *Klett/Lee*, CR 2008, 645; speziell für Steuerberater vgl. *Herrn*, NWB 2012, 4249 ff. Eine Verschlüsselungspflicht für Mandantengeheimnisse verneinend *Härting*, MDR 2001, 63. Zum Meinungsstreit, ob eine Ende-zu-Ende-Verschlüsselungspflicht für Anwälte besteht, s. exemplarisch VG Mainz, Urteil vom 17.12.2020 – 1 K 778/19.MZ, BeckRS 2020, 41220 sowie Redaktion beck-aktuell, becklink 2028146.

[56] S. dazu BT-Drs. 17/8999, 65.

[57] BT-Drs. 17/8999, 68.

Der abwehrrechtliche Charakter des Art. 12 Abs. 1 GG soll in erster Linie gegen Eingriffe der öffentlichen Gewalt in die materielle Absicherung der individuellen Lebensgestaltung schützen. Dieser freie Erwerb ist ein wesentlicher Bestandteil der freien Entfaltung der Persönlichkeit.[58] Darüber hinaus kommt der Berufsfreiheit nach Auffassung des Bundesverfassungsgerichts eine mittelbare Drittwirkung auch im Privatrecht zu. Gegenstand sind vor allem Beschränkungen, die durch ein Missverhältnis von Kräften der Vertragsparteien resultieren.[59] Hieraus folgt, dass eine Technologie, die E-Mail-Verschlüsselung zu fördern sucht, die grundrechtliche Gewährleistung der Berufsfreiheit – sei es seitens der einsetzenden Nutzer oder der erbringenden Akteure, die die Technologie in ihr Produktportfolio aufnehmen – nicht beeinträchtigen darf. Umgekehrt soll eine Reglementierung derartiger Technologien im Rahmen der Strafverfolgung und Gefahrenabwehr nicht zu einer unbilligen Beschneidung durch solche Technologien ergebenden Berufe führen.

Zu Eingriffen in die Berufsfreiheit des Art. 12 Abs. 1 Satz 1 GG hat das Bundesverfassungsgericht mit der Formulierung der sog. Drei-Stufen-Theorie eine differenzierte Schrankenbestimmung entwickelt.[60] Hiernach müssen sich Eingriffe in die Berufsausübung der ersten Stufe an vernünftigen Erwägungen des Allgemeinwohls orientieren.[61] In der zweiten Eingriffsstufe wird die Berufswahl durch subjektive Zugangsvoraussetzungen[62] eingeschränkt, die durch den Schutz besonders wichtiger Gemeinschaftsgüter zu rechtfertigen sind.[63] Die Einschränkung der Berufswahl durch objektive Zulassungsvoraussetzungen[64] bildet die dritte Eingriffsstufe. Diese können nur dann gerechtfertigt sein, wenn eine schwerwiegende Gefahr für überragend wichtige Gemeinschaftsgüter droht.[65]

In der EMRK findet sich keine mit der aus Art. 12 Abs. 1 GG vergleichbare Grundrechtsgarantie. In der Gestalt des Art. 4 Abs. 1 und 2 EMRK wird zwar die Arbeit als Form von Zwang thematisiert, Berufswahl oder -ausübung bleiben

---

[58] *Mann*, in: Sachs 2024, Art. 12 GG Rn. 16; BVerfGE 63, 266 (286); 81, 242 (254).

[59] *Manssen*, in: Huber/Voßkuhle 2024, Bd. 1, Art. 12 GG Rn. 25; BVerfGE 81, 242 (252 ff.); 108, 150 (166).

[60] *Manssen*, in: Huber/Voßkuhle 2024, Bd. 1, Art. 12 GG Rn. 140 f.; *Kämmerer*, in: von Münch/Kunig 2021, Art. 12 GG Rn. 109.

[61] *Mann*, in: Sachs 2024, Art. 12 GG Rn. 127; BVerfGE 7, 377 (405).

[62] Abhängig von Kriterien, die in der Person liegen.

[63] *Kämmerer*, in: von Münch/Kunig 2021, Art. 12 GG Rn. 109; BVerfGE 7, 377 (406).

[64] Abhängigkeit von Kriterien außerhalb der Person.

[65] *Mann*, in: Sachs 2024, Art. 12 GG Rn. 133; BVerfGE 7, 377 (408).

indes ungeregelt.[66] Die Europäische Grundrechte-Charta formuliert indes neben der Garantie unternehmerischer Freiheit gem. Art. 16 GRCh in Art. 15 GRCh „das Recht zu arbeiten und einen frei gewählten Beruf auszuüben".[67]

5.5 Eigentumsfreiheit (V5)

Die im Geiste der Aufklärung stehende Eigentumsgarantie als Menschenrecht schreibt dem Eigentum eine Verwirklichungsbedingung für die Freiheit zu. In dieser Tradition steht als „elementares Grundrecht" die in Art. 14 Abs. 1 GG verortete Eigentumsfreiheit.[68] Der Begriff des Eigentums und mithin der Schutzbereich der Norm ist indes nicht von der Verfassung definiert. Zur inhaltlichen Konkretisierung bedarf es gem. Art. 14 Abs. 1 Satz 2 GG einer normativen Eigentumskonstituierung des Gesetzgebers.[69] Die schützenswerte Existenzgrundlage umfasst hierbei nicht lediglich Sacheigentum, sondern darüber hinaus auch Vermögenswerte private und (subjektiv-) öffentliche Rechte.[70] Insoweit fallen auch E-Mail-Kommunikationsinhalte, die als Betriebs- oder Geschäftsgeheimnisse klassifiziert werden können, unter den Schutz des Art. 14 Abs. 1 GG.[71] Um sich gegen unberechtigte Kenntnisnahme zu erwehren, wird sich der Betriebsinhaber regelmäßig geeigneter Schutzmechanismen bedienen und diese in Form von Verschlüsselungstechnologien finden. Diesbezüglich muss der Anwender darauf vertrauen können, dass die zum Einsatz kommenden Kommunikations- und Verschlüsselungssysteme – worunter auch die automatisierte Schlüsselverteilung fällt – das grundrechtlich geschützte Eigentum nicht verletzen.

Auf der anderen Seite kann die automatisierte Schlüsselverteilung einen breiten Einzug in die Angebotsportfolios von E-Mail-Providern halten. Ob diesbezüglich ein Recht am eingerichteten und ausgeübten Gewerbebetrieb als Unterfall

---

[66] *Wollenschläger*, in: Dreier 2023, Bd. 1, Art. 12 GG Rn. 11; *Mann*, in: Sachs 2024, Art. 12 GG Rn. 8; *Remmert*, in: Dürig/Herzog/Scholz 2024, Art. 12 Abs. 1 GG Rn. 35.

[67] *Mann*, in: Sachs 2024, Art. 12 GG Rn. 10.

[68] *Papier/Shirvani*, in: Dürig/Herzog/Scholz 2024, Art. 14 GG Rn. 1; *Wendt*, in: Sachs 2024, Art. 14 GG Rn. 4 ff.; *Jarass*, in: Jarass/Pieroth 2024, GG-Kommentar, Art. 14 GG Rn. 1.

[69] *Kempny*, in: Dreier 2023, Bd. 1, Art. 14 GG Rn. 33; *Depenheuer/Froese*, in: Huber/Voßkuhle 2024, Bd. 1, Art. 14 GG Rn. 35; BVerfGE 58, 300 (330).

[70] *Depenheuer/Froese*, in: Huber/Voßkuhle 2024, Bd. 1, Art. 14 GG Rn. 34.

[71] Sinngemäß zu Kommunikationsinhalten *Hammer/Pordesch/Roßnagel* 1993, 52 f.

der Eigentumsfreiheit i. S. d. Art. 14 Abs. 1 GG besteht, ist jedoch umstritten.[72] Unabhängig hiervon wird sich der Schutzbereich regelmäßig an der Substanz eines Wirtschaftsbetriebes erschöpfen, da Art. 14 Abs. 1 GG nur das bereits erworbene, nicht aber bloße Gewinnerwartungen schützt.[73] Mithin zählen bereits betriebene Schlüsseldistributionsmodelle zu den Rechtspositionen, die in ihrer Gesamtheit ein wirtschaftliches Unternehmen ausmachen. Sie unterfallen der Eigentumsgarantie des Art. 14 Abs. 1 GG.[74]

Adressat des grundgesetzlichen Eigentumsschutzes ist in erster Linie die hoheitliche Staatsgewalt. Ihr obliegt es, die Eigentumsordnung zwischen Privatrechtssubjekten zu gestalten. Eine mittelbare Drittwirkung entfaltet sich über die Grundrechtsbindung des Gesetzgebers sowie der Gerichtsbarkeit.[75]

Auf internationaler Ebene gestaltete sich die Einführung einer Eigentumsgewährleistung lange Zeit schwierig. Fündig wird man indes in Art. 1 des Zusatzprotokolls zur EMRK. Die hier verortete Achtung des Eigentums steht allerdings unter weitgehenden Vorbehalten zugunsten staatlicher Interessen.[76] Auf europarechtlicher Ebene ist mit Art. 17 GRCh die Eigentumsfreiheit kodifiziert und besitzt seit dem Vertrag von Lissabon eine primärrechtliche Wirkung. In seiner Struktur und Einschränkbarkeit weist es eine hohe Kongruenz zum deutschen Grundrecht auf.[77]

---

[72] Grundsätzlich bejahend *Depenheuer/Froese*, in: Huber/Voßkuhle 2024, Bd. 1, Art. 14 GG, Rn. 133; skeptisch hingegen *Jarass*, in: Jarass/Pieroth 2024, Art. 14 GG Rn. 9 und 21; ablehnend *Kempny*, in: Dreier 2023, Bd. 1, Art. 14 GG Rn. 67–70.

[73] *Wendt*, in: Sachs 2024, Art. 14 GG Rn. 47 Fn. 239 bezugnehmend auf BVerfGE 105, 252 (278); *Jarass*, in: Jarass/Pieroth 2024, Art. 14 GG Rn. 21; s. auch BVerfGE 45, 142 (173); 95, 341 (348 f.); Erwerbsmöglichkeiten werden indes von Art. 12 Abs. 1 GG umfasst, s. hierzu Abschnitt 5.4; BVerfGE 30, 292 (335).

[74] S. diesbezüglich für Verschlüsselung im Allgemeinen *Gerhards* 2010, 237.

[75] *Depenheuer/Froese*, in: Huber/Voßkuhle 2024, Bd. 1, Art. 14 GG, Rn. 98; *Papier/Shirvani*, in: Dürig/Herzog/Scholz 2024, Art. 14 GG Rn. 134.

[76] *Kempny*, in: Dreier 2023, Bd. 1, Art. 14 GG Rn. 21.

[77] *Depenheuer/Froese*, in: Huber/Voßkuhle 2024, Bd. 1, Art. 14 GG, Rn. 102; *Kempny*, in: Dreier 2023, Bd. 1, Art. 14 GG Rn. 20.

5.6 Rechtsstaatsprinzip (V6)

Als fundamentale Staatsstrukturnorm definiert Art. 20 GG die zentralen Verfassungsprinzipien der Republik, der repräsentativen parlamentarischen Demokratie, des Rechts-, Sozial- sowie Bundesstaates.[78] Sie ist mithin dem staatsorganisatorischen Teil des Grundgesetzes zuzurechnen, der als „Kern deutscher Staatlichkeit" die Identität und Grundstruktur des Gemeinwesens festschreibt.[79]

Das Rechtsstaatsprinzip aus Art. 20 Abs. 3 GG greift in seiner Funktion die Idee des Art. 1 Abs. 3 GG auf, den demokratisch legitimierten Souverän bei der Ausübung seiner Befugnisse an den Rechts- und Wertekanon der Verfassung zu binden. Insoweit adressiert der Gehalt des Rechtsstaatsprinzips alle Träger öffentlicher Gewalt.[80] Das Rechtsstaatsprinzip zeichnet sich des Weiteren durch einen unbestimmten und weiten Charakter aus. Diesbezüglich hat es eine weitgehende Konkretisierung durch andere Verfassungsnormen sowie die Rechtsprechung des Bundesverfassungsgerichts erfahren.[81]

Obgleich das Prinzip der Rechtsstaatlichkeit als eines der elementaren Prinzipien des Grundgesetzes nicht wörtlich dem Art. 20 GG zu entnehmen ist, kann es auf den Gehalt des Abs. 3 zurückgeführt werden.[82] Dort findet sich die normierte Bindung der Legislative an die „verfassungsmäßige Ordnung" sowie der Exekutive und Judikative an „Gesetz und Recht".[83] Der Terminus der „verfassungsmäßigen Ordnung" beschreibt hierbei das gesamte formelle Verfassungsrecht sowie dessen durch das Bundesverfassungsgericht geprägte Verständnis.[84] Die Bindung der Exekutive und Judikative an das „Gesetz" erfasst die Gesamtheit des formellen Rechts. Hierunter fallen auch EU-Gesetze sowie die EMRK.[85] Hinter dem Terminus „Recht" spiegelt sich – vor allem vor dem

---

[78] *Hofmann*, in: Schmidt-Bleibtreu 2021, Art. 20 GG Rn. 3; *Dreier*, in: Dreier 2015, Bd. 2, Art. 20 GG (Einführung) Rn. 1; *Grzeszick*, in: Dürig/Herzog/Scholz 2024, Art. 20 GG Rn. 1.

[79] *Sommermann*, in: Huber/Voßkuhle 2024, Bd. 2, Art. 20 GG Rn. 1.

[80] *Jarass*, in: Jarass/Pieroth 2024, Art. 20 GG, Rn. 2.

[81] *Sachs/von Coelln*, in: Sachs 2024, Art. 20 GG Rn. 78; *Hofmann*, in: Schmidt-Bleibtreu 2021, Art. 20 GG Rn. 62.

[82] *Jarass*, in: Jarass/Pieroth 2024, Art. 14 GG Rn. 37; *Sommermann*, in: Huber/Voßkuhle 2024, Bd. 2, Art. 20 GG Rn. 227.

[83] *Sommermann*, in: Huber/Voßkuhle 2024, Bd. 2, Art. 20 GG Rn. 227.

[84] *Sachs/von Coelln*, in: Sachs 2024, Art. 20 GG Rn. 119; *Sommermann*, in: Huber/Voßkuhle 2024, Bd. 2, Art. 20 GG Rn. 30, 285.

[85] *Grzeszick*, in: Dürig/Herzog/Scholz 2024, Art. 20 GG Rn. 60.

Hintergrund der repressiven Geschichte Deutschlands – die Idee der Gerechtigkeit wider.[86] Die Gerechtigkeit ist folglich ein integraler Bestandteil der Rechtsstaatlichkeit und setzt als Verwirklichungsbedingung eine funktionierende Rechtspflege voraus.[87]

Auf internationaler Ebene entfaltet sich der rechtsstaatliche Gedanke vor allem in Erklärungen oder Abkommen mit Menschenrechtsbezug. Obgleich die EMRK zum Rechtsstaat, mit Ausnahme einer Erwähnung in der Präambel, keine explizite Aussage trifft, ist die gerichtliche Auslegung der Konvention stets im Lichte des allgemeinen Rechtsstaatsprinzips erfolgt.[88] In der GRCh äußert sich das Rechtsstaatsprinzip durch die Gewährleistung eines Rechts auf einen wirksamen Rechtsbehelf sowie auf ein unparteiisches Gericht. Dieser in Art. 47 Abs. 1 GRCh festgeschriebene Grundsatz inkorporiert insoweit den Gedanken der Rechtsstaatlichkeit des Art. 6 Abs. 1 EUV.[89]

5.7 Gleichbehandlung (V7)

Die in Art. 3 GG normierten Gleichheitsrechte streben nach der Gleichbehandlung der Menschen. Sie unterscheiden sich somit hinsichtlich ihres relativen Charakters von den bisher angeführten Abwehr- oder Leistungsrechten (status relativus).[90] In Gestalt eines modalen Abwehrrechts schützen sie vor ungerechtfertigter Ungleichbehandlung; zudem erwachsen aus der gebotenen Gleichbehandlung Derivate wie Teilhabe und -Leistungsrechte.[91]

Obgleich eine unmittelbare Bindung von Privatrechtssubjekten an den allgemeinen Gleichheitssatz des Art. 3 Abs. 1 GG oder einen der spezielleren

[86] *Sachs/von Coelln*, in: Sachs 2024, Art. 20 GG Rn. 103; s. hierzu auch *Osterkamp* 2004, 169 ff.; BVerfGE 54, 53 (68 f.); 95, 96 (130 f.).

[87] BVerfGE 33, 367 (383); s. hierzu Anforderung der Konformität zu Gefahrenabwehr und Strafverfolgung, Abschnitt 7.8.

[88] *Schulze-Fielitz*, in: Dreier 2015, Bd. 2, Art. 20 GG (Rechtsstaat) Rn. 21 f.; *Hussner* 2008, 59; so wurde etwa Rechtsschutz zur wirksamen Kontrollierbarkeit staatlicher Eingriffe i. S. d. EMRK bejaht, *EGMR*, EuGRZ 1984, 147 (150). S. exemplarisch zur rechtsstaatlichen Interpretation des Art. 6 Abs. 1 EMRK *EGMR*, EuGRZ 1975, 91 (95).

[89] *Brunhöber*, ZIS 2010, 763; *Schulze-Fielitz*, in: Dreier 2025, Bd. 2, Art. 20 GG (Rechtsstaat) Rn. 22 f.; *Breuer* 2011, 379.

[90] *Müller-Franken*, in: Schmidt-Bleibtreu 2021, Vorb. v. Art. 1 GG Rn. 19; *Jarass*, in: Jarass/Pieroth 2024, Art. 3 GG Rn. 2.

[91] *Partsch*, in: Partsch 2021, Einleitung Rn. 44; *Thiele*, in: Dreier 2023, Bd. 1., Art. 3 Abs. 1 GG Rn. 29; BVerfGE, 110, 94 (104).

Gleichheitssätze der Abs. 2 und 3 zu verneinen ist, üben diese durch einfachgesetzliche Konkretisierung eine mittelbare Drittwirkung aus.[92] Hierbei kommt es allerdings maßgeblich auf ein – dem Staat-Bürger-Verhältnis entsprechendes – Machtgefälle an, wie es etwa in Arbeits-, Mietverhältnissen oder monopolartigen Strukturen vorzufinden ist.[93]

Die konkreten Maßstäbe, wann eine Verletzung des allgemeinen Gleichheitssatzes vorliegt, müssen im konkreten Einzelfall bestimmt werden. Dies geschieht durch die Bildung von Vergleichsgruppen, die in Relation zu einem Vergleichsmaßstab, dem sog. Tertium Comparationis, gebracht werden. Dementsprechend ist Gleiches gleich und Ungleiches ungleich in Bezug auf jenen Vergleichsmaßstab zu behandeln.[94] In der Dogmatik des Grundgesetzes ist der allgemeine Gleichheitssatz gegenüber den Gleichheitsverbürgungen für besondere Sachbereiche subsidiär.[95] Hierunter fallen die Gleichbehandlung von Mann und Frau gem. Art. 3 Abs. 2 GG sowie die spezielleren Gleichheitssätze des Art. 3 Abs. 3 GG mit den Merkmalen: Geschlecht, Abstammung, Rasse, Sprache, Heimat und Herkunft, Glauben, religiöse oder politische Anschauung sowie dem Verbot der Benachteiligung von Behinderten i. S. d. Art. 3 Abs. 3 Satz 2 GG.

Im Kontext der Entwicklung eines Systems zur automatisierten Schlüsselabfrage und -verifizierung sind die grundrechtlich statuierten Gleichbehandlungen mit zu berücksichtigen. Das System soll in seinem späteren Einsatz eine möglichst weite Verbreitung finden und wird sich folglich an unterschiedlichste Nutzergruppen wenden. Hierzu muss das System möglichst barrierefrei gestaltet sein, um eine umfangreiche Benutzbarkeit zu ermöglichen. Dies schließt explizit eine bedarfsgerechte Gestaltung für besondere Nutzergruppen, etwa mit einer Behinderung, mit ein. Im Umkehrschluss soll die Beschaffenheit des Systems möglichst niemanden diskriminieren.

Auf europäischer Ebene werden die Gleichheitssätze bereits aus dem europäischen Primärrecht – namentlich Art. Art. 18 Abs. 1, 33 Abs. 2 Satz 2, 157 AEUV – teils ergänzt, präzisiert und überlagert.[96] Das Diskriminierungsverbot

---

[92] *Thile*, in: Dreier 2023, Bd. 1, Art. 3 Abs. 1 GG Rn. 89; *Uerpmann-Wittzack*, ZaöRV 2008, 361 ff.; *Kirschel*, in: BeckOK GG 2024, Art. 3 GG Rn. 93 f.

[93] *Kirschel*, in: BeckOK GG 2024, Art. 3 GG Rn. 93 und 93b; *Nußberger/Hey*, in: Sachs 2024, Art. 3 GG Rn. 56a.

[94] *Nußberger/Hey*, in: Sachs 2024, Art. 3 GG Rn. 1; BVerfGE 3, 58 (135); *Osterloh*, in: Kube u. a. 2015, 220.

[95] S. *Kirschel*, in: BeckOK GG 2024, Art. 3 GG Rn. 2.

[96] S. dazu *Kirschel*, in: BeckOK GG 2024, Art. 3 GG Rn. 3; speziell zum allgemeinen Diskriminierungsverbot s. *Thiele*, in: Dreier 2023, Bd. 1, Art. 3 Abs. 1 GG Rn. 14.

des Art. 14 EMRK entspricht in seinem Wesen dem Regelungsgehalt der Gleichheitssätze des Grundgesetzes. Die Charta der Grundrechte der Europäischen Union normiert in Art. 20 bis 26 GRCh ihrerseits entsprechende Regelungen.

5.8 Körperliche Unversehrtheit / Recht auf Leben (V8)

Art. 2 Abs. 2 Satz 1 GG entspringen zwei Grundrechtsgarantien, deren Regelungsgegenstand die physischen Grundlagen der menschlichen Existenz sind. Das „Recht auf Leben“ und das „Recht auf körperliche Unversehrtheit“ bedingen sich gegenseitig und hängen in der Folge tatbestandlich zusammen.[97] Beide stellen essenzielle Bedingungen für Selbstbestimmung und Eigenverantwortung der menschlichen Persönlichkeit dar und verdeutlichen den tieferen Sinn aller Freiheitsgewährleistungen.[98] Der Schutzbereich der Grundrechte aus Art. 2 Abs. 2 Satz 1 GG ist, im Gegensatz zu Art. 2 Abs. 1 i. V. m. Art. 1 Abs. 1 GG, primär physisch zu verstehen. Geschützt wird lediglich die Integrität der körperlichen Sphäre beziehungsweise deren Existenz. Die psychische Integrität ist demgegenüber nur von Bedeutung, sofern sie körperliche Effekte hervorruft.[99]

In ihrem Naturell sind die Grundrechtsgewährleistungen aus Art. 2 Abs. 2 Satz 1 GG Freiheitsrechte und begründen, besonders in Kombination mit Art. 20 Abs. 3 GG, subjektive Abwehrrechte und Schutzansprüche des Bürgers gegenüber hoheitlichen Stellen.[100] Überdies kommt ihnen ein umfassender Leistungsgehalt zu (status positivus). So ergibt sich aus Art. 2 Abs. 2 Satz 1 GG eine Schutzpflicht des Staates, das Leben angemessen und wirksam „auch vor rechtswidrigen Eingriffen von Seiten Anderer zu bewahren“.[101] Die Schutzpflicht ist auch analog

[97] *Stepanek-Bühringer*, in: Huber/Voßkuhle 2024, Bd. 1, Art. 2 GG Rn. 378; s. dazu BVerfGE 51, 324 (346).

[98] *Di Fabio*, in: Dürig/Herzog/Scholz 2024, Art. 2 Abs. 2 Satz 1 GG Rn. 1; Rixen, in: Sachs 2024, Art. 2 GG Rn. 8.

[99] *Jarass*, in: Jarass/Pieroth 2024, Art. 2 GG Rn. 79–99; BVerfGE 56, 54 (73); das Herausfallen psychischer Faktoren vor dem Hintergrund des Art. 2 Abs. 2 Satz 2 GG klarstellend *Funke*, in: Dreier 2023, Bd. 1, Art. 2 Abs. 2 Satz 2 GG Rn. 15. Diese Erkenntnis lässt sich – aufgrund der Nähe zwischen Art. 2 Abs. 2 Satz 1 GG zu Art. 2 Abs. 2 Satz 2 GG, die auch *Funke*, in: Dreier 2023, Bd. 1, Art. 2 Abs. 2 Satz 1 GG Rn. 6 betont – auf Art. 2 Abs. 2 Satz 1 GG übertragen.

[100] Zur historisch gewachsenen Bedeutung *Jarass*, in: Jarass/Pieroth 2024, Art. 2 GG Rn. 96; *Hofmann*, in: Schmidt-Bleibtreu 2021, Art. 20 GG Rn. 61.

[101] BVerfGE 115, 320 (346); 46, 160 (164); 77, 170 (214); 88, 203 (254); 39, 1 (41).

auf die körperliche Unversehrtheit zu übertragen.[102] Durch dieses Ordnungsversprechen des Staates etabliert er sich einmal mehr als Garant der individuellen Freiheit. Zugleich muss er sich aber seines potenziellen Gefährdungspotenzials bewusst sein, das aus eben jener Schutzpflicht erwächst.[103] Die Gefahrenabwehr und Strafverfolgung im Rahmen des Art. 2 Abs. 2 Satz 1 GG muss folglich dort ihre Begrenzung finden, wo sie ein Hemmnis für wissenschaftlichen und technischen Fortschritt bedeutet.[104]

Als Konsequenz für ein zu entwickelndes System zur Schlüsselverteilung muss festgestellt werden, welche Befugnisse die Exekutive im Rahmen der Gefahrenabwehr und Strafverfolgung bezüglich der E-Mail-Kommunikation hat und inwiefern sich diese Kompetenzen auf die avisierte Lösungsarchitektur auswirken. Von Relevanz ist hier insbesondere die Abwägung von Freiheits- und Sicherheitsinteressen der beteiligten Akteure. Das Grundrecht aus Art. 2 Abs. 2 Satz 1 GG ist als Vorgabe für die Technikgestaltung vor allem für Systeme relevant, die unmittelbar an der Verschlüsselung von Kommunikationsinhalten beteiligt sind und geeignet sind, die Verhinderung von Straftaten zu konterkarieren und letztlich auch den Schutz auf körperliche Unversehrtheit und das Recht auf Leben gefährden können.

Ein entsprechendes Pendant des grundgesetzlichen Rechts auf Leben findet sich international in Art. 2 Abs. 1 EMRK kodifiziert sowie in Art. 2 GRCh auf europäischer Ebene.[105] Darüber hinaus schlägt sich das Recht auf körperliche Unversehrtheit im Verbot der Folter in Art. 3 EMRK sowie mittelbar in Art. 8 Abs. 1 EMRK nieder.[106] Diese zersplitterte Regelung bleibt in ihrem Anwendungsbereich folglich hinter der deutschen Gewährleistung zurück. Ohne entsprechendes Pendant in der Konvention findet sich in Art. 3 GRCh ein Recht auf körperliche Unversehrtheit. Es unterscheidet sich vom deutschen Grundrecht dahingehend, dass es neben der physischen auch die psychische Integrität zu schützen sucht. Überdies findet sich in Art. 4 und 7 GRCh ein Art. 3 und 8 EMRK entsprechender Regelungsgehalt.[107]

---

[102] BVerfGE 56, 54 (78); 85, 191 (212); 115, 320 (346); *Jarass*, in: Jarass/Pieroth 2024, Art. 2 GG Rn. 96.

[103] *Di Fabio*, in: Dürig/Herzog/Scholz 2024, Art. 2 Abs. 2 Satz 1 GG Rn. 5; s. auch *Gerhards* 2010, 160.

[104] *Corell*, in: Alternativkommentar GG 2001, Art. 2 Abs. 2 GG Rn. 89.

[105] Weiterführend *Funke*, in: Dreier 2023, Bd. 1, Art. 2 Abs. 2 Satz 1 GG Rn. 18–23.

[106] *Corell*, in: Alternativkommentar GG 2001, Art. 2 Abs. 2 GG Rn. 55; *Grabenwarter/Pabel*, in: Grabenwarter/Pabel 2021, § 22 EMRK Rn. 7; EGMR, NJW 1990, 2183 (2183 f.).

[107] Weiterführend zur GRCh s. *Stepanek-Bühringer*, in: Huber/Voßkuhle 2024, Bd. 1, Art. 2 GG Rn. 386; zur EMRK s. *Krüper*, in: Dreier 2023, Bd. 1, Art. 2 Abs. 2 Satz 1 GG Rn. 19.

6 Chancen und Risiken des Systems zur Schlüsselverteilung

Die verfassungsrechtlichen Vorgaben bilden eine am Gemeinwohl orientierte Werteordnung. Der Einsatz des Techniksystems hat beabsichtigte und unbeabsichtigte Auswirkungen auf die soziale Funktion der Grundrechte. Die Chancen und Risiken für die grundrechtlichen Verwirklichungsbedingungen gilt es in einem Zwischenschritt zu identifizieren, um sie in den Folgeschritten in einen Ausgleich miteinander zu bringen.

6.1 Chancen

Aufgabe der rechtsverträglichen Technikgestaltung ist es, die Chancen, die sich aus dem Technikeinsatz für die zuvor identifizierten grundrechtlichen Vorgaben ergeben können, zu fördern. Durch eine Stärkung der Chancen während des Gestaltungsprozesses werden zugleich die Verwirklichungsbedingungen der Vorgaben gestärkt.

6.1.1 Effizienzsteigerung

Obgleich die Möglichkeit der Ende-zu-Ende-Verschlüsselung des E-Mail-Verkehrs bereits seit langem besteht, bedient sich wegen der Komplexität der eingesetzten Verfahren derzeit nur eine kleine Zahl an Nutzern kryptographischer Systeme, die für eine verschlüsselte Kommunikation, etwa mittels PGP

S. Blazy, *Rechtsverträgliche Gestaltung von Ende-zu-Ende-Verschlüsselung zur Förderung des Selbstdatenschutzes*, DuD-Fachbeiträge,
https://doi.org/10.1007/978-3-658-51256-9_6

oder S/MIME, notwendig sind.[1] Darüber hinaus sind die Verfahren untereinander nicht kompatibel und die notwendigen Verschlüsselungsschlüssel des jeweiligen Kommunikationspartners mitunter nur schwer auffindbar. Das letzte Problem wird insbesondere dadurch verstärkt, dass die öffentlichen Schlüssel in verschiedenen Verzeichnisdiensten gespeichert werden, die – speziell bei S/MIME und bei PGP nur vereinzelt in Clustern – untereinander nicht verbunden sind.[2] Folglich besteht ein dringender Bedarf nach benutzerfreundlichen Verfahren zur Schlüsselverteilung und -authentifizierung, die sich in vorhandene Informationsinfrastrukturen integrieren lassen.[3]

Es ist zu erwarten, dass die zu gestaltende Technik zur Verteilung von verschlüsselungsschlüsseln den Aufwand, der für eine verschlüsselte E-Mail-Kommunikation von Nöten ist, drastisch reduzieren wird.[4] Zur verschlüsselten Kommunikation soll nach Möglichkeit allein die Kenntnis der E-Mail-Adresse des Kommunikationspartners ausreichen. Die Folge ist eine Effizienzsteigerung in den Bereichen Benutzbarkeit, aufzuwendender Zeit und Kosten. Diese Prozessoptimierungen repräsentieren wiederum potenzielle Chancen für die Verwirklichung grundrechtlicher Vorgaben. Inwieweit dies zutrifft, soll im Folgenden näher untersucht werden. Der Vorteil der einfachen Benutzbarkeit wird hierbei gegenüber den wirtschaftsnäheren Faktoren Zeit- und Kostenersparnis losgelöst beleuchtet.

6.1.1.1 Einfache Benutzbarkeit

Der verfolgte Ansatz sieht vor, den Austausch von PGP- und S/MIME-Schlüsseln über den Mail-Client des Nutzers zu vollziehen. Hierzu soll die Kenntnis der E-Mail-Adresse des Kommunikationspartners ausreichen. Alle weiteren Schritte, wie das Abrufen und Verifizieren der Schlüssel, werden vom Nutzer unbemerkt im Hintergrund durchgeführt. Auch die Unterstützung bekannter Verschlüsselungsprogramme, die mit den gängigsten E-Mail-Programmen kompatibel sind, erhöht die Alltagstauglichkeit von E-Mail-Verschlüsselung. Diese technische Vereinfachung gegenüber bisherigen Schlüsselaustauschmodellen vermag die allgemeine Handlungsfreiheit der Nutzer positiv zu beeinflussen.[5] Der Wille,

---

[1] Zur mangelnden Verbreitung von Selbstdatenschutztechniken s. *Johannes/Roßnagel* 2016, 25; *Hemker*, DuD 2010, 626; zur psychologischen Ursachenforschung dieses sog. Privacy Paradoxons s. *Gerber/Volkamer/Gerber*, in: Deutscher Dialogmarketing Verband e. V. 2017, 142.

[2] S. *Herfert/Selzer/Waldmann*, DuD 5/2016, 294 f.

[3] *Herfert/Waidner* 2013, 8; *Hahn/Johannes/Lange*, DuD 2015, 79.

[4] Zu beachten ist indes die Gefahr der zu starken Vereinfachung, s. *Whitten/Tygar*, 1999, 183.

[5] Appell zur Vereinfachung gängiger E-Mail-Verschlüsselungsverfahren, *Esslinger*, DuD 2014, 313.

verschlüsselt zu kommunizieren, erschöpft sich nun nicht mehr am technischen Sachverstand des Kommunizierenden respektive der Komplexität des gewählten Verfahrens. Somit wird eine Mehrheit von Nutzern erstmalig befähigt, über das „Wie" ihrer E-Mail-Kommunikation frei bestimmen zu können.

Durch die einfache Benutzbarkeit des Systems fallen also die Hürden, sich zur Kommunikation starker Kryptographie zu bedienen. Die Folge ist mithin ein positiver Beitrag für das Fernmeldegeheimnis und das allgemeine Persönlichkeitsrecht. Letztlich wird dadurch die unberechtigte Kenntnisnahme staatlicher Institutionen oder Dritter erheblich erschwert.[6] Die somit geschaffene, nicht zuletzt auch gefühlte Sicherheit fördert die freie und ungezwungene Entfaltung der Persönlichkeit und mithin die vom Fernmeldegeheimnis und dem allgemeinen Persönlichkeitsrecht geschützten Grundrechtspositionen.

6.1.1.2 Zeit- und Kostenersparnis

Die E-Mail ist heutzutage ein zentrales Kommunikationsmedium, das auch aus dem Unternehmensalltag nicht wegzudenken ist. In diesem Rahmen ergeben sich verschiedene Verschlüsselungspflichten, bspw. für einschlägige Korrespondenz von Berufsgeheimnisträgern (etwa gem. § 203 Abs. 1 StGB)[7]. Auch aus zivilvertraglichen Regelungen oder gegebenenfalls aus dem Gesellschafts- und Datenschutzrecht kann eine derartige Pflicht zur E-Mail-Verschlüsselung erwachsen.[8] In diesen Fällen ist die Verschlüsselung eine wesentliche Bedingung für die Berufsfreiheit nach Art. 12 Abs. 1 GG. Dessen ungeachtet unterlassen es in der Praxis die meisten Unternehmen sich Verschlüsselungsmechanismen zu bedienen, obschon sich hierdurch – auch unabhängig von einer bestehenden Verschlüsselungspflicht – die Vertraulichkeit der E-Mail-Kommunikation signifikant erhöhen ließe. Das dürfte vor allem für kleine und mittelständische Unternehmen gelten, die den Zeit- und Kostenfaktor des Aufbaus einer unternehmenseigenen PKI oder das Ausstatten der Mitarbeiter mit Verschlüsselungsschlüsseln scheuen.

---

[6] Zur Verletzlichkeit der Telekommunikation vgl. *Bizer* in: Alternativkommentar GG 2001, Art. 10 GG Rn. 16.

[7] S. dazu unten Abschnitt 7.1.

[8] S. *Klett/Lee*, CR 2008, 645 ff.; Ende-zu-Ende-Verschlüsselung als Maßnahme im Rahmen des Schutzes von Betriebs- und Geschäftsgeheimnissen i. S. v. § 2 Nr. 1 lit. b GeschGehG s. *Thress*, BB 2023, 1027 ff. Eine allgemeine Sicherheitserwartung zur Ende-zu-Ende-Verschlüsselung noch verneinend OLG Karlsruhe, MMR 2023, 761 (764). Eine generelle, inhaltsunabhängige Ende-zu-Ende-Verschlüsselungspflicht für E-Mail-Korrespondenz kann jedenfalls nicht bejaht werden. Auf das individuelle Risiko abstellend *Rothe/Eder*, CCZ 2024, 51 f.

Die negativen Auswirkungen, die dem Unternehmen aus mangelnder E-Mail-Verschlüsselung erwachsen, sind vielfältig. Monetärer Schaden durch Wirtschaftsspionage, vertragliche oder gesetzliche Haftung, aber auch Imageschäden können die Folge sein.[9] Die zu gestaltende Technik offeriert diesbezüglich eine Anwendung, die es ermöglicht, einen Aspekt der Ende-zu-Ende-Verschlüsselung kostengünstig und unkompliziert in die bestehende IT-Infrastruktur des Unternehmens einzugliedern. Durch die angestrebte Verwendung von DANE[10] können Nutzer und E-Mail-Provider Zertifikate überdies selbst signieren und auf die bisher obligatorischen Zertifikatsketten verzichten. Somit können eigene Verschlüsselungslösungen und -regeln für einzelne Nutzergruppen und Unternehmen etabliert werden. Der betriebliche Aufwand zur Implementierung und späteren Nutzung, auch maßgeschneiderter Lösungen, verringert sich dementsprechend auf ein Minimum. Durch die angestrebte Simplifizierung des Verschlüsselungsvorgangs auf das Niveau des Versendens einer unverschlüsselten E-Mail ist es nicht erforderlich, die Mitarbeiter oder Geschäftspartner in der Benutzung zu unterrichten. Die Verschlüsselung erfolgt vielmehr intuitiv und kann somit zeitliche Kapazitäten, die zuvor durch Fragestellungen der E-Mail-Verschlüsselung und das Auffinden von Verschlüsselungsschlüsseln gebunden waren, freimachen. So können auch unternehmensinterne E-Mails kleiner und mittelständischer Unternehmen sowie von Freiberuflern aufgrund der einfachen Handhabung standardmäßig verschlüsselt werden. Das kann letztlich auch positiven Einfluss auf die Reputation des Unternehmens haben.

Folglich steht zu erwarten, dass die Unternehmen durch die Technik hinsichtlich ihrer Berufsausübung gem. Art. 12 Abs. 1 GG im Alltagsgeschäft profitieren. Auch werden sie in die Lage versetzt, Schäden, die letztlich Eingriffe in die Grundrechtsposition des Art. 14 Abs. 1 GG darstellen können, unkompliziert und kostengünstig vorzubeugen.

6.1.2 Förderung des Selbstdatenschutzes

Dem Staat obliegt es, durch Schutzvorschriften einer rechtswidrigen Datenerhebung vorzubeugen. Angesichts einer zunehmend global vernetzten Welt kann er

---

[9] S. exemplarisch zum Schaden durch Datendiebstahl im E-Mail-Bereich *Streim/ Kuhlenkamp*, 203 Milliarden Euro Schaden pro Jahr durch Angriffe auf deutsche Unternehmen, bitkom.org vom 31. August 2022.

[10] S. hierzu bereits Kapitel 3.

seinen Schutzpflichten nicht mehr in vollem Umfang nachkommen.[11] Der Einzelne muss also durch den Einsatz datenschutzfördernder Technologien (sog. Privacy Enhancing Technologies) in die Lage versetzt werden, seine Grundrechtspositionen selbstbestimmt vor Missbrauch von IuK-Technik zu schützen.[12]

In diesem Kontext vermag die zu gestaltende Technik zur Schlüsselverteilung durch ein hohes Maß an Laientauglichkeit den bisherig komplexen Verschlüsselungsvorgang auf das Niveau unverschlüsselter E-Mail-Kommunikation zu reduzieren. Hierdurch könnte einer breiten Mehrheit an Nutzern von E-Mail-Diensten ein wirksames Instrument des Selbstdatenschutzes an die Hand gegeben werden. Die somit geförderte Ende-zu-Ende-Verschlüsselung kann zuverlässig die elektronische Kommunikation während des Transportvorgangs und darüber hinaus vor unberechtigter Einsichtnahme schützen. Derartige Instrumente können also im Rahmen des Selbstschutzes eine Verwirklichungsbedingung des Grundrechts auf Fernmeldegeheimnis darstellen. Darüber hinaus kann Verschlüsselung auch durch den Schutz von Betriebs- und Geschäftsgeheimnissen der Eigentumsfreiheit zuträglich sein. Dies gilt ebenso für die vertrauliche Geschäftskommunikation im Schutzbereich der Berufsfreiheit.

Letztlich ist die wirksame Befähigung zum Selbstdatenschutz durch die Förderung von Ende-zu-Ende-Verschlüsselung durch das einfache Auffinden von Verschlüsselungsschlüsseln ein Ausfluss der allgemeinen Handlungsfreiheit gem. Art. 2 Abs. 1 GG. Entscheidend hierfür ist vor allem die Beschaffenheit der Benutzeroberfläche, die dem Nutzer weitgehende Autonomie über die Preisgabe seiner Daten ermöglichen soll.[13]

6.1.3 Förderung des Systemdatenschutzes

Systemdatenschutz zielt primär auf eine Risikoreduzierung unzulässiger Datenverarbeitung durch technische und organisatorische Gestaltung der Systemstruktur ab, in der personenbezogene Daten verarbeitet werden.[14] Durch den

---

[11] So bereits *Enzmann*, in; Roßnagel 2002, 74; zur Schutzpflicht des Staates s. *Jaksch* 2022, 19; ausführlich *Stinner* 2018, 60; diese Schutzverpflichtungen sind auch Grundlage des Systemschutzes. S. dazu unten Abschnitt 6.1.3.

[12] *Johannes/Roßnagel* 2016, 21; *Kuntz*, ZD-Aktuell 2016, 05177; *Hansen*, in: Simitis/Hornung/Spieker 2025, Art. 25 DSGVO Rn. 5.

[13] Die mangelnde Benutzerfreundlichkeit der zugrundeliegenden Verschlüsselungsverfahren als Hemmnis für eine weite Verbreitung anführend *Schiller/Adamsky*, in: Parkin/Viganò 2022, 190 f.; *Sheng/Broderick/Koranda/Hyland* 2006, 1 f.; *Whitten/Tygar* 1999, 183 f.

[14] Weiterführend *Thies u. a.*, in: Roßnagel/Friedewald/Hansen 2018, 179; *Roßnagel*, DuD 1999, 256.

infrastrukturellen Charakter, der über den reinen Persönlichkeitsschutz hinausgeht, wird dem Systemschutz zudem ein starker Gemeinwohlbezug zuteil. Damit wohnt ihm eine Funktionsbedingung für die freiheitlich-demokratische und rechtsstaatlich-soziale Grundordnung inne.[15] Demzufolge könnte eine aktive Förderung des Systemdatenschutzes durch die Technik gleichsam einen stabilisierenden Effekt auf die Funktionsbedingungen staatlicher Institutionen des Art. 20 GG erwirken, soweit der Staat Verschlüsselung unterstützt und soweit es Kommunikation innerhalb oder zwischen anderen Organisationen betrifft. Ihnen wird eine Fürsorgepflicht für die Grundrechte ihrer Mitglieder zuteil.

Überdies weist auch das Fernmeldegeheimnis des Art. 10 Abs. 1 3. Alt. GG neben dem individuellen Rechtsschutz einen deutlichen Allgemeinwohlbezug auf.[16] Die Befangenheit der Kommunikation, die sich aus einer möglichen Grundrechtsverletzung ergeben kann, ist nicht lediglich eine individuelle Beeinträchtigung, sondern betrifft vielmehr die Kommunikation der Gesellschaft insgesamt.[17] Somit profitiert auch die Verwirklichung des Fernmeldegeheimnisses gem. Art. 10 Abs. 1 3. Alt. GG von einem gestärkten Systemdatenschutz. Ähnliches ist zudem für die vom allgemeinen Persönlichkeitsrecht aus Art. 2 Abs. 1 i. V. m. Art. 1 Abs. 1 GG geschützte Selbstfindung und -darstellung festzustellen.

Flankierend zu den genannten Vorgaben ist der Bund gem. Art. 87f GG explizit dazu angehalten, für eine angemessene Qualität der Kommunikationsinfrastruktur Sorge zu tragen. Hierzu zählt ebenso der Schutz vor Ausspähung, Manipulation und weiteren telekommunikationsbedingten Beeinträchtigungen.[18] Die Konsequenz, die sich für den Bürger aus dem Systemdatenschutz ergibt, ist vor allem die Bereitstellung einfacher und kostengünstiger Instrumente des Selbstdatenschutzes.[19] Mit der Förderung von Forschungsprojekten, die sich mit einer Stärkung der Selbstbestimmung und Sensibilisierung der Bürger in der digitalen Welt auseinandersetzen, leistet der Staat einen wesentlichen Beitrag im Rahmen seiner Infrastrukturverantwortung. Dass die zu entwickelnde Lösungsarchitektur eine Förderung des Selbstdatenschutzes bewirkt, konnte bereits

[15] Zu diesem erweiterten Verständnis auch *Hansen*, in: Simitis/Hornung/Spieker 2025, Art. 25 DSGVO Rn. 5 Fn. 11 m. w. N.

[16] Weiterführend zur kollektivrechtlichen Dimension *Pieper*, JA 2018, 588 f.; zur gesamtgesellschaftlichen Bedeutung *Durner*, in: Dürig/Herzog/Scholz 2024, Art. 10 GG Rn. 2 m. w. N.

[17] BVerfGE 100, 313 (381).

[18] *Hoffmann-Riem*, JZ 2014, 58; s. auch *Ruge*, in: Schmidt-Bleibtreu 2021, Art. 89f GG, Rn. 3.

[19] *Roßnagel*, DuD 1999, 256.

festgestellt werden.[20] Die angestrebte flächenmäßige Verbreitung von Ende-zu-Ende-Verschlüsselung beugt unzulässiger Datenverarbeitung vor und stärkt zugleich die Selbstbestimmtheit der Nutzer. Es steht zu erwarten, dass hierdurch ein positiver Beitrag zum Systemschutz geleistet werden kann und somit die Chancen für die Verwirklichungsbedingungen der genannten Vorgaben gestärkt werden.

Ende-zu-Ende-Verschlüsselung als Ausfluss des Infrastrukturschutzes ist überdies für öffentliche Institutionen von Belang. Art. 91c GG hält Bund und Länder zur Zusammenarbeit in Interoperabilität und Sicherheit der von ihnen betriebenen Infrastrukturen an.[21] Hierunter fällt auch die zunehmend elektronische behördliche Kommunikation.[22] Es steht zu erwarten, dass die zu gestaltende Technik, sowohl in der verwaltungsinternen als auch der Bürgerkommunikation, durch die unkomplizierte Einführung und Handhabung einen positiven Beitrag leisten wird.

6.1.4 Vertrauensvolle Kommunikation

Beabsichtigt ein Nutzer verschlüsselt zu kommunizieren, sieht sich dieser – sofern der jeweilige Kommunikationspartner nicht persönlich bekannt ist – mit dem Problem des vertrauensvollen Austausches von Zertifikaten und öffentlichen Schlüsseln konfrontiert. Denn die alleinige Kenntnis der E-Mail-Adresse reicht nach derzeitigem Stand nicht aus, um auf vertrauenswürdige Weise den öffentlichen Schlüssel zu ermitteln.[23] Vertrauen in den jeweiligen Schlüssel wird durch seine einwandfreie Zuordnung zu einer E-Mail-Adresse oder einer bestimmten Person erreicht.[24] Als Vertrauensintermediär wird in aller Regel eine CA diese Zuordnung bestätigen. Problematisch ist in diesem Falle jedoch, dass der Nutzer nunmehr einer ihm anonymen Institution bezüglich der Richtigkeit der Schlüsselinformationen vertrauen muss.[25] Um die Vertrauenswürdigkeit der derzeitigen Zertifizierungspraxis zu erhöhen, wird die ausstellende CA mit einem sog. Wurzelzertifikat einer übergeordneten Root-CA als Vertrauensanker zertifiziert.

---

[20] S. dazu oben Abschnitt 6.1.2.

[21] *Hoffmann-Riem*, JZ 2014, 58.

[22] Vgl. zum weiten Begriffsverständnis der Norm *Siekmann/Thiel*, in: Sachs 2024, Art. 91c GG Rn. 9.

[23] *Herfert/Waidner* 2013, 8.

[24] *Hemker*, DuD 2010, 629.

[25] *Wittmaak u. a.*, DuD 2016, 275; *Brauckmann*, DuD 2014, 452.

An dieser Stelle vermag die Technik durch die Verwendung von DANE einen Beitrag zur Vertraulichkeit zu leisten. Der Domain-Inhaber, der für die E-Mail-Adresse des Nutzers zuständig ist, verknüpft mit dieser Adresse den öffentlichen Schlüssel und hinterlegt diese Informationen im Domain Name System (DNS).[26] Hierdurch wird eine direkte Verbindung zwischen dem Domain-Betreiber – dem der Nutzer in der Regel eher zu vertrauen geneigt ist – und dem jeweiligen Zertifikat hergestellt.[27] Dies vereinfacht nicht nur das Auffinden des gesuchten Schlüssels, wozu nun lediglich die Kenntnis der E-Mail-Adresse ausreicht, sondern macht auch das blinde Vertrauen in von unbekannten CAs zertifiziertem und möglicherweise falschem Schlüsselmaterial überflüssig.

Zusätzlich dürfte sich das Kompromittieren des Übertragungsweges der Schlüssel als Herausforderung für einen potenziellen Angreifer erweisen, da DNSSEC die Daten im DNS kryptographisch gegen Fälschungen sichert und die Quelle der Datensätze authentisiert.[28] Ein Angreifer müsste, um falsche DNS-Informationen in das System einzuschleusen, neben dem Zielserver zusätzlich DNSSEC hacken, eine derzeit schier unmögliche Aufgabe.[29] Es ist daher zu erwarten, dass das System durch die aufgezeigte Vertrauensstärkung der E-Mail-Kommunikation einen positiven Effekt zugunsten des Fernmeldegeheimnisses, allgemeinen Persönlichkeitsrechts sowie der Berufsfreiheit und Eigentumsfreiheit auszuüben vermag.

[26] S. dazu *Hahn/Herfert/Lange* 2016, 40; *Strotmann*, DNSSEC und DANE: Hilfestellung zur Mail-Verschlüsselung, heise.de vom 24. Juni 2015, https://heise.de/-2619026; *Wouters*, DNS-Based Authentication of Named Entities (DANE) Bindings for OpenPGP, RFC 7929, August 2016, 1, https://www.rfc-editor.org/rfc/rfc7929.

[27] *Brauckmann*, DuD 2014, 456; *Koetter/Strotmann*, Geleitschutz: DANE verbessert sicheren Transport zwischen Mailservern, heise.de vom 26. Juni 2015, https://www.heise.de/ratgeber/Geleitschutz-2626378.html?seite=all.

[28] *Strotmann*, „DNSSEC und DANE: Hilfestellung zur Mailverschlüsselung", heise.de vom 24. Juni 2015, https://www.heise.de/ratgeber/Hilfestellung-2619026.html?seite=all; zur Situation ohne DANE und DNSSEC vgl. *Schirrmacher*, „Haufenweise Fake-PGP-Schlüssel im Umlauf", heise.de vom 17. August 2016, http://heise.de/-3297175.

[29] *Koetter/Strotmann*, Geleitschutz: DANE verbessert sicheren Transport zwischen Mailservern, heise.de vom 26. Juni 2015, https://www.heise.de/ratgeber/Geleitschutz-2626378.html?seite=all.

6.2 Risiken

Neben den zu erwartenden positiven Effekten des Technikeinsatzes birgt dieser aber auch potenzielle Risiken. Die Risiken können bereits bestehende Gefahren für die Verwirklichungsbedingungen der grundrechtlichen Vorgaben verstärken oder gar neue Risiken schaffen.[30] Im Rahmen der rechtsverträglichen Technikgestaltung muss Klarheit darüber herrschen, welche Risiken bestehen und wie sie sich teilweise gegenseitig bedingen. Die Rechtsverträglichkeit verlangt nämlich keine absolute Beseitigung potenzieller Gefahrenquellen, sondern einen grundrechtsschonenden Ausgleich (zwischen Chancen und Risiken, aber auch zwischen den Risiken selbst) herzustellen. Bspw. kann es notwendig werden, bestimmte Risiken bis zu einem gewissen Grad zu akzeptieren, um andere – aus Sicht der Technikgestaltung systemrelevantere Risiken – zu mitigieren.[31] Das Bewusstsein über die bestehenden Risikoquellen ist daher essenziell für einen zielgerichteten rechtsverträglichen Gestaltungsprozess.

6.2.1 Kommunikationsprofilbildung

Eine E-Mail, die mittels PGP oder S/MIME verschlüsselt wird, weist trotzdem einen lesbaren Header auf. Dieser enthält für die Zustellung nötige Informationen zu Absender und Empfänger der Nachricht sowie das Datum und den Betreff.[32] Hieraus können vom Provider mithin Rückschlüsse über die Häufigkeit und den (zumindest abstrakten) Inhalt der Kommunikationsteilnehmer gezogen werden. Dies ist ein Problem, das der Ende-zu-Ende-Verschlüsselung per se anhaftet. Die zu gestaltende Technik steht diesem Problem neutral gegenüber, da sie an der eigentlichen Verschlüsselung nur mittelbar beteiligt ist, indem sie die für diesen Vorgang nötigen Schlüssel beschafft. Das geschieht durch die Abfrage beim für die E-Mail-Adresse zuständigen DNS-Server. Dieser muss jedoch nicht zwangsläufig auch vom E-Mail-Provider betrieben werden. In der Folge könnten also Zeitpunkte und E-Mail-Adressen von Suchanfragen für Verschlüsselungsschlüssel einem bisher an der E-Mail-Kommunikation unbeteiligten Dritten zugänglich

---

[30] So *Marschall* 2019, 159.

[31] Bspw. wäre eine „fehlende Akzeptanz" (Abschnitt 6.2.6) nachteilig für den Erfolg des Gesamtvorhabens, weshalb unter Umständen eine gewisse „Intransparenz" (Abschnitt 6.2.5) der Technik, zugunsten einer besseren Laientauglichkeit, hinzunehmen wäre.

[32] So der strukturelle Inhalt nach RFC 822. S. hierzu *Schwenk* 2020, 374; *Brauckmann*, DuD 2015, 441.

gemacht werden.[33] Überdies könnten die DNS-Anfragen Betreibern offener Netzwerke bekannt werden, über die der Nutzer zu kommunizieren beabsichtigt. Das könnte für die Gewährleistung des Fernmeldegeheimnisses sowie der technikadäquaten Konkretisierungen des allgemeinen Persönlichkeitsrechts ein potenzielles Risiko darstellen. Es wird hierbei maßgeblich darauf ankommen, in welchem Maße der DNS-Betreiber im Rahmen der Abfragen mit eingebunden wird. Sollten die Zertifikate anstatt im DNS etwa auf einem LDAP-Server beim Provider gespeichert sein, könnte die Mitwirkung des DNS-Betreibers auf ein Minimum reduziert werden.[34]

6.2.2 Funktionsfehler

Insbesondere neuentwickelten Technologien wohnt das Risiko unvorhersehbarer Fehler inne. Obgleich während der Entwicklungsphase mögliche Schwachstellen durch System- und Risikoanalysen identifiziert und behoben werden können, ist ein neuartiges System immer störanfälliger als ein bereits etabliertes.[35] In der zu betrachtenden Lösungsarchitektur könnten sich Funktionsfehler aus dem Nichtauffinden der erforderlichen Verschlüsselungsschlüssel des jeweiligen Kommunikationspartners ergeben. Der Nutzer könnte in seiner allgemeinen Handlungsfreiheit beschnitten werden, sollte er nicht wie gewohnt – sei es nun verschlüsselt oder unverschlüsselt – kommunizieren können.[36] In der Folge wären auch negative Auswirkungen auf die Berufsfreiheit sowie das Fernmeldegeheimnis zu befürchten.

Überdies wäre entscheidend, in welcher Gestalt sich ein unvorhergesehener Fehler äußert. Sollte der Nutzer aufgrund gewohnter Handhabung des Plugins nicht bemerken, dass die Schlüsseldistribution nicht erfolgreich war, so versendet er die entsprechend unverschlüsselte E-Mail unter Umständen in dem Glauben, diese sei ordnungsgemäß verschlüsselt worden. Insbesondere bei Berufsgeheimnisträgern, die eine Verschlüsselungspflicht trifft, wäre diese Frage

[33] S. zum immanenten Risiko der Kommunikationsprofilbildung von Verzeichnisdiensten *Herfert/Selzer/Waldmann*, DuD 5/2016, 292 f.

[34] S. zum rechtlichen Risiko bisheriger Keyserver *Mommers*, DFN Infobrief Recht 4/2011, 2 ff.

[35] *Bedner* 2013, 101.

[36] Zur Haftung von E-Mail-Providern für nicht übermittelte E-Mails vgl. OLG Naumburg, Urteil vom 11.7.2013 – 2 U 4/13, K&R 2014, 41 (41 ff.).

von Bedeutung.[37] Das Schadenspotenzial geht somit eng mit der Bedeutung von verschlüsselter Kommunikation für das jeweilige Unternehmen einher.

Zu beachten ist allerdings, dass sich das Risikopotenzial derartiger Fehlfunktionen mit zunehmender Verbreitung der Technologie entsprechend verringert.[38] Gerade das zu gestaltende System ist auf eine möglichst umfassende Verwendung seitens der Provider ausgerichtet. Auch vor dem Hintergrund zunehmender Cyberkriminalität und Abhörskandale wird Ende-zu-Ende-Verschlüsselung und damit auch die in Rede stehende Technik zur Schlüsselverteilung verstärkt von Unternehmen und Bevölkerung gefragt sein.[39]

6.2.3 Vulnerabilität und Manipulation

Ein weiteres Risiko besteht in der Gefahr gezielter Angriffe gegen das nutzerseitige Plugin oder die an der Infrastruktur beteiligten Akteure, die zu Ausfällen oder Datenabflüssen führen können. Obgleich DNSSEC das Kompromittieren des Übertragungsweges der Schlüssel erschwert, könnte sich ein externer Angreifer etwaige Schwachstellen in der Programmierung des clientseitigen oder serverseitigen Plugins zu Nutze machen. Derartige Schwachstellen zu antizipieren, ist jedoch vornehmste Aufgabe einer Technikentwicklung. Ziel muss es daher sein, das System nach dem Stand der Technik möglichst resilient gegenüber gängigen Angriffsszenarien zu gestalten.

Ein weiteres Problem für die Technik wäre das Kompromittieren der Internet Assigned Numbers Authority (IANA) / Internet Corporation for Assigned Names and Numbers (ICANN), die unter anderem die Root-Zone für DNSSEC verwalten.[40] Diese Non-Profit-Unternehmen haben ihren Sitz in den USA.

---

[37] S. weiterführend zu berufsrechtlichen Verschlüsselungspflichten Abschnitt 8.4.3.4.

[38] Durch verstärkte Verbreitung wird mehr Anpassungs- und Modifizierungsbedarf deutlich und letztlich auch gedeckt.

[39] S. exemplarisch zur Bedrohung durch Nachrichtendienste *Meisner*, Geheimer Prüfbericht: Der BND bricht dutzendfach Gesetz und Verfassung – allein in Bad Aibling (Updates), netzpolitik.org vom 01.09.2016, https://netzpolitik.org/2016/geheimer-pruefbericht-der-bnd-bricht-dutzendfach-gesetz-und-verfassung-allein-in-bad-aibling/#Sachstandsbericht. Neben Privatpersonen ist auch die Wirtschaft Ziel von Cyberangriffen. S. hierzu exemplarisch *Streim/Kuhlenkamp*, 203 Milliarden Euro Schaden pro Jahr durch Angriffe auf deutsche Unternehmen, bitkom.org vom 31. August 2022.

[40] S. zur Rolle der IANA im Rahmen von DNSSEC *Schlyter/Abley/Hoffman/Bailey*, DNSSEC Trust Anchor Publication for the Root Zone, RFC 9718, vom Januar 2025, https://www.rfc-editor.org/rfc/rfc9718.txt.

Eine mögliche Einflussnahme dort ansässiger Sicherheitsbehörden ist wahrscheinlich.[41] Für den Fall des Bekanntwerdens eines solchen Szenarios wäre allerdings die gesamte internetbasierte Kommunikationsinfrastruktur betroffen. Eine realistischere Bedrohung für die zu gestaltende Technik könnten die Administratoren der DNS-Betreiber und E-Mail-Provider darstellen. Sie haben Zugang zum Schlüsselmaterial – dies kann im Falle von serverbasierten Verschlüsselungslösungen neben den öffentlichen Schlüsseln auch private Schlüssel umfassen – und sind unter anderem für dessen Austausch zuständig. Durch vorsätzliches oder fahrlässiges Verhalten – etwa durch Löschen oder unbefugte Weitergabe – könnten sie in schädlicher Weise in die Lösungsarchitektur eingreifen. Das Resultat wäre ein Reputationsschaden und ein damit einhergehender Vertrauensverlust der jeweiligen Institutionen und für die Technik insgesamt.[42]

Erfolgreiche Angriffe auf die zugrundeliegende Infrastruktur der Technik können bei den betroffenen Nutzern die Grundrechtsgewährleistungen des Fernmeldegeheimnisses gem. Art. 10 Abs. 1 3. Alt. GG, der allgemeinen Handlungsfreiheit aus Art. 2 Abs. 1 GG, der Berufsfreiheit aus Art. 12 Abs. 1 GG und des allgemeinen Persönlichkeitsrechts gem. Art. 2 Abs. 1 GG i. V. m. Art. 1 Abs. 1 GG gefährden und darüber hinaus für Unternehmen – nicht zuletzt für Akteure der Systemarchitektur – die Eigentumsfreiheit aus Art. 14 Abs. 1 GG beschneiden.

Prinzipiell können sich aber auch Bedrohungen im mittelbaren Umfeld der Lösungsarchitektur negativ auf die zu gestaltende Technik auswirken. So würde das Kompromittieren der unterstützten Verschlüsselungsverfahren PGP und S/MIME, mithin deren Schlüssel, eine vertrauensvolle Distribution des jeweiligen Schlüsselmaterials ad absurdum führen. So könnte in absehbarer Zeit die Entwicklung von Quanten-Computern in einem derartigen Maß fortgeschritten sein, dass es möglich ist, Verschlüsselungsschlüssel zu knacken, was das Ende aller derzeitigen Public-Key-Verfahren bedeuten würde.[43] Dennoch kann ein derartiges Szenario keine Untätigkeit im Bereich der Förderung derzeitig wirksamer Ende-zu-Ende-Verschlüsselung begründen. Das Kompromittieren derzeitiger Verschlüsselungstechnologien stellt demnach ein eher abstraktes Risiko für die bereits benannten grundrechtlichen Vorgaben dar.

---

[41] Weiterführend zu den Risiken der Einflussnahme *Betz/Kübler* 2013, 117 ff.

[42] Das führt in der Konsequenz auch zur Verstärkung des Risikos der „fehlenden Akzeptanz“ (Abschnitt 6.2.6).

[43] Zu den Risiken s. *Schmeh* 2016, 315; weiterführend zur Post-Quanten-Kryptographie s. exemplarisch *Fehenberger*, DuD 2024, 21 f.

6.2.4 Konterkarieren staatlicher Sicherheitsinteressen

Aus ermittlungstechnischer Sicht von Gefahrenabwehr[44] und Strafverfolgung[45] verursacht Ende-zu-Ende-Verschlüsselung primär einen „blinden Fleck".[46] So scheidet das im Zuge von Ermittlungen schwerer und schwerster Straftaten gestattete Auslesen von E-Mail-Kommunikationsinhalten, etwa nach § 100a StPO, regelmäßig als verwertbare Erkenntnisquelle aus.[47] Indes ist es das erklärte Ziel der zu gestaltenden Technik, derartige Technologien möglichst umfassend zu verbreiten. In der Konsequenz wird sich das „Problem", bei Bedarf keine Einsicht in die E-Mail-Kommunikation eines Verdächtigen oder Täters nehmen zu können, weiter forcieren.

Verschlüsselungstechnologien unterliegen in Deutschland keiner Reglementierung, sondern sind vielmehr Objekt politischer Förderungsbekundungen.[48] Sicherheitspolitisch ist dabei jedoch entscheidend, wie die einzelnen Programme ausgestaltet sind. Mittels Key Escrow, also des Vorhaltens eines Duplikates des privaten Schlüssels, könnten staatliche Ermittlungsbehörden Zugriff auf die verschlüsselten Daten erhalten.[49] Dieses Konzept und weitere Ansätze zur Kryptoregulierung haben sich in Deutschland indes nicht durchsetzen können.[50] Der Einsatz von Validierungstechnologien, wie DANE und DNSSEC, macht es staatlichen Überwachungsorganen überdies noch schwieriger, etablierte Überwachungstechniken im Bereich der E-Mail-Kommunikation einzusetzen. Hierunter fallen bspw. die Einflussnahme auf CAs mit dem Ziel des Ausstellens falscher Zertifikate oder Man-in-the-Middle-Angriffe.[51] Hieraus resultiert eine steigende

---

[44] Präventiv polizeiliche Überwachung, vgl. *Gruber/Brodowski/Freiling*, GSZ 2022, 173 f.; *Hiseh* 2011, 69 ff.; weiterführend zur strategischen Fernmeldeüberwachung *Marxsen*, DÖV 2018, 218 ff.; BVerfG, MMR-Aktuell 2024, 01760.

[45] Repressive polizeiliche Überwachung, vgl. *Meininghaus* 2007, 77 ff.

[46] Ministerrat, Entschließung des Rates zur Sicherheit durch Verschlüsselung und Sicherheit trotz Verschlüsselung, 13084/1/20 REV 1, vom 24. November 2020, 2 ff.

[47] *Meyn* 2003, 34 f.

[48] S. exemplarisch zu entsprechenden Förderungsbestreben BT-Drs. 19/5764; dieses Bestreben fußt auf einer grundrechtlichen Zulässigkeit von Verschlüsselung. S. dazu *Gerhards* 2010, 123 ff. m. w. N.

[49] *Meyn* 2003, 42 f.; s. zum verwandten Key Recovery *Schmeh* 2016, 586.

[50] *Hornung*, MMR 2015, 145.

[51] *Koetter/Strotmann*, Geleitschutz: DANE verbessert sicheren Transport zwischen Mailservern, heise.de vom 26. Juni 2015, https://www.heise.de/ratgeber/Geleitschutz-2626378.html?seite=all; zur Funktionsweise von Man-in-the-Middle- sowie weiterer Angriffe wie Replay oder Spoofing s. *Schmeh* 2016, 434 ff.

Anstrengung der Sicherheitsbehörden, im Rahmen ihrer Kompetenzen, die verwendeten Systeme zu entschlüsseln.[52] Letztlich ist auch ein korrespondierender Anstieg äquivalenter Überwachungsmaßnahmen zu erwarten, um den wachsenden „blinden Fleck“ möglichst weitgehend zu reduzieren.

Dies legt nahe, dass durch eine zunehmende Verbreitung von Verschlüsselungstechnologien – und letztlich auch durch die Technik zur Schlüsselverteilung – Bedrohungen, wie Terrorakte und Straftaten, nicht verhindert oder aufgeklärt werden können.

Folglich könnte der Staat die ihm obliegende Pflicht der Aufrechterhaltung des Rechtsstaates i. S. d. Art. 20 Abs. 3 GG nicht mehr in gewohnter Weise ausfüllen, was letztlich ein erhöhtes Risiko für die grundrechtlichen Schutzgüter des Rechts auf Leben und körperliche Unversehrtheit nach Art. 2 Abs. 2 Satz 1 GG sowie der Berufsfreiheit aus Art. 12 Abs. 1 GG, der Eigentumsfreiheit gem. Art. 14 Abs. 1 GG, der allgemeinen Handlungsfreiheit gem. Art. 2 Abs. 1 GG und des allgemeinen Persönlichkeitsrechts gem. Art. 2 Abs. 1 i. V. m. Art. 1 Abs. 1 GG bedeutet.

6.2.5 Intransparenz

Eine Aufgabe der vorliegenden Technikgestaltung ist es, komplexe Verschlüsselungstechnologien sowie die Verifikation der E-Mail-Kommunikationspartner auf ein laientaugliches Niveau zu transformieren. Der angestrebte Vorteil einfacher Handhabung erfolgt durch eine Reduktion wahrgenommener technischer Komplexität.[53] Das ist mit weniger Individualisierungsmöglichkeiten und vermehrten Voreinstellungen verbunden, welche mitunter nicht im Interesse des jeweiligen Nutzers sind. So könnte eine im Vorhinein festgelegte Default-Verschlüsselung im Widerspruch zum Nutzerinteresse stehen. Auch die Zertifikatsüberprüfung kann in verschiedenen Intensitäten erfolgen.[54] Den Grad dieser Überprüfung und

[52] S. exemplarisch die Bestrebungen zur Errichtung einer Bundesbehörde, die sich eigens mit dem Brechen von Verschlüsselungstechnologien beschäftigen sollte. S. *Holland*, „Crypto Wars: Neue Bundesbehörde soll Verschlüsselung knacken“, heise.de vom 23. Juni 2016, http://heise.de/-3247957.

[53] Zum Vertrauen in die Technik als Resultat der Unwissenheit ihrer Funktionsweise s. *Wagner*, ZfS 1994, 147 f.; *Luhmann* 1989, 13 ff.; zur mangelnden Nachvollziehbarkeit, dem sog. „Blackbox-Effekt“, s. *Richter* 2012, 121.

[54] Neben der Überprüfung von Zertifikatsketten betrifft dies etwa die Herkunft oder die Aktualität der Schlüssel.

die Entscheidung, welche Zertifikate aus welchen Quellen die Technik letztlich als vertrauenswürdig klassifiziert, kann der Nutzer nur begrenzt steuern. Das könnte sich zum einen negativ auf die allgemeine Handlungsfreiheit auswirken, da gewünschte Einstellungen nicht oder lediglich nicht auf den ersten Blick verfügbar sind. Zum anderen kann sich durch mangelnde Kenntnis über die technischen Prozesse der Lösungsarchitektur das Kommunikationsverhalten der Nutzer verändern. Im schlimmsten Falle würden die dem Nutzer nicht zugänglichen Voreinstellungen dessen Fernmeldegeheimnis beschneiden, etwa wenn das unverschlüsselte Senden einer E-Mail die Folge wäre.

6.2.6 Fehlende Akzeptanz

Ein Risiko bei der Neueinführung von Technologien ist eine mangelnde Nutzerakzeptanz und eine in der Folge hervorgerufene Marktuntauglichkeit. Im Falle von IT – und somit auch der Technik zur Schlüsselverteilung – kann das unter anderem durch Bekanntwerden von Programmierfehlern in Demonstratoren begründet werden. Eine entsprechende mediale Verbreitung etwaiger Fehler könnte eine Vermeidungshaltung seitens der Nutzer noch forcieren. Durch die Neuheit der Technologie könnte zudem erhöhte Rechtsunsicherheit in Bezug auf Haftung und Vertragsverhältnisse eintreten. In der Folge stünde ein durch Skepsis bedingter Verzicht der beteiligten Akteure zu befürchten. Auch kann eine mangelnde Bedienbarkeit des nutzerseitigen Plugins zu einem entsprechend ablehnenden Nutzerverhalten führen. Um dieser Symptomatik entgegenzuwirken, sollte daher möglichst frühzeitig eine akzeptanz- und bedarfsorientierte Innovationsgestaltung im Entwicklungsprozess gewährleistet werden.[55] Andernfalls könnten, bedingt durch die mangelnde Nutzerakzeptanz, die Vorteile der Lösungsarchitektur für die Grundrechtsgewährleistung des allgemeinen Persönlichkeitsrechts, der allgemeinen Handlungsfreiheit sowie des Fernmeldegeheimnisses nicht zur Geltung kommen. Unternehmensseitig wären die positiven Auswirkungen auf den Schutz von Betriebs- und Geschäftsgeheimnissen nicht mehr (umfassend) gewährleistet.

Zum einen wirken sich die aufgezeigten nachteiligen Folgen aus dem Verzicht des Technikeinsatzes direkt auf den jeweiligen Nutzer aus. Zum anderen hat eine vermehrt individuelle Verweigerungshaltung, durch den Netzwerkcharakter der Lösungsarchitektur, aber zugleich auch negative Auswirkungen auf

[55] *Kollmann* 1998, 89.

deren verbliebene Nutzer. Die Technik könnte mithin weniger Schlüssel potenzieller Kommunikationspartner innerhalb der Lösungsarchitektur auffinden und verifizieren.

Eine nutzerseitige Verweigerungshaltung gegenüber der Lösungsarchitektur, etwa aus mangelndem Vertrauen, wirkt sich letztlich auch negativ auf die Geschäftsinteressen der E-Mail-Provider aus. Die Folge wäre letztlich auch eine geringere providerseitige Verbreitung mit einhergehenden Geschäftsfeldeinbußen. Da der Erfolg der zu gestaltenden Technik indes maßgeblich von einer möglichst branchenumfassenden Beteiligung der E-Mail-Provider abhängig ist, würde ein derartiges Szenario gleichsam katalysatorisch das Risiko der fehlenden Akzeptanz noch verstärken.

7 Rechtliche Anforderungen an die Technikgestaltung

Die erste Stufe der Methode KORA bilden die aus den grundrechtlichen Vorgaben abgeleiteten rechtlichen Anforderungen. Sie sind Ergebnis einer rechtlichen Konkretisierung der durch den Technikeinsatz betroffenen sozialen Funktionen der rechtlichen Vorgaben im Hinblick auf die Chancen und Risiken.

7.1 Geheimnisschutz (A1)

Aus den verfassungsrechtlichen Vorgaben des Fernmeldegeheimnisses gem. Art. 10 Abs. 1 3. Alt. GG, des allgemeinen Persönlichkeitsrechts gem. Art. 2 Abs. 1 i. V. m. Art. 1 Abs. 1 GG sowie der Berufsfreiheit gem. Art. 12 Abs. 1 GG und der Eigentumsfreiheit gem. Art. 14 Abs. 1 GG lässt sich der Geheimnisschutz als rechtliche Anforderung ableiten.[1]

Bei der Technikgestaltung von Kommunikationsinfrastrukturen ist zu beachten, dass die kommunizierten Inhalte mitunter Geheimnisse beinhalten, die einem besonderen Schutz unterfallen. Diese Geheimnisse dürfen durch den Technikeinsatz nicht kompromittiert werden. Auf individueller Ebene können *private Geheimnisse*[2] intime und persönliche Informationen darstellen, deren Offenbarung vom Geheimnisträger oder den jeweiligen mit dem Geheimnis Vertrauten als

[1] Zum Geheimnisschutz als rechtliche Anforderung im Rahmen der KORA-Methode s. auch *Wilke* 2010, 202; *Hammer/Pordesch/Roßnagel* 1993, 61 f.

[2] S. *Hammer/Pordesch/Roßnagel* 1993, 61.

S. Blazy, *Rechtsverträgliche Gestaltung von Ende-zu-Ende-Verschlüsselung zur Förderung des Selbstdatenschutzes*, DuD-Fachbeiträge,
https://doi.org/10.1007/978-3-658-51256-9_7

demütigend empfunden wird oder schlicht ungewollt ist.[3] Der Schutz derartiger Geheimnisse wird vor dem Hintergrund der einschlägigen verfassungsrechtlichen Vorgaben durch das Fernmeldegeheimnis und die allgemeine Handlungsfreiheit respektive das allgemeine Persönlichkeitsrecht gewährt. Bei Letzterem ist insbesondere das konstituierende Element der Menschenwürde von Bedeutung. Rechtlich anerkannte Ausprägungen privater Geheimnisse sind etwa das Mandanten-, Patienten-, Steuer- oder Sozialgeheimnis.[4]

Im Rahmen der Verarbeitung personenbezogener Daten durch Polizei- und Justizbehörden ist das *Datengeheimnis* gem. § 53 BDSG zu beachten, das vor unbefugter Verarbeitung schützen soll.[5] Implizit lässt sich das Datengeheimnis zudem aus den Normen der Grundverordnung ableiten.[6]

Im Wirtschaftsverkehr sind Berufsgeheimnisse, Betriebs- und Geschäftsgeheimnisse sowie Amtsgeheimnisse zu beachten.[7] Betriebs- und Geschäftsgeheimnissen[8] ist gemein, dass sie alle auf ein Unternehmen bezogene Tatsachen, Umstände und Vorgänge bezeichnen, die nur einem ausgewählten Personenkreis bekannt sind und der Allgemeinheit berechtigterweise nicht zugänglich gemacht werden sollen.[9] Betriebsgeheimnisse sind dabei technischer Natur und betreffen bspw. Produktionsmethoden oder Verfahrensabläufe. Demgegenüber bilden Geschäftsgeheimnisse das kaufmännische Pendant, das etwa Geschäftsfeld- oder Marketingstrategien beinhalten kann.[10] Die Wahrung von Betriebs- und Geschäftsgeheimnissen ist für die berufliche Betätigung essenziell und folglich verfassungsrechtlich durch Art. 12 Abs. 1 GG und Art. 14 Abs. 1 GG geschützt.[11]

---

[3] S. zum Schutz individueller Geheimnisse im Kontext von Körperscannern *Geminn* 2014, 373, aus strafrechtlicher Perspektive beinhalten derartige persönliche Geheimnisse in erster Linie das Individualinteresse an der Geheimhaltung bestimmter Tatsachen. Weiterführend hierzu *Kargl*, in: Kindhäuser/Neumann/Paeffgen/Saliger 2023, § 203 StGB Rn. 17 f.

[4] *Hammer/Pordesch/Roßnagel* 1993, 61.

[5] Zur Überführung des Datengeheimnisses de lege abrogata aus § 5 BDSG a. F. in § 53 BDSG s. *Paschke*, in: Gola/Heckmann 2022, § 53 BDSG Rn. 2.

[6] *Thiel*, in: Simitis/Hornung/Spiecker 2025, § 53 BDSG Rn. 2 leitet das Datengeheimnis über Art. 24 Abs. 1 Satz 1, Art. 28 Abs. 3 Satz 2 lit. b, Art. 29, Art. 32 Abs. 4 DSGVO ab.

[7] S. dazu *Hammer/Pordesch/Roßnagel* 1993, 61.

[8] Zur E-Mail-Verschlüsselung im Kontext des GeschGehG s. *Thress*, BB 2023, 1027 ff.

[9] BVerfGE 115, 205 (230); zudem sind Betriebs- und Geschäftsgeheimnisse gem. § 2 Nr. 1 lit. b GeschGehG durch geeignete Geheimhaltungsmaßnahmen zu schützen. Vor dem Hintergrund dieser Technikgestaltung kann die Ende-zu-Ende-Verschlüsselung eine entsprechende Maßnahme zur Geheimhaltung darstellen.

[10] *Kallerhoff/Mayen*, in: Stelkens/Bonk/Sachs 2023, § 30 VwVfG Rn. 13.

[11] Vgl. dazu *Herrmann*, in: BeckOK VwVfG 2025, § 30 VwVfG Rn. 1.

Berufsgeheimnisse sind neben branchenspezifischen Verschwiegenheitsregelungen – etwa gem. § 43a BRAO; § 57 StBerG; § 43 WPO – durch § 203 Abs. 1 und 2 StGB auch auf strafrechtlicher Ebene geschützt.[12] Hiernach machen sich Angehörige des in § 203 Abs. 1 und 2 StGB aufgeführten Katalogs der Schweigepflichtigen – sowie gem. § 203 Abs. 4 StGB mitwirkende Personen – strafbar, sofern sie ein im Rahmen ihrer Berufsausübung anvertrautes oder sonst bekannt gewordenes Geheimnis offenbaren.[13] Die Befähigung der einschlägigen Berufsgruppen, ihre Geheimnisse zu schützen, ist zudem Grundvoraussetzung für die jeweilige Berufsausübung und daher auch von Art. 12 Abs. 1 GG geschützt.

Geheimnisse des persönlichen Lebensbereichs sowie Betriebs- und Geschäftsgeheimnisse, die im Rahmen eines Verwaltungsverfahrens offenbart werden müssen, sind seitens der Behörde durch das *Amtsgeheimnis* nach § 30 VwVfG vor einer weiteren Verbreitung zu schützen.[14] Eine diesbezüglich korrespondierende Amtsverschwiegenheit für Beamte ergibt sich aus § 67 BBG, die über die Beendigung des Beamtenverhältnisses fortwirkt.[15]

Letztlich ist auch im Bereich der fernmeldetechnisch übertragenen Individualkommunikation das *Fernmeldegeheimnis* gem. Art. 10 Abs. 1 3. Alt. GG zu beachten.[16]

Für die Gestaltung eines Systems zur Verteilung von Verschlüsselungsschlüsseln ist zu beachten, dass nicht bloß der Übertragungsweg der E-Mail vom Fernmeldegeheimnis umfasst ist, sondern auch die jeweiligen Kommunikationsinhalte, die die obig beschriebenen Geheimnisse enthalten können. Die Technik muss dazu beitragen, eine E-Mail mit entsprechenden Inhalten ordnungsgemäß mit dem korrekten Schlüssel des Empfängers der jeweiligen Nachricht zu verschlüsseln, damit die jeweiligen gesetzlichen Geheimnisschutzmaßstäbe gewahrt bleiben.

---

[12] Vor diesem Hintergrund (rechtliche) Verschlüsselungspflichten für Rechtsanwälte diskutierend *Koch*, DuD 2014, 691 (692 ff.); eine Verschlüsselungspflicht für Mandantengeheimnisse verneinend *Härting*, MDR 2001, 61 (63); vertragliche und gesetzliche Verschlüsselungspflichten behandelnd *Klett/Lee*, CR 2008, 644 (645); speziell für Steuerberater vgl. *Herrn*, NWB 2012, 4249 ff.; weiterführend *Johannes/Roßnagel*, Der Rechtsrahmen für einen Selbstschutz der Grundrechte in der Digitalen Welt, 2016, 34 f.

[13] Weiterführend hierzu *Kargl*, in: Kindhäuser/Neumann/Paeffgen/Sali 2023, § 203 StGB Rn. 46.

[14] *Kallerhoff/Mayen*, in: Stelkens/Bonk/Sachs 2023, § 30 VwVfG Rn. 7.

[15] Weiterführend s. *Grigoleit*, in: Battis 2022, § 67 BBG Rn. 6.

[16] S. dazu oben ausführlich Abschnitt 5.1.

7.2 Informationelle Selbstbestimmung (A2)

Aus der Vorgabe des allgemeinen Persönlichkeitsrechts gem. Art. 2 Abs. 1 GG i. V. m. Art. 1 Abs. 1 GG lässt sich die Anforderung der informationellen Selbstbestimmung ableiten. Hierbei handelt es sich um eine Ausprägung des allgemeinen Persönlichkeitsrechts, die vom Bundesverfassungsgericht im Rahmen des Volkszählungsurteils entwickelt wurde.[17] Die Notwendigkeit hierfür liegt in dem Umstand begründet, dass die freie Entfaltung der Persönlichkeit mit einer unbegrenzten Erhebung, Speicherung, Verwendung und Weitergabe persönlicher Daten durch moderne Datenverarbeitung nicht vereinbar ist.[18] Mit der Prämisse, dass der Einzelne befähigt werden soll, „selbst über die Preisgabe und Verwendung seiner persönlichen Daten zu bestimmen“[19], stellt das Recht auf informationelle Selbstbestimmung eine moderne technikadäquate Konkretisierung des allgemeinen Persönlichkeitsrechts dar.[20] In seiner abwehrrechtlichen Konzeption ist es jedoch nicht allein auf den persönlichen Schutz durch Bedrohungen der elektronischen Datenverarbeitung ausgelegt, sondern soll durch staatliche Informationserhebung hervorgerufene Einschüchterungseffekte abwehren.[21] Zwischen Privaten gilt es indes grundsätzlich zu beachten, dass es für eine rechtmäßige Datenverarbeitung keiner Ermächtigungsnorm[22] – wohl aber einer gesetzlichen Erlaubnisvorschrift[23] – wie bei staatlichen Institutionen bedarf. Diesbezüglich entfaltet die informationelle Selbstbestimmung eine mittelbare Drittwirkung und ist daher bei der Auslegung zivilrechtlicher Regelungen als Auslegungsmaßstab hinzuzuziehen.[24]

---

[17] *Di Fabio*, in: Dürig/Herzog/Scholz 2024, Art. 2 GG; Rn. 173; BVerfGE 65, 1 (43); die Eigenständigkeit als Grundrecht indes bejahend *Bäumler*, JR 1984, 362. In der Folge hielt die informationelle Selbstbestimmung Einzug in die ständige Rechtsprechung des Bundesverfassungsgerichts. S. BVerfGE 130, 1 (35); 118, 168 (184); 120, 274 (312).

[18] *Rixen*, in: Sachs 2024, Art. 2 GG Rn. 72; BVerfGE 65, 1 (155); 130, 151 (183).

[19] BVerfGE 65, 1 (43).

[20] Als „Ausprägung eines sich an moderne Entwicklungen anpassenden Persönlichkeitsschutzes“ bezeichnend *Di Fabio*, in: Dürig/Herzog/Scholz 2023, Art. 2 GG Rn. 173.

[21] *Rixen*, in: Sachs 2024, Art. 2 GG Rn. 73; *Di Fabio*, in: Dürig/Herzog/Scholz 2024, Art. 2 GG Rn. 176; BVerfGE 78, 77 (84);113, 29 (46).

[22] S. BVerfGE 65, 1 (43 f.); 78, 77 (85).

[23] Privates Sammeln von Informationen ist grundsätzlich ein Ausfluss der allgemeinen Handlungs-, Informations-, Meinungs- und Presse-, Kunst- und Wissenschaftsfreiheit. Demgegenüber besteht die staatliche Pflicht, das Recht auf informationelle Selbstbestimmung zu schützen und private Aktivitäten mitunter einfachgesetzlich zu beschränken; s. dazu *Di Fabio*, in: Dürig/Herzog/Scholz 2024, Art. 2 GG Rn. 189.

[24] *Di Fabio*, in: Dürig/Herzog/Scholz 2024, Art. 2 GG Rn. 191.

Das zentrale Schutzgut der informationellen Selbstbestimmung bildet die freie Persönlichkeitsentfaltung mit ihrem Menschenwürdekern. Sie gilt es innerhalb der freien Willensbetätigung in Bezug auf die Preisgabe personenbezogener Daten zu bewahren. Aus personenbezogenen Daten lassen sich Rückschlüsse auf persönliche oder sachliche Verhältnisse einer bestimmten oder bestimmbaren Person ziehen.[25] Im Bereich der E-Mail-Kommunikation fällt bereits die E-Mail-Adresse in diese Kategorie. Auch die in den Public Keys hinterlegten Informationen können prinzipiell eine Fülle an personenbezogenen Daten enthalten. Der Schutzumfang des Rechts auf informationelle Selbstbestimmung ist umfangreich. So ist es regelmäßig unerheblich, ob es sich um besonders sensitive Daten eines Betroffenen handelt oder nicht. Denn aufgrund der technischen Möglichkeiten zur Datenverknüpfung und -aufbereitung können für sich alleinstehende belanglose Daten eine neue Qualität bekommen.[26]

Das Recht auf informationelle Selbstbestimmung zeichnet sich zudem durch einen dichotomen Charakter aus. Einerseits besitzt es eine individuelle Komponente, die die selbstbestimmte Entfaltung des Einzelnen zu schützen sucht, und anderseits einen Allgemeinwohlbezug.[27] Denn die individuelle Selbstbestimmung ist zugleich funktionsrelevante Komponente für die Handlungs- und Mitwirkungsfähigkeit der Bürger innerhalb der freiheitlich-demokratischen Gesamtstruktur.[28] Auf Ebene der EU hat sich eine dem Recht auf informationelle Selbstbestimmung vergleichbare Norm in Gestalt des Art. 8 GRCh manifestiert.[29] Auch in der Europäischen Menschenrechtskonvention kann man im Lichte der Rechtsprechung des EGMR zu personenbezogenen Daten in Art. 8 EMRK ein entsprechendes Pendant ausmachen.[30] In der folgenden Untersuchung findet die Anforderung informationelle Selbstbestimmung ihre Konkretisierung in den einfachgesetzlichen Quellen des Bundesdatenschutzgesetzes und der EU-Datenschutzgrundverordnung sowie im Telekommunikationsgesetz.

Als Konsequenz für die Gestaltung der Technik zur Schlüsselverteilung muss die Herrschaft über die personenbezogenen Daten beim Nutzer verbleiben. Das

---

[25] *Barczak*, in: Dreier 2023, Bd. 1, Art. 2 Abs. 1 GG Rn. 92; in Anlehnung an die Definition des Art. 4 Nr. 1 DSGVO; BVerfGE 65, 1 (43); 113, 29 (46); 115, 166 (190).

[26] *Barczak*, in: Dreier 2023, Bd. 1, Art. 2 Abs. 1 GG Rn. 92; BVerfGE 65, 1 (45); 118, 168 (185); dieser Schutz erstreckt sich auch auf allgemein zugängliche Daten, s. BVerfGE 120, 351 (361), 120, 378 (399).

[27] *Hornung*, Die digitale Identität 2005, 139; BVerfGE 100, 313 (381).

[28] BVerfGE 65, 1 (43).

[29] *Barczak*, in: Dreier 2023, Bd. 1, Art. 2 Abs. 1 GG Rn. 91.

[30] *Paefgen* 2017, 101.

betrifft sämtliche Aspekte der E-Mail-Kommunikation. So müssen neben dem E-Mail-Verkehr weitere Datenströme, bspw. im Rahmen der Schlüsselabfrage, von Sicherheitseinstellungen oder Updates, von der Warte der datensparsamen Verarbeitung aus betrachtet werden. An diesem Punkt manifestiert sich zudem die Gestaltungsprämisse, dass das Anwendungsszenario der Technik nicht die Verwaltung privater Schlüssel umfassen soll. Zwar würde die Verwaltung privater Schlüssel die Nutzerfreundlichkeit i. S. d. Chance „Effizienzsteigerung" erhöhen, jedoch würde ein solches Vorgehen gleichsam auch die Risiken „Vulnerabilität und Manipulation" sowie „fehlende Akzeptanz" stärken, da die Sicherheit der Ende-zu-Ende-Verschlüsselung durch die nicht nutzerseitige Verwaltung privater Schlüssel untergraben würde. Letztlich wäre das als schädlich für die Anforderung der informationellen Selbstbestimmung zu werten.

7.2.1 Bedeutung des Rechts am eigenen Wort im Kontext der informationellen Selbstbestimmung

Im Kontext des Selbstdarstellungsschutzes erlangt das aus dem allgemeinen Persönlichkeitsrecht abgeleitete Recht am eigenen Wort verstärkte Bedeutung.[31] Es bezieht sich gleichermaßen auf das nicht öffentlich gesprochene oder geschriebene Wort – hierunter fällt auch die E-Mail-Kommunikation[32] – und gibt dem Grundrechtsträger die Verfügungsmacht, selbst über die Art und den Umfang der Verbreitung entscheiden zu können.[33] Das umfasst sowohl den konkreten Inhalt der Informationen als auch den ausgewählten Adressatenkreis.

Der weite Schutzbereich findet allerdings dort seine Grenze, wo die Informationen nicht ausschließlich an den jeweiligen Kommunikationspartner gerichtet sind. Das kann etwa bei standardisierter Geschäftskommunikation der Fall sein, bei der der überwiegend objektive Informationsfluss durch das Festhalten der Kommunikationsinhalte durch den Arbeitgeber gängige Praxis ist.[34] Auch das Aufrechterhalten der verfassungsmäßigen Ordnung, in Gestalt der Gewährleistung einer funktionierenden Rechtspflege, wie sie das Rechtsstaatsprinzips gem.

---

[31] Vgl. dazu *Barczak*, in: Dreier 2023, Bd. 1, Art. 2 Abs. 1 GG Rn. 81; *Di Fabio*, in: Dürig/Herzog/Scholz, Art. 2 GG Rn. 196.

[32] S. zur Übertragbarkeit der Grundsätze des Telefonierens auf E-Mail-Kommunikation s. *Raffler/Hellich* NZA 1997, 863; BGHZ 13, 334 (338).

[33] BVerfGE 106, 28 (44); 34, 238 (246).

[34] *Di Fabio*, in: Dürig/Herzog/Scholz 2024, Art. 2 GG Rn. 197, s. diesbezüglich zum gesprochenen Wort BVerfGE 34, 238 (247).

Art. 20 Abs. 3 GG vorsieht, vermag den Schutz zu beschränken.[35] Im Bereich der E-Mail-Kommunikation entfaltet das Recht am eigenen Wort als Ausprägung des allgemeinen Persönlichkeitsrechts erst nach Abschluss der Kommunikation oder davor seine Schutzwirkung. Ansonsten ist regelmäßig das speziellere Fernmeldegeheimnis einschlägig.[36]

Betrachtet man indes den Ursprung dieses Rechts, so entstammt es einer Zeit, in der die technische Möglichkeit der Digitalisierung des Worts nicht bekannt war.[37] Da es vor dem Hintergrund dieser Untersuchung indes ausschließlich auf digitale Daten ankommt, ist der zugrundeliegende Schutzzweck des Rechts am eigenen Wort bereits durch die speziellere informationelle Selbstbestimmung abgedeckt.[38]

7.2.2 Bedeutung des Rechts am eigenen Bild im Kontext der informationellen Selbstbestimmung

Vor dem Hintergrund des Rechts auf informationelle Selbstbestimmung ist fraglich, inwieweit das ebenfalls aus Art. 2 Abs. 1 i. V. m. Art. 1 Abs. 1 GG abgeleitete Recht am eigenen Bild im Kontext dieser Untersuchung zu beachten ist. Dieses Recht schützt den Grundrechtsträger vor bildlichen Aufnahmen und deren Verbreitung gegen seinen Willen.[39] Eingriffe in das Recht am eigenen Bild können im Rahmen der Strafverfolgung und Gefahrenabwehr allerdings zu dulden sein.[40]

Das Recht erlangt vor dem Hintergrund stetig voranschreitender Digitalisierung zunehmende Relevanz. So ermöglicht das digitale Bildformat die uneingeschränkte Reproduktion und das jederzeitige Verbreiten gegenüber einem unüberschaubaren Personenkreis.[41] Unter den Medien, die für den Austausch persönlicher Bilder fungieren, ist auch das E-Mail-Format geeignet. Zudem lässt es

---

[35] BGH, NJW 2003, 1727 (1728).

[36] Vgl. dazu *Guckelberger*, in: Schmidt-Bleibtreu 2021, Art. 10 GG Rn. 27; BVerfGE 115, 166 (183 f.).

[37] S. exemplarisch BVerfGE 34, 238.

[38] So schützt bspw. § 201 StGB lediglich das gesprochene Wort; bezüglich der E-Mail-Überwachung ist § 202a ff. StGB einschlägig, die auf elektronisch, magnetisch oder sonst nicht unmittelbar wahrnehmbar gespeicherte Daten abstellen.

[39] *Barczak*, in: Dreier 2023, Bd. 1, Art. 2 Abs. 1 GG Rn. 72; BVerfGE 34, 238 (246); 35, 202 (224); 54, 148 (154).

[40] *Di Fabio*, in: Dürig/Herzog/Scholz 2024, Art. 2 GG Rn. 194; s. zudem Abschnitt 7.8.

[41] BVerfGE 101, 361 (381).

das Schlüsselformat von PGP grundsätzlich auch zu, Gesichtsbildnisse im öffentlichen Schlüssel zu hinterlegen. In diesem Kontext kann das Recht am eigenen Bild durch das unbefugte Auslesen von E-Mail-Inhalten durch Dritte tangiert sein, sofern die Inhalte Abbilder von Grundrechtsträgern beinhalten. Allerdings ist im Bereich der IuK-Technologie maßgeblich auf die Digitalisierung der Bilder abzustellen. Deshalb ist der Schutzgehalt, der dem Recht am eigenen Bild innewohnt, bereits durch die Anforderung der informationellen Selbstbestimmung umfasst.

7.3 Kommunikative Selbstbestimmung (A3)

Eine weitere Anforderung an das Techniksystem lässt sich in der Gewährleistung der kommunikativen Selbstbestimmung aufstellen. Diese folgt aus der über das allgemeine Persönlichkeitsrecht gem. Art. 2 Abs. 1 GG i. V. m. Art. 1 Abs. 1 GG geschützten Selbstfindung und Selbstdarstellung. Außerdem ist sie eine Ausprägung des Aktivitätsschutzes einer freien Kommunikation, wie diese von der allgemeinen Handlungsfreiheit gem. Art. 2 Abs. 1 GG geschützt wird.

Diese Anforderung widmet sich den aus der konkreten Art der Kommunikation resultierenden Folgen für die persönliche Entfaltungsfreiheit und den Persönlichkeitsschutz, vor denen die informationelle Selbstbestimmung nur unzureichend zu schützen vermag.[42] Die kommunikative Selbstbestimmung repräsentiert die Befähigung des Einzelnen, über die (kommunikative) Darstellung des individuellen Lebens- und Charakterbildes gegenüber Dritten selbst verfügen zu können.[43] Dabei dient jedwede Form der Kommunikation – sei sie nun dienstlicher oder privater Natur – zumindest zu einem gewissen Grad der individuellen Selbstdarstellung.[44] Die freie Darstellung der Person erschöpft sich hierbei nicht in dem Willen zur Kommunikation und deren -inhalten, sondern umfasst darüber hinausgehend auch die Kommunikationspartner, den Ort sowie die Art und das Medium der Kommunikation.[45] IuK-Technologien sind für diese Faktoren nicht bloße Mittler, vielmehr beeinflussen sie durch ihre Ausgestaltung die Art und Weise der Verständigung. Um eine freie Kommunikation und damit die Herrschaft über die Selbstdarstellung zu gewährleisten, ist diese Beeinflussung jedoch

[42] *Roßnagel*, KJ 1990, 277.

[43] *Maier* 2018, 96; BVerfGE 54, 148 (155); 63, 131 (142); 35, 202 (220).

[44] *Roßnagel*, KJ 1990, 283.

[45] So schon *Hammer/Pordesch/Roßnagel* 1993, 59 unter der Anforderung kommunikativer Selbstbestimmung; s. zur Kommunikationsart BVerfGE 63, 131 (142).

auf ein Mindestmaß – möglichst wie im unmittelbar zwischenmenschlichen Kontakt ohne technische Intermediäre – zu begrenzen.[46] Geschützt wird mithin die Möglichkeit, sich in Abhängigkeit von der jeweiligen Situation angemessen zu verhalten und sich auf den Kommunikationspartner einstellen zu können.[47]

Die Technik zur Schlüsselverteilung setzt auf bestehende Kommunikationsinfrastrukturen auf, mit dem Ziel, die Schlüsselverteilung zu ermöglichen und in der Folge die Verschlüsselung des E-Mail-Verkehrs auszuweiten. Hierdurch wird das Kommunikationsverhalten potenziell beeinflusst. Neben dem zu erwartenden positiven Effekt einer sichereren Kommunikation, bedingt durch die Ende-zu-Ende-Verschlüsselung, sind aber auch negative Folgen durch kommunikative Risiken möglich.[48] Als Konsequenz muss das in Rede stehende System als Gestaltungsmittel verstanden werden, das dem Einzelnen die freie Entscheidung über die Form der Kommunikation gibt. Die Unbefangenheit der zwischenmenschlichen Kommunikation darf im Umkehrschluss durch die Technik nicht negativ beeinflusst werden.

7.4 Gewährleistung der Vertraulichkeit und Integrität informationstechnischer Systeme (A4)

Die Anforderung „Gewährleistung der Vertraulichkeit und Integrität informationstechnischer Systeme“[49] leitet sich aus dem allgemeinen Persönlichkeitsrecht gem. Art. 2 Abs. 1 GG i. V. m. Art. 1 Abs. 1 GG ab. Dieses Recht hat das Bundesverfassungsgericht im Urteil zur Onlinedurchsuchung im Verfassungsschutzgesetz Nordrhein-Westfalen als eigenständige Grundrechtsgewährleistung entwickelt.[50] Die Gefährdungen, die von der Nutzung neuartiger Informationstechnologien ausgehen, haben für die Persönlichkeitsentfaltung des Einzelnen eine zu früheren Zeiten nicht absehbare Qualität erreicht.[51] Die durch IT-Systeme vorgenommene umfangreiche Datenverarbeitung ermöglicht weitgehende Rückschlüsse auf die Persönlichkeit des Betroffenen, bis hin zur umfassenden und

---

[46] *Hammer/Pordesch/Roßnagel* 1993, 58 ff.

[47] So sinngemäß das Bundesverfassungsgericht in Bezug auf das Recht am eigenen Wort, s. BVerfGE 106, 28 (39).

[48] S. zu möglichen Risiken oben Abschnitt 6.2.

[49] S. hierzu ausführlich *Skistims* 2016, 164 ff.

[50] BVerfGE 120, 274 (274 ff.).

[51] *Rixen*, in: Sachs 2024, Art. 2 GG Rn. 73c; BVerfGE 120, 274 (303).

intensiven Profilbildung.[52] Darüber hinaus gestattet die Vernetzung der Systeme untereinander Dritten technische Zugriffsmöglichkeiten, was das Ausspähen oder Manipulieren von Daten ermöglicht, ohne dass der Nutzer hiervon Kenntnis erlangt und zu entsprechenden Gegenmaßnahmen im Stande ist.[53] Vor diesem Hintergrund tritt das Recht auf Gewährleistung der Vertraulichkeit und Integrität informationstechnischer Systeme in schutzlückenschließender Funktion neben das Fernmeldegeheimnis gem. Art. 10 Abs. 1 3. Alt. GG, die Unverletzlichkeit der Wohnung gem. Art. 13 Abs. 1 GG sowie das Recht auf informationelle Selbstbestimmung, ist diesen gegenüber aber subsidiär.[54]

Im Unterschied zum Recht auf informationelle Selbstbestimmung, das dem Bürger seine Souveränität über die Verarbeitung der Daten sichert, schützt das Integritätselement des hier diskutierten Rechts vor Eindringen und Verändern persönlicher IT-Systeme.[55] Die geschützte Vertraulichkeit der vom IT-System verarbeiteten Daten konkretisiert das im allgemeinen Persönlichkeitsrecht verwurzelte Recht auf Selbstbewahrung.[56]

Der Schutzbereich der Gewährleistung der Vertraulichkeit und Integrität informationstechnischer Systeme stellt maßgeblich auf den Umfang der Verarbeitung personenbezogener Daten durch das jeweilige IT-System ab. Die Datenmenge muss „Einblick in wesentliche Teile der Lebensgestaltung einer Person"[57] ermöglichen. Hiervon sind indes keine Informationstechnologien umfasst, die lediglich punktuelle Daten innerhalb abgegrenzter Lebensbereiche erfassen.[58] Des Weiteren bedarf es eines besonderen Vertrauensmoments im Verhältnis des Nutzers zum IT-System. Dies äußert sich in der Form, dass der Nutzer auf das System angewiesen ist und diesem in der Folge persönliche Daten anvertraut.[59] Als Konsequenz sind die aufgezeigten Grundsätze auch von E-Mail-Clienterweiterungen

---

[52] BVerfGE 120, 274 (305); weiterführend *Hofmann*, in: Schmidt-Bleibtreu 2021, Art. 2 GG Rn. 40.

[53] *Rixen*, in: Sachs, 6. Aufl. 2011, Art. 2 GG Rn. 73c; BVerfGE 120, 274 (314).

[54] S. *Roßnagel/Schnabel*, NJW 2008, 3534 f.; *Moser-Knierim* 2014, 94; BVerfGE 120, 274 (305); indes wird in der Literatur teils die Notwendigkeit insbesondere gegenüber dem Recht auf informationelle Selbstbestimmung bezweifelt. S. dazu *Hornung*, CR 2008, 301; *Britz*, DÖV 2008, 413; *Gurlit*, NJW 2010, 1037.

[55] Weiterführend s. *Gudermann* 2010, 131 ff.

[56] BVerfGE 120, 274 (314).

[57] BVerfGE 120, 274 (314).

[58] *Roßnagel/Schnabel*, NJW 2008, 3535; BVerfGE 120, 274 (313).

[59] BVerfGE 120, 274 (312).

wie dem nutzerseitigen Client-Plugin der zu gestaltenden Technik zu berücksichtigen, da diese Veränderungen an der Software des betreffenden nutzerseitigen IT-Systems bewirken. Auch die E-Mail-Verschlüsselung, die sich auf dem Endgerät vollzieht, ist hier von Relevanz. Des Weiteren ist der Anwender regelmäßig geneigt dem IT-System zu vertrauen, von dem aus er seine E-Mail-Kommunikation betreibt. Gleiches mag zudem für das E-Mail-Programm selbst und in der Folge auch für das System zur Schlüsselverteilung gelten. E-Mails stellen indes ein Einfallstor potenzieller Risiken für die Integrität des entsprechenden Endgerätes dar. Als etabliertes Kommunikationsmittel wird sich der E-Mail im großen Stil bedient. Sie enthält mitunter verschiedenste, bisweilen intime Details über den Nutzer. Hoheitliche Eingriffe in den aufgezeigten Schutzbereich sind nur im Falle konkreter Anhaltspunkte für eine Gefahr überragend wichtiger Rechtsgüter – wie sie bspw. in Art. 2 Abs. 2 Satz 1 GG enthalten – zulässig.[60]

Zu beachten ist allerdings der Umstand, dass ein Eingriff in das Recht auf Vertraulichkeit und Integrität informationstechnischer Systeme nur gegen den Willen des Nutzers möglich ist. Eine informierte Einwilligung – sofern diese innerhalb eines ausgeglichenen vertraglichen Kräfteverhältnisses freiwillig erfolgt – kann daher keinen Grundrechtseingriff darstellen.[61]

Eine dem Recht auf Gewährleistung der Vertraulichkeit und Integrität informationstechnischer Systeme gleichkommende Regelung auf europäischer und internationaler Ebene ist nicht ausdrücklich geregelt. Die Infiltration von IT-Systemen wird indes vom weiten Anwendungsbereich des Rechts auf Achtung des Privatlebens gem. Art. 8 EMRK, beziehungsweise im entsprechenden Pendant des Art. 7 GRCh, umfasst.[62]

7.5 Chancengleichheit (A5)

Die Anforderung der Chancengleichheit an das Techniksystem folgt aus der verfassungsrechtlich gebotenen Gleichbehandlung gem. Art. 3 GG sowie der allgemeinen Handlungsfreiheit und der freien Entfaltung der Persönlichkeit i. S. d. Art. 2 Abs. 1 GG i. V. m. Art. 1 Abs. 1 GG und dem Art. 20 GG zu entnehmenden Sozialstaatsprinzip. Der Anforderung liegt der Gedanke zugrunde, eine umfangreiche Partizipation für alle potenziellen Anwender, unabhängig von dem

[60] *Barczak*, in: Dreier 2023, Art. 2 Abs. 1 GG Rn. 96; BVerfGE 120, 274 (328).

[61] *Roßnagel/Schnabel*, NJW 2008, 3537; s. zur Vertragsfreiheit Abschnitt 7.6.

[62] *Moser-Knierim* 2014, 95.

jeweiligen Vorwissen, Bildungsstand, finanzieller und technischer Ausstattung zu ermöglichen.[63]

Die Freiheit des Menschen begründet seine Individualität und schließt zugleich das Erstreben unbedingter Gleichheit innerhalb eines freiheitlichen Allgemeinwesens aus. Es muss daher die Herstellung von Chancengleichheit erstrebt werden, bei der es in formeller Hinsicht um die rechtliche Gleichbehandlung und in materieller Beziehung um die „Angleichung der tatsächlichen Voraussetzungen zum Erwerb materieller und immaterieller Güter“[64] geht.[65] Hinsichtlich der Gewährleistung von sozialer Gerechtigkeit und Chancengleichheit üben IuK-Technologien einen Einfluss auf die Verteilung gesellschaftlicher Ressourcen aus. Mit dem Begriff „Digital Divide“ wird die technologiebedingte Gefahr der Differenzierung nach sozialen und demographischen Faktoren wie Alter, Sprache oder Kultur im Bezug zu Zugang und Nutzung neuer Medien beschrieben.[66] In diesem Zusammenhang steht der soziale Rechtsstaat in der Pflicht, allen Grundrechtsträgern den tatsächlichen Gebrauch ihrer Grundrechte und Freiheiten zu ermöglichen. Hierbei ist zudem eine verstärkte Rücksichtnahme auf die sozialen und rechtlichen Belange behinderter Minderheiten geboten.[67] Das Benachteiligungsverbot gem. Art. 3 Abs. 3 Satz 2 GG kann über die hoheitliche Adressierung hinaus die barrierefreie Gestaltung auch im Rahmen privatrechtlicher Verhältnisse gebieten.[68] Hierunter fallen auch Bereiche der Informationstechnologie. Das Verbot der Benachteiligung Behinderter wirkt darüber hinaus auch als Teil der objektiven Werteordnung in die Auslegung des Zivilrechts hinein.[69] In der Folge muss das, was für Art. 3 Abs. 3 Satz 2 GG Geltung besitzt, auch für die Diskriminierungsverbote des Art. 3 Abs. 3 Satz 1 GG Anwendung finden.[70] Die objektive Verwehrung des Zuganges zu Informationstechnologien durch sprachliche Ungleichbehandlung kann zu einer sozialen Ausgrenzung von Personengruppen führen.

---

[63] Chancengleichheit als Anforderung im Rahmen der Methode KORA s. *Idecke-Lux* 2000, 226; *Laue* 2010, 161; s. darüber hinaus *Kirchhof*, in: Dürig/Herzog/Scholz 2024, Art. 3 Abs. 1 GG Rn. 4.

[64] *Jarass*, in: Jarass/Pieroth 2024, Art. 20 GG Rn. 160.

[65] *Idecke-Lux* 2000, 226; *Laue* 2010, 161; insoweit findet die Chancengleichheit ihren formalen Gehalt in Art. 3 GG und den materiellen Gehalt aus dem Sozialstaatsprinzip des Art. 20 GG.

[66] *Rößner* 2010, 31; s. dazu ausführlich *Zillien* 2009, 90 ff.

[67] *Welti*, NVwZ 2012, 725.

[68] *Welti*, NVwZ 2012, 725; *Welti*, ZRP 2015, 186.

[69] BVerfG, NJW 2000, 2658 (2659).

[70] *Uerpmann-Wittzack*, ZaöRV 2008, 367.

Die Berücksichtigung dieser Anforderung für die Technikgestaltung äußert sich in der Wahrnehmbarkeit – sowohl in auditiver als auch in visueller Hinsicht – des Systems. Unabhängig von körperlichen und sprachlichen Voraussetzungen muss es allen Anwendern möglich sein sich des neuen Systems zu bedienen und die jeweiligen Einstellungen – seien sie voreingestellt oder manuell angepasst – auch nachvollziehen und bedienen zu können.

7.6 Wirtschaftliche Entfaltungsfreiheit (A6)

Die Anforderung der wirtschaftlichen Entfaltungsfreiheit leitet sich aus der allgemeinen Handlungsfreiheit des Art. 2 Abs. 1 GG, der Berufsfreiheit gem. Art. 12 Abs. 1 GG sowie der Eigentumsgarantie aus Art. 14 Abs. 1 GG ab.

Im Rahmen der mittelbaren Drittwirkung sind bei der Anwendung zivilrechtlicher Normen auch die verfassungsrechtlichen Vorgaben zu berücksichtigen. So ist auch die grundgesetzliche Gewährleistung der Privatautonomie bei der Interpretation von vertraglichen Generalklauseln heranzuziehen.[71] Vor dem Hintergrund der Privatautonomie billigt die *Vertragsfreiheit* dem Einzelnen die Freiheit zu, selbstbestimmt über seine Rechtsverhältnisse zu walten. Dies beinhaltet sowohl die grundsätzliche Entscheidung über den Abschluss privatrechtlicher Verträge als auch deren konkrete Gestaltung innerhalb gesetzlicher Rahmenbedingungen.[72] Somit unterstreicht Vertragsfreiheit die individuelle Rechtssubjektivität und die damit einhergehende grundsätzlich unbeschränkte Privatrechtsfähigkeit, deren Anerkennung von hoheitlicher Seite aus geboten ist.[73] Das der allgemeinen Handlungsfreiheit inhärente Moment des Schutzes vor Fremdbestimmung ist allerdings auch dazu geeignet die Vertragsfreiheit zu begrenzen. Das ist etwa der Fall, wenn bei einem fundamentalen oder strukturellen Ungleichgewicht der Vertragspartner einseitig nachteilige Vertragsbestandteile zu einer Verletzung des Selbstbestimmungsrechts führen würden.[74]

Die *Wettbewerbsfreiheit* als Teilgehalt der allgemeinen Handlungsfreiheit sichert die Teilhabe am Wettbewerb unter der Maßgabe der ihm zugrundeliegenden Funktionsbedingungen.[75] Sie gilt als konstituierendes Moment für die

---

[71] *Di Fabio*, in: Dürig/Herzog/Scholz 2024, Art. 2 Abs. 1 GG Rn. 109.

[72] *Di Fabio*, in: Dürig/Herzog/Scholz 2024, Art. 2 Abs. 1 GG Rn. 106; BVerfGE 89, 214 (231).

[73] BVerfGE 114, 1 (34); 89, 214 (231); 115, 51 (52 f.).

[74] BVerfGE 89, 214 (232); 103, 89 (100 f.); 114, 1 (34).

[75] BVerfGE 105, 252 (265).

Berufsfreiheit und die allgemeine wirtschaftliche Handlungsfreiheit.[76] Die Wettbewerbsfreiheit umfasst hingegen nicht lediglich Gebote und Verbote, die den Wettbewerb beeinflussen können, sondern auch jegliches staatliches Handeln, wie Planungen oder Subventionen.[77] Eingriffe mit berufsregelnder Tendenz unterfallen regelmäßig dem Schutzbereich des Art. 12 Abs. 1 GG. Indes bleibt fernab von Maßnahmen berufsregelnden Charakters Raum, um Teile der Wettbewerbsfreiheit unter die allgemeine Handlungsfreiheit zu subsumieren.[78] Die zu gestaltende Technik hat das Ziel, die Standardlösung für die Verteilung kryptographischer Schlüssel zu werden. Im Lichte der Wettbewerbsfreiheit sollte daher die Entwicklung anderer Schlüsseldistributionsmodelle oder solcher, die auf den Prinzipien der hier diskutierten Technik beruhen, möglichst nicht durch proprietäre Softwarelösungen behindert werden.

Auch die *Unternehmerfreiheit* ist ein Teilgehalt der wirtschaftlichen Entfaltungsfreiheit gem. Art. 2 Abs. 1 GG. Sie umfasst sowohl die Gründung eines Unternehmens an sich als auch Ausrichtung und Maßgabe des unternehmerischen Handelns.[79] Der Schutz dieses Teilgehaltes erstreckt sich mithin auf die Gewährleistung der Freiheit von unternehmerischen Entscheidungen im Allgemeinen, sofern diese nicht bereits in die nachfolgend genannten spezielleren Schutzbereiche fallen.[80] Die unternehmerische Freiheit ergibt sich auch durch die gem. Art. 14 Abs. 1 GG geschützte Verfügungsgewalt über die Güter, die ein wirtschaftliches Unternehmen ausmachen; hierzu zählt auch das geistige Eigentum.[81] Fallen unter die von der Eigentumsgarantie umfassten Rechtspositionen auch Betriebs- und Geschäftsgeheimnisse, ergibt sich überdies eine Überschneidung mit der Anforderung des Geheimnisschutzes. Darüber hinaus erfährt die unternehmerische Freiheit einen Schutz durch die Freiheit der Berufsausübung gem. Art. 12 Abs. 1 GG. Somit ist zum einen die hier zu gestaltende Technik zur Schlüsselverteilung als praktiziertes Geschäftsmodell grundsätzlich vor Eingriffen geschützt. Zum anderen kann eine rechtliche oder technische Abhängigkeit

---

[76] *Di Fabio*, in: Dürig/Herzog/Scholz 2024, Art. 2 Abs. 1 GG Rn. 116.

[77] *Barczak*, in: Dreier 2023, Bd. 1, Art. 2 Abs. 1 GG Rn. 41.

[78] Diesbezüglich sieht das Bundesverfassungsgericht die Wettbewerbsfreiheit in mehrheitlicher Rechtsprechung in Art. 12 Abs. 1 GG verortet, s. BVerfGE 32, 311 (317); 46, 120 (137); 105, 252 (265); dagegen die Auffassung des Bundesverwaltungsgerichts im Hinblick auf die Zurechnung zu Art. 2 Abs. 1 GG, s. BVerwGE 17, 306 (309); 60, 154 (159).

[79] *Di Fabio*, in: Dürig/Herzog/Scholz 2024, Art. 2 Abs. 1 GG Rn. 126.

[80] S. *Di Fabio*, in: Dürig/Herzog/Scholz 2024, Art. 2 Abs. 1 GG Rn. 126.

[81] S. *Di Fabio*, in: Dürig/Herzog/Scholz 2024, Art. 2 Abs. 1 GG Rn. 80; *Jarass*, in: Jarass/Pieroth 2024, Art. 14 GG Rn. 8; ob Art. 14 GG zudem ein Recht am eingerichteten Gewerbebetrieb umfasst, ist streitig, s. dazu schon oben Abschnitt 5.5.

der Unternehmen von der Technik oder ihren Teilkomponenten die Unternehmerfreiheit beeinträchtigen, wenn das zu gestaltende System ihre Interessen nicht entsprechend berücksichtigt.

Für die Technikgestaltung ist die unternehmerische Freiheit bei der vertraglichen Selbstregulierung, etwa mittels AGB, im Kontext des jeweiligen Techniksystems von Bedeutung. Sie bildet somit das Rahmenwerk, in das sich die Technik einpassen muss. Dies bezieht sich auf alle Akteure, die an der Lösungsarchitektur beteiligt sind. Des Weiteren kann die Technik Einzug in das Angebotsportfolio von E-Mail-Providern finden und somit ein zentraler Teil der unternehmerischen Betätigung werden, die es zu betreiben und kontrollieren gilt. Zudem werden Unternehmen das System verwenden, um geschäftlich zu kommunizieren. Diesbezüglich dürfen die Beschaffenheit des Systems oder hierdurch bedingte Fehlfunktionen die von der unternehmerischen Freiheit geschützte Geschäftskommunikation nicht negativ beeinflussen oder gar unmöglich machen.

7.7 Rechtssicherheit (A7)

Die Anforderung der Rechtssicherheit folgt aus den verfassungsrechtlichen Vorgaben des Rechtsstaatsprinzips gem. Art. 20 Abs. 3 GG, der Gleichbehandlung aus Art. 3 GG sowie der Berufsfreiheit gem. Art. 12 Abs. 1 GG und der Eigentumsfreiheit gem. Art. 14 Abs. 1 GG.

Rechtssicherheit nimmt im Kontext dieser Technikgestaltung die Rolle des Vertrauensschutzes ein. Die Adressaten sollen sich auf die Kontinuität der Rechtsordnung in Gestalt von Erwartungssicherheit verlassen können.[82] Die verlässliche Kontinuität der Rechtsordnung bildet gleichsam die Verlässlichkeit staatlichen Handelns ab. Ohne die Verlässlichkeit wäre das Handeln des Staates für die Bürger entsprechend unberechenbar und unverständlich.[83]

Im Rahmen der Technikgestaltung müssen die entsprechenden (Betroffenen-)Rechte und Grundsätze (datenschutz)rechtlicher Normen für die Betroffenen, deren personenbezogenen Daten verarbeitet werden, verlässlich sein. Dabei

[82] *Grzeszick*, in: Dürig/Herzog/Scholz 2024, Art. 20 GG Rn. 69; im Kontext der Anforderungen an die Technikgestaltung *Laue* 2010, 158 und *Müller* 2024, 207.

[83] *Grzeszick*, in: Dürig/Herzog/Scholz 2024, Art. 20 GG Rn. 50; *Sachs/von Coelln*, in: Sachs 2024, Art. 20 GG Rn. 122; speziell zum Bestimmtheitsgrundsatz im Kontext der Rechtssicherheit s. Kotzur, in: von Münch/Kunig 2021, Art. 20 GG Rn. 148.

stoßen die Rechtssicherheit und der ihr innewohnende Vertrauensschutz zunehmend durch politische, wirtschaftliche, soziale und vor allem technische Anpassungserfordernisse an ihre Grenzen.[84] Die Kontinuität von Rechtssicherheit stellt insofern nicht nur für Staat und Bürger eine Herausforderung dar, sondern schafft auch im Rahmen der rechtsverträglichen Technikgestaltung hohe Hürden.[85] Das Vertrauen rechtlicher Normen muss sich auch in der jeweiligen Technik widerspiegeln. Insofern ist es einerseits Aufgabe, geltendes Recht zu befolgen und eventuell konfligierende Rechtsnormen in einen grundrechtsschonenden Ausgleich miteinander zu bringen, und andererseits auch künftiges Recht in ausreichendem Maße zu antizipieren.

7.8 Gefahrenabwehr und Strafverfolgung?

Die Anforderung der Ermöglichung von Gefahrenabwehr und Strafverfolgung leitet sich aus dem Rechtsstaatsprinzip i. S. d. Art. 20 Abs. 3 GG und der körperlichen Unversehrtheit und dem Recht auf Leben gem. Art. 2 Abs. 2 Satz 1 GG sowie der Berufsfreiheit aus Art. 12 Abs. 1 GG, der Eigentumsfreiheit gem. Art. 14 Abs. 1 GG, der allgemeinen Handlungsfreiheit gem. Art. 2 Abs. 1 GG und dem allgemeinen Persönlichkeitsrecht gem. Art. 2 Abs. 1 i. V. m. Art. 1 Abs. 1 GG ab. Die Rechtsstaatlichkeit bedarf als solche einer funktionierenden Rechtspflege. Insoweit ergibt sich auch die verfassungsrechtliche Pflicht des Staates, Straftaten zu verfolgen, aufzuklären und die Täter einer gerechten Bestrafung zuzuführen.[86] Diese Pflicht ist ein wesentlicher Auftrag eines rechtsstaatlichen Gemeinwesens und kann, insbesondere im Falle schwerer Straftaten, auch zur

---

[84] *Calmes-Brunet*, JuS 2014, 602; weiterführend s. auch *Sommermann*, in: Huber/Voßkuhle 2024, Bd. 2, Art. 20 GG Rn. 292; zur europäischen Rechtssicherheit von Betroffenenrechten *Heckmann/Paschke*, in: Ehmann/Selmayr 2024, Art. 12 DSGVO Rn. 4.

[85] *Martini/Botta*, MMR 2023, 889 f. zeichnen vor dem Hintergrund technischer Entwicklung das Bild einer neuen globalen digitalen Ordnung. Weiterführend zum Modernisierungserfordernis des Datenschutzrechts s. auch *Roßnagel*, MMR 2005, 73. Eine Übersicht über die aktuelle Dynamik im relevanten Rechtsbereich gebend *Johannes*, ZD-Aktuell 2023, 01364.

[86] *Schulze-Fielitz*, in: Dreier 2015, Bd. 2, Art. 20 GG (Rechtsstaat), Rn. 214; BVerfGE 77, 65 (76); 80, 367 (375); 100, 313 (389); 113, 29, (54); aus dem Rechtsstaatsprinzip und dem Gleichheitssatz gem. Art. 3 GG folgt auch die Begründung des Legalitätsprinzips, welches die Strafverfolgungspflicht für Polizei und Verfolgungs- und Anklagezwang für Staatsanwaltschaften begründet. S. BVerfGE 46, 215 (223); 49, 24, (57).

näheren Interpretation eines Grundrechts herangezogen werden.[87] Auf einfachgesetzlicher Ebene konkretisiert sich dieser Grundsatz bspw. in der nach § 100a StPO praktizierten Telekommunikationsüberwachung.

Neben diesem Grundsatz der repressiven Strafverfolgung gebietet der aktive Schutz von Rechtsordnung und Rechtsstaatlichkeit zudem eine präventive Gefahrenabwehr, welche die Straftaten vor deren Eintritt zu verhindern sucht. Hierbei liegt der Fokus nicht auf der Fahndung, sondern auf der Abschreckung potenzieller Täter und Verhinderung von Taten.[88] Die konkreten Möglichkeiten staatlichen Präventivhandelns konturieren sich an der rechtsstaatlichen Bestimmtheit von Eingriffsgesetzen.[89] Exemplarisch sei hierfür das Artikel-10-Gesetz (G 10) angeführt, das Beschränkungen des Brief-, Post- und Fernmeldegeheimnisses gem. Art. 10 Abs. 1 GG im Rahmen der Individualüberwachung oder der strategischen Fernmeldekontrolle vorsieht.[90] Obgleich sich die verfassungsrechtlichen Konkretisierungen in der Praxis allzu häufig durch unscharfe Kompetenzen und Bestimmungen auszeichnen, machen sie uferlose und allumfassende präventive Überwachungsmaßnahmen unmöglich.[91] Das unterscheidet letztlich den Rechtsstaat vom repressiven Überwachungsstaat.[92]

Das zu gestaltende System zur Schlüsselverteilung muss sich einerseits in die vorhandene Ordnung der Gefahrenabwehr und Strafverfolgung einfügen und soll deren Ermittlungsbefugnisse nach Möglichkeit nicht behindern.[93] Andererseits ist zu beachten, dass Kryptographie in Deutschland unter einem Freiheitsvorbehalt steht und deshalb im Hinblick auf Sicherheitsinteressen nicht

---

[87] BVerfGE 29, 183 (194).

[88] Vgl. *Geminn* 2014, 239.

[89] *Kirchhof*, in: Dürig/Herzog/Scholz 2024, Art. 3 Abs. 1 GG Rn. 327.

[90] Weiterführend zum gerichtlichen Rechtsschutz gegen G-10-Maßnahmen s. *Friedrich*, GSZ 2025, 19 ff.

[91] Weiterführend zum gesetzgeberischen Änderungsbedarf s. *Schlömer*, ZRP 2024, 143 ff.

[92] *Gerhards* 2010, 411; s. hierzu auch *Dietrich*, GSZ 2021, 4 f.; zu Backdoors in der Verschlüsselung von Messengern *Marquard*, ZD-Aktuell 2024, 01628; vor dem Hintergrund zum Thema Vorratsdatenspeicherung und Quick-Freeze s. *Delventhal*, ZD-Aktuell 2024, 01673.

[93] Hierbei ist zu unterscheiden, ob der Staat das Recht hat, bestimmte Ermittlungsmethoden durchzuführen, oder ob man ihn dabei auch noch aktiv unterstützen muss.

reglementiert werden darf.[94] Dies ist eine Ausprägung der staatlichen Gewährleistungsverantwortung, für die vertrauliche und integre Kommunikation Sorge zu tragen.[95]

Fraglich ist vor dem Hintergrund dieser Technikgestaltung allerdings, ob die Anforderung der Konformität mit Gefahrenabwehr und Strafverfolgung überhaupt einschlägig ist. Das wäre vorliegend der Fall, wenn das zu gestaltende System unmittelbar an der Verschlüsselung von E-Mail-Inhalten beteiligt wäre. Das System soll auf bereits bestehende Verschlüsselungstechnologien aufsetzen und diese im Kern nicht verändern. Die Technik soll am eigentlichen Verschlüsselungsvorgang oder dem Übertragen der Nachrichten nicht beteiligt sein. Das Ziel der Technikgestaltung – die nutzerfreundliche Verteilung von öffentlichen Schlüsseln – unterstützt die zugrundeliegenden Verschlüsselungstechnologien allenfalls mittelbar, indem sie geeignet ist, deren Verbreitung zu fördern. Diese mittelbare Wirkung kann aber in kein Gestaltungskriterium auf der kommenden Konkretisierungsebene überführt werden. Etwas anderes kann nur dann gelten, wenn neben der Verwaltung öffentlicher Schlüssel auch die Verwaltung privater Schlüssel im Rahmen der Gestaltungsprämissen liegen würde.[96] Ein derartiger Funktionsumfang soll aber, ausweislich der aufgestellten Gestaltungsprämissen und der bereits im Rahmen der Anforderung der informationellen Selbstbestimmung (A2) getroffenen Abwägung der Chancen und Risiken, gerade nicht umfasst sein, weshalb die Berücksichtigung von Interessen der Gefahrenabwehr und Strafverfolgung auf Kriterienebene nicht weiterer thematisiert werden soll.[97]

7.9 Zusammenfassung

Die aus den (grund)rechtlichen Vorgaben abgeleiteten rechtlichen Anforderungen stehen gleichrangig nebeneinander und bilden das Fundament für die auf der nächsten Konkretisierungsstufe stattfindende Ableitung rechtlicher Kriterien. Im Rahmen der rechtsverträglichen Technikgestaltung sollen abstrakte

[94] S. zur diesbezüglichen Krypto-Debatte *Kuner*, in: Hoeren/Sieber/Holznagel 2024, Teil 17 Rn. 62 ff.; zuletzt *Etteldorf*, MMR-Aktuell 2024, 01438.

[95] *Hornung*, MMR 2015, 146.

[96] In diesem Fall könnte ein Interesse von Sicherheitsorganen an der Herausgabe des privaten Schlüssels oder der mit dieser entschlüsselten E-Mail-Kommunikation bestehen und diese de facto aushebeln. S. stellvertretend zur Chatkontrolle *Zurawski*, ZD-Aktuell 2022, 01240.

[97] S. zu den entsprechenden Gestaltungsprämissen Kapitel 3 sowie die Ausführungen im Rahmen der Anforderung der informationellen Selbstbestimmung (A2) in Abschnitt 7.2.

(grund)rechtliche Normen schrittweise in konkrete rechtliche und später technische Anforderungen konkretisiert werden. Damit geht zwangsläufig eine Erhöhung des (rechtlichen) Detaillierungsgrades einher. Dass den (grund)rechtlichen Vorgaben gleich viele Anforderungen gegenüberstehen, zeigt, dass der fortschreitende Detaillierungsgrad sich nicht quantitativ, sondern inhaltlich, zum Teil durch die Abwägung von Chancen und Risiken ursächliche Selektion vollzieht. Ausdruck der inhaltlichen Detaillierung sind zudem Mehrfachbindungen der Anforderungen, die i. d. R. nicht monokausale Ableitungen nur einer Vorgabe sind.

Abbildung 7.1 soll die Beziehungen zwischen rechtlichen Vorgaben und den aus ihnen abgeleiteten rechtlichen Anforderungen veranschaulichen.

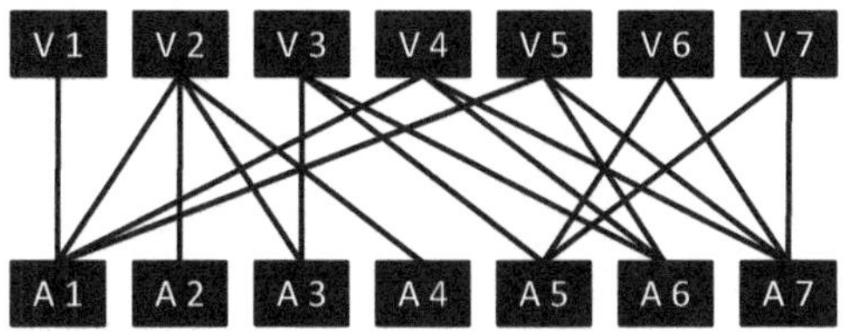

Abbildung 7.1 Ableitung rechtlicher Anforderungen aus (grund)rechtlichen Vorgaben

8 Rechtliche Kriterien für die Technikgestaltung

Der nachfolgende Schritt im Rahmen der rechtsverträglichen Technikgestaltung bildet die Ableitung der (rechtlichen) Kriterien aus den zuvor definierten Anforderungen. Die Kriterien sind in der Sprache des Rechts und weitestgehend allgemein und technikneutral gehalten. Dennoch wird auf dieser Stufe bereits konkret auf die Grundstruktur des zu gestaltenden Systems eingegangen und werden die Ansprüche des Rechts an die Technik analysiert. Vom Recht herkommend, bildet diese Konkretisierungsstufe noch keine anschließende Aussage über die technischen Eigenschaften der Technik. Die Kriterien bieten jedoch genügend inhaltliche Konkretisierung, dass sich anschließend der Sprachwandel hin zur Technik auf Ebene der technischen Gestaltungsziele vollziehen kann.

Im Kern dieser Arbeit sollen vorrangig Kriterien des Datenschutzrechts an die zu gestaltende Technik formuliert werden. Allerdings leiten sich ebenso Kriterien der Benutzbarkeit und der Vertrauenswürdigkeit der Technik aus den Anforderungen ab. Es ist dabei nicht auszuschließen, dass einzelne Kriterien – oder deren Teilaspekte – im Widerspruch zu anderen Kriterien stehen. Derartige Konflikte sind auf dieser Ebene zum Ausgleich zu bringen. Demgegenüber haben Kriterien auch die Möglichkeit, sich gegenseitig positiv zu beeinflussen oder zu verstärken.

Gliederungssystematisch erfolgt für die jeweiligen Kriterien zunächst die Herleitung aus den jeweiligen Anforderungen. Sodann folgt die Bedeutung des Kriteriums für die Gestaltung des Systems zur Verteilung öffentlicher Schlüssel. Die Kriterien speisen sich aus einfachem Recht, das zum überwiegenden Teil aus unionalem Sekundärrecht besteht. Wo es einschlägig und im Rahmen der Technikgestaltung zielführend erscheint, werden zudem die jeweiligen nationalen Normen zur entsprechenden Konkretisierung unionsrechtlicher

S. Blazy, *Rechtsverträgliche Gestaltung von Ende-zu-Ende-Verschlüsselung zur Förderung des Selbstdatenschutzes*, DuD-Fachbeiträge,
https://doi.org/10.1007/978-3-658-51256-9_8

Normen herangezogen.[1] Da die rechtliche Entwicklung gegenüber dem Voranschreiten der Technik vergleichsweise langwierig ist, sollen zudem bereits im Entwicklungsstadium befindliche Gesetze antizipiert werden und Einfluss auf die Technikgestaltung erhalten.

Bei der rechtsverträglichen Technikgestaltung handelt es sich nicht um eine rechtliche Bewertung einer bereits vorhandenen Technik. Daher folgt die Anwendung rechtlicher Normen nicht dem Vorgang der Subsumtion. Die Rechtsquellen, die ein Kriterium speisen, können Muss-Vorgaben für die Technik oder die beteiligten Akteure aufstellen, die zwingend zu beachten sind. Ebenso können sie Kann-Anregungen enthalten, die einen weniger absoluten Charakter haben. Zudem können die Kriterien sich auch aus – auf den ersten Blick – sachverhaltsfremden Rechtsnormen speisen, die als konzeptionelle Impulsgeber für eine grundrechtsschonende Ausgestaltung der Technik dienen.

8.1 Benutzbarkeit (K1)

Die Benutzbarkeit ist ein wesentlicher Erfolgsfaktor, der über die Eignung des zu gestaltenden Systems als wirksames Instrument des Selbstdatenschutzes entscheidet. Die Nutzer müssen in die Lage versetzt werden, die Funktionalitäten der Technik nachzuvollziehen und zu beherrschen. Neben dem alltäglichen Gebrauch bezieht sich die Forderung der Benutzbarkeit aber auch auf die Installation und die damit verbundene Integration in bestehende IuK-Infrastrukturen. Die Benutzbarkeit tritt daher in generalisierender Form neben das Kriterium der Barrierefreiheit (K1).

8.1.1 Herleitung aus rechtlichen Anforderungen

Eine gute Benutzbarkeit des Systems zur Schlüsselverteilung ist essenziell, um die informationelle Selbstbestimmung (A2) zu fördern. Als Instrument des Selbstdatenschutzes muss an dieser Stelle eine Mobilisation des Anwenders erfolgen. Konkret bedeutet das, dass der Nutzer die Chancen – die sich aus der Nutzung der eingesetzten Software für den Schutz der Privatsphäre ergeben – umfassend

[1] S. exemplarisch zur Nutzung nationaler Spielräume durch explizite und implizite Öffnungsklauseln der DSGVO sowie nationale Präzisierungs- und Konkretisierungsmöglichkeiten *Roßnagel*, in: Roßnagel 2018, § 1 Rn. 13; weiterführend zu Öffnungsklauseln im Allgemeinen *Ambrock*, in: Jandt/Steidle 2025, II Nr. 2 lit. c Rn. 52 ff.

nutzen können soll. Als Konsequenz erfüllt die Technik das Ziel eines wirkungsvollen Selbstdatenschutzes in dem Maße, wie der Anwender in der Lage ist, sich der Funktionen auch zu bemächtigen und erfolgreich verschlüsselt kommunizieren zu können. Die Benutzbarkeit ist des Weiteren auch eine Konkretisierung des Geheimnisschutzes (A1). Auch hier profitiert der Geheimnisträger von einer benutzerfreundlichen Anwendung, die es ihm ermöglicht, besonders schützenswerte Daten auf einem vereinfachten Wege zu kommunizieren, der zugleich die gesteigerten Sicherheitsanforderungen erfüllt. Eine umständliche Handhabung leistet auch in diesem Fall der Gefahr einer Nichtbenutzung der Technik Vorschub. Das kann im schlimmsten Fall gegebenenfalls zu einer unverschlüsselten Übertragung der Geheimnisse führen. Die Benutzbarkeit ist auch eine Konkretisierung der kommunikativen Selbstbestimmung (A3). Um vollumfänglich und situativ über das kommunikative Auftreten gebieten zu können, dürfen die eingesetzten Medien nicht durch eine zu komplexe Handhabung den Kommunikationsvorgang negativ beeinflussen. Als Mailerweiterung auf Anwenderseite interferiert das zu gestaltende System unweigerlich mit einem bereits etablierten und genutzten Kommunikationsmedium. Hier gilt es einerseits die gewohnte Handhabung nicht zu erschweren und anderseits das Vertrauen in die Sicherheit des E-Mail-Verkehrs zu erhöhen, was letztlich einen positiven Effekt auf die kommunikative Selbstbestimmung erwarten lässt. Den Schlüssel zu den beiden genannten Faktoren bildet eine möglichst anwenderfreundliche Benutzbarkeit des nutzerseitigen Plugins. Eine Benutzbarkeit auf laientauglichem Niveau ist letztlich auch eine Ausprägung der Chancengleichheit (A5). Maßnahmen für einen effektiven Selbstdatenschutz müssen prinzipiell jedem Anwender offenstehen, unabhängig vom Niveau seines technischen Sachverstands. Das ist geboten, um einen „digital devide“[2] möglichst zu vermeiden. Angemerkt sei, dass sich das Kriterium der Benutzbarkeit auf die Gesamtheit aller potenziellen Anwender bezieht.[3] Letztlich ist die Bedienbarkeit auch auf die wirtschaftliche Entfaltungsfreiheit (A6) zurückzuführen. Als mögliches Element der betrieblichen Kommunikationsinfrastruktur müssen die Komponenten der Technik auch im gewerblichen Anwendungsszenario in der jeweiligen Bedürfnissituation uneingeschränkt bedienbar sein. Mögliche Hürden für die (Ende-zu-Ende-verschlüsselte) betriebliche Kommunikation sind indes zu vermeiden. Es ist zudem zu bedenken, dass Betriebs- und Geschäftsgeheimnisse Gegenstand der gewerblichen Kommunikation werden können, was

[2] Weiterführend zum Begriff s. *Holznagel/Grünwald/Verhulst/Hahne*, K&R 2000, 425; begriffskonturierend am Beispiel von TK-Universaldienstkonzepten s. *Freund*, MMR 2002, 666 ff.

[3] Speziell für die Belange behinderter Anwender s. Barrierefreiheit (K2) in Abschnitt 8.2.

die Herleitung der wirtschaftlichen Entfaltungsfreiheit (A6) zusätzlich mit dem Geheimnisschutz (A1) verflicht.

8.1.2 Benutzbarkeit im Rahmen der rechtsverträglichen Technikgestaltung

Die Benutzbarkeit von IuK-Systemen ist einfachgesetzlich nicht explizit festgeschrieben. Der Grund hierfür ist, dass die Entwicklung neuer Systeme eine Form der Grundrechtsausübung technikgestaltender – meist privatrechtlich organisierter – Akteure darstellt. Ein parlamentarisch regulativer Akt in diesem Bereich hätte eine Beschneidung der Wirtschaftsgrundrechte eben jener Akteure zur Folge.[4] Im Rahmen der rechtsverträglichen Technikgestaltung ist es daher zunächst erforderlich, die Benutzbarkeit i. S. d. Kriteriums rechtlich herzuleiten.

8.1.2.1 Benutzbarkeit als gesetzlicher Gestaltungsauftrag

Wenngleich die Benutzbarkeit keinen ausdrücklichen einfachgesetzlichen Niederschlag gefunden hat, so stellt sie – speziell seitens des Unionsgesetzgebers – zumindest indirekt eine Grundbedingung dar. In Bezug zu IT-Systemen zeigt sich dies etwa in ErwGr 22 des e-Privacy-VO-E. Hiernach sollen die Bereitstellung von Informationen und die Einholung der Einwilligung des Endanwenders so benutzerfreundlich wie möglich ausgestaltet sein. Etwaige Überforderungen des Anwenders – in diesem Falle resultierend aus der Menge an Einwilligungsanfragen von Verfolgungstechniken wie etwa Cookies – sollen durch Festlegung allgemeiner Einstellungen möglichst vermieden werden. Der Verordnungsentwurf lässt aber offen, was er konkret als „benutzerfreundlich" versteht.

Auch die Grundverordnung setzt die Benutzbarkeit von IuK-Systemen, die personenbezogene Daten verarbeiten, implizit voraus, damit Personen die Kontrolle über ihre Daten behalten.[5] Neben der Anforderung datenschutzfreundlicher Voreinstellungen gem. Art. 25 Abs. 2 DSGVO muss die Technik ein Eingreifen des Nutzers ermöglichen, sei es um die aus der Grundverordnung erwachsenden

[4] So auch *Ochs/Richter/Uhlmann*, ZD-Aktuell 2016, 05424 im Bezug zum Partizipativen Privacy by Design.

[5] S. dazu ErwGr 7 Satz 2 DSGVO.

Betroffenenrechte auszuüben (Intervenierbarkeit)[6] oder die Datenschutzeinstellungen i. S. v. Art. 25 Abs. 1 DSGVO zu personalisieren, was letztlich eine laientaugliche Benutzbarkeit der Anwendung voraussetzt.[7]

Abseits von datenschutzrechtlichen Erwägungen hat die Benutzbarkeit von Software, die in privatwirtschaftlichen Betrieben zum Einsatz kommt, eine Regelung in der Arbeitsstättenverordnung gefunden.[8] Hiernach muss gem. Anhang Nr. 6.5 Abs. 1 Satz 2 ArbStättV die als Arbeitsmittel eingesetzte Software geeignet für eine angemessene Arbeitserbringung sein. Der Möglichkeit, die Anwendungen des Systems gem. der Kenntnis und der Erfahrung des jeweiligen Mitarbeiters anpassen zu können, trägt Anhang Nr. 6.5 Abs. 2 ArbStättV Rechnung. Um die Benutzbarkeit zu erhöhen, muss das eingesetzte System dem Anwender des Weiteren Angaben über die jeweiligen Dialogabläufe machen, die wiederum nach Anhang Nr. 6.5 Abs. 4 ArbStättV beeinflussbar sein müssen. Eine etwaige Fehlerbehandlung – über die der Anwender im Vorhinein aufgeklärt werden muss – muss mit begrenztem Arbeitsaufwand möglich sein.

Die Benutzbarkeit spielt zudem bei der sachgemäßen Verwendung von Medizinprodukten eine wichtige Rolle, da durch unsachgemäße Anwendung mitunter gravierende Risiken für die Behandelten entstehen können. Die EU-Medizinprodukteverordnung spricht die Benutzbarkeit von Medizinprodukten – worunter gem. Art. 2 Nr. 1 4. Alt. EU-Medizinprodukteverordnung i. V. m. ErwGr 19 EU-Medizinprodukteverordnung grundsätzlich auch Software zu fassen ist – aber nur indirekt in Anhang I an. Den größten Bezug zu dieser Technikgestaltung weist Anhang I Abs. 22 EU-Medizinprodukteverordnung auf, der die Risiken durch die Anwendung durch Laien durch entsprechende Produktgestaltung zu verhindern sucht. Die Benutzbarkeit i. S. d. EU-Medizinprodukteverordnung stellt demnach auf das (gesundheitliche) Risiko ab und versucht dieses zu mitigieren oder zu verhindern.

Es wird deutlich, dass der (nationale und europäische) Gesetzgeber die Notwendigkeit von benutzbaren IT-Systemen grundsätzlich erkennt. Auf eine (einheitliche) Definition oder konkrete Regelungen kann im Rahmen dieser Technikgestaltung allerdings nicht referenziert werden.

---

[6] Weiterführend zur Intervenierbarkeit als Gewährleistungsziel des Standard-Datenschutzmodells s. *Spiecker gen. Döhmann/Bretthauer*, in: Spiecker/Bretthauer 2024, G 2.4.99 Teil C1.7.

[7] S. zum Grundsatz des Privacy by Default *Husemann*, in: Roßnagel 2018, § 5 Rn. 41.

[8] Weiterführend *Teuscher*, in: BeckOK Arbeitsschutzrecht 2024, Anhang zur ArbStättV Rn. 185–188.1.

8.1.2.2 Kriterienkonturierung

Der Regulierungsgrad der Benutzbarkeit von IT-Systemen ist primär impliziter Natur und folglich interpretationsbedürftig. Im Rahmen der Formulierung dieses Kriteriums bedarf es einer weitergehenden Konkretisierung, was Benutzbarkeit für die zu gestaltende Technik genau bedeutet. Einen Anknüpfungspunkt hierfür könnte die DIN EN ISO 9241–11 unter Punkt 3.1 bieten.[9] Der hier definierte Begriff der „Gebrauchstauglichkeit" – der wiederum in der englischen Fassung als „Usability" auch mit „Benutzbarkeit" übersetzt werden kann – bezeichnet das „Ausmaß, in dem ein System, ein Produkt oder eine Dienstleistung durch bestimmte Benutzer in einem bestimmten Nutzungskontext genutzt werden kann, um bestimmte Ziele effektiv, effizient und zufriedenstellend zu erreichen."[10] Die Parameter – System, Nutzer, Nutzungskontext sowie effektive, effiziente und zufriedenstellende Zielerreichung – erscheinen grundsätzlich geeignet, um das Kriterium der Benutzbarkeit weiter auszukonturieren.

Allerdings ist der Bezug auf DIN-ISO-Normen für das Auskonturieren eines Begriffs, der sich vor dem Hintergrund dieser konkreten Technikgestaltung nur unzureichend in den einschlägigen Gesetzen abzeichnet, nicht sachgerecht. Kriterien leiten sich entweder direkt aus den verfassungsrechtlichen Anforderungen oder aus einfachgesetzlichem Recht ab.[11] DIN-ISO-Normen sind rechtlich nicht verbindlich, sondern stellen private technische Empfehlungen dar.[12] Gleichwohl besitzen (technische) Normen eine rechtskonkretisierende Wirkung. Eine rechtskonkretisierende Referenz auf DIN- oder ISO-Normen findet sich etwa abstrakt in § 4 Abs. 1 ProdSG, konkret in § 18 Abs. 1, 4 bis 7 BImSchV oder auf europäischer Ebene in Art. 5 Abs. 5 lit. c der Verordnung (EU) 2017/746. Umgekehrt kann das Nichteinhalten von Normen auch zu einer (widerlegbaren) Vermutung führen, dass ein entstandener Schaden gerade auf das Nichteinhalten einschlägiger Normen zurückzuführen ist.[13] Folglich können Normen im Rahmen der rechtsverträglichen Technikgestaltung rechtliche Kriterien zwar beeinflussen, sie aufgrund ihres eher technischen oder anwendungsbezogenen Charakters aber nicht ausmachen.

---

[9] Weiterführend zur Abgrenzung zwischen Benutzbarkeit und Barrierefreiheit *Stiemerling*, in: Leupold/Wiebe/Glossner 2021, Rn. 14 f.

[10] DIN EN ISO 9241-11:2018-11, 2018, 2, Punkt 3.1.

[11] *Hammer/Pordesch/Roßnagel*, 1993, 70.

[12] BGHZ 139, 16, (19); zum Charakter von DIN-Normen *Klein* 2001,14; allgemeines Verhältnis technischer Normen zum Recht s. *Sakowski* 2023, 15.

[13] BGHZ 114, 273 (273); weiterführend *Lach/Polly* 2015, 15.

Im Rahmen des Kriteriums der Benutzbarkeit muss eine Konturierung auf rechtlicher Basis erfolgen. In Ermangelung von eindeutigen rechtlichen Vorgaben zur Benutzbarkeit (in Anlehnung an die Gebrauchstauglichkeit i. S. d. DIN EN ISO 9241–11) muss daher ein Brückenschlag vollzogen werden, um den Begriff der Benutzbarkeit – und die mit dem Begriff im Rahmen dieses Kriteriums verfolgte Zielsetzung – rechtlich ableiten zu können.

Einen möglichen Weg zur Auskonturierung dieses Kriteriums bietet eine Interpretation des Mängelgewährleistungsrechts für digitale Produkte aus dem Blickwinkel der Benutzbarkeit. Ein Produkt i. S. d. § 327e Abs. 1 BGB ist mängelfrei, wenn es den objektiven Anforderungen, den subjektiven Anforderungen sowie den Integrationsanforderungen der Rechtsnorm entspricht. Die Anforderungen des Produktmängelrechts können im Rahmen der rechtsverträglichen Technikgestaltung als Benutzbarkeitsanforderungen interpretiert werden und somit als Vehikel zu einem rechtlich abgeleiteten Begriffsverständnis dienen. Letztlich ist ein Mangel an Benutzbarkeit der Technik i. S. d. Kriteriums mit einem Produktmangel gleichzusetzen, den es zu vermeiden gilt. Im Umkehrschluss kann die Berücksichtigung der entsprechenden Normen zum Produktmängelrecht als Gestaltungsauftrag an die Beschaffenheit eines Systems verstanden werden.

Ob eine Adaption der §§ 327 ff. BGB für das Kriterium der Benutzbarkeit grundsätzlich geeignet ist, soll mit der folgenden Betrachtung des Anwendungsbereichs der Norm im Verhältnis zum geplanten Technikeinsatz untersucht werden.

Der Anwendungsbereich der §§ 327 ff. BGB – mit denen der deutsche Gesetzgeber die Vorgaben der RL (EU) 2019/770 über digitale Inhalte (DI-RL)[14] umsetzt – beschränkt sich gem. § 327 Abs. 1 BGB auf Verträge mit (End-) Verbrauchern.[15] Trotz dieser Beschränkung wirken sich die Anforderungen der §§ 327 ff. BGB mittelbar auf die Entwickler von privatnutzerzentrierten Technologien aus, sofern nicht ausgeschlossen werden kann, dass Softwarekomponenten und damit verknüpfte digitale Dienstleistungen von (Privat-)Verbrauchern eingesetzt werden.[16] Das zu entwickelnde System zur Schlüsselverteilung soll ein Instrument zur Stärkung des Selbstdatenschutzes von (End-)Nutzern darstellen. Hierunter sind vornehmlich – aber nicht ausschließlich – betroffene Personen i. S. v. Art. 4 Nr. 1 1. Hs. DSGVO zu fassen, die in die Kategorie der (Privat-) Verbraucher fallen. Das System kann darüber hinaus von verschiedenen weiteren Nutzern verwendet werden, die nicht als (Privat-)Verbraucher zu klassifizieren

---

[14] DI-RL: RL 2019/770 vom 20. Mai 2019, ABl. L 13/2019, 1.

[15] Weiterführend zur Umsetzung *Spindler*, MMR 2021, 451; *Wendehorst*, NJW 2021, 2913.

[16] *Schöttle*, MMR 2021, 683.

sind. Zu nennen sind hier bspw. Firmen, Vereine oder öffentliche Einrichtungen. Im Rahmen der Technikgestaltung ist der Umstand allerdings unschädlich, da bereits die grundsätzliche Anwendbarkeit rechtlicher Normen auf eine Gesamtheit von Technikanwendern übertragen werden kann, sofern das zielführend und naheliegend ist.

Der in § 327 Abs. 1 BGB bemühte Begriff des „digitalen Produkts" – der letztlich auch zentraler Anknüpfungspunkt des § 327e BGB ist – ist sehr weitreichend und bündelt die vom europäischen Gesetzgeber verwendeten Begriffe „digitale Inhalte" in Art. 2 Nr. 1 DI-RL und „digitale Dienstleistungen" in Art. 2 Nr. 2 DI-RL, die wiederum in § 327 Abs. 2 Satz 1 und Satz 2 BGB eine wortgleiche nationale Entsprechung finden.[17] Digitale Inhalte sind i. S. d. § 327 Abs. 2 Satz 1 BGB digital erstellte und bereitgestellte Daten. Gem. ErwGr 19 Satz 2 DI-RL sind hierunter etwa Computerprogramme, Anwendungen, verschiedene Dateiarten und andere elektronische Publikationen zu fassen. Unter digitalen Dienstleistungen i. S. d. § 327 Abs. 2 Satz 2 BGB i. V. m. ErwGr 19 Satz 2 DI-RL sind solche Dienstleistungen zu verstehen, die dem Verbraucher die Erstellung, Verarbeitung und Speicherung digitaler Daten und den Zugriff hierauf ermöglichen, einschließlich SaaS-Dienstleistungen, die eine gemeinsame Datennutzung und -interaktion mit anderen Nutzern ermöglichen.[18] Auch die zu gestaltende Technik zur Schlüsselverteilung soll letztlich der Bereitstellung von Daten in digitaler Form für die anschließende Interaktion mit anderen Nutzern dienen. Daher kann die Technik – insbesondere die nutzerseitigen Funktionen – durchaus als „digitales Produkt" i. S. d. § 327 Abs. 1 BGB verstanden werden.[19] Das gilt umso mehr vor dem Hintergrund einer richtlinienkonformen Interpretation der nationalen Vorschriften, da die Regelungen der DI-RL explizit technologieneutral und entwicklungsoffen zu verstehen sind, um künftige technologische Entwicklungen mitabdecken zu können.[20]

Das Normengefüge der §§ 327 ff BGB setzt zudem die Zahlung eines Entgeltes im Rahmen von Verbraucherverträgen voraus. Dabei muss die Bezahlung des Preises nicht zwangsläufig monetär erfolgen, sondern kann auch über die Bereitstellung personenbezogener Daten i. S. v. Art. 4 Nr. 1 DSGVO erfolgen, sofern die personenbezogenen Daten nicht ausschließlich zur Erfüllung der

---

[17] *Wendehorst*, NJW 2021, 2914; *Spindler*, MMR 2021, 451; BT-Drs. 19/276553, 36.

[18] Zum definitorischen Rückgriff auf ErwGr 189 DI-RL s. BT-Drs. 19/276553, 39.

[19] Das gilt auch für die softwareseitigen Technikkomponenten, etwa einen nutzerseitigen Client-Plugin. S. dazu *Schöttle* MMR 2021, 684.

[20] S. ErwGr 19 Satz 1 DI-RL.

Leistungspflicht verwendet werden.[21] Grundsätzlich ist es nicht Aufgabe der Technikgestaltung, die konkrete Einbindung in das Angebotsportfolio der E-Mail-Provider zu definieren. Prinzipiell besteht auch die Möglichkeit, die Technik oder Teile hiervon (etwa clientseitige Plugins und modulare Infrastrukturkomponenten wie Schlüsselserver, die nicht zwangsläufig bei den Mailprovidern verortet sein müssen) als Open-Source-Software anzubieten und auf einen Preis zu verzichten. Für diese Fälle wären die Normen zu Verträgen digitaler Produkte nicht anwendbar, wie sich aus § 327 Abs. 6 Nr. 6 BGB ergibt.[22] Letztlich kann aber nicht sicher ausgeschlossen werden, dass im Rahmen der praktischen Nutzung eine Form der Entgeltlichkeit für die Nutzung des Dienstes vorausgesetzt wird.

Wie bereits zur Anwendung der Normen auf (Privat-)Verbraucher ausgeführt, würde die Unsicherheit über eine eventuelle Bejahung des Anwendungsbereichs in der Praxis im Rahmen der Technikgestaltung dahinstehen. Ziel ist es, im Rahmen dieses Kriteriums primär Implikationen für die technische Ausgestaltung zu formulieren und nicht die (kommerzielle) Einbindung der Technik in ein Angebotsportfolio zum Gegenstand zu machen. Eine Orientierung an Rechtsnormen, die mitunter nicht mit Sicherheit auf die zu gestaltende Technik anwendbar sind, fördert einen insgesamt rechtsverträglichen Technikeinsatz.

8.1.3 Auswirkungen auf das System zur Schlüsselverteilung

Ein wesentlicher Faktor für die mangelhafte Verbreitung von Ende-zu-Ende-Verschlüsselungen, wie PGP und S/MIME, sind deren fehlende Laientauglichkeit.[23] Anspruch dieser Technikgestaltung muss es daher sein, dieses fundamentale Problem zu adressieren. Ein wirksamer Schutz personenbezogener Daten, durch die Nutzung von Ende-zu-Ende-Verschlüsselung des E-Mail-Verkehrs, kann durch das zu gestaltende System nur wirksam unterstützt werden, wenn der Anwender in die Lage versetzt wird, die entsprechende Erweiterung im E-Mail-Client oder der Webanwendung nach seinem Willen zu bedienen.[24]

---

[21] *Wendehorst*, NJW 2021, 2915; ders., in: MüKo BGB 2022, Bd. 3, § 312 Rn. 39 f.

[22] Weiterführend hierzu *Schöttle* MMR 2021, 687; s. zu den weiteren Ausnahmen zudem *Spindler*, MMR 2021, 451 f.

[23] *Herfert/Selzer/Waldmann*, DuD 2016, 291; *Enzmann/Selzer/Volkamer/Waldmann*, in: Eibl/Gaedke 2017, 736.

[24] S. zur Aussage bezogen auf Internetwahlen *Richter* 2012, 142.

Die Benutzbarkeit fungiert in diesem Kontext als Schlüssel für eine effektive Wahrnehmung der digitalen Grundrechte.[25]

Als Konsequenz sollte die Anwendung des Systems sich dem Endanwender völlig selbst erschließen. Aufgrund der unterschiedlichen Empfängerhorizonte der potenziellen Anwender ist sich im Rahmen der Technikgestaltung an den unerfahrensten Anwendern zu orientieren.[26] Die Anwendungen müssen daher extrem einfach sein oder sich an bereits bestehenden und vertrauten Abläufen orientieren, um ein Höchstmaß an Akzeptanz zu erreichen.[27]

Um die Benutzbarkeit rechtlich herzuleiten, wird sich der Systematik des § 327e BGB bedient. Hierbei sollen insbesondere die objektiven Anforderungen gem. § 327e Abs. 3 BGB mit einem Bezug zur Benutzbarkeit aufgegriffen werden. Die subjektiven Anforderungen gem. § 324e Abs. 2 BGB sollen grundsätzlich keine Rolle bei der Kriterienbildung im Rahmen der Technikgestaltung einnehmen, da sie maßgeblich auf die (subjektive) Vertragsausgestaltung abzielen, die nicht Gegenstand der rechtsverträglichen Technikgestaltung ist.[28]

Die in § 327e Abs. 3 BGB enthaltenen objektiven Anforderungen müssen (neben den Anforderungen an die Integration und den subjektiven Anforderungen) kumulativ vorliegen, damit ein digitales Produkt (objektiv) frei von Mängeln ist. Dabei muss jedoch nicht allen Anforderungen eine Relevanz zukommen. Wird im Vorfeld der Einführung des Systems zur Schlüsselverteilung etwa keine Testversion zur Verfügung gestellt, ist § 327e Abs. 3 Satz 1 Nr. 3 BGB – wonach das Produkt der Beschaffenheit einer Testversion entsprechen muss – somit irrelevant.[29] Für die Technikgestaltung kommen daher vor allem solche objektiven Anforderungen im Rahmen der Kriterienformulierung infrage, die bereits im Vorfeld antizipiert werden können und maßgeblich die Eigenschaften der Technik selbst betreffen.

8.1.3.1 Geeignet zur gewöhnlichen Verwendung

§ 327e Abs. 3 Nr. 1 BGB sieht vor, das ein digitales Produkt sich „für die gewöhnliche Verwendung" eignen muss. Was der deutsche Gesetzgeber hierunter genau versteht, bleibt die Norm allerdings schuldig. Demgegenüber führt der

---

[25] Der Terminus „digitale Grundrechte" zielt in diesem Kontext speziell auf die Vorgaben V1 bis V5 sowie V7 und ist mithin anwenderorientiert.

[26] S. *Richter* 2012, 142 f. in Bezug zu Internetwahlanwendungen.

[27] *Obert/Paulus*, in: Horster 2001, 124.

[28] Weiterführend zu den subjektiven Anforderungen *Metzger*, in: MüKo BGB 2022, Bd. 3, § 327e BGB Rn. 7.

[29] So zu Art. 8 DI-RL *Staudenmayer*, in: Schulze/Staudenmayer 2020, Art. .8 DI-RL Rn. 12; aufgreifend für § 327e BGB *Metzger*, in: MüKo BGB 2022, Bd. 3, § 327e BGB Rn. 24.

europäische Gesetzgeber in Art. 8 Abs. 1 lit. a DI-RL aus, dass sich die Eignung an „Zwecke" knüpft, für die artgleiche digitale Inhalte oder Dienstleistungen in der Regel genutzt werden. Um vom Zweck herkommend die „gewöhnliche Verwendung" der Technik bestimmen zu können, muss demnach die Betrachtung vergleichbarer Technologien erfolgen. Gegenüber vergleichbaren Verfahren muss die zu gestaltende Technik Qualitäts- und Leistungsmerkmale aufweisen, die der Nutzer vernünftigerweise mit Blick auf vergleichbare Technologien erwarten kann.[30] In diesem Zuge stellt sich die Frage nach dem Kreis der Technologie-Referenzgruppe. Es erscheint zunächst naheliegend, den Kreis der vergleichbaren Technologien auf solche Verzeichnisdienste zu begrenzen, die ebenfalls die Verteilung öffentlicher Schlüssel zum Gegenstand haben. Hierzu wurde bereits im Rahmen der technischen Grundlagen ausgeführt, dass eine Vielzahl verschiedener Ansätze existiert, die sich des Problems der Schlüsselverteilung annehmen und sich technisch wiederum je nach zugrundeliegendem Verschlüsselungsverfahren (PGP oder S/MIME) unterscheiden.[31] Bei S/MIME-basierten Verfahren stellen Verzeichnisdienste i. d. R. einen Teil einer PKI dar, wohingegen bei PGP das Management öffentlicher Schlüssel maßgeblich über dezentrale Schlüsselserver erfolgt. Existierende Lösungen für das Problem der Schlüsselverteilung unterscheiden sich dabei hinsichtlich der unterstützten Verfahren und der Anwendung (bspw. existieren sowohl serverseitige als auch clientseitige Systeme). Die Vergleichsgruppe bestünde damit aus einer Vielzahl verschiedenartiger, zum Teil auch proprietärer Systeme.[32] Die Unterschiede im Hinblick auf verschiedene unterstützte Verfahren und client- oder serverseitige Implementierung dürfen allein allerdings nicht schon zu einer Verengung der Referenzgruppe führen, sondern sind vielmehr Maßstab der gewöhnlichen Verwendung.[33] Allen Systemen gemein ist die Möglichkeit des allgemeinen Abrufs und Uploads von Verschlüsselungsschlüsseln. Zudem haben Systeme, die lediglich das Verteilen und Verwalten von Schlüsselmaterial zum Gegenstand haben, die Eigenschaft, mit den zugrundeliegenden Verschlüsselungsverfahren und den eingesetzten Kryptokomponenten, die für die eigentliche Verschlüsselung der E-Mails notwendig sind, kompatibel zu sein.

Neben der Zusammensetzung einer geeigneten Vergleichsgruppe für die zu gestaltende Technik ist zudem die Frage nach dem Erwartungshorizont des

[30] So ErwGr 45 Satz 3 DI-RL.

[31] Weiterführend s. hierzu die bereits in Abschnitt 2.2 und 2.3 gemachten Ausführungen.

[32] Für einen weiterführenden Überblick s. *Baust/Mitzel/Straub*, in: Paulsen 2015, lit. B (B-4 ff.).

[33] *Metzger*, in: MüKo BGB 2022, Bd. 3, § 327e BGB Rn. 27.

Nutzers zu klären. Wie im Rahmen des Kriteriums der Vertrauenswürdigkeit dargelegt wird, sind persönliche Erwartungen Ausfluss individueller Wahrnehmungen und Gefühle und daher für die Technikgestaltung nicht oder nur begrenzt zu antizipieren.[34] Daher muss möglichst generalisierend auf den Erwartungshorizont eines Durchschnittsverbrauchers an eine gewöhnliche Verwendung abgestellt werden, der besondere Anwendungsfälle oder Wünsche von Nutzern nicht berücksichtigt.[35] Das Vorgehen im Rahmen der Technikgestaltung muss demnach Partikularinteressen von speziellen Nutzergruppen, die etwa besonders versiert im Gebrauch von IuK- sowie Verschlüsselungstechnologien sind, im Rahmen der Technikgestaltung außen vor lassen. Das gilt umso mehr vor dem Hintergrund, möglichst viele Nutzer für eine Nutzung des zu gestaltenden Systems zu gewinnen, die im Regelfall keine tiefgehenden Erfahrungen/Kenntnisse im Bereich der Ende-zu-Ende-Verschlüsselung von E-Mails und damit zusammenhängender Detailfragen haben.[36]

Der umgekehrte Fall, dass ein (End-)Nutzer etwa aufgrund unterdurchschnittlicher Sachkunde oder Affinität des Technologieumfeldes oder körperlicher/geistiger Einschränkungen eine höhere oder andere Erwartungshaltung der Benutzbarkeit des Systems zur Schlüsselverteilung entgegenbringt, muss im Rahmen dieses Kriteriums demnach ebenso unberücksichtigt bleiben. Um einen diskriminierungsfreien Einsatz der Technik sicherzustellen, sind höhere Anforderungen an die Benutzbarkeit aufgrund von Einschränkungen des Nutzers daher Gegenstand des spezielleren Kriteriums der Barrierefreiheit (K2).[37]

Art. 8 Abs. 1 lit. a DI-RL stellt – im Gegensatz zu § 327e Abs. 3 BGB – zur Beurteilung, ob sich ein digitales Produkt zur gewöhnlichen Verwendung eignet, zudem auf etwaig einschlägige technische Normen oder alternativ sektorspezifische Verhaltenskodizes ab.[38] An dieser Stelle wird die bereits aufgezeigte Interdependenz zwischen technischen Normen und Rechtsnormen deutlich. Vom rechtlichen Standpunkt aus betrachtet mag es diskutabel erscheinen, dass der Verweis auf technische Normen und Verhaltenskodizes im Rahmen der „Eignung

---

[34] Weiterführend s. das Kriterium der Vertrauenswürdigkeit K3 in Abschnitt 8.3.

[35] *Staudenmayer*, in: Schulze/Staudenmayer 2020, Art. 8 DI-RL Rn. 18–22; *Metzger*, in: MüKo BGB 2022, Bd. 3, § 327e BGB Rn. 28.

[36] *Herfert/Selzer/Waldmann*, DuD 2016, 291; *Sheng/Broderick/Koranda/Hyland* 2014; *Whitten/Tygar 1999,* 183.

[37] S. dazu Abschnitt 8.2.

[38] Die deutsche Norm mag zwar keinen ausdrücklichen Verweis auf technische Normen und Verhaltenskodizes enthalten, die Gesetzesbegründung des Entwurfs von § 327e Abs. 3 Satz 1 Nr. 1 BGB-E in BT-Drs. 19/27653, 56 stellt jedoch klar, dass sie im Rahmen der Auslegung heranzuziehen sind.

zur Zweckerreichung“ und nicht im Rahmen der „Beschaffenheit“ des digitalen Produkts i. S. d. Art. 8 Abs. 1 lit. b DI-RL erfolgt.[39] Dass die Richtlinie den Verweis an der Stelle vollzieht, impliziert für die Technikgestaltung, dass ein System zur allgemeinen Zweckerreichung i.S.e. gewöhnlichen Verwendung zwar grundsätzlich geeignet sein kann, sofern aber eine Orientierung und Berücksichtigung bspw. von einschlägigen DIN-ISO-Normen unterbleibt, trotzdem ein (Produkt-) Mangel vorliegen kann. Vor dem Hintergrund des zu gestaltenden Systems muss deshalb eine Orientierung an einschlägigen benutzbarkeitsfördernden Normungen erfolgen, die den Begriff der „Benutzbarkeit“ deutlicher ausformen als rechtliche Normen.

Das System kann zwar den im Rahmen der Referenzgruppe vom Durchschnittsnutzer erwartbaren Funktionsumfang des Uploads und des Auffindens von öffentlichen Schlüsseln erfüllen, das Nichtberücksichtigen technischer Standards zur Benutzbarkeit führt allerdings dazu, dass die Technik vor dem Hintergrund dieses Kriteriums zur Zweckerreichung nicht geeignet ist. Demgemäß wären etwa die Gestaltungsparameter der DIN EN ISO 9241–11 zur Gebrauchstauglichkeit zu berücksichtigen, die eine effektive, effiziente und zufriedenstellende Zielerreichung für den Nutzer vorsehen.[40] Die Effektivität der zu gestaltenden Technik wurde bereits im Rahmen der allgemeinen Eignung des Systems, den Funktionsumfang der Vergleichsgruppe (Uploads und Suchen/Ausliefern von öffentlichen Schlüsseln) zu erfüllen, behandelt. Im Rahmen der Benutzbarkeit ist jedoch darüber hinaus relevant, wie der Nutzer dieses Funktionsziel im Rahmen der gewöhnlichen Verwendung erreicht. Das System zur Schlüsselverteilung muss demnach auch so effizient gestaltet sein, dass dem Nutzer eine „zufriedenstellende“ Zielerreichung ermöglicht wird. Vor dem Hintergrund wäre eine umständliche Handhabung des Systems, die ein durchschnittlicher Nutzer etwa nicht oder nur mit hohem Aufwand vollziehen kann, jedenfalls zu vermeiden. Eine zu komplizierte Handhabung würde zudem das Ziel der Stärkung des Selbstdatenschutzes der Nutzer konterkarieren.

Da das zu gestaltende System sich in die bereits vom Nutzer verwendeten E-Mail-Programme einfügen soll (das betrifft sowohl die serverseitige Implementierung bei Webmailern als auch die lokale, clientseitige Integration), sollte sich der Grad der Benutzbarkeit folglich an dem Komplexitätsgrad der gewohnten Verwendung des E-Mail-Clients des Nutzers orientieren.

---

[39] Kritisch *Metzger*, in: MüKo BGB, § 327e BGB Rn. 28, der eine Berücksichtigung auch im Rahmen der Prüfung der Kompatibilität, Zugänglichkeit, Kontinuität oder Sicherheit für anwendbar hält; weiterführend s. *Schulze* ZEuP 2019, 711 f.

[40] DIN EN ISO 9241-11:2018-11, 2018, 2, Punkt 3.1.

Das Kriterium der Benutzbarkeit steht außerdem durch die Berücksichtigung der Rechtmäßigkeit im Rahmen der gewöhnlichen Verwendung in enger Beziehung mit den übrigen (datenschutz)rechtlichen Kriterien. Gem. Art. 8 Abs. 1 lit. a DI-RL ist bei der Beurteilung, ob eine digitale Dienstleistung oder digitale Inhalte für die Zweckerreichung geeignet sind, die Berücksichtigung geltenden (nationalen und europäischen) Rechts erforderlich.[41] Exemplarisch nennt die Richtlinie in ErwGr 48 DI-RL die Einhaltung der Vorschriften der Datenschutzgrundverordnung. Würde das System zur Schlüsselverteilung bspw. die dem Datenschutzrecht entspringenden Vorgaben zur Daten- und Systemsicherheit (K4), die einen unbefugten Zugriff Dritter auf das Schlüsselmaterial ermöglichen würden, nicht berücksichtigen, wäre das System nicht für den beabsichtigten Zweck des sicheren Austauschs öffentlicher Schlüssel geeignet.[42]

8.1.3.2 Beschaffenheit der Technik

Im Rahmen des Produktmangelrechts wird auf die zur Vergleichsgruppe übliche und erwartbare Beschaffenheit abgestellt.[43] Eine Orientierung an der Vergleichsgruppe, deren Beschaffenheit für die vorliegende Technikgestaltung als nicht hinreichend erachtet wird, erscheint nicht zielführend. Eine Orientierung an der üblichen Beschaffenheit von artgleichen Systemen kann im Rahmen der Technikgestaltung für Leistungsaspekte, die aus Sicht der Benutzbarkeit als positiv zu werten sind, herangezogen werden. Es soll aber keine, im Rahmen des Produktmangelrechts vollzogene, Orientierung an der „Üblichkeit" von Vergleichsprodukten vorgenommen werden. Demgegenüber kann die zu erwartende Beschaffenheit i. S. v. § 327e Abs. 3 Nr. 2 BGB im Rahmen der Technikgestaltung durchaus Relevanz erhalten. Die Erwartungshaltung des Nutzers wird nicht nur von vergleichbaren Technologien geprägt, sondern auch von den Aussagen der beteiligten infrastrukturellen Akteure über die *besonderen Merkmale* der Technik.[44] Anspruch des Systems zur Verteilung von Verschlüsselungsschlüsseln ist es, die Handhabung der Technik im Allgemeinen und das Auffinden und Beziehen öffentlicher Verschlüsselungsschlüssel im Besonderen laientauglich zu gestalten. Insofern ist davon auszugehen, dass diese der Technik zugrundeliegende Eigenschaft auch Bestandteil der (werblichen) Kommunikation der beteiligten

---

[41] Weiterführend hierzu *Metzger*, in: MüKo BGB 2022, Bd. 3, § 327e BGB Rn. 30.

[42] Analog dazu führt ErwGr 48 Abs. 2 Satz 1 DI-RL das Beispiel einer unsicheren Datenverschlüsselungssoftware an.

[43] Weiterführend hierzu exemplarisch *Metzger*, in: MüKo BGB 2022, Bd. 3, § 327e BGB Rn. 40-42.

[44] So sinngemäß ErwGr 45 Satz 3 DI-RL.

E-Mail-Provider sein wird. Insoweit muss die absehbare Erwartungshaltung des Nutzers, ein laientaugliches und einfach zu benutzendes System zu erhalten, von der Technikgestaltung aufgegriffen werden.

Der in § 327e Abs. 3 Satz 1 Nr. 2 BGB bemühte Begriff der „Beschaffenheit“ ist grundsätzlich sehr weitreichend und umfasst i. S. v. Art. 8 Abs. 1 lit. b DI-RL Quantität, Eigenschaften und verschiedene Leistungsmerkmale.[45] Die Quantität soll mangels Relevanz vor dem Hintergrund dieses Kriteriums nicht weiter betrachtet werden. Der Begriff der „Eigenschaften“ wird in der Richtlinie nicht definiert und in § 327e BGB nicht aufgegriffen, weshalb er mangels Kontur hier ebenfalls keine weitere Berücksichtigung finden soll.[46]

Vor dem Hintergrund dieses Kriteriums sollen daher die im BGB und der Richtlinie (nicht abschließend) genannten Leistungsmerkmale, die eine Nähe zur Benutzbarkeit aufweisen, aufgegriffen werden. Der nationale Gesetzgeber fasst – in Übereinstimmung mit der korrespondierenden Regelung der Richtlinie – unter den Leistungsmerkmalen unter anderem die „Zugänglichkeit“, „Kontinuität“ und „Sicherheit“ eines Produkts.

Unter „Zugänglichkeit“ wird dabei die Pflicht des Unternehmers bzw. des Diensteanbieters verstanden, die Zugriffsmöglichkeiten auf das digitale Produkt sicherzustellen.[47] Der Übergang zur „Kontinuität“, die eine störungs- und unterbrechungsfreie Verfügbarkeit der einzelnen Funktionen bezeichnet, ist fließend.[48] Demnach kann vor dem Hintergrund der zu gestaltenden Technik die Pflicht abgeleitet werden, den Betrieb der einzelnen Komponenten der Lösungsinfrastruktur im Wesentlichen frei von Störungen zu betreiben. Demgemäß müssen die Betreiber der serverseitigen Komponenten die Zugriffsmöglichkeit der Nutzer auf ihre öffentlichen Schlüssel und die der avisierten Kommunikationspartner sicherstellen. Die (technische) Zugriffsmöglichkeit auf das System sowie der störungsfreie Betrieb scheinen indes nicht die nötige Sachnähe zur Benutzbarkeit aufzuweisen, weshalb eine weitere Diskussion im Rahmen dieses Kriteriums

[45] BT-Drs. 19/27653, 56.

[46] Der Regierungsentwurf subsumiert den Begriff der „Eigenschaften“ in der Begründung zu § 327e Abs. 3 Satz 1 Nr. 2 BGB-E in BT-Drs. 19/27653, 56 zusammen mit den weiteren Kriterien und Leistungsmerkmalen des Art. 8 Abs. 1 lit. b DI-RL in den Begriff der „Beschaffenheit“, ohne eine weitere begriffliche Klärung anzustrengen.

[47] Eine Definition der „Zugänglichkeit“ findet sich weder in der RL noch im BGB. Lediglich im Regierungsentwurf BT-Drs. 19/27653, 56 erfolgt in der Gesetzesbegründung eine Definition. Weiterführend s. *Metzger*, in: MüKo BGB 2022, Bd. 3, § 327e BGB Rn. 35 und ErwGr 51 DI-RL.

[48] *Metzger*, in: MüKo BGB 2022, Bd. 3 § 327e BGB Rn. 35; beispielhafte Erläuterung in ErwGr 51 DI-RL.

nicht erfolgen soll. Ebenso soll das Leistungsmerkmal der „Sicherheit“ nicht weiter diskutiert werden.[49] Zwar mag eine einfache Benutzbarkeit der Technik deren Fehleranfälligkeit verringern und letztlich auch eine sichere Verwendung ermöglichen, hierbei handelt es sich jedoch um mittelbare Auswirkungen einer laientauglichen Benutzbarkeit auf die Techniksicherheit und nicht umgekehrt um benutzbarkeitsfördernde Auswirkungen durch die Sicherheit der Technik.[50]

8.1.3.2.1 Funktionalität

Neben den genannten Leistungsmerkmalen der objektiven Anforderungen führen sowohl § 327e Abs. 3 Satz 1 Nr. 2 BGB als auch Art. 8 Abs. 2 lit. b DI-RL die Leistungsmerkmale „Funktionalität“ und „Kompatibilität“ an. Die beiden Begriffe werden in § 327e Abs. 2 Satz 2 und 3 BGB im Rahmen der subjektiven Anforderungen definiert. „Funktionalität“ bezeichnet demnach „die Fähigkeit eines digitalen Produkts, seine Funktionen seinem Zweck entsprechend zu erfüllen“. Die Funktionalität referenziert dabei darauf, „wie“ die Technik verwendet werden kann.[51]

Der Grad der Benutzbarkeit ist in diesem Kontext entscheidend, mithin, inwieweit die zu gestaltende Technik ihren Zweck zu erfüllen vermag. Der Nutzer muss in die Lage versetzt werden, die verschiedenen Funktionalitäten – sowohl des client- als auch des serverseitigen Plugins – möglichst einfach bedienen zu können. Betrachtet man das Ökosystem der heterogenen Vergleichsgruppe des zu gestaltenden Systems aus dem Blickwinkel der Funktionalität, so ist eine Tendenz zu Systemen zu beobachten, die neben der Verteilung von öffentlichen Schlüsseln zudem die Verschlüsselung von Kommunikationsinhalten – teils mit proprietären Ansätzen – selbst zum Gegenstand haben, um die Verschlüsselung des E-Mail-Verkehrs für den Nutzer möglichst einfach zu gestalten.[52] Einer derartigen technischen Entwicklung neuer Ansätze auf dem Gebiet der verschlüsselten E-Mail-Kommunikation bedürfte es nicht, wenn die etablierten und am weitesten verbreiteten Verfahren PGP und S/MIME selbst eine laientaugliche Bedienung ermöglichen würden. Diese These wird auch durch

---

[49] Sicherheitsbezogene Faktoren werden im Kriterium Daten- und Systemsicherheit (K4) diskutiert.

[50] Aufgrund mangelnder Relevanz vor dem Hintergrund des Kriteriums der Benutzbarkeit sollen die weiteren in § 327e Abs. 3 BGB oder die Pendants in Art. 8 DI-RL enthaltenen objektiven Anforderungen nicht in den folgenden Abschnitten diskutiert werden.

[51] So ErwGr 43 Satz 1 DI-RL.

[52] Siehe hierzu die Ausführungen zur rechtlichen und technischen Ausgangslage in Abschnitt 1.3.

Verfahren der opportunistischen Verschlüsselung gestützt. Diese Verfahren steigern die funktionelle Benutzbarkeit in der Art, dass sie ein aktives Tätigwerden des Nutzers für die Verschlüsselung der E-Mail-Inhalte im Wesentlichen überflüssig machen.[53] Ein derartig minimalinvasives Verfahren für das vorgelagerte Problem der Schlüsselsuche existiert bislang jedoch nicht. Somit mangelt es der direkten Vergleichsgruppe der zu gestaltenden Technik insgesamt an Laientauglichkeit und damit letztlich an einer zufriedenstellenden „Funktionalität". Im Gegensatz zu § 327e Abs. 3 Satz 1 Nr. 2 BGB und Art. 8 Abs. 2 lit. b DI-RL, die einen Mangel der Technik bejahen würden, soweit deren übliche und erwartbare „Funktionalität" von der der Vergleichsgruppe negativ abweichen würde, ist es demgegenüber Aufgabe der rechtsverträglichen Technikgestaltung bei einer schlechten „Funktionalität" der Vergleichsgruppe sich gerade nicht an dieser zu orientieren. Demnach ist der Blick von der isolierten Vergleichsgruppe der (meist integrierten) Systeme zur Schlüsseldistribution hin zu Gesamtsystemen der Ende-zu-Ende-Verschlüsselung zu erweitern und sind die Ansätze für eine möglichst nutzerarme Interaktion des Systems aufzugreifen. Das zu gestaltende System soll demnach das Management der eigenen öffentlichen Schlüssel des Nutzers möglichst einfach und laientauglich halten und im Besonderen die Suche nach öffentlichen Schlüsseln der Kommunikationspartner – soweit möglich – ohne Tätigwerden des Nutzers vollziehen können. Je weniger Nutzerinteraktion erforderlich ist, desto besser wäre demnach die „Funktionalität" der Technik zu bewerten.

8.1.3.2.2 Kompatibilität

Im Sinne des § 327e Abs. 3 Satz 1 Nr. 2 BGB i. V. m. Abs. 2 Satz 3 BGB und Art. 8 Abs. 2 lit. b DI-RL beschreibt das Leistungsmerkmal der „Kompatibilität" die Fähigkeit des digitalen Produkts, mit Hardware oder Software, mit der artgleiche digitale Produkte in der Regel genutzt werden, zu funktionieren. Ein Konvertieren des digitalen Produkts soll dabei nicht vorgenommen werden müssen.[54]

Aus dem Blickwinkel der Benutzbarkeit betrachtet, betrifft die Kompatibilität als Gestaltungselement nicht die laientaugliche Gestaltung der nutzerseitigen Systemelemente. Vielmehr wird auf die technische Funktionsfähigkeit der Systemkomponenten im Wechselspiel mit den nutzerseitigen Verschlüsselungssystemen und dem Mail User Agent abgestellt. Damit das System eine möglichst

[53] Voraussetzung hierfür ist jedoch, dass der öffentliche Schlüssel des Kommunikationspartners bereits vorliegt. Das vorgelagerte Problem der Schlüsselsuche wird durch solche Verfahren demnach nicht gelöst. S. *Baust/Mitzel/Straub*, in: Paulsen 2015, lit. B (B-18).

[54] Die Definition erfolgt in § 327e Abs. 2 Satz 3 BGB im Rahmen der subjektiven Anforderungen i. S. v. Art. 2 Nr. 10 DI-RL; s. auch BT-Drs. 19/27653, 56.

weite Verbreitung finden kann, muss es zunächst mit den zugrundeliegenden Verfahren PGP und S/MIME kompatibel sein. Zudem muss sich insbesondere das clientseitige Plugin technisch in das E-Mail-System des Nutzers einfügen lassen und erwartungsgemäß funktionieren. Je höher die Kompatibilität des Systems – insbesondere mit clientseitigen Mail User Agents – ist, desto eher kann das angestrebte Ziel der weiten Verbreitung der Technik erreicht werden. Allerdings ist die Kompatibilität objektiv zu beurteilen und stellt darauf ab, wozu Produkte der technischen Referenzgruppe „in der Regel“ genutzt werden. Demnach kann die Kompatibilität im Gewand der Benutzbarkeit nicht darauf abzielen, die Funktionsfähigkeit der Technik mit allen im Umlauf befindlichen E-Mail-Clients sicherzustellen. Es erscheint allerdings geboten, zumindest mit den gängigsten (lokalen) Mail User Agents Kompatibilität herzustellen. Eine genaue Spezifikation soll hier indes nicht vorgenommen werden, da sie sich auf Ebene der subjektiven Anforderungen gem. § 327e Abs. 2 Satz 1 Nr. 1 lit. b BGB und damit auf Ebene der vertraglichen Vereinbarung konkretisiert.[55]

Neben der Kompatibilität zu den nutzerseitigen Systemen umfasst die Kompatibilität des Systems zur Verteilung von Verschlüsselungsschlüsseln auch die Funktionsfähigkeit der Systemkomponenten mit den Systemen der infrastrukturseitigen Akteure. Das betrifft zum einen die Webmailer, die das serverseitige Pendant zu lokal installierten Mail User Agents darstellen. Zum anderen betrifft die Kompatibilität nicht nur die nutzerseitigen Komponenten, sondern auch das Backend des jeweiligen E-Mail-Providers. Die Technik muss demnach hinreichend modular aufgebaut sein, um ohne (signifikante) Konvertierung Einzug in das Angebotsportfolio der E-Mail-Provider halten zu können.[56]

8.1.3.2.3 Interoperabilität

Als „Interoperabilität“ versteht § 327e Abs. 2 Satz 4 BGB, in Übereinstimmung mit Art. 2 Nr. 12 DI-RL i. V. m. ErwGr 43 Satz 3 DI-RL, die Fähigkeit digitaler Produkte, mit anderer Hardware oder Software, mit der artgleiche digitale Produkte in der Regel genutzt werden, zu funktionieren. Die „Interoperabilität“ bildet vor diesem Hintergrund den Gegenpart zur bereits angeführten „Kompatibilität“. Allerdings wird die „Interoperabilität“ sowohl in § 327e BGB als auch in Art. 7 DI-RL nicht den objektiven, sondern den subjektiven Anforderungen und

---

[55] Weiterführend zur Kompatibilität im Rahmen subjektiver und objektiver Anforderungen *Metzger*, in: MüKo BGB 2022, Bd. 3, § 327e BGB Rn. 15.

[56] Die Vorschriften der DI-RL und § 327 ff. BGB bezwecken zwar den Schutz von Endverbrauchern, im Rahmen der rechtsverträglichen Technikgestaltung können die Anforderungen, die sich aus (End-)Nutzerperspektive ergeben, indes auch auf unternehmensseitige Akteure übertragen werden.

damit der vertraglich vereinbarten Beschaffenheit zugerechnet.[57] Daher kann die „Interoperabilität" im Rahmen der bisherigen Systematik und nach dem damit einhergehenden Normenverständnis nicht in das Kriterium einfließen. Allerdings ergeben sich Interoperabilitätsanforderungen aus anderen Gesetzen. Vor dem Hintergrund ergibt sich die Problematik, dass dem Begriff der „Interoperabilität" im Recht – und darüber hinaus interdisziplinär – kein einheitliches Verständnis zugrunde liegt.[58]

Im Rahmen dieser Technikgestaltung sind die Normen des DA, aufgrund des weitgefassten Anwendungsbereichs, grundsätzlich zu beachten.[59] Der DA hat gem. ErwGr 2 DA das Ziel, die Datenwirtschaft durch den Abbau von Hindernissen zur Datenweitergabe zu stärken, und steht – vor dem Hintergrund dieses Kriteriums – insbesondere Vorschriften zur Interoperabilität und Datenportabilität vor.[60] „Interoperabilität" bezeichnet nach dem globalen Verständnis von Art. 2 Nr. 40 DA die Fähigkeit von Systemen, Anwendungen, Datenverarbeitungsdiensten oder Komponenten, Daten untereinander auszutauschen und zu nutzen, um ihre Funktionen auszuführen. Im Vergleich zum Begriffsverständnis von § 327e Abs. 2 Satz 4 BGB und Art. 2 Nr. 12 DI-RL fällt auf, dass die Interoperabilität gem. Art. 2 Nr. 40 DA nicht auf das Funktionsumfeld (das Funktionieren des digitalen Produkts mit anderer Hard- oder Software), sondern auf den Datenaustausch zwischen artgleichen Technologien abstellt. Dass der Fokus dieses Begriffs auf dem Datenaustausch liegt, verdeutlicht zudem ErwGr 35 Satz 1 DA, der vor dem Hintergrund des Rechts auf Datenübertragbarkeit die Anforderungen des Art. 20 Abs. 1 DSGVO, nach dem die Daten in einem strukturierten, gängigen, maschinenlesbaren Format zur Verfügung zu stellen sind, um die Anforderung eines interoperablen Formats erweitert. Folglich ist das Begriffsverständnis zwischen den beschriebenen Normen nicht vergleichbar. Insofern ist die „Interoperabilität", wie sie der DA versteht, auch nicht als subjektive Anforderung i. S. v. § 327e BGB und Art. 7 DI-RL zu begreifen. Daher bleibt grundsätzlich Raum, die (wesensfremde) Interoperabilität im Rahmen einer objektiven Anforderung für die

---

[57] *Metzger*, in: MüKo BGB 202, Bd. 3, § 327e BGB Rn. 33; Nichtnennung im Rahmen der objektiven Anforderungen gem. der Gesetzesbegründung zu § 327e Abs. 2 Sätze 4 bis 4 BGB-E im Regierungsentwurf BT-Drs. 19/27653, 55 aufgrund der unüberschaubaren Vielzahl möglicher digitaler Umgebungen.

[58] So mit Blick auf das Verständnis im Urheberrecht *Metzger*, in: MüKo BGB 2022, Bd. 3, § 327e BGB Rn. 14.

[59] S. hierzu die bereits gemachten Ausführungen in Abschnitt 4.4.

[60] Weiterführend zur Interoperabilität im Rahmen des DA *Schreiber/Pommerening/Schoel* 2024, § 7 Rn. 1 ff.; *Schreiber*, ZD 2022, 357 f.

Technikgestaltung zu diskutieren.[61] Hierbei verlässt die Technikgestaltung den von § 327e Abs. 3 BGB vorgezeichneten Weg, da die strukturgebenden Maßstäbe der Norm, bei dem Versuch den Interoperabilitätsbegriff des DA als Leistungskriterium zu deuten, zu stark überdehnt werden würden. Im Folgenden sollen daher die besonderen Anforderungen des DA zur Interoperabilität betrachtet werden.

Regeln zur Interoperabilität stellt der DA unter anderem auch für Anbieter sog. „Datenverarbeitungsdienste" i. S. d. Art. 1 Abs. 3 lit. f DA auf, zu denen letztlich auch die Betreiber der zu gestaltenden Infrastruktur zählen.[62] Hierbei handelt es sich indes nicht um verbindliche Mindeststandards zur Interoperabilität, wie das etwa bei den Vorschriften zu Datenräumen (Art. 33 DA) der Fall ist. Stattdessen wurde sich in Art. 35 DA auf Anforderungen an zu entwickelnde Spezifikationen und harmonisierte Normen zur Interoperabilität beschränkt, die für Datenverarbeitungsdienste eines Typs gelten sollen.[63] Da derzeit keine Normen(vorschläge) von Normungsorganisationen vorliegen, kann für die Technikgestaltung lediglich die abstrakte technologische Offenheit gegenüber den in Art. 35 Abs. 1 lit. a bis e DA aufgestellten Rahmenbedingungen für künftige Spezifikationen und harmonisierte Normen zur Interoperabilität gefordert werden.

Konkrete rechtliche Implikationen des DA, die im Rahmen des Kriteriums der Interoperabilität aufgegriffen werden sollen, finden sich in Gestalt von Vorgaben zum Wechsel oder zur parallelen Nutzung von Datenverarbeitungsdienstleistern.[64] Speziell zur parallelen Nutzung von verschiedenen Datenverarbeitungsdiensten verlangt Art. 34 Abs. 1 DA explizit – mit Verweis auf Art. 23, 24, 25 Abs. 2 lit. a Ziff. ii und iv und lit. e, lit. f DA sowie Art. 30 Abs. 2 bis 5 DA – die hierfür notwendige Interoperabilität der Dienste. Vorgaben für den Wechsel von Datenverarbeitungsdiensten i. S. v. Art. 2 Nr. 34 DA finden sich in den Art. 23, 25, 26, 27, 29 und 30 DA.[65] Die Regelungen zum Wechsel und zur parallelen Nutzung treten neben das Recht auf Datenübertragbarkeit gem. Art. 20 Abs. 1 DSGVO, wonach Betroffene personenbezogene Daten – deren Verarbeitung auf

[61] §327e Abs. 3 Nr. 2 BGB stellt mit der Formulierung „einschließlich" klar, dass es sich bei den genannten Leistungsmerkmalen um keine abschließende Aufzählung handelt. So auch *Metzger*, in: MüKo BGB 2022, Bd. 3, § 327e BGB Rn. 33.

[62] S. hierzu bereits Abschnitt 4.4.

[63] S. *Schreiber*, ZD 2022, 358, weiterführend zur Systematik *Siglmüller*, MMR 2024, 112 f.

[64] Hierzu zusammenfassend *Hennemann/Steinrötter*, NJW 2024, 5, Fn. 90; speziell zur Portabilität *Siglmüller*, MMR 2024, 115.

[65] S. zum regulatorischen Konzept der Interoperabilität des DA ErwGr 90, 96 und 99 DA.

einer Einwilligung oder einem Vertrag beruht und die sie selbst einem Verantwortlichen bereitgestellt haben – an einen anderen Verantwortlichen übertragen lassen können.[66]

Art. 20 Abs. 1 DSGVO ist vor dem Hintergrund der zu gestaltenden Technik insofern relevant, als der Nutzer seine öffentlichen Schlüssel auf Basis einer Vertragserweiterung auf einen Schlüsselserver seines E-Mail-Providers – der als Akteur Teil der zu gestaltenden Infrastruktur ist – hochlädt.[67] Flankierend hierzu muss es gem. Art. 23 Abs. 1 DA dem Nutzer ermöglicht werden, zu einem anderen Datenverarbeitungsdienst (der die gleiche Dienstart abdeckt) oder auf Infrastruktur in eigenen Räumlichkeiten ohne Hindernisse (vorkommerzieller, gewerblicher, technischer, vertraglicher und organisatorischer Art) zu wechseln. Der E-Mail-Provider muss demnach in der Lage sein, den einmal hochgeladenen öffentlichen Schlüssel eines Nutzers auf dessen Verlangen an einen anderen Betreiber eines Schlüsselservers zu übertragen oder dem Nutzer zu übermitteln.

Technisch sind kryptographische Schlüssel – sowohl von PGP-basierten Verfahren als auch bei S/MIME – an den Domänenteil einer E-Mail-Adresse gebunden. Eine Nutzung eines für eine bestimmte E-Mail-Adresse erzeugten Schlüsselpaares ist demnach für eine andere E-Mail-Adresse, etwa bei einem Wechsel des E-Mail-Providers, technisch nicht möglich.

Allerdings kommt es durchaus in Betracht, dass ein Nutzer bei seinem bisherigen E-Mail-Provider bleibt, den zur E-Mail-Adresse gehörenden öffentlichen Schlüssel aber nicht (mehr) auf dem Schlüsselserver des E-Mail-Providers – sondern auf einem Schlüsselserver außerhalb der zu gestaltenden Infrastruktur – veröffentlichen möchte. Das Szenario kommt also einem Ausscheiden eines Nutzers aus der zu gestaltenden Infrastruktur gleich. Die Technik muss demzufolge die Übermittlung des öffentlichen Schlüssels an den Nutzer (Art. 20 Abs. 1 1. Alt. DSGVO, Art. 23 Abs. 1 Satz 1 1. Alt. DA) oder wahlweise an einen Dritten ermöglichen (Art. 20 Abs. 1 2. Alt. DSGVO, Art. 23 Abs. 1 Satz 1 2. Alt. DA).

---

[66] S. *Bomhard*, MMR 2024, 110; vgl. zudem Art. 26 lit. b, 30 Abs. 2, 3 und 5 DA, sowie ErwGr 90, 96 und 99 DA; weiterführend zur Datenübertragbarkeit vor dem Hintergrund der Interoperabilität *Paal/Götz*, ZD 2023, 69.

[67] S. weiterführend *Paal*, in: Paal/Pauly 2021, Art. 20 DSGVO Rn. 19 und 21; die Zugangsrechte zu Daten aus vernetzten Produkten oder mit diesen verbundenen Diensten gem. Art. 4 Abs. 1 und 5 Abs. 1 DA – die ebenfalls Art. 20 Abs. 1 DSGVO flankieren – sind vor dem Hintergrund dieser Technikgestaltung allerdings nicht relevant, da – wie bereit geschildert – die zu gestaltende Infrastruktur und deren Komponenten nicht als „vernetztes Produkt“ oder „verbundener Dienst“ einzustufen sind. Zum Verhältnis von Art. 20 Abs. 1 DSGVO und Art. 4 und 5 DA s. *Wiebe*, GRUR 2023, 1574.

Diese Übermittlung sollte zudem nach Maßgabe des Kriteriums Daten- und Systemsicherheit (K4) eine eindeutige Identifikation des Nutzers vorsehen und der Datentransfer entsprechend gesichert erfolgen, was die Anforderung aus Art. 25 Abs. 2 lit. a Ziff. iv DA ergänzt.

Zusätzlich sieht Art. 23 Abs. 1 Satz 1 3. Alt. DA i. V. m. Art. 34 Abs. 1 DA die Möglichkeit vor, gegebenenfalls mehrere Datenverarbeitungsdienstleister parallel zu nutzen. Das würde vorliegend bedeuten, dass ein Nutzer zusätzlich zu der Möglichkeit, seinen öffentlichen Schlüssel durch die Akteure der Infrastruktur zu veröffentlichen, diesen noch auf weiteren Schlüsselservern zum Abruf bereithält. Für die Technikgestaltung ist im Rahmen der Interoperabilität Art. 30 Abs. 2 Satz 1 DA relevant, der – sowohl für den Wechsel als auch für die parallele Nutzung von Datenverarbeitungsdiensten (Verweis durch Art. 34 Abs. 1 DA) – entsprechende Schnittstellen für die Datenübertragung vorsieht, über die die zu gestaltende Technik entsprechend verfügen muss.

Das Recht auf Datenportabilität aus Art. 20 DSGVO – das neben die beschriebenen Bestimmungen des DA tritt – bezieht sich dabei nur auf die personenbezogenen Daten, die auch durch den Nutzer bereitgestellt wurden. Dabei enthalten öffentliche PGP-Schlüssel Signaturdaten von Schlüsseln anderer Nutzer (Kommunikationspartner), um die Vertrauenswürdigkeit des jeweiligen Schlüssels zu erhöhen. Folgt man der Ansicht, dass mit diesem Recht der betroffenen Person i. S. v. ErwGr 68 Satz 1 DSGVO vor allem eine bessere Kontrolle über die sie betreffenden Daten zuteilwerden soll, so fielen nicht nur die im Schlüsselmaterial enthaltenen Daten des Inhabers, sondern zudem die (bestätigenden) Signaturen der bisherigen Kommunikationspartner, deren Verarbeitung durch den jeweiligen Schlüsselinhaber ja gerade bezweckt wird, unter die „bereitgestellten" personenbezogenen Daten i. S. v. Art. 20 Abs. 1 DSGVO.[68] Diese Auffassung würde zudem der Gestaltungsprämisse, die zugrundeliegenden Verschlüsselungsverfahren nach Möglichkeit nicht zu verändern, gerecht werden. Im Falle der Geltendmachung von Art. 20 DSGVO müssten die im Schlüsselmaterial enthaltenen Daten von Dritten „abgeschnitten" werden, was die Vertrauenswürdigkeit des PGP-Schlüssels zunichtemachen würde. Bei einem derartigen Vorgehen müsste durch einen Eingriff in das zugrundeliegende Vertrauensmodell von PGP die fehlende Vertrauenswürdigkeit des öffentlichen Schlüssels, bspw. durch elektronische Signaturen des Verzeichnisdienstes, substituiert werden. Ein solches

[68] Weiterführend zur Reichweite des Tatbestandsmerkmals „Bereitstellen" s. *Paal/Götz*, ZD 2023, 68 m. w. N.; *Conrad*, in: Auer-Reinsdorff/Conrad 2019, Teil F § 34 Rn. 638; Art.-29-Gruppe, WP 242, 3.

Vorgehen mag technisch möglich sein, steht aber konträr zu den Zielen dieser Technikgestaltung und letztlich auch zu den Interessen der Nutzerschaft von PGP.[69]

8.2 Barrierefreiheit (K2)

Bei der anwenderseitigen Gestaltung der Technik ist auf die Belange von Menschen mit Behinderungen oder sprachlichen Defiziten Rücksicht zu nehmen. Um Akzeptanz und Eignung als wirkungsvolles Instrument des Selbstdatenschutzes zu erreichen, muss der Zugang zu den nutzerseitigen Technikkomponenten barrierefrei gestaltet sein. Jeder potenzielle Anwender muss in die Lage versetzt werden, über die Funktionen der Technik zur Schlüsselverteilung umfassend zu verfügen, und über die damit verbundenen Konsequenzen umfassend aufgeklärt werden. Somit ist die Barrierefreiheit als ein anwenderseitiges Befähigungskriterium für die Benutzbarkeit (K1) und die Transparenz (K9) zu bewerten. Die „Chancengleichheit im Netz" ist zugleich ein Thema von hoher politischer Bedeutung, denn die breite Anwendung neuer Kommunikationstechniken ist eine der zentralen Voraussetzungen für Wettbewerbsfähigkeit und Beschäftigungsentwicklung.

8.2.1 Herleitung aus rechtlichen Anforderungen

Das Kriterium speist sich insbesondere aus dem Gedanken der Chancengleichheit (A5), der eine umfangreiche Partizipation für alle potenziellen Anwender, unabhängig von dem jeweiligen Vorwissen, Bildungsstand, finanzieller und technischer Ausstattung, ermöglichen soll.[70] Es stellt damit ein Derivat des Gleichbehandlungsgedankens gem. Art. 3 GG sowie der freien Entfaltung der Persönlichkeit und der allgemeinen Handlungsfreiheit i. S. d. Art. 2 Abs. 1 GG i. V. m. Art. 1 Abs. 1 GG dar. Das Verbot der Benachteiligung Behinderter wirkt darüber hinaus auch als Teil der objektiven Werteordnung in die Auslegung des Zivilrechts hinein.[71] In der Folge muss das, was für Art. 3 Abs. 3 Satz 2 GG gilt, auch für die Diskriminierungsverbote des Art. 3 Abs. 3 Satz 1 GG

[69] Ein derartiges Vorgehen würde neben der Funktion eines Verzeichnisdienstes zudem die Funktion einer CA – die entsprechend die Glaubwürdigkeit des Schlüsselmaterials bestätigt – nötig machen.

[70] S. *Idecke-Lux* 2000, 226; *Laue* 2010 161.

[71] BVerfGE, NJW 2000, 2658 (2659).

gelten.[72] Die objektive Verwehrung des Zuganges zu Informationstechnologien durch sprachliche Ungleichbehandlung kann zu einer sozialen Ausgrenzung von Personengruppen führen.

Darüber hinaus ist Barrierefreiheit ein wesentliches Kriterium für eine effektive informationelle Selbstbestimmung (A2). Die zu gestaltende Technik darf als Instrument zum Selbstdatenschutz keinen potenziellen Anwender oder Anwendergruppen ausschließen. Ansonsten bestünde – neben daraus resultierenden Schutzlücken – die Gefahr eines Akzeptanzproblems. Das Erfassen des Kommunikationsvorganges mit all seinen Konsequenzen ist auch die Grundvoraussetzung zur Befähigung des Anwenders, selbst über sein kommunikatives Verhalten und damit sein individuelles Lebens- und Charakterbild zu entscheiden. Somit ist die barrierefreie Ausgestaltung der Technik eine Konsequenz der kommunikativen Selbstbestimmung (A3). Des Weiteren ist das Kriterium auch eine Ausprägung der wirtschaftlichen Entfaltungsfreiheit (A6). Eine barrierefreie Gestaltung der Systemkomponenten erleichtert nicht lediglich das Auffinden der kryptographischen Schlüssel des jeweiligen Kommunikationspartners und damit die Kommunikation, sondern auch die Teilhabe am Wirtschaftsleben.

8.2.2 Auswirkungen auf das System zur Schlüsselverteilung

Neben der uneingeschränkten Nutzung von Gegenständen, Gebrauchsgütern sowie Objekten umfasst der Begriff der Barrierefreiheit zudem die Teilhabe aller Menschen an Informationen und Wissen über ein und denselben Zugangsweg.[73] In diesem Zusammenhang steht der soziale Rechtsstaat[74] in der Pflicht, allen Grundrechtsträgern den tatsächlichen Gebrauch ihrer Grundrechte und Freiheiten zu ermöglichen. Hierbei ist zudem eine verstärkte Rücksichtnahme auf die sozialen und rechtlichen Belange behinderter Minderheiten geboten.[75] Das diesbezügliche Benachteiligungsverbot gem. Art. 3 Abs. 3 Satz 2 GG kann über

[72] *Uerpmann-Wittzack*, ZaöRV 2008, 367.

[73] S. *Rößner* 2010, 128.

[74] *Hesse* 1999, 91 ff.

[75] *Welti*, NVwZ 2012, 725.

die hoheitliche Adressierung hinaus die barrierefreie Gestaltung auch im Rahmen privatrechtlicher Verhältnisse gebieten.[76] Hierunter fallen auch Belange der Informationstechnologie.

8.2.2.1 Barrierefreier Einsatz im öffentlichen Sektor

Die Grundlage für eine barrierefreie Gestaltung ist für öffentliche Stellen des Bundes, der Länder und Kommunen die RL (EU) 2016/2102[77] über den barrierefreien Zugang zu den Websites und mobilen Anwendungen öffentlicher Stellen. Die Europäische Richtlinie findet ihre Konkretisierung in Deutschland für öffentliche Stellen des Bundes im Gesetz zur Gleichstellung von Menschen mit Behinderungen (Behindertengleichstellungsgesetz – BGG)[78], das bereits seit 2002 wesentliche Grundlagen für die Teilhabe behinderter Menschen festlegt und im Rahmen der RL (EU) 2016/2102 im Jahr 2018 um europarechtliche Anforderungen zur barrierefreien Ausgestaltung von Informationstechnik angepasst wurde.[79] Verpflichtet werden die in § 1 Abs. 1a Nr. 1 bis 3 BGG näher definierten „Träger öffentlicher Gewalt" auf Bundesebene. Für die Länder bestehen föderalismusbedingt entsprechende – nahezu mit dem BGG identische – Behindertengleichstellungsgesetze nebst konkretisierenden Landesverordnungen.[80]

Gem. § 12a Abs. 1 BGG haben öffentliche Stellen des Bundes (und die öffentlichen Stellen der Länder in den korrespondierenden landesrechtlichen Pendants des BGG) ihre der Öffentlichkeit zur Verfügung stehenden Angebote wie Webseiten und mobile Anwendungen sowie die für die Beschäftigten bestimmten Angebote im Intranet und die digitalisierte Vorgangsbearbeitung barrierefrei zu gestalten. Die vom Bundesministerium für Arbeit und Soziales als Verordnungsgeber erlassene „Barrierefreie-Informationstechnik-Verordnung" (BITV 2.0) konkretisiert in § 2a BITV 2.0 die in § 12a Abs. 1 BGG gemachten Angaben. Vor dem Hintergrund der zu gestaltenden Technik sind die Definitionen zu

---

[76] *Welti*, NVwZ 2012, 725; *Welti*, ZRP 2015, 186; so BVerfG, NJW 2000, 2658 (2659) bereits im Kontext des Mietrechts.

[77] RL 2016/2102 vom 26. Oktober 2016, ABl. L 327/2016, 1.

[78] Behindertengleichstellungsgesetz vom 27. April 2002 (BGBl. I S. 1467, 1468), das zuletzt durch Artikel 7 des Gesetzes vom 23. Mai 2022 (BGBl. I S. 760) geändert worden ist

[79] *Carstens*, in: StichwortKommentar Behindertenrecht 2022, Barrierefreie Informationstechnik Rn. 6.

[80] Eine Übersicht gebend *Carstens*, in: StichwortKommentar Behindertenrecht 2022, Barrierefreie Informationstechnik Rn. 5. Aufgrund der weitestgehenden Inhaltsgleichheiten zum BGG soll im Rahmen dieser Arbeit auf Ausführungen zu den einzelnen Landesgesetzen verzichtet werden.

elektronisch unterstützten Verwaltungsabläufen und elektronischer Vorgangsbearbeitung gem.§ 2a Abs. 3 und 4 BITV 2.0 relevant. Sowohl das Begriffsverständnis elektronisch unterstützter Verwaltungsabläufe i. S. d. § 2a Abs. 3 BITV 2.0, worunter Verfahren verstanden werden, „die im Rahmen des Verwaltungshandelns intern oder extern angewandt werden und sich der Informations- und Kommunikationstechnik bedienen“, als auch die in § 2a Abs. 3 BITV 2.0 definierte elektronische Vorgangsbearbeitung, die die „Unterstützung von Geschäftsprozessen und Verwaltungsabläufen durch Informations- und Kommunikationstechnik“ umfasst, lassen den Einsatz von E-Mail-Kommunikation und letztlich auch Technologien, die hierauf ausbauen, zu.

Da die zu gestaltende Technik prinzipiell auch in öffentlichen Institutionen eine Verwendung finden kann, z. B. im Rahmen der (inner)behördlichen E-Mail-Korrespondenz innerhalb elektronisch unterstützter Verwaltungsabläufe und der elektronischen Vorgangsbearbeitung, ist gem. § 12a Abs. 2 BGG auf die barrierefreie Ausgestaltung nach den allgemein anerkannten Regeln der Technik zu achten.[81] Das gilt allerdings nur insoweit, als die aufgrund des § 12d BGG konkretisierende BITV 2.0 keine Aussagen zur Gestaltung der Informationstechnik für Träger der öffentlichen Gewalt i. S. v. § 1 Abs. 1a BGG macht.[82]

§ 3 Abs. 1 Satz 2 BITV 2.0 untergliedert sich in die Prinzipien *Wahrnehmbarkeit, Bedienbarkeit, Verständlichkeit* sowie *Robustheit* und bietet hiermit eine Handreichung, was Barrierefreiheit für die Technik im Detail bedeutet.[83] Das zu gestaltende System muss in der Folge die Informationen und Komponenten der Benutzerschnittstelle derart darstellen, dass sie von den Nutzern – sowohl in auditiver als auch in visueller Hinsicht – wahrgenommen werden können (Wahrnehmbarkeit). Unabhängig von körperlichen und sprachlichen Voraussetzungen muss es allen Anwendern möglich sein, sich des neuen Systems zu bedienen (Bedienbarkeit) und die jeweiligen Einstellungen – seien sie voreingestellt oder manuell angepasst – auch nachvollziehen zu können (Verständlichkeit). Das ist gleichsam Bedingung für eine effektive Bereitstellung notwendiger Informationen und Einstellungsmöglichkeiten zur Privatsphäre i. S. d. Art. 10 Abs. 2 e-Privacy-VO-E. Das System zur Verteilung öffentlicher Schlüssel muss im Rahmen einer digitalen Teilhabe prinzipiell jedem potenziellen Anwender offenstehen. Dies

---

[81] Mit der Bezugnahme auf allgemein anerkannte Regeln der Technik wurde ein vergleichsweise niedriges Technikniveau geschaffen; s. zur Abgrenzung zum Stand der Technik und Stand von Wissenschaft und Technik Abschnitt 8.4.3.2.

[82] S. dazu *Ritz*, in: Kossens/von der Heide/Maaß, § 11 BGG Rn. 5 ff.

[83] Die Begriffe werden in ErwGr 47 RL 2019/882 definiert. Die im Folgenden aufgestellten Anforderungen an die Technik folgen diesem Begriffsverständnis. Weiterführend *Billing/Bremenkamp*, ZVertriebsR 2025, 13.

erfordert konkret eine Orientierung an den Bedürfnissen benachteiligter Gruppen. Das ist zum einen gesellschaftspolitisch geboten, um einen „digital devide" zu vermeiden. Andererseits ist dieser Gedanke bereits der Zielsetzung der zu gestaltenden Technik inhärent, welcher bezweckt, die E-Mail-Ende-zu-Ende-Verschlüsselung auf laientauglichem Niveau einer größtmöglichen Anwenderzahl zu ermöglichen. Der jeweilige Rezipient muss in die Lage versetzt werden, die nutzerseitigen Funktionen sowohl während der Installation als auch während des alltäglichen Gebrauchs nachvollziehen zu können. Insofern dient das Kriterium der Barrierefreiheit als Katalysator für das Kriterium der Transparenz.[84] Des Weiteren ist dafür Sorge zu tragen, dass die barrierefreie Ausgestaltung der technischen Elemente kompatibel mit „artgleichen" Funktionen ist.[85] Ein Sprachwechsel oder Bruch in der Wahrnehmung ist möglichst zu vermeiden oder unvermeidliche Übergänge sind zu nivellieren (Robustheit).

8.2.2.2 Barrierefreier Einsatz im privaten Sektor

Die Regelungen des BGG und der konkretisierenden BITV 2.0 – sowie der entsprechenden Pendants in den Bundesländern – adressieren freilich nur öffentliche Stellen. Insoweit stellen die aus den rechtlichen Rahmenbedingungen des BGG abgeleiteten Gestaltungskriterien für eine barrierefreie Gestaltung des Systems zur Schlüsselverteilung keine unmittelbare (einfachgesetzliche) rechtliche Legitimation für den Einsatz im privatwirtschaftlichen Sektor dar. Auf privatrechtlicher Ebene wirkt die Bundesregierung ferner nach § 12a Abs. 7 BGG darauf hin, dass auch gewerbsmäßige Informationsdiensteanbieter ihre Technik entsprechend den im Gesetz aufgestellten Standards gestalten. Dies entspricht inhaltlich auch Art. 9 Abs. 2 lit. b UN-BRK, wonach Deutschland gegenüber privaten Rechtsträgern, die Einrichtungen oder Dienste anbieten, die einer breiten Öffentlichkeit zur Verfügung stehen, entsprechende Maßnahmen ergreift, um die Zugänglichkeit zu berücksichtigen.[86] Insoweit verbleibt – etwa im Bereich von Ausschreibungen – der Aspekt der barrierefreien Systemgestaltung noch die Möglichkeit des mittelbaren „Ausstrahlens" in den privaten Bereich, sofern etwa Systeme der E-Mail-Kommunikation in den jeweiligen Förderbedingungen eine Rolle spielen.

Trotz der eindeutigen Aufforderung in Art. 4 Abs. 1 lit. a i. V. m. Art. 9 Abs. 2 lit. b, Art. 4 Abs. 1 lit. e und Art. 21 lit. c UN-BRK, auch privaten Stellen Regelungen zur Barrierefreiheit aufzuerlegen, fehlt es bislang an konkreten

---

[84] S. dazu Abschnitt 8.9.

[85] Hierzu ausführlich die im Rahmen des Kriteriums der Benutzbarkeit gemachten Ausführungen zur Kompatibilität in Abschnitt 8.1.3.2.2.

[86] *Welti*, NVwZ 2012, 726.

Rechtsakten, den privaten Sektor auf das von öffentlichen Stellen geforderte Barrierefreiheitsniveau zu nivellieren.[87] Ein erster Schritt in diese Richtung ist im 2021 beschlossenen Barrierefreiheitsstärkungsgesetz (BFSG) zur Umsetzung der Richtlinie (EU) 2019/882 zu sehen. Das BFSG soll den Zugang zu Informationen und Kommunikation erleichtern und sieht Anforderungen für die Privatwirtschaft im Bereich der Barrierefreiheit insbesondere für elektronische Produkte und Dienstleistungen vor.[88]

Der Produktbegriff des § 2 Nr. 2 i. V. m. § 1 Abs. 2 BFSG umfasst Hardwaresysteme, bestimmte Formen von Selbstbedienungsterminals, Verbraucherendgeräte, die für Telekommunikationsdienste und den Zugang zu audiovisuellen Medien verwendet werden, sowie E-Book-Reader und ist vor dem Hintergrund dieser Technikgestaltung folglich nicht relevant. Vom Gesetz betroffene Dienstleistungen i. S. v. § 2 Nr. 3 i. V. m. § 1 Abs. 3 BFSG umfassen Telekommunikationsdienste (mit Ausnahme von Übertragungsdiensten zur Bereitstellung von Diensten der Maschine-Maschine-Kommunikation), bestimmte Elemente von Personenbeförderungsdiensten, Bankdienstleistungen, E-Books sowie Dienstleistungen im elektronischen Geschäftsverkehr. Unter den Telekommunikationsdienste-Begriff des § 1 Abs. 3 Nr. 1 BFSG fallen neben Messengern bspw. auch E-Mail-Übertragungsdienste, jedoch konnte bereits bei der Betrachtung der rechtlichen Rahmenbedingungen für die zu gestaltende Systeminfrastruktur festgestellt werden, dass das System und seine Komponenten selbst nicht als Telekommunikationsdienst i. S. d. TKG einzuordnen sind.[89]

Neben der Regulierung der beschriebenen Produkte und Dienstleistungen nehmen die „Dienstleistungen im elektronischen Geschäftsverkehr" gem. § 2 Nr. 26 BFSG die Funktion eines Auffangtatbestands wahr.[90] Lässt sich ein Produkt oder eine Dienstleistung nicht unter die beschriebenen Definitionen subsumieren, so ist der Anwendungsbereich des Gesetzes dennoch eröffnet, sofern es sich um eine Dienstleistung der „Telemedien"[91] (sic) handelt, die elektronisch und individuell auf Verbraucheranfrage mit dem Ziel des Abschlusses eines Verbrauchervertrags erbracht wird. Zwar sollen im Rahmen der rechtsverträglichen Technikgestaltung auch verschiedene Einsatzszenarien mitberücksichtigt werden, allerdings ist ein

[87] *Carstens*, in: Deinert/Welti/Luik/Brockmann 2022, Barrierefreie Informationstechnik, Rn. 53.

[88] *Tabbara*, NZS 2021, 497; *Franke*, ZfPC 2024, 21.

[89] S. hierzu Abschnitt 4.2.3.1; s. zudem die Begründung zu § 1 Abs. 3 Nr. 1 BFSG in BT-Drs. 19/28653, 64.

[90] S. hierzu *Kalisz*, BKR 2023, 296, aufgreifend *Wagner*, MMR 2024, 756.

[91] Zur Einordnung der Systembestandteile als digitalen Dienst i. S. d. Telemedienbegriffs a.F. s. Abschnitt 4.3.3.

Szenario, in dem die Komponenten der Lösungsinfrastruktur ein Glied in der Kette zum Abschluss von Verbraucherverträgen im Onlineverkauf von Produkten und Dienstleistungen darstellen, nicht denkbar.

Mithin stellen die Anforderungen des BFSG zur barrierefreien Gestaltung kein direkt bindendes Element für diese Technikgestaltung dar. Allenfalls mittelbar, durch die Bindung von E-Mail-Providern, in Bezug auf ihre Kerndienstleistung, die als Telekommunikationsdienst unter § 1 Abs. 3 Nr. 1 BFSG fällt, kann eine Ausstrahlungswirkung auf weitere Verbundprodukte – wie die zu gestaltende Technik – über den rechtlich verpflichtenden Anwendungsbereich angenommen werden. Eine Ausstrahlung auf die vorliegende Technikgestaltung kann – abseits der technischen Verzahnung mit Dienstleistungen, die unter den gesetzlichen Anwendungsbereich des BFSG fallen – mit der Nivellierung von Barrierefreiheitsanforderungen vom privaten und öffentlichen Sektor, die aus der UN-BRK erwachsen, begründet werden. Der beschriebene Anwendungsbereich des BGG, der öffentliche Stellen bindet, ist im Vergleich zum Anwendungsbereich des BFSG abstrakter gefasst, sodass das zu gestaltende System bei einem Einsatz in der öffentlichen Verwaltung den Barrierefreiheitsanforderungen von BGG und der konkretisierenden BITV 2.0 genügen muss.[92] Im Rahmen einer paritätischen Regulierung vom privaten und öffentlichen Sektor, die sich allgemein aus Art. 4 Abs. 1 lit. a und e UN-BRK und konkret zur Zugänglichkeit aus Art. 9 Abs. 2 lit. b UN-BRK und zur Kommunikation aus Art. 21 lit. c UN-BRK ergibt, sollte eine holistische Technikgestaltung Barrierefreiheitsanforderungen auf den gesamten Systemeinsatz – sowohl im öffentlichen als auch im privaten Sektor – anstreben. Ein solches Vorgehen empfiehlt sich zudem im Licht der grundrechtlichen Herleitung dieses Kriteriums aus dem Diskriminierungsverbot des Art. 3 Abs. 3 Satz 2 GG und dessen mittelbarer Drittwirkung in den privaten Sektor.[93]

Allerdings lässt sich – abseits von rechtlichen Überlegungen – ein barrierefreier Einsatz der Technik faktisch durch die für den öffentlichen Sektor zu beachten Anforderungen des BGG realisieren, die auf technischer Ebene unverändert für Einsatzszenarien im privaten Sektor übernommen werden. Jedoch ist es Anspruch dieser Technikgestaltung, nützliche Implikationen auch aus solchen rechtlichen Normen aufzugreifen, die nicht durch eine Anwendungsbereichseröffnung zwingend zu beachten sind.

---

[92] Das BFSG beschränkt sich auf bestimmte (elektronische) Produkte und Dienstleistungen – s. *Tabbara*, NZS 2021, 502 –, wogegen das BGG bestimmten Bereichen Vorgaben zur Kommunikation mit Bürgern macht.

[93] Zur Stellung der UN-BRK in der deutschen Rechtsordnung und der völkerrechtsfreundlichen Interpretation von Art. 3 Abs. 3 GG s. *Welti*, DÖV 2013, 796; analog auch BVerfGE 111, 307 (317 f.).

Von Interesse sind daher etwaige – die Anforderungen der BITV 2.0 ergänzende – Regelungen der Verordnung zum Barrierefreiheitsstärkungsgesetz (BFSGV), die auf Basis der Verordnungsermächtigung des § 3 Abs. 2 Nr. 1 und 3 BFSG für angebotene oder erbrachte Dienstleistungen gelten und von den jeweiligen Dienstleistungserbringern i. S. v. § 14 Abs. 1 Nr. 1 BFSG zu beachten sind, deren Dienstleistungen unter den Anwendungsbereich des BGG fallen.[94]

Als Implikation im Rahmen dieser Technikgestaltung kann § 12 Nr. 2 bis 4 BFSGV herangezogen werden. Hiernach sollten die Elemente zur Nutzerinteraktion dem Benutzer Informationen über die Funktionsweise des Dienstes auf eine wahrnehmbare, bedienbare, verständliche und robuste Art bereitstellen. Konkret sollten i. S. d. § 12 Nr. 2 und 3 BFSGV die Informationen in Textformaten kompatibel mit anderen assistiven Technologien sein und in angemessener Größe und Schriftart, auf mehr als nur einem sensorischen Kanal, bereitgestellt werden. Für nichttextliche Elemente ist eine alternative Darstellung des jeweiligen Inhalts vorzusehen.[95] Sofern beim jeweiligen Akteur vorhanden, sollen Unterstützungsdienste wie Helpdesks oder Kundenhotlines i. S. v. § 12 Abs. 4 BFSGV Informationen über die Barrierefreiheit des Dienstes bereitstellen können.[96] Durch die Beachtung dieser Gestaltungsimplikation vermag das Kriterium der Barrierefreiheit das Kriterium der Transparenz (K9) um spezielle Belange von Menschen mit Behinderungen zu konkretisieren.

Neben der barrierefreien Bereitstellung der Informationen über die zu gestaltende Technik sollte i. S. v. § 13 und § 21 Abs. 1, 2 und 7 BFSGV die Technik selbst auf die Bedürfnisse von Menschen mit Behinderungen ausgerichtet sein. In dieser Ausprägung sollte sich das Kriterium mittelbar in allen Usabilitybezogenen Gestaltungszielen durch die entsprechende Gestaltung von Funktionen, Vorgehensweisen, Strategien und Verfahren wiederfinden. Auf Kriterienebene besteht in dieser Ausprägung des Kriteriums der Barrierefreiheit zudem ein enger Zusammenhang mit dem Kriterium Benutzbarkeit (K1) in der speziellen Ausprägung der Interoperabilität, speziell wenn es darum geht, die zu gestaltende Technik zusammen mit assistiven Technologien zu nutzen.

Eine weitere kriterienunterstützende Wirkung kommt diesem Kriterium zudem bei der analogen Anwendung der Vorgaben des § 19 BFSGV für Dienstleistungen im elektronischen Geschäftsverkehr zu.[97] Aus § 19 Abs. 2 und 3 BFSGV

---

[94] S. weiterführend zur BFSGV *Franke*, ZfPC 2024, 24; zur materiellen Konformität von Dienstleistungen gem. BFSGV s. *Kalisz*, BKR 2023, 297.

[95] BT-Drs. 19/28653, S. 45; *Franke*, ZfPC 2024, 24.

[96] S. zu Barrierefreiheitsanforderungen für Produkte *Wagner*, MMR 2024, 758.

[97] Weiterführend hierzu *Jones*, DSRITB 2022, 487 ff.

kann die Anforderung übernommen werden, Identifizierungs-, Authentifizierungsfunktionen und -dienste, elektronische Signaturen sowie Sicherheitsfunktionen und -dienste wahrnehmbar, bedienbar, verständlich und robust zu gestalten. Hieraus resultiert ein Schulterschluss mit den Kriterien der Daten- und Systemsicherheit (K4) und Vertrauenswürdigkeit (K3). Die Vertraulichkeit der zu gestaltenden Technik muss ganzheitlich auch aus der Blickrichtung der Barrierefreiheit betrachtet werden. So muss die Authentifikation des Nutzers – etwa im Rahmen eines Schlüsseluploads – derart gestaltet sein, dass auch Menschen mit Behinderungen an der Technik teilhaben und letztlich von den Vorteilen profitieren können.

Den Zirkelschluss zu den datenschutzrechtlichen Kriterien bildet das funktionale Leistungskriterium des § 21 Abs. 8 BFSGV. Hiernach ist bei der Verwendung von Barrierefreiheitsfunktionen in Dienstleistungen mindestens eine Bedienungsform vorzusehen, die es den Nutzern ermöglicht ihre „Privatsphäre" zu wahren. Der Begriff der „Privatsphäre" – dessen Wurzeln im europäischen Primärrecht in Art. 7 GRCh liegen – ist nicht gleichbedeutend mit dem Schutz personenbezogener Daten aus Art. 8 GRCh.[98] Allerdings wird in der Grundverordnung auf die Rechte und Freiheiten natürlicher Personen referenziert, die wiederum auch das Recht auf Privatsphäre umfassen, weshalb der Schutz der Privatsphäre zumindest mittelbar auch im Rahmen der datenschutzrechtlichen Technikgestaltung i. S. v. Art. 25 Abs. 1 DSGVO enthalten ist.[99] Eine zufriedenstellende Lösung der begrifflichen Problematik – die sich aus einer grammatischen Auslegung der BFSGV ergibt – auf Ebene der Verordnung zu forcieren, erscheint vor dem Hintergrund der gebotenen europarechtskonformen Auslegung sowohl des BFSG als auch der auf diesem Gesetz basierenden BFSGV als nicht zielführend. Die Richtlinie (EU) 2019/882 spricht in Abschnitt VII – in dem funktionale Anforderungen an Produkte und Dienstleistungen geregelt werden (entspricht im Wesentlichen den in § 21 BFSGV geregelten funktionalen Leistungskriterien an Produkte und Dienstleistungen) – unter lit. k von „Datenschutz" und nicht von „Privatsphäre" in ansonsten wortgleicher Entsprechung zu § 21 Abs. 8 BFSGV.[100] Ob das Bundesministerium für Arbeit und Soziales als Verordnungsgeber diese begriffliche Abweichung für die hier relevante Regelung von Dienstleistungen bewusst

---

[98] Hierzu ausführlicher *Schneider*, ZD 2021, 460 referenzierend auf *Hansen*, in: Simitis/Hornung/Spiecker 2025, Art. 25 DSGVO Rn. 23.

[99] *Hansen*, in: Hornung/Spiecker gen. Döhmann/Simitis 2025, Art. 25 DSGVO Rn. 23.

[100] Anhang I Nr. 2 lit. k der Richtlinie (EU) 2019/882 spricht zwar von „Privatsphäre" der Nutzer, diese Regelung bezieht sich aber ausschließlich auf die Gestaltung von Benutzerschnittstellen und Funktionalitäten von Produkten und nicht – wie Anhang VII oder § 21 BFSGV – auf Produkte und Dienstleistungen.

vorgenommen hat, kann dahinstehen. Als Implikation für diese Technikgestaltung soll im Rahmen einer europarechtskonformen und objektiven teleologischen Auslegung der Norm jedenfalls der „Datenschutz“ anstelle der „Privatsphäre“ treten.

In der Gestalt stellt das Leistungskriterium des § 21 Abs. 8 BFSGV eine Brücke zum Grundgedanken der Technikgestaltung i. S. v. Art. 25 Abs. 1 DSGVO und der damit einhergehenden informationellen Selbstbestimmung der Nutzer dar.[101] Die zu gestaltende Technik soll daher den Nutzer durch eine barrierefreie Gestaltung befähigen, aktiv Datenschutzeinstellungen vornehmen zu können.

8.3 Vertrauenswürdigkeit (K3)

Die Vertrauenswürdigkeit im Rahmen des zu gestaltenden Systems zur Schlüsselverteilung nimmt eine Doppelrolle ein. Zum einen soll sie die Akzeptanz der Nutzer in die Technik fördern. Zum anderen soll das Vertrauen in die Technik im Rahmen der Nutzung gestärkt werden und sollen die Nutzer so an die Technik gebunden werden. Nutzer sollen darauf vertrauen können, dass die über das System verteilten Schlüssel authentisch sind, dass die Technikkomponenten und die beteiligten Akteure über entsprechende Mechanismen zur Vertrauenswürdigkeit der Gesamtlösung verfügen und sie gewährleisten können. Die Vertrauenswürdigkeit ist ihrerseits eng mit den datenschutzrechtlichen Kriterien verbunden. Das Kriterium der Transparenz (K9) schafft Klarheit über die Verarbeitung, was sich wiederum vertrauensstiftend auswirkt; die Kriterien der Zweckbindung (K6) und Datenminimierung (K5) verhindern eine ausufernde Verarbeitung und reduzieren durch eine zielgerichtete Verarbeitung personenbezogener Daten etwaige Unsicherheitsrisiken. Die Daten- und Systemsicherheit (K4) wiederum schafft Vertrauen in die Sicherheit und Belastbarkeit des Systems. Letztlich schafft auch eine gute Benutzbarkeit (K1) Vertrauen in die Technik. Das Kriterium der Vertrauenswürdigkeit profitiert also von einer richtigen und konsequenten Umsetzung der übrigen Kriterien und kann – hierauf aufbauend – weitere vertrauensstiftende Implikationen geben, die für den Erfolg des zu gestaltenden Systems zur Schlüsselverteilung essenziell sind. Das Kriterium soll dabei vertrauensstiftende Implikationen durch die genannten anderen Kriterien nicht redundant thematisieren, sondern Lücken im Vertrauenskonzept ausfüllen.

---

[101] Weiterführend zum Datenschutz durch Technikgestaltung *Baumgartner/Gausling*, ZD 2017, 309.

8.3.1 Begriff der Vertrauenswürdigkeit vor dem Hintergrund der Technikgestaltung

Der Begriff des „Vertrauens“ wird in verschiedenen Wissenschaftsdisziplinen bemüht – wie etwa in der Psychologie, Soziologie, Philosophie oder Politik – und es existiert eine Fülle an verschiedenen Begriffsauffassungen.[102] Trotz der begriffsdefinitorischen Vielschichtigkeit herrscht Einigkeit darüber, dass Vertrauen eine wesentliche Säule des sozialen Miteinanders darstellt und alle Lebensbereiche durchdringt.[103] Vor dem Hintergrund der Technikgestaltung ist die Wirkung von Vertrauen, Komplexität zu reduzieren, von besonderer Bedeutung. Der Mensch ist aufgrund seiner selektiven Wahrnehmung und kognitiver Beschränkungen nur bedingt dazu in der Lage, alle entscheidungsrelevanten Informationen, die für eine rationale Entscheidungsfindung notwendig wären, aufzunehmen und (objektiv) zu bewerten. Dieses Phänomen erfährt in einer zunehmend digitalisierten und komplexer werdenden Welt eine weitere Verstärkung.[104] Informationsmangel bremst die Entscheidungsfreudigkeit entsprechend aus, da das damit einhergehende Ungewissheitsrisiko in Gestalt möglicher negativer Folgen nicht kalkulierbar ist. Vertrauen vermag den Informationsmangel prinzipiell zu substituieren und einen positiven Beitrag zur Entscheidungsfindung zu leisten.[105] Umgekehrt kann Vertrauen auch enttäuscht werden, wenn sich mit Vertrauen substituierte Risiken manifestieren.[106]

Vertrauen kann bidirektional verstanden werden: zum einen als etwas, das ein Individuum einem anderen entgegenbringen kann, und andererseits kann sich das Vertrauen auf ein Individuum beziehen und beschreibt damit die Vertrauenswürdigkeit, die einem Dritten gegenüber entgegengebracht wird.[107] Vertrauen in Gestalt der Vertrauenswürdigkeit kann dabei nicht ausschließlich gegenüber anderen Individuen – also in Form des persönlichen Vertrauens – entgegengebracht werden, sondern sich auch gegenüber abstrakten Systemen in Gestalt von Systemvertrauen ausdrücken.[108] Eine Facette von Systemvertrauen stellt dabei

[102] *Müller* 2017, 24; weiterführend s. *Einwiller* 2003, 62 f.

[103] So bereits *Mill* 1891, 68; s. auch *Boehme-Neßler*, MMR 2009, 439; weiterführend *Einwiller* 2003, 57 f.

[104] Zur komplexitätsreduzierenden Eigenschaft von Vertrauen *Luhmann* 1989, 13 ff.; *Matthes* 2007, 26 und *Boos* 2015, 230 m.w.N.

[105] Zum Verhältnis zwischen Risiko und Vertrauen s. *Einwiller* 2003, 63.

[106] *Luhmann* 1989, 16; weiterführend s. *Mayer/Davis/Schoorman*, AMR 1995, 711.

[107] *Endreß*, in: Hartmann/Offe 2001, 165.

[108] Zur Definition des Systemvertrauens *Luhmann* 1989, 50 ff.

Vertrauenswürdigkeit gegenüber Technologien dar. Der Versuch, das Technologien entgegengebrachte Vertrauen zu quantifizieren, gestaltet sich allerdings schwierig, da der Grad der Vertrauenswürdigkeit letztlich ein Derivat persönlicher Wahrnehmungen und Gefühle darstellt.[109] Im vorliegenden Fall könnte das Vertrauen in die zu gestaltende Technik aus den verschiedenen persönlichen Eindrücken der Nutzer mit den beteiligten E-Mail-Providern oder den zugrundeliegenden Verschlüsselungstechnikgen PGP und S/MIME und deren korrespondierenden Vertrauensmodellen geprägt werden. Für die Technikgestaltung können indes nur objektive und generalisierbare Faktoren zur Vertrauensbildung herangezogen werden. Für die Technikgestaltung soll also nicht die Frage entscheidend sein, ob einer bereits bestehenden Technik – oder einem Akteur – vertraut wird, sondern, ob einer (neuen) Technik anhand von objektiven Faktoren vertraut werden sollte (objektive Vertrauenswürdigkeit).[110]

Einen wesentlichen Faktor der Vertrauensbildung, sowohl im gesellschaftlichen Miteinander als auch im Systemvertrauen, stellt das Recht dar. Auf zwischenmenschlicher Ebene definiert es soziale Rollen und stellt gleichsam Verhaltenserwartungen an die Rolleninhaber.[111] Bspw. können im Rahmen eines Vertragsschlusses die beteiligten Parteien darauf vertrauen, dass der Vertrag durch alle Beteiligten eingehalten wird, weil das Recht eben diese Erwartungshaltung der Vertragsparteien durch das Prinzip *pacta sunt servanda* stützt.[112] Werden die durch den rechtlichen Rahmen konturierten Rollen nicht eingehalten und wird berechtigtes Vertrauen enttäuscht, so ist es das Vertrauen in den Rechtsstaat und die damit einhergehende Durchsetzung des Rechts, die sich in Gestalt von Systemvertrauen darstellt.[113] Vertrauensbildende Instrumente findet man in jedem Teilbereich des Rechts, sei es bspw. konkret in Form der grundgesetzlich garantierten Eigentumsgarantie oder allgemein in den Regelungen zur elektronischen Identifizierung und Vertrauensdiensten.[114]

---

[109] Zur Problematik s. *Boos* 2015, 238; *Jandt* 2008, 54.

[110] *Boos* 2015, 238.

[111] *Rehbinder* 2007, 78; aufgreifend und weiterführend *Boehme-Neßler*, MMR 2009, 440.

[112] *Gebhardt* 2001, 41 f. mit Verweis auf *Luhmann* 1989, 36; *Fikentscher*, in: Hof/Kummer/Weingart/Maasen 1994, 169.

[113] *Von Rohr* 2001, 20.

[114] Zu den genannten Beispielen *Depenheuer/Froese*, in: Huber/Voßkuhle 2024, Bd. 1, Art. 14 GG Rn. 232–234 m.w.N. und *Grigorjew* 2015, 26; nach *Luhmann* 1989, 34 fundiert der Vertrauensgedanke das gesamte Recht.

Besonders stark sind Vertrauensbindungen in der realen Welt. Menschen sind evolutionär bedingt eher geneigt körperlichen Dingen Vertrauen entgegenzubringen als immateriellen Dingen.[115] In einer zunehmend digitalisierten Welt entfällt (zunehmend) die vertrauensbildende Körperlichkeit. Dieser Umstand ist auch für das Recht als vertrauensgebender Faktor eine Herausforderung. Das gilt insbesondere vor dem Hintergrund, dass die technische Entwicklung im Vergleich zur Rechtsfortbildung rasend schnell verläuft.[116] Auf dem Recht lastet insoweit ein Innovationsdruck, da der Bedarf an Vertrauenswürdigkeit durch die zunehmende Ubiquität der Digitalisierung und deren weitestgehende Intransparenz entsprechend groß ist.[117] Exemplarisch lässt sich das etwa im Bereich des E-Commerce beobachten, in dem der Bedarf an Vertrauenswürdigkeit im Vergleich zum „körperlichen" Handel in der realen Welt entsprechend erhöht ist.[118] Das Vertrauen der Verbraucher ist hier ein maßgeblicher Erfolgsfaktor für den Onlinehandel. Die entsprechenden technischen Vorstöße seitens der IT-Wirtschaft im Bereich des Trusted Computing – die eben jedes Nutzervertrauen erhöhen sollen – sind einerseits durch das Recht entsprechend zu fördern, anderseits können diese Entwicklungen aber auch das Recht – wie etwa das Datenschutzrecht – selbst gefährden und sind daher zu begrenzen und zu steuern.[119] Das Verhältnis von Recht und Technik ist entsprechend vielschichtig und in Teilen ebenso unübersichtlich, wie etwa ein Blick auf die jüngste Gesetzgebung des bereits angeschnittenen Themenfeldes der digitalen Dienste zeigt.[120]

Die rechtsverträgliche Technikgestaltung ist ein Instrumentarium, um Vertrauen in die Technik zu stärken und den Technikeinsatz durch die Nutzer positiv zu beeinflussen. Die vertrauensstiftenden Elemente des Rechts können so bereits während der Entwicklung in die Technik inkorporiert werden.

---

[115] *Boehme-Neßler*, MMR 2009, 441; empirisch hierzu *Hiltz/Johnson/Turoff*, Human Communication Research 2/1986, 225 ff.

[116] Weiterführend zum Vorsprung der Technik gegenüber dem Recht s. *Karl* 2018, 76; exemplarisch für den Bereich des Umweltrechts *Meßerschmidt* 1986, 61.

[117] Exemplarisch zur Steuerungsproblematik des Rechts gegenüber der technischen Realität *Hornung/Spiecker gen. Döhmann*, in: Simitis/Hornung/Spiecker 2025, Einleitung Rn. 278; zur Steuerbarkeit der Technikentwicklung s. *Roßnagel*, in: Roßnagel 1984, 18 ff.

[118] Zur Vertrauenswürdigkeit im E-Commerce s. ausführlich *Boos* 2015, 234 ff. und *Einwiller* 2003, 57 ff.; zu Online-Vermittlungsdiensten s. ErwGr 3 Verordnung (EU) 2019/1150.

[119] Weiterführend *Boehme-Neßler* MMR 2009, 439 (443); überblicksartig zum Trusted Computing *Koenig/Neumann*, in: Koenig/Neumann/Katzschmann 2004, 100 ff.

[120] S. hierzu bereits Abschnitt 4.3.

8.3.2 Herleitung aus rechtlichen Anforderungen

Vertrauen ist – wie bereits dargestellt wurde – ein dem Recht inhärenter Bestandteil.[121] Vor dem Hintergrund der Technikgestaltung darf dieser Umstand aber nicht zu der Annahme verleiten, das Kriterium der Vertrauenswürdigkeit sei immer pauschal aus allen Anforderungen abzuleiten, da diese dem (verfassungsmäßigen) Recht entspringen. Wie der Begriff der (objektiven) Vertrauenswürdigkeit zeigt, sollen konkrete rechtliche Kriterien, die einen vertrauensvollen Einsatz der Technik ermöglichen oder diesen fördern, aus dem Recht abgeleitet werden und soll nicht das dem Recht inhärente Vertrauen thematisiert werden.

Vor dem Hintergrund dieser Technikgestaltung speist sich das Kriterium der Vertrauenswürdigkeit aus der Anforderung der Gewährleistung der Vertraulichkeit und Integrität informationstechnischer Systeme (A4). Das zu gestaltende System zur Schlüsselverteilung muss entsprechend sichere Technologien und Prozesse implementiert haben, um die nutzerseitigen Komponenten und letztlich das System als Ganzes sicher betreiben zu können. Im Unterschied zum Kriterium der Daten- und Systemsicherheit (K4) muss durch das flankierende Kriterium der Vertrauenswürdigkeit dieser Umstand für den Nutzer hinreichend überprüfbar und nachvollziehbar gestaltet werden. Hieran schließt sich die Verknüpfung des Kriteriums mit der Anforderung der Rechtssicherheit (A7) an. Der Nutzer muss darauf vertrauen können, dass rechtliche Ansprüche, die mit der Nutzung der Technik einhergehen, auch durchgesetzt werden können. Der vertrauensbildende Faktor des Rechts soll sich durch die Inkorporation relevanter Normen in der Spezifikation der Technik widerspiegeln und so die rechtlichen Positionen aller Beteiligten stärken. In enger Anlehnung an die aufgezeigten Ableitungen aus der Vertraulichkeit und Integrität informationstechnischer Systeme (A4) und der Rechtssicherheit (A7) lässt sich zudem die Ableitung zur Anforderung des Geheimnisschutzes (A1) aufzeigen. Vertrauenswürdigkeit ist letztlich auch eine Grundbedingung für die Funktion des Geheimnisträgers. Das muss sich auch in den vom Geheimnisträger verwendeten Technologien widerspiegeln. Ein Geheimnisträger, der mittels der zugrundeliegenden Verschlüsselungstechnologien Ende-zu-Ende-verschlüsselt kommunizieren möchte, muss der Technik das notwendige Vertrauen entgegenbringen können, dass die Geheimnisse oder Daten, die hierauf Rückschlüsse zulassen würden, entsprechend geschützt werden.

Das Kriterium lässt sich zudem aus der Anforderung der informationellen Selbstbestimmung (A2) ableiten. Die Kontrolle des Einzelnen über seine personenbezogenen Daten muss sich letztlich durch verarbeitende Systeme realisieren

[121] *Boehme-Neßler*, MMR 2009, 440 f.

lassen. Die Vertrauenswürdigkeit soll an dieser Stelle die privatheitsfördernden Eigenschaften des Systems hervorheben und so das Vertrauen in die Nutzung der Technik fördern. Das Vertrauen in die Technik ist Basis und zugleich Legitimation von Verschlüsselungstechnologien. Nutzer müssen darauf vertrauen, dass die Technik erwartungsgemäß funktioniert. Zudem soll die Technik im Rahmen der Schlüsselverteilung etwaige Unsicherheiten, die sich aus den zugrundeliegenden Verschlüsselungstechnologien ergeben, soweit möglich kompensieren. Ein Problem im Rahmen des Austauschs öffentlicher Schlüssel für die Ende-zu-Ende-Kommunikation ist, dass der Nutzer – sollte er den Schlüssel nicht persönlich vom Kommunikationspartner erhalten haben – nicht immer feststellen kann, ob ein öffentlicher Schlüssel auch wirklich zum Kommunikationspartner gehört.[122] Die Technik sollte im Kontext dieses Kriteriums in der Lage sein, entsprechendes Vertrauen in das verteilte Schlüsselmaterial zu erhöhen. In der Gestalt ergibt sich eine Anknüpfung zur Anforderung der kommunikativen Selbstbestimmung (A3).

8.3.3 Auswirkungen auf das System zur Schlüsselverteilung

Das Vertrauen von Nutzern in technische Systeme – insbesondere in Verschlüsselungstechnologien – ist ein essenzieller Faktor für die Akzeptanz der Systeme und letztlich auch für deren Verbreitung. Wie bereits in der Festlegung der wesentlichsten technischen und organisatorischen Gestaltungsprämissen festgelegt, sollen (soweit nicht unbedingt notwendig) die Vertrauensmodelle der zugrundeliegenden Verschlüsselungsverfahren PGP und S/MIME nicht verändert werden.[123] Vertrauenswürdigkeit in die zu gestaltende Technik soll den Austausch von öffentlichen Schlüsseln auf eine nachprüfbare, verbindliche und erwartungsgemäße Art ermöglichen.

8.3.3.1 Dienste der eIDAS-VO vor dem Hintergrund der Verteilung von öffentlichen Schlüsseln

Vertrauenswürdigkeit spielt im Rahmen der Erzeugung und Verteilung öffentlicher Schlüssel zur Ende-zu-Ende-E-Mail-Verschlüsselung eine wesentliche Rolle. So muss im Vorhinein einer verschlüsselten Korrespondenz die Authentizität

[122] *Spychalski u. a.*, in: Eibl/Gaedke 2017, 781; zum damit verbundenen Risiko von Man-in-the-Middle-Attacken s. *Wong* 2023, 103.

[123] S. hierzu bereits Kapitel 3.

der Kommunikationspartner und während des Kommunikations- und Verschlüsselungsvorgangs die Integrität der Kommunikation gewährleistet werden. Die Identifizierung von Schlüsselinhabern – also die Frage, ob ein bestimmter öffentlicher Schlüssel wirklich zu einer bestimmten Person gehört – und die daran anknüpfende Beglaubigung durch eine Zertifizierungsinstanz, wie sie im hierarchischen Vertrauensmodell von X.509-Zertifikaten bei S/MIME Verwendung findet, bedienen sich zur Beglaubigung der öffentlichen Schlüssel elektronischer Signaturen.[124] Je nach Gestaltungsszenario vermögen die unterschiedlichen Vertrauensdienste der eIDAS-VO auch abseits bereits bestehender Vertrauenskonzepte im Rahmen der Ende-zu-Ende-Verschlüsselung die Vertrauenswürdigkeit des zu gestaltenden Systems zur Schlüsselverteilung zu erhöhen. Im Folgenden sollen ausgewählte Vertrauensdienste der Verordnung betrachtet werden, die grundsätzlich im Rahmen dieser Technikgestaltung Verwendung finden könnten.[125]

Elektronische Signaturen sind Teil des Regelungsregimes der eIDAS-VO. Hierunter versteht die Verordnung gem. der Definition in Art. 3 Nr. 10 eIDAS-VO sinngemäß elektronische Daten, die anderen elektronischen Daten beigefügt oder mit diesen verbunden werden. Ein „Unterzeichner“ kann elektronische Signaturen sodann zum digitalen Unterzeichnen – gleich einer digitalen Unterschrift – verwenden. Der „Unterzeichner“ ist in Art. 3 Nr. 9 eIDAS-VO als (ausschließlich) natürliche Person definiert, die eine elektronische Signatur erstellt. Mithin würden die Regelungen zu elektronischen Signaturen nicht für Akteure gelten, die als juristische Personen – bspw. ein E-Mail-Provider oder Betreiber eines Schlüsselservers – zu qualifizieren sind. Elektronische Signaturen könnten demnach von (End-)Nutzern des Systems als natürliche Personen verwendet werden, um öffentliche Schlüssel zu unterzeichnen, bevor sie diese auf einen Schlüsselserver der zu gestaltenden Infrastruktur hochladen.[126] Eine derartige Aktion müsste – abseits der technischen Vereinbarkeit des verwendeten Verschlüsselungsstandards – im Rahmen der Schlüsselerstellung vollzogen werden und fiele schon deshalb nicht in den Gestaltungsfokus dieser Arbeit.

Nichtsdestotrotz haben auch juristische Personen gem. der Verordnung die Möglichkeit digital zu signieren. Hierfür werden „elektronische Siegel“ gem. Art.

---

[124] S. dazu *Horster* 1995, 138.

[125] Im Folgenden soll in Ermangelung eines praktikablen Einsatzszenarios nicht näher auf (qualifizierte) elektronische Archivierungsdienste eingegangen werden. Gleiches gilt – obgleich kein Vertrauensdienst – für die EUid-Wallet und in diesem Zusammenhang stehende (qualifizierte) elektronische Attributsbescheinigungen.

[126] Diese hypothetische Vorgehensweise wäre beim proprietären X.509-Standard, der dem Vertrauensmodell von S/MIME zugrunde liegt, nicht denkbar.

3 Nr. 25 eIDAS-VO verwendet, die technisch gesehen elektronischen Signaturen entsprechen.[127] Der Unterschied zwischen den beiden geschilderten Diensten ist rechtlich gesehen, dass mittels elektronischer Siegel keine Willenserklärungen abgegeben werden, wie es bei elektronischen Signaturen der Fall ist, sondern dem Siegelersteller als Herkunftsnachweis – gleich einem Stempel in der analogen Welt – dient.[128] Für qualifizierte elektronische Siegel gilt zudem beweisrechtlich gem. Art. 35 Abs. 2 eIDAS-VO neben der korrekten Herkunftsangabe die Vermutung der Unversehrtheit der mit dem qualifizierten Siegel signierten Daten. Diese Vermutungen beziehen sich indes nur auf die Sphäre des Siegelnden. Darüber, ob die mit einem qualifizierten elektronischen Siegel versehenen Daten dem Siegelersteller ursprünglich zuzuordnen sind, schweigt die Verordnung.[129] Im Rahmen des zu gestaltenden Systems könnte der Einsatz von elektronischen Siegeln folglich auf der Seite der diensteerbringenden Akteure – allen voran E-Mail-Provider oder sonstige Schlüsselserverbetreibern – grundsätzlich Verwendung finden. Elektronische Siegel können etwa im Rahmen des Schlüsseluploads Verwendung finden. Auf die Weise könnte entsprechend nachweisbar festgehalten werden, dass ein bestimmter Schlüssel eines Nutzers zu einem bestimmten Zeitpunkt auf einen Schlüsselserver, der Teil der Lösungsinfrastruktur ist, hochgeladen wurde.

Im Rahmen der Novellierung der Verordnung ist neben elektronischen Signaturen und Siegeln der Vertrauensdienst der „elektronischen Fernsignatur- und -siegelerstellungseinheiten" (Art. 3 Nr. 16 lit. e eIDAS-VO) neu eingeführt worden. Fernsignaturen – die im Unterschied zu elektronischen Signaturen nicht in der Umgebung des Nutzers erstellt werden, sondern auf Veranlassung des Nutzers von Anbietern aus der Ferne – wurden bereits in der ursprünglichen Fassung der Verordnung in ErwGr 52 eIDAS-VO erwähnt, jedoch nicht weiter thematisiert. Die Verordnung kennt gem. Art. 3 Nr. 23a und 23b eIDAS-VO nur qualifizierte Formen von elektronischen Signatur- und Siegelerstellungseinheiten, wobei diese jeweils von qualifizierten Vertrauensdiensteanbietern in Form elektronischer Signatur- und Siegelerstellungsdaten im Namen eines Unterzeichners erzeugt, verwaltet oder vervielfältigt werden. Qualifizierte Fernsignaturerstellungseinheiten müssen die in Art. 29a eIDAS-VO festgelegten Voraussetzungen erfüllen. Für das Pendant der qualifizierten Fernsiegelerstellungseinheiten wird in Art. 39a eIDAS-VO vollumfänglich auf die Voraussetzungen des Art. 29a eIDAS-VO verwiesen.

---

[127] *Roßnagel* 2016, 22 und 25; *Roßnagel*, NJW 2014, 3689.

[128] *Bernhardt*, in: Chibanguza/Kuß/Steege 2022, § 8 A.II. Rn. 15.

[129] So richtigerweise feststellend *Marschall* 2019, 72.

Neben elektronischen Signaturen für natürliche und juristische Personen sieht die eIDAS-VO ferner elektronische Zeitstempel als weiteren Vertrauensdienst vor. Zeitstempel sind in Art. 3 Nr. 33 eIDAS-VO legaldefiniert. Wie der Name bereits nahelegt, dienen elektronische Zeitstempel dazu, Daten durch eine Form der elektronischen Signatur mit einer bestimmten Zeitangabe zu verknüpfen. Durch den Zeitstempel soll bestätigt werden, dass das entsprechend signierte Datum zu einem bestimmten Zeitpunkt vorhanden war. Technisch wird der elektronische Zeitstempel – wie schon beim vorangegangenen elektronischen Siegel – durch eine elektronische Signatur realisiert.[130] Weitere Vorgaben für qualifizierte elektronische Zeitstempel finden sich in Art. 42 Abs. 1 eIDAS-VO. Wie bei der elektronischen Signatur bedarf es – um die Anforderung an die Qualifizierung zu erfüllen – einer fortgeschrittenen Signatur. Ferner müssen Datum und Zeit derart mit dem zu „stempelnden" Datum verknüpft werden, dass eine unbemerkte Veränderbarkeit ausgeschlossen werden kann, und der Zeitstempel muss mit einer an die Weltzeit gekoppelten Zeitquelle beruhen. Im Rahmen der Schlüsselverwaltung könnten die entsprechenden Akteure (qualifizierte) Zeitstempel etwa zum Nachweis der Integrität des vorgehaltenen öffentlichen Schlüssels verwenden.

Die eIDAS-VO regelt ferner die sichere Übermittlung von Daten durch „elektronische Einschreiben". Nach Art. 3 Nr. 36 eIDAS-VO handelt es sich hierbei um einen Dienst, der einerseits die Datenübermittlung zwischen Dritten auf einem elektronischen Weg ermöglicht und den Nachweis über die Modalitäten des Versands erbringt und andererseits die Daten während des Übermittlungsvorgangs technisch schützt. „Qualifizierte elektronische Einschreiben" müssen zudem die Anforderungen des Art. 44 eIDAS-VO erfüllen.

Der Begriff des „Einschreibens" lässt den naheliegenden Schluss zu, dass durch diesen Dienst eine Verlagerung des analogen, postalischen Einschreibens in die digitale Welt vollzogen wird. Allerdings ist das „elektronische Einschreiben" ausweislich der Definition des Art. 3 Nr. 36 eIDAS-VO nicht auf einen spezifischen Kommunikationskanal – wie das bei postalischen Einschreiben der Fall ist – begrenzt.[131] Als Kommunikationskanal für (qualifizierte) elektronische Einschreiben kommt etwa der E-Mail-Übertragungsweg in Betracht. So können bspw. DeMail-Anbieter als qualifizierten Dienst für die Bestätigung der Zustellung elektronischer Einschreiben beantragen und unterliegen dann den Anforderungen des DeMailG und der eIDAS-VO, wobei §18 VDG für diese Fälle

[130] S. dazu auch *Jandt*, NJW 2015, 1207; *Roßnagel* 2016, 25 f.

[131] Weiterführend zum Vergleich des postalischen Einschreibens und des elektronischen Einschreibens *Funk* 2010, 147 ff.

das Verhältnis zwischen den Gesetzen regelt.[132] Prinzipiell kann sich die Datenübermittlung zwischen Dritten im Rahmen elektronischer Einschreiben auch in Form von etwa Portaldiensten realisieren. Auch definiert Art. 3 Nr. 36 eIDAS-VO nicht, welcher Natur die mittels des elektronischen Einschreibens übermittelten Daten haben müssen. Daher bestünde grundsätzlich auch vor dem Hintergrund dieser Technikgestaltung die Möglichkeit des Einsatzes elektronischer Einschreiben im Rahmen des Schlüsselmanagements, um die Vertrauenswürdigkeit des Systems zu erhöhen.

Die Verordnung sieht gem. Art. 3 Nr. 38 eIDAS-VO die „Website-Authentifizierung“ als einen weiteren Vertrauensdienst vor, der mittels eines elektronischen Zertifikats einerseits die Authentifikation von Webseiten ermöglicht und andererseits die Verknüpfung der Webseite zu einer dahinterstehenden natürlichen oder juristischen Person herstellt. Dieser Dienst – der letztlich das Vertrauen von Webseitenbesuchern stärken soll – soll gem. der Verordnung auf freiwilliger Basis erbracht werden.[133] Die Verordnung schafft insofern die Rahmenbedingungen für in Art. 3 Nr. 39 eIDAS-VO definierte „qualifizierte Zertifikate für die Website-Authentifizierung“. Die von qualifizierten Vertrauensdiensteanbietern ausgestellten Zertifikate müssen gem. Art. 45 Abs. 1 eIDAS-VO die in Anhang IV lit. a bis j aufgestellten Mindestanforderungen erfüllen.[134] Vor dem Hintergrund der zu gestaltenden Technik sind Webmailingdienste oder auch öffentlich zugängliche Verzeichnisdienste über Webseiten nutzbar. Insoweit spielt auch die Vertrauenswürdigkeit von Webseiten eine Rolle bei der Technikgestaltung. Die zu gestaltende Technik soll neben einem nutzerseitigen Plugin, das sich in den Mail-User-Agenten des Nutzes integrieren lässt, zudem über serverseitige Plugins bei den E-Mail-Anbietern erreichbar sein. Um die Authentizität der Schlüsselquellen und der Zugehörigkeit zum Verbund der zu gestaltenden Lösungsarchitektur nachweisbar machen zu können, wäre die von der eIDAS-VO vorgesehene Website-Authentifizierung entsprechend ein Werkzeug, um die objektive Vertrauenswürdigkeit zu stärken.

Im Rahmen der Novellierung der Verordnung wurde unter anderem das elektronische Vorgangsregister in Art. 3 Nr. 53 eIDAS-VO als neuer Vertrauensdienst eingeführt. Dieser Dienst soll die Aufzeichnung elektronischer Daten unter Gewährleistung einer fälschungssicheren Aufzeichnung hinsichtlich des Datums und der Uhrzeit und Chronologie der im Vorgangsregister gespeicherten

[132] S. ausführlicher zum Verhältnis des DeMailG und der eIDAS-VO *Johannes*, in: Jandt/Hentschel/Hornung 2020, 594.

[133] ErwGr 67 eIDAS-VO.

[134] *Roßnagel* 2016, 26; *Roßnagel/Johannes*, ZD 2013, 70.

Daten ermöglichen. Dem Duktus der übrigen Vertrauensdienste folgend, regelt die Verordnung zudem die Anforderungen an „qualifizierte elektronische Vorgangsregister“ in Art. 45i Abs. 1 lit. a bis d eIDAS-VO. Ein elektronisches Vorgangsregister wäre prinzipiell dafür geeignet, nutzerinitiierte Vorgänge – wie bspw. den Schlüssel-Upload – zu dokumentieren. Elektronische Vorgangsregister können zudem in dezentralen Strukturen, in denen mehrere Beteiligte zusammenarbeiten, eingesetzt werden, was vor dem Hintergrund des zu gestaltenden Systems, das ebenfalls auf dem Zusammenwirken verschiedener Akteure aufbaut, sich positiv auf die Integration derartiger Vertrauensdienste auswirken könnte.[135]

8.3.3.2 Nachprüfbarkeit durch datenschutzrechtliche Dokumentationspflichten

Das rechtliche Gebot der Nachprüfbarkeit findet im Unionsrecht in Gestalt der Rechenschaftspflicht von Art. 5 Abs. 2 DSGVO seine einfachgesetzliche Ausprägung. Die Rechenschaftspflicht wird innerhalb der Verordnung in Art. 24 DSGVO weiter konkretisiert. Im Bereich des Kriteriums der Vertrauenswürdigkeit sind außerdem die Dokumentationspflichten gem. Art. 30 und 33 DSGVO von Bedeutung.

Die Nachprüfbarkeit manifestiert sich im Anwendungsbereich des Datenschutzrechts durch die Dokumentationspflichten des Verantwortlichen. Das vorrangige Ziel der Dokumentationspflichten ist die Herstellung von Transparenz über die Verarbeitung personenbezogener Daten.[136] Der Nutzer soll hierdurch nachvollziehen können, welche personenbezogenen Daten mittels welcher Verfahren vom Verantwortlichen durch die Komponenten des Systems zur Schlüsselverteilung verarbeitet werden. In diesem Punkt ist das Kriterium der Vertrauenswürdigkeit eng mit dem Kriterium der Transparenz (K9) verwoben, da die im Rahmen der Dokumentationspflichten festgehaltenen Informationen die Grundlage für die Erfüllung von Informations- und Auskunftsrechten bilden können.[137] Zudem kann anhand der Dokumentation des Verfahrens die Einhaltung der datenschutzrechtlichen Vorgaben überprüft und gegenüber der Aufsichtsbehörde im Bedarfsfall nachgewiesen werden.[138] Als Konsequenz müssen die Verarbeitungsschritte von personenbezogenen Daten der Lösungsarchitektur zu jedem Zeitpunkt nachprüfbar sein.

---

[135] S. dazu ErwGr 34 COM(2021) 281 final.

[136] S. *Marschall*, in: Roßnagel 2018, § 5 V. Rn. 162, ErwGr 39 DSGVO.

[137] *Marschall*, DSB 11/2016, 230 ff. zur Bedeutung der Dokumentationspflichten vor dem Hintergrund von Art. 13 und 14 DSGVO.

[138] ErwGr 39 DSGVO, s. auch *Blazy*, in: Roßnagel 2018, 156.

Das Kriterium findet – in allgemeiner Form – in Gestalt der Rechenschaftspflicht nach Art. 5 Abs. 2 DSGVO eine gesetzliche Manifestation. Demnach hat der Verantwortliche die in Art. 5 Abs. 1 DSGVO normierten Grundsätze einzuhalten und darüberhinausgehend diese Einhaltung auch nachzuweisen.[139] Veränderte Rahmenbedingungen können zu einer Überprüfung, Aktualisierung, Anpassung oder dem Austausch von ergriffenen Maßnahmen führen. Hieraus folgt ein flankierendes und umfassendes Dokumentationserfordernis aller Prozesse, die mit der Verarbeitung personenbezogener Daten in Verbindung stehen, sowie sämtlicher ergriffener technischer und organisatorischer Maßnahmen zur Sicherstellung des Datenschutzes.[140]

Die in Art. 5 Abs. 2 DSGVO normierte Verantwortung verlangt vom Verantwortlichen zum einen die in Art. 5 Abs. 1 DSGVO genannten Grundsätze der Verarbeitung personenbezogener Daten einzuhalten und nicht lediglich nur zu beachten oder zu berücksichtigen. Zum anderen muss diese Einhaltung auch nachgewiesen werden können.[141] Art. 5 Abs. 2 DSGVO enthält somit die zwei wesentlichen Merkmale der „Accountability"[142] in Bezug zu den in Art. 5 Abs. 1 DSGVO verorteten Grundsätzen. Darüber hinaus trifft Art. 5 DSGVO keine weitergehende Aussage zur Rechenschaftspflicht.

Die Rechenschaftspflicht des Art. 5 Abs. 2 DSGVO wird innerhalb der Verordnung in Art. 24 DSGVO weiter konkretisiert. Art. 24 DSGVO enthält seinerseits aber keine Öffnungsklausel und folglich auch nur Spielraum für konkretisierende oder präzisierende Regelungen der Mitgliedsstaaten. Die Regelung, die lediglich das Ergreifen geeigneter Maßnahmen vorsieht, ist weniger konkret als Art. 24 Abs. 1 DSGVO.[143] Dieser sieht als Konkretisierung von Art. 5 Abs. 2 DSGVO die Ergreifung technischer und organisatorischer Maßnahmen im Hinblick auf einen risikobasierten Ansatz vor, die nicht bloß der Einhaltung der in Art. 5 DSGVO genannten Grundsätze genügen müssen, sondern auch den Nachweis hierüber zulassen.

---

[139] *Blazy*, in: Roßnagel 2018, 156; *Pötters*, in: Gola/Heckmann 2022, Art. 5 DSGVO Rn. 31.

[140] S. *Roßnagel*, in: Simitis/Hornung/Spiecker 2025, Art. 5 DSGVO Rn. 182.

[141] S. *Pötters*, in: Gola/Heckmann 2022, Art. 5 DSGVO Rn. 31.

[142] Laut Art.-29-Gruppe, WP 173, 9 f. sind hierzu geeignete und wirksame Maßnahmen zur Umsetzung der Grundsätze des Datenschutzes zu treffen und diese auf Verlangen nachzuweisen.

[143] Art. 24 DSGVO enthält wie Art. 5 DSGVO keine expliziten oder impliziten Öffnungsklauseln und folglich sehr begrenzten Spielraum für die nationalen Gesetzgeber. Jegliche speziellere Regelungsmöglichkeit verneinend s. *Hartung*, in: Kühling/Buchner 2020, Art. 24 Rn. 25; *Martini*, in: Paal/Pauly 2021, Art. 24 DSGVO Rn. 49.

Die Rechenschaftspflicht spiegelt sich in der Grundverordnung zudem in verschiedenen weiteren Normen wider, die dem Verantwortlichen bereichsspezifische Nachweispflichten auferlegen.[144] Vor dem Hintergrund dieser Technikgestaltung ist etwa die Aufnahme der Verarbeitungen personenbezogener Daten durch den Technikeinsatz, auf Seiten der infrastrukturunterstützenden Akteure, in das Verzeichnis von Verarbeitungstätigkeiten gem. Art. 30 DSGVO i. V. m. ErwGr 82 Satz 1 DSGVO erforderlich.[145] Die Dokumentation im Verzeichnis der jeweiligen Infrastrukturakteure bildet gleichsam die Basis für die Informationen, die im Rahmen der Transparenz (K9) den Nutzern der Technik mitzuteilen sind. Die Pflicht zur Verzeichnisführung obliegt zwar allen Akteuren – die sich vor dem Hintergrund dieser Technikgestaltung im Kern aus E-Mail-Providern und deren Auftragsverarbeitern zusammensetzen – selbst, allerdings gebietet das Kriterium der Vertrauenswürdigkeit, dass sich die serverseitigen Verarbeitungen im Rahmen des Einsatzes der Technik nicht (wesentlich) unterscheiden. Das Kriterium adressiert demnach nicht nur den technischen Aspekt der Gestaltung, sondern auch die organisatorischen Rahmenbedingungen, die im Rahmen der Integration der Technik zu beachten sind. Unterschiede, die sich im Rahmen der Integration der Technik ergeben können, sollten vor dem Hintergrund einheitlicher und somit erwartbarer Parameter gesondert in den Verzeichnissen der infrastrukturseitigen Akteure ausgewiesen und ebenso gesondert in den Datenschutzinformationen kenntlichgemacht den Nutzern angezeigt werden.

Da ein Aspekt der Vertrauenswürdigkeit der Technik im Glauben an deren Sicherheit begründet liegt, kann – neben der allgemeinen Daten- und Systemsicherheit (K4) – zudem eine Kommunikation von Schutzverletzungen, denen die Technik zum Opfer fällt oder die sie mittelbar betreffen, einen Beitrag zur Stärkung dieses Kriteriums leisten. Die allgemeine Dokumentationspflicht von Verletzungen des Schutzes personenbezogener Daten ergibt sich aus Art. 33 Abs. 5 DSGVO i. V. m. ErwGr 85 Satz 2 DSGVO und umfasst auch Schutzverletzungen, die aufgrund ihres geringen Risikos nicht einer Meldung an die zuständige Aufsichtsbehörde gem. Art. 33 Abs. 1 DSGVO oder an die Betroffenen gem. Art. 34 Abs. 1 DSGVO unterliegen.[146] Eine Kommunikation von Schutzverletzungen – auch ohne Vorliegen eines hohen Risikos, das

---

[144] Einen Überblick gebend *Veil*, ZD 2018, 11. Im Folgenden soll nur auf die im Rahmen dieser Technikgestaltung wesentlichen Dokumentationsanforderungen der Grundverordnung eingegangen werden, die sich nicht schon aus den übrigen datenschutzrechtlichen Kriterien ergeben.

[145] Weiterführend s. *Roth* 2024, 3–7.

[146] Zu den Inhalten der Meldung s. *Rudolph/Selzer/Pordesch*, BvD-News, 2/2021, 37 f.; weiterführend zu den Meldepflichten bei Schutzverletzungen s. *Marschall*, DuD 2015, 184.

eine Information der betroffenen Nutzer auslösen würde – kann sich prinzipiell vertrauensbildend auf den Technikeinsatz auswirken. Da ein solches Vorgehen datenschutzrechtlich nicht vorgeschrieben ist, soll diese Ausprägung des Kriteriums der Vertrauenswürdigkeit nicht verbindlich von den infrastrukturseitigen Akteuren umzusetzen sein und hat daher lediglich Empfehlungscharakter. Die (freiwillige) Information über Schutzverletzungen kann – sowohl um die Nutzer nicht zu verunsichern als auch um die providerseiteigenen Akteure nicht durch zusätzliche Prozesse zu belasten – zudem in einer „verkürzten" Form stattfinden. Das kann bspw. durch eine Aufbereitung in summarischer Form und ohne Risikoevaluation oder nähere Sachverhaltsbeschreibung realisiert werden.[147]

8.3.3.3 (Datenschutzrechtliche) Fairness

Einen weiteren Anknüpfungspunkt, die Vertrauenswürdigkeit der Technik mit Hilfe der Regelungen der Grundverordnung zu erhöhen, stellt der in Art. 5 Abs. 1 lit. a 2. Alt. DSGVO geregelte Grundsatz von Treu und Glauben dar. Der Begriff von Treu und Glauben ist im deutschen Recht – etwa in Gestalt des § 242 BGB – bereits bekannt.[148] Vor dem Hintergrund, dass das Unionsrecht autonom vom nationalen Recht und mithin auch unabhängig von dessen Begriffsverständnis auszulegen ist, kann der Begriff nicht die gleiche Bedeutung wie im deutschen Recht einnehmen. Es scheint daher angebracht, den in der englischen Fassung des Verordnungstextes bemühten Begriff „Fairness" aufzugreifen, der ebenso im deutschen Sprachgebrauch verwurzelt ist.[149] Fairness bezeichnet im allgemeinen Verständnis im Grunde ein den Regeln des Zusammenlebens entsprechendes Verhalten.[150] Der Europäische Datenschutzausschuss (EDSA) sieht im Fairnessgedanken zudem eine Ausprägung der vernünftigen Erwartungen der von der Verarbeitung betroffenen Personen unter Berücksichtigung des Machtgefälles zwischen Verantwortlichen und Betroffenen.[151]

---

[147] Weiterführend zur Risikoevaluation s. stellvertretend *Marschall*, in: Selzer 2022, Art. 33 DSGVO Rn. 6 ff. m. w. N.

[148] Weiterführend hierzu exemplarisch *Mansel*, in: Jauernig 2023, § 242 BGB, Rn. 1 ff.

[149] So auch *Roßnagel*, ZD 2018, 340; zur fehlenden Anwendung des Grundsatzes im Verhältnis zwischen Staat und Bürger s. auch *Frenzel*, in: Paal/Pauly 2021, Art. 5 DSGVO Rn. 19.

[150] So die sinngemäße Bedeutung gem. Dudenredaktion (o.J.), „fair" auf Duden online, https://www.duden.de/rechtschreibung/fair.

[151] EDSA 2019, 6 Rn. 12.

Das Machtungleichgewicht zugunsten eines Verantwortlichen kann bei einer unfairen Verarbeitung – mit der ein Betroffener nicht rechnen kann oder muss – zu einer Diskriminierung des Betroffenen führen.[152] Vor dem Hintergrund des zu gestaltenden Systems nehmen E-Mail-Provider durchaus eine (faktische) Machtposition gegenüber den Nutzern ein. E-Mail-Provider sind zwar an die Einhaltung rechtlicher Vorschriften gebunden, die letztlich auch ein faires Verhalten gegenüber den Nutzern gewährleisten soll, allerdings verfügen sie de facto über die Kontrolle des Zuganges zur Nutzung des E-Mail-Dienstes und – je nach technischer Ausgestaltung – auf die Kommunikationsinhalte. Sollen die E-Mail-Provider auch die Verwaltung der öffentlichen Schlüssel übernehmen, stärkt das die nutzerseitige Abhängigkeit in den Anbieter und stärkt entsprechend dessen Machtposition. Daher muss im Rahmen der Technikgestaltung ein möglichst diskriminierungsfreier Einsatz der Technik erreicht werden. Insoweit ergänzt das Kriterium der Vertrauenswürdigkeit bereichsspezifisch das Kriterium der Barrierefreiheit (K2). Die Fairness spielt vor dem Hintergrund des Kriteriums der Vertrauenswürdigkeit zudem bei der Einbindung des Systems in das Angebotsportfolio der E-Mail-Provider eine Rolle. Es sollte kein Druck dahingehend erzeugt werden, dass abseits der zu gestaltenden Technik zur Schlüsselverteilung keine anderen Technologien, mit gleich oder ähnlich gelagertem Ziel, unterstützt werden.[153] Das gilt umso mehr, wenn bisher solche Alternativtechnologien von den jeweiligen Dienstleistern unterstützt wurden.

Eine Beeinflussung der vernünftigen Erwartungen der Nutzer und mithin den Fairnessgedanken der Grundverordnung tangierend, stellt vor dem Hintergrund der Technikgestaltung das Kriterium der Transparenz (K9) dar. Wie bereits beschrieben, ist eine vollständige und transparente Information über die im Rahmen des Technikeinsatzes beabsichtigte oder notwendige Verarbeitung personenbezogener Daten erforderlich, damit sich der Nutzer ein möglichst vollständiges Bild von dem Technikeinsatz und den damit verbundenen Auswirkungen für ihn machen kann.[154] Zum einen spielt die Zugänglichkeit der Datenschutzinformation eine Rolle für die Vertrauenswürdigkeit des Systems und der beteiligten infrastrukturellen Akteure. Die schnelle Auffindbarkeit von Informationen über die Verarbeitung sowie deren allgemeinverständliche sprachliche

[152] Die entsprechenden ErwGr 71 Satz 6, 75 und 85 Satz 1 DSGVO stellen mangels Anknüpfung zum Gesetzestext laut *Baumgartner/Brunnbauer/Cross*, MMR 2023, 543 f. eine Konkretisierung der Fairness dar.

[153] Hier würde – ähnlich dem „nudging" – eine unverhältnismäßige Beeinflussung der Nutzer vorliegen. Hierzu auch *Baumgartner/Brunnbauer/Cross*, MMR 2023, 543.

[154] S. hierzu bereits Abschnitt 8.9 zur Form der Transparenz unter Berücksichtigung von Art. 12 DSGVO.

Ausgestaltung sind bereits geeignet, zu einem gewissen Grad Vertrauen aufzubauen, da nicht der Eindruck erweckt wird, der Nutzer solle schon aufgrund der Art der Informationsvermittlung von der inhaltlichen Kenntnisnahme der Informationen abgehalten werden.[155] Zum einen kann der informatorische Gehalt an sich die vernünftigen Erwartungen des Nutzers beeinflussen.[156] Zum anderen repräsentieren die in einer Datenschutzinformation enthaltenen Angaben einen Numerus clausus an Verarbeitungen. Bspw. muss der Nutzer Verarbeitungen zu Zwecken, über die er im Vorhinein nicht ordnungsgemäß informiert wird, ebenso wenig erwarten können wie einen nicht angezeigten Wechsel von Rechtsgrundlagen. Je konkreter die Informationen gem. Art. 13, 14 i. V. m. Art. 12 Abs. 1, 5, 7 und ErwGr 60 DSGVO kommuniziert werden, desto konkreter sind sie in der Lage, die vernünftigen Erwartungen des Nutzers zu konturieren. Eine Unschärfe entsteht demgemäß dort, wo Datenschutzinformationen weniger detailscharf formuliert sind. Das kann etwa im Rahmen der Information über die Empfänger personenbezogener Daten gem. Art. 13 Abs. 1 lit. e DSGVO einschlägig werden. Die Norm gesteht dem Verantwortlichen ein Wahlrecht zu, ob er die konkreten Empfänger oder (nur) die Kategorien von Empfängern benennt.[157] Die Nennung von Kategorien von Empfängern muss stets im Einklang mit dem Grundsatz der

[155] Zur Notwendigkeit der unmittelbaren Auffindbarkeit von Datenschutzinformationen vor dem Hintergrund berechtigter Interessen s. Generalanwalt beim EuGH, EuZW 2024, 810, Rn. 58; übernehmend EuGH, Urteil vom 9. Januar 2025, Mousse, C-394/23, ECLI:EU:C:2025:2, Rn. 52.

[156] So auch die Auffassung der österreichischen *Datenschutzbehörde*, Geschäftszahl 2023-0.544.853; a.A. indes DSK 2022, 4 mit Berufung auf EDSA 2020, 18, der einer ordnungsgemäßen Erfüllung der Informationspflichten keine positive Beeinflussung der vernünftigen Erwartungen des Betroffenen zumisst.

[157] Zur Auslegung über das „oder" der Norm ist sich die Literatur weitestgehend uneins. Stellvertretend für einen Überblick im Meinungsstreit und die Auffassung vertretend, dass hier kein Wahlrecht besteht, *Dix*, in: Simitis/Hornung/Spiecker 2025, Art. 13 DSGVO Rn. 12, Fn. 58 m.w.N.; begrifflich auf die wortgleiche Entsprechung in Art. 15 Abs. 1 2. Hs. lit. c DSGVO verweisend und insoweit für Art. 13 Abs. 1 lit. e DSGVO unscharf *Schmidt-Wudy*, in: BeckOK DSR 2024, Art. 15 DSGVO Rn. 58 ff.; die Auffassung des EuGH, Urteil vom 12. Januar 2023, Österreichische Post, C-154/21, ECLI:EU:C:2023:3, Rn. 25 betont die Unterschiede zwischen Art. 13 und 15 DSGVO, weshalb für Art. 13 Abs. 1 lit. e DSGVO von einem Wahlrecht ausgegangen werden muss. So auch überzeugend resümierend *Hilchenbach*, EuGH entscheidet zu Detailfrage des datenschutzrechtlichen Auskunftsanspruch – Folgen auch für proaktive Informationspflichten?, haerting.de, vom 18. Januar 2023, https://haerting.de/wissen/eugh-entscheidet-zu-detailfrage-des-datenschutzrechtlichen-auskunftsanspruch-folgen-auch-fuer-proaktive-informationspflichten/.

Fairness stehen.[158] Das Machtgefälle zwischen Betroffenem und Verantwortlichen darf nicht zu einem unfairen Informationsdefizit führen, unter dem letztlich auch die Vertrauenswürdigkeit des Verantwortlichen und der von ihm erbrachten Dienste leidet.

Im vorliegenden Fall der zu gestaltenden Technik sollen alle infrastrukturellen Akteure (im Wesentlichen E-Mail-Provider) im Vorfeld genau feststehen, sodass eine möglichst abschließende Information der Nutzer erfolgen kann. Da die Informationspflichtenerfüllung am Beginn der Verarbeitung steht – also dann, wenn der Nutzer das Plugin herunterlädt oder den entsprechenden serverseitigen Dienst des Webmailers nutzen und freischalten möchte –, können sich die Empfänger im Lauf der Zeit ändern. Daher sollte im Rahmen der Fairness die Information der Nutzer dynamisch erfolgen. Ein hoher Detailgrad der Informationsvermittlung ist – neben der Information über Empfänger personenbezogener Daten – zudem vor der jüngsten Rechtsprechung des EuGH zur Information über berechtigte Interessen i. S. v. Art. 13 Abs. 1 lit. d DSGVO geboten.[159]

Vor dem Hintergrund eines Systems zur Verteilung öffentlicher Schlüssel bleibt festzuhalten, dass der (datenschutzrechtlichen) Fairness im Rahmen des Kriteriums der Vertrauenswürdigkeit erhöhte Bedeutung zukommt. Der Grundsatz der Fairness ist nur schwer greifbar und muss von Fall zu Fall anhand von Verarbeitungskontext und Erwartungshorizont beurteilt werden. Unterstellt man, dass (private) Endnutzer der Technik konventioneller Kommunikationskanäle eher mistrauen und deshalb auf eine Ende-zu-Ende-Verschlüsselung setzen, müssen die Technik und die beteiligten Infrastrukturpartner diesem Umstand Rechnung tragen und das Bewusstsein für den, über der gesamten Verarbeitung schwebenden, Grundsatz der Fairness schärfen.

Die Fairness spielt zudem eine Rolle im Rahmen der Integration des Dienstes in das bestehende Angebotsspektrum der E-Mail-Provider. Die Nutzer der Technik sollten diese unter gleichen Bedingungen nutzen können, gleich bei welchem E-Mail-Provider sie ihren E-Mail-Account eingerichtet haben. Die datenschutzrechtlichen Rahmenbedingungen sollten bei den serverseitigen Akteuren auf ein einheitliches Niveau nivelliert werden. Abseits des datenschutzrechtlichen Fairnessgedankens kann die Fairness im Rahmen des (europäischen) Datenrechts zudem im Unternehmenskontext in Gestalt des Art. 13 Abs. 3 DA auftreten.[160] Dieser Aspekt soll jedoch vor dem Hintergrund des Fokus dieser Technikgestaltung nicht weiter diskutiert werden.

[158] *Dix*, in: Simitis/Hornung/Spiecker 2025, Art. 13 DSGVO Rn. 12.

[159] EuGH, Urteil vom 9. Januar 2025, Mousse, C-394/23, ECLI:EU:C:2025:2, Rn. 52.

[160] Weiterführend zum Fairnesstest des DA s. *Beinke/Daute*, RDi 2024, 70 f.

8.4 Daten- und Systemsicherheit (K4)

Die Sicherheit der im Rahmen der Technik zur Schlüsselverteilung eingesetzten Systemarchitektur bereitet den Boden für den wirksamen Schutz der Grundrechte und der Verwirklichung anderer Kriterien. Insoweit wird der Daten- und Systemsicherheit die Bedeutung eines Instrumentalkriteriums zuteil.[161] Im Rahmen der unterschiedlichen Anwendungsszenarien werden die in den Verschlüsselungsschlüsseln enthaltenen personenbezogenen Daten gespeichert, verarbeitet und übertragen. Es ist daher sicherzustellen, dass die Systemkomponenten resilient gegenüber unberechtigter Einflussnahme gestaltet und die beteiligten Akteure in ein umfassendes Schutzkonzept miteinbezogen werden.

8.4.1 Begriff Datensicherheit

Datensicherheit kann als die Fortsetzung des Datenschutzes mit technischen und organisatorischen Maßnahmen bezeichnet werden.[162] Dass ein wirksamer Datenschutz nicht ohne Datensicherheit bestehen kann, zeigt sich bereits an den Grundsätzen der Integrität und Vertraulichkeit aus Art. 5 Abs. 1 lit. f DSGVO. Die datenverarbeitenden Systeme und Prozesse müssen demnach die unbefugte oder unrechtmäßige Verarbeitung einschließlich eines wie auch immer gearteten Verlusts personenbezogener Daten verhindern. Durch das technische oder organisatorische Vermeiden unrechtmäßiger Verarbeitungen oder des Verlusts, Zerstörens oder Schädigens personenbezogener Daten werden wiederum die Grundsätze der Rechtmäßigkeit, Zweckbindung, Datenminimierung, Richtigkeit sowie Speicherbegrenzung gefördert.[163] Die in Art. 5 Abs. 1 lit. f DSGVO genannten Begriffe der Integrität und Vertraulichkeit sind ihrerseits bereits seit langem als Schutzziele des Konzepts der mehrseitigen Sicherheit bekannt und werden dort durch das Schutzziel der Verfügbarkeit ergänzt.[164] Der so konturierte Begriff der Datensicherheit bildet zusammen mit dem Datenschutz zwei Seiten einer Medaille ab, die man – insbesondere im Bereich der Technikgestaltung – nicht losgelöst voneinander betrachten kann. Obgleich die klassische

---

[161] S. *Hammer/Pordesch/Roßnagel* 1993, 84; *Richter* 2012, 149; weiterführend zum Kriterium der Daten- und Systemsicherheit *Marschall* 2019, 380 ff.; *Laue* 2009, 384 ff.; *Geminn* 2014, 378.

[162] S. weiterführend *Roßnagel*, in: Beck TKG 2013, § 113a TKG Rn. 68.

[163] Die Sicherung anderer Grundsätze durch Maßnahmen der Integrität und Vertraulichkeit betonend *Roßnagel*, in: Simitis/Hornung/Spiecker 2025, Art. 5 Rn. 168.

[164] So bereits *Rannenberg* 1998, 19 f.

Schutzziel-Trias der IT-Sicherheit entlehnt ist, beschränken sich die technischen und organisatorischen Maßnahmen der Datensicherheit auf den Kontext der Verarbeitung von personenbezogenen Daten, wohingegen die IT-Sicherheit nicht an den Personenbezug eines Datums geknüpft ist.

IT-Sicherheit befasst sich demgegenüber mit der sicheren Speicherung, Verarbeitung und Übertragung von Daten im Allgemeinen.[165] Eine legaldefinierte Definition des Begriffes findet sich in § 2 Abs. 2 BSIG.[166] Demnach bezeichnet IT-Sicherheit „die Einhaltung bestimmter Sicherheitsstandards, die die Verfügbarkeit, Unversehrtheit oder Vertraulichkeit von Informationen betreffen, durch Sicherheitsvorkehrungen in informationstechnischen Systemen, Komponenten oder Prozessen oder bei der Anwendung von informationstechnischen Systemen, Komponenten oder Prozessen." Der IT-Sicherheitsbegriff ist demnach weiter gefasst als der der Datensicherheit und beinhaltet sämtliche informationsverarbeitenden technischen Systeme und Prozesse eines Verantwortlichen, ohne Rücksicht auf einen Personenbezug.[167] Obgleich die beiden Sicherheitsbegriffe sich durch unterschiedliche Schutzzwecke auszeichnen, sind sie doch eng miteinander verzahnt. So können Maßnahmen der IT-Sicherheit gleichzeitig einen Beitrag zur Datensicherheit leisten und umgekehrt. Beiden Sicherheitsbegriffen ist ferner gemein, dass sie sich an – teilweise überschneidenden – Schutzzielen konturieren, an denen eine weitergehende (technische) Interpretation vorzunehmen ist.[168] Die Übersetzung der Schutzziele in konkrete technische und organisatorische Maßnahmen muss dabei holistisch erfolgen. Das heißt, dass für eine wirksame Absicherung von IuK-Systemen sämtliche Prozesse, Akteure und Beziehungen betriebsübergreifend in das Schutzkonzept mit eingebunden werden müssen.[169]

8.4.2 Herleitung aus rechtlichen Anforderungen

Das Kriterium Daten- und Systemsicherheit lässt sich unmittelbar aus der Anforderung der Gewährleistung der Vertraulichkeit und Integrität informationstechnischer Systeme (A4) ableiten. Im gleichen Maße wie die potenzielle

[165] *Oppliger* 1997, 2; s. zu den Schutzzielen Verfügbarkeit, Integrität, Vertraulichkeit und Authentizität der IT-Sicherheit *Eckert* 2023, 7 ff.; BT-Drs. 18/4096, 1.

[166] BSI-Gesetz vom 14. August 2009 (BGBl. I S. 2821), das zuletzt durch Artikel 12 des Gesetzes vom 23. Juni 2021 (BGBl. I S. 1982) geändert worden ist.

[167] S. auch hierzu *Marschall* 2019, 382.

[168] *Heckmann*, MMR 2006, 281.

[169] *Heitmann* 2007, 10 f.; s. auch BT-Drs. 134/90; *Roth*, ZD 2015, 18.

Bedrohungslage schreitet die digitale Durchdringung aller Lebensbereiche kontinuierlich voran. Dies verstärkt zugleich die Abhängigkeit von funktionierenden datenverarbeitenden Systemen für Staat, Wirtschaft und Gesellschaft.[170] Vor diesem Hintergrund ist das übergeordnete Ziel der Technikgestaltung, die Sicherheit der alltäglichen E-Mail-Kommunikation erheblich zu erhöhen. Um dieses Ziel zu erreichen, müssen geeignete Schutzmaßnahmen ergriffen werden, um das unbefugte Eindringen in die eingesetzten Systemstrukturen und deren Manipulation zu verhindern. Des Weiteren ist das Kriterium auf die Anforderung der informationellen Selbstbestimmung (A2) zurückzuführen. Die Befähigung, über die persönlichen Daten im digitalen Umfeld frei bestimmen zu können, ist nur auf Basis einer sicheren Datenverarbeitung möglich. Insoweit tritt das Kriterium der Daten- und Systemsicherheit in ergänzender Weise neben die Kriterien des Datenschutzes.[171] Vor diesem Hintergrund ist die Gewährleistung einer einwandfreien Funktionsfähigkeit des eingesetzten Systems gleichsam eine Grundbedingung für die Anforderung der kommunikativen Selbstbestimmung (A3). Die freie und ungezwungene Kommunikation kann sich nur in geschützten Umgebungen entfalten. Jede Schutzlücke in der Systemarchitektur der Technik würde in der Folge zu einer Verzerrung der Darstellung des individuellen Lebens- und Charakterbildes gegenüber Dritten führen.[172] Des Weiteren ist die Sicherheit der eingesetzten IuK-Infrastruktur ein Garant für die Wahrung von Geheimnissen (A1). Je risikobehafteter ein System zur Informationsübertragung beschaffen ist, desto geringer kann das Schutzniveau für die übertragenen Geheimnisse bewertet werden. In der Konsequenz werden sich die Kommunikationspartner für die Übertragung derartig sensibler Informationen eines anderen Kommunikationsmittels bedienen, das ein höheres Schutzniveau aufweist. Abschließend kann die Daten- und Systemsicherheit auch als Ausprägung einer effektiven Rechtssicherheit (A7) verstanden werden. Die Daten- und Systemsicherheit entscheidet über die Richtigkeit und Vollständigkeit der systemseitig gewonnenen oder anvertrauten Daten. Nur gegen unbefugte Manipulation oder Zerstörung geschützte Daten können im Rahmen prozessualer Wahrheitsfindung zur individuellen Rechtsdurchsetzung verhelfen.

[170] S. BT-Drs. 18/5121, 1; *Hoppe/Prieß* 2003, 15; *Oppliger* 1997, 2.

[171] *Laue* 2009, 385; s. zum Verhältnis von Datenschutz und IT-Sicherheit ausführlich *Roßnagel* in: Fox u. a. 2011, 3 (4).

[172] S. hierzu umfassend *Roßnagel*, KJ 1990, 267.

8.4.3 Auswirkungen auf das System zur Schlüsselverteilung

Datensicherheitsanforderungen in Bezug zu personenbezogenen Daten haben eine einfachgesetzliche Konkretisierung in dem mit „Sicherheit der Verarbeitung" überschriebenen Art. 32 DSGVO gefunden. Die hiernach zu ergreifenden technischen und organisatorischen Maßnahmen haben sich nach dem jeweiligen Zweck der Verarbeitung, dem Stand der Technik sowie dem Risiko der Datenverarbeitung für „Rechte und Freiheiten natürlicher Personen" zu orientieren. Daneben tritt Art. 5 Abs. 1 lit. f DSGVO, wonach die zu ergreifenden technischen und organisatorischen Maßnahmen geeignet sein müssen, einer missbräuchlichen Verarbeitung oder unbeabsichtigten Verlust, Schädigung und Zerstörung der personenbezogenen Daten vorzubeugen. Die Konturierung dieses Kriteriums soll sich primär an den Vorgaben der Grundverordnung orientieren und dort, wo es zielführend für diese Technikgestaltung erscheint, flankierende gesetzliche Regelungen thematisieren. Der Fokus liegt demnach auf der Datensicherheit und nicht auf der allgemeinen (system- oder informationsorientierten) Sicherheit.[173] Flankierend zu den Sicherheitsanforderungen der Datenschutzgrundverordnung in Bezug auf personenbezogene Daten tritt der Entwurf der Verordnung über Datenschutz und elektronische Kommunikation (e-Privacy-VO-E) hinzu.[174] Er regelt gem. Art. 2 e-Privacy-VO-E die Verarbeitung elektronischer Kommunikationsdaten, die im Zusammenhang mit der Bereitstellung und Nutzung von elektronischen Kommunikationsdiensten oder mit Informationen über die Endgeräte der Nutzer durchgeführt werden. Bezüglich der IT-Sicherheit statuiert Art. 5 e-Privacy-VO-E die Vertraulichkeit für elektronische Kommunikationsdaten.

Neben spezifischen Anforderungen an die Daten- und Systemsicherheit der Technik kann das zu gestaltende System selbst einen Mehrwert an Sicherheit – durch die Stärkung von Ende-zu-Ende-Verschlüsselung des E-Mail-Verkehrs – bieten und damit das Erreichen von strukturellen Sicherheitszielen unterstützen. So sieht ErwGr 98 Satz 1 und 2 Richtlinie (EU) 2022/2555 (NIS-2-Richtlinie)[175] die Förderung des Einsatzes von Ende-zu-Ende-Verschlüsselungstechnologien zur

---

[173] Allgemeine Sicherheitsanforderungen an die Akteure oder die datenverarbeitenden Systeme, die nicht im Kern den Schutz personenbezogener Daten zum Gegenstand haben, wie etwa die entsprechenden Normen der Verordnung (EU) 2024/2847 (Cyber Resilience Act / CRA) oder der Richtlinie (EU) 2022/2555 (NIS-2-Richtlinie) sollen im Folgenden nicht näher betrachtet werden.

[174] Die Ausführungen zum e-Privacy-VO-E beziehen sich auf den Entwurfsstand der EU-Kommission, COM/2017/010 final vom 10. Januar 2017.

[175] RL (EU) 2022/2555 vom 14. Dezember 2022, ABl. L 333 vom 27.12.2022, 80.

Aufrechterhaltung der Sicherheit öffentlich zugänglicher elektronischer Kommunikationsdienste vor.

8.4.3.1 Datensicherheitsanforderungen des e-Privacy-VO-E

Neben der DSGVO ist der e-Privacy-VO-E ein weiterer Vorstoß des europäischen Gesetzgebers auf dem Gebiet des Umgangs mit personenbezogenen oder personenbeziehbaren Daten. Diesbezüglich ist zu analysieren, in welchem Verhältnis diese zwei Regelwerke zueinander stehen. Aus ErwGr 5 sowie Art. 1 Abs. 3 e-Privacy-VO-E geht der Anspruch hervor, die Datenschutzgrundverordnung in Bezug auf den Schutz personenbezogener Daten hinsichtlich elektronischer Kommunikation zu ergänzen und zu präzisieren. Daher wird der e-Privacy-VO-E im Falle überschneidender Regelungen als Lex specialis zu qualifizieren sein.[176] Im Bezug zur gestaltenden Technik normiert Art. 5 e-Privacy-VO-E die Vertraulichkeit der elektronischen Kommunikationsdaten. Als elektronische Kommunikationsdaten gem. Art. 4 Abs. 3 lit. a gelten auch Metadaten. Letztere wiederum umfassen gem. Art. 4 Abs. 3 lit. c e-Privacy-VO-E Daten, die zum Zweck der Übermittlung, Verbreitung oder des Austauschs elektronischer Kommunikationsinhalte verarbeitet werden, sowie Daten zur Identifikation der Quelle und zum Ziel der Kommunikation. Darüber hinaus zählen Zeit, Dauer, Art und das Datum der Kommunikation sowie Standortdaten, die in Verbindung mit der Kommunikationserbringung stehen, zu den Metadaten der elektronischen Kommunikation. Innerhalb der Lösungsarchitektur fallen vielfach elektronische Kommunikationsdaten an. Als solche gelten die Meta-Datenströme, zwischen Client- und -Server-Plugin, DNS-Server, HKP-Server und LDAP-Server, die einen Up- oder Download eines öffentlichen Schlüssels im Rahmen des avisierten Systems und eine daran anknüpfende verschlüsselte E-Mail-Kommunikation erst ermöglichen. Aus diesen (nutzerinitiierten) Datenströmen lassen sich letztlich Rückschlüsse über die Nutzung der Technik ableiten, weshalb sie als personenbezogen zu qualifizieren sind. In der Folge sind gem. Art. 5 e-Privacy-VO-E alle Kommunikationskanäle zwischen den einzelnen nutzerseitigen Technikkomponenten sowie die einzelnen Komponenten der Systemarchitektur bei den infrastrukturellen Akteuren selbst in einer derartigen Art und Weise zu sichern, dass die Vertraulichkeit der elektronischen Kommunikationsdaten gewährleistet wird.

---

[176] S. auch *Piltz*, „Entwurf der ePrivacy-Verordnung: Erste Anmerkungen", delegedata.de, vom 13.12.2016, https://www.delegedata.de/2016/12/entwurf-der-eprivacy-verordnung-erste-anmerkungen/.

8.4.3.2 Datensicherheitsanforderungen der DSGVO

Die im Grundsatz der Integrität und Vertraulichkeit in Art. 5 Abs. 1 lit. f DSGVO genannten technischen und organisatorischen Schutzmaßnahmen werden in Art. 32 DSGVO erneut aufgegriffen und weiter konturiert.[177] In Art. 32 Abs. 1 2. Hs. DSGVO wird in einem Katalog beschrieben, wie derlei Maßnahmen konkret ausgestaltet sein können. Dieser erhebt jedoch keinen Anspruch auf Vollständigkeit oder Ausschließlichkeit, wie die einleitende Formulierung „gegebenenfalls" und „unter anderem" indiziert.[178] Im Vergleich zur alten deutschen Rechtslage in der Anlage zu § 9 Satz 1 BDSG a.F. wirkt der Katalog aus Art. 32 Abs. 1 2. Hs. lit. a bis d DSGVO weniger konkret.[179]

Gem. Art. 32 Abs. 1 DSGVO haben der Verantwortliche und der Auftragsverarbeiter für ein angemessenes Schutzniveau Sorge zu tragen. Das bezieht sich sowohl auf die personenbezogenen Daten als auch auf das verarbeitende System. Um beurteilen zu können, welches Schutzniveau als angemessen im Sinne der Verordnung zu klassifizieren ist, muss zunächst der Schutzbedarf der personenbezogenen Daten ermittelt werden.[180] Hierfür sind zwei unterschiedliche Bewertungsfaktoren maßgeblich. Der erste Faktor bemisst sich an der Sensitivität der personenbezogenen Daten. Art. 9 und 10 DSGVO legen diesbezüglich besondere Kategorien personenbezogener Daten fest.[181] Hierbei ist zu beachten, dass durch die Technik Daten über die rassische und ethnische Herkunft gem. Art. 9 Abs. 1 DSGVO der Endnutzer verarbeitet werden könnten.[182] Hier kommt vor allem der Name der Endnutzer in Frage. Dieser kann etwa im öffentlichen Schlüssel hinterlegt sein oder den Local-Part einer E-Mail-Adresse ausmachen,

---

[177] *Martini*, in: Paal/Pauli 2021, Art. 32 DSGVO Rn. 28.

[178] *Piltz*, in: Gola/Heckmann 2022, Art. 32 DSGVO Rn. 24.

[179] *Richter*, DuD 2012 579; *Martini*, in: Paal/Pauli 2021, Art. 32 DSGVO Rn. 29.

[180] Weiterführend zur Schutzbedarfsermittlung am Beispiel der Datenschutz-Folgenabschätzung s. *Roth/Hense*, CB 2020, 276 ff.

[181] Hierunter fallen gem. Art. 9 Abs. 1 DSGVO personenbezogene Daten zur rassischen und ethnischen Herkunft, zu politischen Meinungen, religiösen oder weltanschaulichen Überzeugungen, Gewerkschaftszugehörigkeit, dem Gesundheitszustand oder der sexuellen Identität sowie genetische und biometrischen Daten; gem. Art. 10 DSGVO betrifft dies Daten über strafrechtliche Verurteilungen und Straftaten; s. dazu *Frenzel*, in: Paal/Pauli 2021, Art. 9 DSGVO Rn. 1.

[182] Hier sei auf die restriktive Auffassung des EuGH in den Entscheidungen EuGH, Urteil vom 20. September, 2022, Meta Platforms, C-252/21, ECLI:EU:C:2023:537 Rn. 73 und EuGH, Urteil vom 4. Oktober 2024, Lindenapotheke, C-21/23, ECLI:EU:C:2024:846, Rn. 83 zur Frage, wann ein Datum i. S. v. Art. 9 Abs. 1 DSGVO zu klassifizieren ist, hingewiesen.

sofern der Klarname, etwa durch betriebliche E-Mail-Richtlinien, als Bestandteil in die E-Mail-Adresse integriert ist. Bei PGP könnten zudem weitere, nicht standardisierte Daten, wie bspw. Gesichtsbilder, enthalten sein.

Der zweite Faktor konturiert sich an dem Gefährdungspotenzial für personenbezogene Daten, das aus ihrem jeweiligen Verarbeitungskontext erwächst. In Abhängigkeit vom Verantwortlichen, den eingesetzten Verfahren und dem der Verarbeitung zugrundeliegenden Zweck variieren die Risiken für die individuellen Persönlichkeitsrechte der Betroffenen.[183] So ist die Hinterlegung des Namens bei einer CA zur Erlangung eines Klasse-2-Zertifikats mit einem normalen Schutzbedarf einzustufen, wohingegen dieselbe Information im Kontext einer strafrechtlichen Ermittlung eines wesentlich höheren Schutzniveaus bedarf.[184] Ist der Schutzbedarf eines personenbezogenen Datums ermittelt, hat es sich in der Praxis etabliert, sie nach Schutzbedarfskategorien zu unterteilen.[185] Häufig wird eine Einteilung in die drei Schutzbedarfskategorien normaler Schutzbedarf[186], hoher Schutzbedarf[187] und sehr hoher Schutzbedarf[188] vollzogen.

Die technischen und organisatorischen Maßnahmen zur Erreichung eines angemessenen Schutzniveaus i. S. d. Verordnung sind risikoabhängig auszuwählen. Im Kern dieses Risikobegriffs stehen – ganz im Sinne des wortgleichen Art. 24 Abs. 1 Satz 1 DSGVO – der Betroffene und die Eintrittswahrscheinlichkeit sowie Schwere möglicher Beeinträchtigungen für seine Rechte und Freiheiten.[189] Für die Beurteilung des Risikos durch die Verarbeitung sind gem. Art. 32 Abs. 2 DSGVO insbesondere Vernichtung, Verlust, Veränderung oder unbefugtes Offenlegen oder Zugänglichmachen von personenbezogenen Daten zu berücksichtigen, sei dies nun unbeabsichtigt oder unrechtmäßig erfolgt. Mit dieser Berücksichtigung des Risikos greift Art. 32 DSGVO über die in Art. 5 Abs. 1 lit. f

---

[183] Weiterführend zum Risikobegriff der Grundverordnung *Bieker/Bremert*, ZD 2020, 8 f.

[184] Zu den im Rahmen der Erstellung von Klasse 2 benötigten personenbezogenen Daten s. *Pohlmann* 2019, 459.

[185] *Grünendahl/Steinbacher/Will* 2017, 104; weiterführend s. *Conrad*, in: Auer-Reinsdorff/Conrad 2019, Teil F § 33 Rn. 188 ff.

[186] Normaler Schutzbedarf besteht bei (gewöhnlich) begrenzter und überschaubarer Schadensauswirkung.

[187] Hoher Schutzbedarf besteht bei beträchtlichen Schadensauswirkungen.

[188] Sehr hoher Schutzbedarf besteht, wenn die Schadensauswirkungen ein existenziell bedrohliches, katastrophales Ausmaß erreichen.

[189] Weiterführend zum risikobasierten Ansatz in der DSGVO *Veil*, ZD 2015, 347; zum Risikobegriff im Datenschutz s. *Bieker/Bremert*, ZD 2020, 8 f.

DSGVO genannten Schutzziele der Integrität und Vertraulichkeit zudem implizit die Verfügbarkeit auf.[190]

Risiken für personenbezogene Daten der Nutzer können sich im Kontext der zu gestaltenden Technik an unterschiedlichen Stellen ergeben. Zum einen rückt hier das Schlüsselmaterial selbst in den Fokus, zum anderen birgt die Technik als Bestandteil von Kommunikationsinfrastrukturen Risiken für die übertragenden E-Mail-Inhalte. Das Ziel der von der Technik verarbeiteten öffentlichen Schlüssel ist es, möglichst vielen (potenziellen) Kommunikationspartnern zugänglich gemacht zu werden.[191] Daher ist das Risiko der unberechtigten Offenlegung und Zugänglichmachung geringer zu gewichten als der Verlust, die Veränderung oder Vernichtung. Gleichwohl können die Risiken für öffentliche Schlüssel als hoch zu bewerten sein, sofern diese weitere personenbezogene Daten wie etwa Name, Anschrift, E-Mail-Adresse oder – im Falle von PGP – gar ein Gesichtsbild enthalten. Ein durchweg hohes Risiko für die Anwender stellt indes ein unberechtigter Umgang mit privaten Schlüsseln dar. Insbesondere deren Offenlegung oder Zugänglichmachen ermöglicht das Dechiffrieren von E-Mails sowie das Versenden von verschlüsselten E-Mails unter falscher Identität. Private Schlüssel stellen mithin das größte Einfallstor für Risiken für personenbezogene Daten der Betroffenen dar. Die Konsequenz hieraus ist das unbedingte Verbleiben des privaten Schlüssels im alleinigen Herrschaftsbereich des jeweiligen Anwenders. Eine Verwaltung dreierlei Schlüssel im Rahmen des hier entwickelten Technikeinsatzes wäre daher nur unter größtmöglichen Sicherungsmaßnahmen aller beteiligten Komponenten denkbar. Vor diesem Hintergrund wäre eine Verwaltung privater Schlüssel zwar aus Benutzbarkeitsaspekten (K1) förderlich, da die Laientauglichkeit des Schlüsselmanagements verbessert werden würde, allerdings würde die Vertraulichkeit (K3) durch die hier geschilderten, erhöhten Risiken entsprechend leiden, was letztlich auch zu einer geringeren nutzerseitigen Akzeptanz führen könnte. Daher wird im Rahmen dieses Kriteriums die zu Beginn der Technikgestaltung aufgestellte Gestaltungsprämisse, vorrangig öffentliche Schlüssel durch die Technik zu verwalten, aufrechterhalten.

Darüber hinaus können sich Risiken für personenbezogene Daten durch die gezielte Manipulation sowie Funktionsfehler der Infrastruktur, derer sich die Technik bedient, ergeben.[192] Die Risiken beträfen vor allem E-Mail-Inhalte. Vor dem Hintergrund, dass jeder Akteur der Technik (Nutzer, E-Mail-Provider, DNS-Anbieter, Verzeichnisdienste) sowie der Übertragungsweg zwischen ihnen

[190] *Hansen*, in: Simitis/Hornung/Spiecker 2025, Art. 32 DSGVO Rn. 12.

[191] *Esslinger* 2025, 28.

[192] S. zu derlei Risiken Abschnitt 6.2.2, 6.2.3 und 6.2.5.

potenziell verwundbar ist, muss von einer hohen Risikoeintrittswahrscheinlichkeit für die im Rahmen des Systems verarbeiteten personenbezogenen Daten der Betroffenen ausgegangen werden.

Zu den dynamischen Bezugsgrößen, die ein angemessenes Schutzniveau determinieren, gehört neben der Feststellung des Schutzbedarfs und der Risikobewertung auch der „Stand der Technik".[193] Dieser Begriff hat bereits in mehreren Gesetzen seinen Niederschlag gefunden.[194] Im Kern bezeichnet er das „Niveau einer anerkannten und in der Praxis bewährten, fortschrittlichen technischen Entwicklung, das das Erreichen des gesetzlich vorgegebenen Ziels gesichert erscheinen lässt".[195] Der „Stand der Technik" ist seinerseits von der Generalklausel „allgemein anerkannte Regeln der Technik" – welcher in der Regel mit einem geringeren Gefährdungspotenzial einhergeht – und dem „Stand von Wissenschaft und Technik" – welcher seinerseits auf Fällen mit sehr hohem Gefährdungspotenzial Verwendung findet – abzugrenzen.[196] Sein Anforderungsniveau ist in der Folge zwischen den genannten Begriffen verortet.[197] Der Stand der Technik ist, ebenso wie das Risiko, das sich aus dem Verarbeitungsumfeld ergibt, nicht statisch, sondern einem stetigen technologischen Wandel unterworfen. Diese Fluidität muss auch die Technikgestaltung berücksichtigen, indem im Gestaltungsprozess keine technischen und organisatorischen Maßnahmen – insbesondere auf der technisch konkreten Zielebene – vorgeschlagen werden, die durch ihre Beschaffenheit oder Verzahnung mit anderen Maßnahmen eine Anpassung auf zukünftige Sicherheitsstandards erschweren oder gar verhindern.

Um den Übersetzungsvorgang abstrakter rechtlicher Vorgaben hin zu technischen Gestaltungszielen zu ermöglichen, bietet es sich im Rahmen des Kriteriums der Daten- und Systemsicherheit an, die in Art. 32 DSGVO aufgegriffenen und weiter ausgeführten Schutzziele aus Art. 5 Abs. 1 lit. f DSGVO zum Anknüpfungspunkt technischer Ziele zu machen. Die Schutzziele stellen – wie einleitend beschrieben – durch ihre mitunter wortgleiche Entsprechung in der IT-Sicherheit einen interdisziplinären Anknüpfungspunkt zwischen Datenschutzrecht und Technik dar. Allerdings bergen wortgleiche Entsprechungen auch ein Risiko der

[193] S. dazu *Martini*, in: Paal/Pauly 2021, Art. 32 Rn. 56 ff.

[194] So etwa in § 3 Abs. 6 Satz 1 BImSchG oder § 8a Abs. 1 Satz 2 BSIG, § 19 Abs. 4 2. Hs. TDDDG und § 165 Abs. 1 und Abs. 2 Satz 3 TKG.

[195] BT-Drs. 16/887, 30; weiterführend zum autonom auszulegenden Begriffsverständnis im Rahmen der DSGVO *Piltz*, in: Gola/Heckmann 2022, Art. 32 DSGVO Rn. 15.

[196] S. zu den einzelnen Generalklauseln BMJ 2024, 96.

[197] BMJ 2024; s. zur Abgrenzung zudem LG Koblenz, IMR 2009, 283.

falschen Übersetzung, sofern die Begriffe in ihrer Disziplin unterschiedliche Bedeutungen haben.[198]

8.4.3.2.1 Vertraulichkeit

Im Rahmen des Kriteriums der Daten- und Systemsicherheit müssen die auf Zielebene zu formulierenden technischen Maßnahmen die Vertraulichkeit der verarbeiteten personenbezogenen Daten gewährleisten.[199] Vertraulichkeit im Kontext der Datensicherheit bedeutet, das personenbezogene Daten nur Befugten im erforderlichen Umfang zur Verfügung stehen und vor einer unbefugten Preisgabe zu schützen sind.[200] In diesem Kontext sind der Zugriff auf und der Zugang zum Schlüsselmaterial auf Nutzer der Infrastruktur zu begrenzen. Die Kenntnisnahme durch Dritte muss demnach durch entsprechende Authentifizierungsmethoden ausgeschlossen werden. Hierdurch wird das Risiko eines unkontrollierten Abfließens der Daten und damit ein Kontrollverlust über das Schlüsselmaterial und die in ihnen enthaltenen personenbezogenen Daten minimiert. Ein (befugter) Umgang im Rahmen der Vertraulichkeit als Ausprägung des Kriteriums der Daten- und Systemsicherheit soll demnach nur Akteuren der Lösungsinfrastruktur möglich sein.

Für die Betreiber in Gestalt der Mail-Provider oder Hoster von Schlüsselservern muss technisch eine umfassende Zugangs- und Zugriffsmöglichkeit vorgesehen werden, um die Administration der Infrastrukturkomponenten des Systems zur Schlüsselverteilung zu gewährleisten. Allerdings ist dieser Zugang und Zugriff im Licht der Zweckbindung (K6) auszugestalten, die eine anlasslose oder zweckfremde Verarbeitung ausschließt oder zumindest – etwa im Rahmen

[198] So ist bspw. der Begriff der Transparenz im Datenschutzrecht und in der Informatik bekannt. Transparenz bedeutet in der Informatik die Nichtwahrnehmung von Systemkomponenten durch den Nutzer und weicht damit von der datenschutzrechtlichen Übersetzung in die Informiertheit des Betroffenen über die Verarbeitung ab. S. dazu *Reichwald/Möslein/Sachenbacher u. a.*, 1998, 250.

[199] Die Vertraulichkeit personenbezogener Daten ist in Anhang I Teil I Abs. 2 lit. e CRA neben der in den folgenden Abschnitten thematisierten Integrität personenbezogener Daten in Anhang I Teil I Abs. 2 lit. f CRA und die Verfügbarkeit der zugrundeliegenden Systeme in Anhang I Teil I Abs. 2 lit. h und i CRA sowie implizit deren Belastbarkeit in Anhang I Teil I Abs. 2 lit. k CRA als grundlegende Cybersicherheitsanforderung von Produkten mit digitalen Elementen vorgesehen.

[200] Eine Legaldefinition der Verfügbarkeit enthallt die DSGVO nicht. Das datenschutzrechtliche Begriffsverständnis ist der Informationssicherheit entlehnt, BSI 2023, Glossar, 8; *Martini*, in: Paal/Pauly 2021, Art. 32 DSGVO Rn. 35d; *Mantz*, in: Sydow/Marsch 2022, Art. 32 DSGVO Rn. 15; *Piltz*, in: Gola/Heckmann 2022, Art. 32 DSGVO Rn. 31.

einer Zugriffsprotokollierung – nachvollziehbar macht.[201] In dieser Ausgestaltung vermag die Vertraulichkeit ferner das Kriterium der Datenrichtigkeit (K8) zu fördern.[202] Die Nutzer sind im Sinne der Vertraulichkeit des Systems befugt, auf ihr eigenes Schlüsselmaterial zuzugreifen und das anderer Nutzer einzusehen. Allerdings begrenzt sich der erforderliche Zugang zu den öffentlichen Schlüsseln anderer Nutzer an dem Einsatzszenario, den oder die öffentlichen Schlüssel eines Kommunikationspartners für eine konkrete Ende-zu-Ende-verschlüsselte E-Mail-Kommunikation zu erlangen. Ein Kommunikationsvorgang muss sich also konkret anbahnen, damit ein Zugang zum Schlüsselmaterial ermöglicht werden kann. Hierdurch soll verhindert werden, dass Nutzer – etwa durch eine Wildcard-Abfrage – Zugang zu Schlüsselmaterial anderer Nutzer erhalten, mit denen keine Kommunikation beabsichtigt ist.[203] Diese Facette der Daten- und Systemsicherheit steht dabei nicht im Widerspruch zu den Kriterien der Barrierefreiheit (K2) und Benutzbarkeit (K1), die ihrerseits einen einfachen Zugang für Nutzer der Infrastruktur vorsehen, da die Vertraulichkeit einen unbefugten – insbesondere anlasslosen – Zugriff auf die Schlüsselinformationen zu verhindern sucht und nicht die Nutzbarkeit der Systemkomponenten als solche einschränkt.

Schließlich muss die Vertraulichkeit auch im Rahmen der Speicherung auf den Schlüsselservern und des Übertragungsvorgangs im Fall eines Nutzerabrufs sichergestellt werden. Hierzu kann auf die Ausführungen zum e-Privacy-VO-E in Abschnitt 8.4.3.1 verwiesen werden.

8.4.3.2.2 Integrität und Unversehrtheit

Das Schutzziel der Integrität im Rahmen der Daten- und Systemsicherheit verlangt, dass die Veränderung – sei es in Gestalt der Verfälschung, Ergänzung oder Beschränkung – von personenbezogenen Daten durch Dritte oder durch eine unbefugte Weiterverarbeitung von Seiten der Verantwortlichen in Gestalt der Unversehrtheit der Daten auszuschließen ist.[204] Wie die übrigen Schutzziele, die dieses Kriterium ausformen, muss auch die Integrität i. S. d. Korrektheit nicht nur die personenbezogenen Daten selbst, sondern auch die sie verarbeitenden

---

[201] S. zum Kriterium der Zweckbindung (K6) 8.6.

[202] S. zum Kriterium der Datenrichtigkeit (K8) 8.8.

[203] Durch Einfügen eines Platzhalters (Wildcard), bspw. für den Local-Part der E-Mail-Adresse, könnten der Schlüsselserver nach allen E-Mail-Adressen mit dem gleichen Domänenteil suchen und diese entsprechend ausliefern. S. zu Wildcard allgemein *Küveler/Schwoch* 1996, 45.

[204] *Frenzel*, in: Paal/Pauly 2021, Art. 5 DSGVO Rn. 47 unter Herleitung des Begriffs der Unversehrtheit; *Hansen*, in: Simitis/Hornung/Spiecker 2025, Art. 32 DSGVO Rn. 46.

Systemkomponenten miteinbeziehen.[205] Weitere gesetzlichen Normen wie Art. 5 Abs. 3 e-Privacy-RL oder § 25 TDDDG greifen die Systemintegrität ebenfalls auf, beschränken sich dabei aber nicht auf einen Personenbezug der Daten. Insoweit geht die Integrität als Ausprägung von Art. 5 Abs. 1 lit. f und Art. 32 Abs. 1 lit. b DSGVO anderen Normen im Kontext der Verarbeitung personenbezogener Daten vor.[206]

Die konkreten Maßnahmen, die auf Zielebene die Integrität als Ausprägung der Daten- und Systemsicherheit ausformen, müssen also die Korrektheit der zugrundeliegenden personenbezogenen Daten, die durch die Infrastruktur verarbeitet werden, gewährleisten. Damit ergeben sich mitunter Überschneidungen zu den Maßnahmen der bereits beschriebenen Vertraulichkeit. So sind Maßnahmen, die einen unbefugten Zugang zu oder Zugriff auf das Schlüsselmaterial verhindern – etwa durch Zugriffs- und Berechtigungskonzepte – auch geeignet, die Integrität dieser Daten zu fördern. Im Rahmen der Integrität müssen die Systemkomponenten auch derart beschaffen sein, dass Angriffe – die geeignet sind, die personenbezogenen Daten derart zu verändern, dass der Zweck der Verschlüsselung für die Nutzer nicht mehr erreicht werden kann oder das Vertrauen in die Nutzung des zu gestaltenden Systems schwindet – möglichst unterbunden werden.[207] Dies gilt sowohl für das Schlüsselmaterial als auch für weitere durch die Systemkomponenten verarbeiteten personenbezogenen Daten, wie Protokollierungsdaten, die der Nachweisbarkeit dienen.

Neben der Anforderung der Härtung der Systemkomponenten gegen derartige Angriffe ist eine Ausprägung der Integrität auch die Gewährleistung der Wahrnehmung des Betroffenenrechts auf Berichtigung personenbezogener Daten aus Art. 16 DSGVO.[208]

8.4.3.2.3 Verfügbarkeit und Belastbarkeit

Die Verfügbarkeit personenbezogener Daten wird, ebenso wie das aus der Informationssicherheit bekannte Schutzziel der Belastbarkeit, in Art. 5 Abs. 1 lit. f DSGVO nicht gesondert erwähnt.[209] Allerdings werden beide Begriffe in Art. 32 Abs. 1 lit. b DSGVO im Kontext der datenverarbeitenden Systeme bemüht.

---

[205] S. auch *Hansen*, in: Simitis/Hornung/Spiecker 2025, Art. 32 DSGVO Rn. 46.

[206] Weiterführend hierzu *Hanloser*, ZD 2021, 399 f.

[207] Weiterführend zu Erpressungsdelikten durch die Verschlüsselung mit sog. Kryptotrojanern s. *Lucks* 2020, 408.

[208] Hier besteht eine direkte Überschneidung zu dem Kriterium der Datenrichtigkeit (K8).

[209] Kritisch hierzu *Roßnagel*, in: Simitis/Hornung/Spiecker 2025, Art. 5 DSGVO Rn. 167; eher an der Informationssicherheit orientiert *Hladjk*, in: Ehmann/Selmayr 2024, Art. 32 DSGVO Rn. 11.

Zudem statuiert Art. 32 Abs. 1 lit. c DSGVO, die Verfügbarkeit personenbezogener Daten nach einem Zwischenfall „rasch“ wiederherstellen zu können. In der Gestalt referenzieren die Normen und die entsprechenden Begriffe primär auf die zugrundeliegenden Systeme und Dienste und nicht auf die Verarbeitung personenbezogenen Daten selbst.[210] Der Umstand, dass die Grundverordnung die Verfügbarkeit und Belastbarkeit der datenverarbeitenden Systeme nur am Rande erwähnt und die Begriffe zudem terminologisch der Informationssicherheit entstammen, führt dazu, dass sie im Rahmen der rechtsverträglichen Technikgestaltung auf der Schwelle zwischen rechtlichen Kriterien und technischen Zielen stehen. Daher soll an dieser Stelle auch keine begriffsdefinitorische Annäherung an die Informationssicherheit vollzogen werden, da ansonsten bereits ein Sprachwechsel, vom Recht hin zur Technik, erfolgen würde. Im Rahmen des Kriteriums der Daten- und Systemsicherheit sollen die Verfügbarkeit und die Belastbarkeit daher als geistiges „Sprungbrett“ für technische Gestaltungsziele stehen und auf der nächsten Konkretisierungsebene mit weiteren Kriterien angereichert werden. Folglich sollen auf der nächsten Konkretisierungsebene keine mit klassischen Schutzzielen der Informationssicherheit synonymen Ziele stehen.

Vor dem Hintergrund dieses Kriteriums sollen die in Art. 32 Abs. 1 lit. b und c DSGVO enthaltene Verfügbarkeit und Belastbarkeit nur insoweit konturiert werden, dass die Technik derart beschaffen sein soll, dass der Nutzer den uneingeschränkten und dauerhaften Zugriff auf seine personenbezogenen Daten hat. Im Umkehrschluss muss die Funktionsfähigkeit der Technik in Gestalt der Verfügbarkeit auch das Auffinden und Beziehen der öffentlichen Schlüssel der Kommunikationspartner ermöglichen. Zudem muss das System entsprechend resilient ausgestaltet sein, um ordnungsgemäß funktionieren zu können.[211]

8.4.3.3 Mittelbare Datensicherheit durch (betreiberseitige) berufsrechtliche Besonderheiten

Im Rahmen der Daten- und Systemsicherheit gilt es abseits der Verpflichtungen – die aus der Datenschutzgrundverordnung resultieren – spezialgesetzliche Normen und branchenspezifische Regularien, die die Datensicherheit der zu gestaltenden Infrastruktur beeinflussen, zu berücksichtigen. Normen, die sich mit der Regulierung der IT-Sicherheit oder Informationssicherheit befassen, sollen im Sinne

[210] *Piltz*, in: Gola/Heckmann 2022, Art. 32 DSGVO Rn. 30.

[211] *Hansen*, in: Simitis/Hornung/Spiecker 2025, Art. 32 DSGVO Rn. 48.

dieses Kriteriums ausschließlich auf ihren Beitrag zum Schutz personenbezogener Daten beleuchtet werden.[212]

Eine Handreichung hierfür kann im Rahmen des IT-Sicherheitsgesetzes neu geschaffenen § 8a Abs. 2 BSIG gefunden werden. Diese Norm offeriert die Möglichkeit, branchenspezifische Mindestsicherheitsstandards für die Betreiber kritischer Infrastrukturen zu formulieren und sie dem BSI zu unterbreiten, das diese für verbindlich erklären kann. Der anerkannte Sicherheitsstandard geht dann den allgemeinen Anforderungen des § 8a Abs. 1 BSIG vor.[213] Das Prinzip des branchenüblichen Mindestsicherheitsstandards für die technischen und organisatorischen Maßnahmen beinhaltet zugleich das grundverordnungsbasierte Gebot der Berücksichtigung der Implementierungskosten gem. Art. 32 Abs. 1 DSGVO. Die jeweiligen Branchenstandards haben den Kostenfaktor im Sinne der Verhältnismäßigkeit in Relation zu einem adäquaten Schutzniveau gesetzt. In der Folge sind die Implementierungskosten für das letztlich selbst auferlegte Schutzniveau der technischen und organisatorischen Maßnahmen als verhältnismäßig zu bewerten. Im Kontext der zu gestaltenden Infrastruktur zur Schlüsselverteilung ist § 8a Abs. 1 BSIG für die DNS-Betreiber und große E-Mail-Provider, der Systemarchitektur als kritische Infrastruktur, direkt bindend.[214] Für diese Akteure besteht mit dem branchenspezifischen Sicherheitsstandard für Housing, Hosting und CDN ein entsprechend vom BSI genehmigter Branchenstandard.[215] Die in dem Branchenstandard aufgestellten verbindlichen Normen vermögen auch für die Sicherheit personenbezogener Daten – etwa durch konkrete Maßnahmen zur Ausfallsicherheit oder gegen die unbefugte Offenlegung von Informationen, die eine Bedrohung für Kundendaten darstellen – einen Beitrag zu leisten. Auch diese – der Datensicherheit mittelbar dienlichen – technischen und organisatorischen Sicherungsmaßnahmen orientieren sich am bereits aus der Grundverordnung bekannten Stand der Technik. Ergreifen Akteure der zu gestaltenden Infrastruktur

---

[212] Zur Abgrenzung von IT-Sicherheit und Datensicherheit s. die obigen Ausführungen unter 8.4.1 und weiterführend zur Informationssicherheit *Jandt*, in: Hornung/Schallbruch 2021, Teil 2 § 17 Rn. 1–5.

[213] *Roos*, MMR 2014, 726.

[214] Maßgeblich für die Anwendbarkeit von § 8 BSIG und der damit einhergehenden Branchenstandards für den Akteur ist die Einordnung in eine Kategorie von Anhang 4 Teil 3 Spalte B der BSI-KritisV oder die Überschreitung der jeweils einschlägigen Schwellenwerte nach Anhang 4 Teil 3 Spalte D der BSI-KritisV.

[215] S. hierzu den Branchenstandard des UP KRITIS, Branchenspezifischer Sicherheitsstandard (B3S) für Housing, Hosting und CDN, Bonn 2022, https://www.bsi.bund.de/SharedDocs/Downloads/DE/BSI/KRITIS/Themen-Downloads/IT-TK/b3s-hosting-housing-cdn.pdf?__blob=publicationFile&v=3, 52.

technische und organisatorische Maßnahmen auf Basis derartiger Vorschriften, die IT- oder Informationssicherheit zum Gegenstand haben, müssen sich die Maßnahmen, die speziell dem Schutz personenbezogener Daten dienen (und sei es auch nur mittelbar), an Art. 32 DSGVO messen lassen. Im Angesicht einer rasant fortschreitenden technischen Entwicklung und eines damit einhergehenden Bedrohungspotenzials sollte – zumindest für Anbieter kritischer Infrastrukturen – eine Erhöhung der IT-Sicherheit – die letztlich auch der Datensicherheit dienlich wäre – über dem festgeschriebenen Stand der Technik hinaus angestrebt beziehungsweise gefördert werden.[216]

Weitere Gesetze, die für einige Akteure der Infrastruktur von Relevanz sein können (wie § 19 Abs. 4 Satz 2 TDDDG und §§ 165 ff. TKG) und das allgemeine Schutzkonstrukt des Art. 32 DSGVO bereichsspezifisch ergänzen, knüpfen das Sicherungsniveau ebenfalls an den Stand der Technik. Insoweit haben diese bereichsspezifischen Normen keine Erhöhung des Schutzniveaus der Datensicherheit gegenüber dem allgemeinen Niveau der Grundverordnung zur Folge, sondern nehmen hier eine bereichsspezifische Konkretisierung des bereits Bekannten vor.

8.4.3.4 Berufs- und verbandsrechtliche Besonderheiten (nutzerseitig)

Im Rahmen der Technikgestaltung sind besondere Sicherungsanforderungen nicht ausschließlich auf Seiten der Betreiber der Infrastruktur zu suchen. Auch spezielle Datensicherheitsbedürfnisse, die aus einer berufsständischen Kodifizierung resultieren, sind entsprechend mit zu berücksichtigen. Art. 32 Abs. 3 DSGVO enthält die Aufforderung an Verbände und andere Vereinigungen, die Kategorien von Verantwortlichen oder Auftragsverarbeitern vertreten, sich eine Selbstverpflichtung in Form von Verhaltensregeln aufzuerlegen.[217] Bisher hat von dieser Möglichkeit lediglich die Bundesnotarkammer Gebrauch gemacht.[218] Bedauerlicherweise schweigen die Verhaltensregeln der Bundesnotarkammer zu technischen und organisatorischen Maßnahmen bei der Verschlüsselung von E-Mails. Gerade vor dem Hintergrund der in § 203 Abs. 1 Nr. 3 StGB festgelegten Berufsgeheimnisträgereigenschaft ergibt sich ein entsprechender Regelungsbedarf, der auch Ansprüche an die Verschlüsselung der elektronischen Kommunikation

---

[216] Zur Erhöhung des Sicherungsniveaus vor dem Hintergrund des IT-SiG s. *Neumann*, Drs. 18(4)284 F des Innenausschusses v. 17.04.2015, S. 3.

[217] *Lepperhoff*, in: Gola/Heckmann 2022, Art. 40 DSGVO Rn. 1 ff.; weiterführend *Bergt*, DSRITB 2016, 483 ff.

[218] BfDI, ZD-Aktuell 2022, 01150; Redaktion, DNotZ 2022, 405 ff.

umfasst. Nichtsdestotrotz müssen die Komponenten der zu gestaltenden Infrastruktur kompatibel mit den übrigen in den Verhaltensregeln festgeschriebenen Maßnahmen sein. Das Außerachtlassen der Ende-zu-Ende-verschlüsselten E-Mail-Kommunikation führt dort zu Friktionen, wo die Verhaltensregel eingehende E-Mails und entsprechende Anhänge durch entsprechende Software vor dem Öffnen auf Schadsoftware in Form einer Soll-Vorschrift geprüft wissen will.[219] Ein derartiges Vorgehen ist bei Ende-zu-Ende-verschlüsselten E-Mails, die per PGP oder S/MIME verschlüsselt werden, grundsätzlich nicht möglich. Zwar ist der verschlüsselte Mailversand an sich nicht Teil des zu gestaltenden Systems – sondern das vorgelagerte Problem der Schlüsselverteilung –, allerdings soll die Technik gerade diesen sicheren Kommunikationskanal fördern, wovon insbesondere zur Verschwiegenheit verpflichtete Berufsgruppen profitieren. Demgemäß müssen rechtliche Widerstände, die bereits den Einsatz der zu gestaltenden Technik verhindern oder erschweren, auf der Ebene der Kriterien in einen Ausgleich gebracht werden.

Ein Abweichen von problematischen Soll-Vorschriften ist nur dann möglich, sofern es durch nachvollziehbare, sachliche Gründe – unter Berücksichtigung der Schutzinteressen der Betroffenen – gerechtfertigt werden kann und ein Unterschreiten des in der Grundverordnung bezweckten Schutzniveaus verhindert werden kann.[220] Die Ende-zu-Ende-verschlüssele E-Mail-Kommunikation reduziert das Risiko für die Betroffenen signifikant – besonders im Falle von fehlversendeten E-Mails oder Man-in-the-Middle-Attacken – gegenüber einer bloßen Transportverschlüsselung.[221] Berufsgeheimnisträger unterfallen der Verschwiegenheitspflicht des § 203 StGB und machen sich bei einer unbefugten Offenbarung eines ihnen im Rahmen ihrer beruflichen Tätigkeit anvertrauten Geheimnisses strafbar.[222] Auch im Unternehmensalltag von Berufsgeheimnisträgern ist die E-Mail-Kommunikation in aller Regel ein fester Bestandteil der Kommunikation. Die hierbei übermittelten personenbezogenen Daten sind – wie oben aufgezeigt – durch geeignete technische und organisatorische Maßnahmen gem. Art. 32 DSGVO zu schützen. Stellen diese personenbezogenen Daten zudem Geheimnisse i. S. d. § 203 Abs. 1 StGB dar, so kommt dem Aspekt einer sicheren

[219] Entscheidend sind hier die konkreten Maßnahmen zur Integrität; Redaktion, DNotZ 2022, 408.

[220] S. unter V. *Redaktion*, DNotZ 2022, 408.

[221] Unter anderem zur Fehlversendung von E-Mails *Jandt*, in: Kühling/Buchner 2020, Art. 4 Nr. 12 DSGVO Rn. 8; zur Gefahr von Bußgeldern wegen unzureichender Datensicherheit *Wybitul*, NJW 2020, 2580.

[222] *Grosskopf/Momsen*, CCZ 2018, 98.

und vertrauensvollen Kommunikation eine andere Qualität zu.[223] Insoweit stellt der Einsatz einer Ende-zu-Ende-verschlüsselten E-Mail-Kommunikation mehr eine notwendige Maßnahme i. S. v. Art. 32 DSGVO und § 203 StGB denn eine nachvollziehbare und sachlich begründbare Abweichung i. S. d. Verhaltensregeln der Bundesnotarkammer dar.

Die damit verbundene Frage, ob Berufsgeheimnisträger bei transportverschlüsselten E-Mails ihre Sorgfaltspflichten vernachlässigen, betrifft nicht nur die Berufsgruppe der Notare – die immerhin über eine entsprechende Selbstverpflichtung zur Konkretisierung des Art. 32 DSGVO verfügen – sondern alle Berufsgeheimnisträger. Dies wird jedenfalls nicht anzunehmen sein, sofern der Betroffene in eine unverschlüsselte Übermittlung einwilligt und im Vorhinein auf die damit verbundenen Risiken hingewiesen wird.[224] Abseits einer vom Betroffenen gebilligten oder initiierten unverschlüsselten Kommunikation setzt sich in den Vertretungen der Berufsgeheimnisträger vermehrt die Auffassung durch, dass eine verschlüsselte Übermittlung in Gestalt einer Transportverschlüsselung als eine dem Stand der Technik angemessene Sicherungsmaßnahme zu qualifizieren ist, die demzufolge auch einem dem Risiko angemessenes Schutzniveau i. S. v. Art. 32 DSGVO entspricht.[225]

Als Konsequenz resultieren aus den diskutierten Berufs- und verbandsspezifischen Besonderheiten keine Implikationen für diese Technikgestaltung. Es besteht hier vielmehr ein regulatorischer Handlungsbedarf, der dem erhöhten Risiko für die Kommunikation von Berufsgeheimnisträgern durch angemessene, dem Stand der Technik entsprechende Maßnahmen im Bereich der E-Mail-Kommunikation begegnet.

---

[223] S. *Tausch/Tausch*, BC 2018, 440 (441); so ist etwa nach Ansicht des HmbBfDI eine Ende-zu-Ende-Verschlüsselung bei der E-Mail-Kommunikation gegenüber einer reinen TLS-Verschlüsselung klar zu bevorzugen, HmbBfDI, Versendung von unverschlüsselten E-Mails bei Berufsgeheimnisträgern; Ihre Anfrage vom 07.11.2017, Az.: D42/2017/1114, Hamburg 2018, https://www.dr-datenschutz.de/wp-content/uploads/2018/02/schreiben-der-aufsichtsbehoerde.pdf, 2.

[224] S. exemplarisch für die Absenkung des Schutzniveaus bei der rechtsanwaltlichen Kommunikation mit Mandanten *Remmertz*, LTZ 2024, 101 f.; s. auch § 2 Abs. 2 Satz 5 und 6 BORA; apodiktisch für die Transportverschlüsselung im Rahmen der Mandantenkommunikation mit Steuerberatern *Bethke*, DStR 2019, 1229.

[225] *Schöttle*, BRAK-Mitt. 2018, 120 f.

8.5 Datenminimierung (K5)

Die Intention des Systems zur Schlüsselverteilung ist es, den Gebrauch von Technologien für den Selbstdatenschutz zu fördern. In diesem Kontext ist es wichtig, dass durch das System nur die Daten verarbeitet werden, die unbedingt für das Auffinden und den Bezug des gesuchten öffentlichen Schlüssels notwendig sind. Die Verarbeitung personenbezogener Daten auf ein Mindestmaß zu beschränken, verringert zudem das allgemeine Risiko des Einsatzes des Systems, was wiederum einen positiven Beitrag für die Daten- und Systemsicherheit (K4) leistet.[226]

8.5.1 Herleitung aus rechtlichen Anforderungen

Das Kriterium der Datenminimierung lässt sich aus der informationellen Selbstbestimmung (A2) der Nutzer des Systems ableiten. Der darin enthaltene Grundsatz, dass jeder Betroffene grundsätzlich selbst über die Preisgabe und Verwendung seiner personenbezogenen Daten frei entscheiden soll, muss auch im Rahmen der Schlüsselverteilung beachtet werden.[227] Die Datenverarbeitung muss der Verteilung des eigenen und dem Auffinden von fremdem öffentlichem Schlüsselmaterial dienen. Die Datenminimierung soll die Verarbeitung auf diese Zwecke beschränken und eine darüberhinausgehende Verarbeitung personenbezogener Daten möglichst vermeiden. Dadurch sollen die Nutzer letztlich die Kontrolle darüber behalten, welche Daten zu welcher Zeit durch das System verarbeitet werden. Die Notwendigkeit zur Datenminimierung ergibt sich ferner aus der kommunikativen Selbstbestimmung (A3) der Nutzer. Besonders vor dem Hintergrund der Gestaltung privatheitsfördernder Technologien – die gerade die Unbefangenheit der Kommunikation zu fördern suchen – würde eine ausufernde Verarbeitung durch Teile der zu gestaltenden Infrastruktur das Vertrauen in die Nutzung beschädigen. Die Datenminimierung soll entsprechend als vertrauensstiftendes Kriterium die Nutzung einer unbefangeneren Kommunikation ermöglichen. Eine Reduktion der durch das System verarbeiteten personenbezogenen Daten vermag zudem das Risikopotenzial, das sich aus einer unbefugten Weiterverarbeitung ergibt, sei es durch Betreiber von Infrastrukturkomponenten (bspw. Betreiber von

[226] So sieht Anhang I Teil 1 Abs. 2 lit. g CRA die Datenminimierung als grundlegende Cybersicherheitsanforderung für Produkte mit digitalen Elementen vor.

[227] BVerfGE 65, 1 (43).

Schlüsselservern) oder durch externe Angreifer, abzumildern. In der risikomindernden Gestalt ist das Kriterium der Datenminimierung auch eine Ausprägung der Gewährleistung der Vertraulichkeit und Integrität informationstechnischer Systeme (A4).

8.5.2 Auswirkungen auf das System zur Schlüsselverteilung

Gem. Art. 5 Abs. 1 lit. c DSGVO muss die dem System zugrundeliegende Datenverarbeitung „dem Zweck angemessen und erheblich sowie auf das für die Zwecke der Verarbeitung notwendige Maß beschränkt sein." Die Datenminimierung stellt somit auf den nicht in Art. 5 DSGVO genannten Grundsatz der Erforderlichkeit der Verarbeitung in Relation zum Zweck ab.[228] Demnach steht die Datenminimierung als Kriterium in einem maßgeblichen Bezug zum Kriterium der Zweckbindung (K6). Im Gegensatz zur Zweckbindung, die das Ziel der Datenverarbeitung festlegt, soll das Kriterium der Datenminimierung die Bedingungen definieren, auf welche Art das Ziel zu erreichen ist. Die in diesem Zusammenhang zu stellende Frage, ob eine konkrete Verarbeitung erforderlich ist, ist zu bejahen, soweit sie *angemessen* ist, um den Zweck zu erreichen, sie in diesem Rahmen zudem *erheblich* ist und auf das *notwendige Maß* begrenzt ist.[229] Das Kriterium fordert im Rahmen der Technikgestaltung dazu auf, einerseits die personenbezogenen Daten selbst qualitativ und quantitativ im Hinblick auf eine Reduzierung des Personenbezugs – und somit auf eine Reduzierung des mit der Verarbeitung verbundenen Grundrechtseingriffs – zu begrenzen und andererseits die Verarbeitungen, die durch die Technik und die Akteure selbst erfolgen, auf das notwendige Maß zu begrenzen.[230]

---

[228] *Roßnagel*, ZD 2018, 341.

[229] *Frenzel*, in: Paal/Pauly 2021, Art. 5 DSGVO Rn. 35-37; so auch *Roßnagel*, ZD 2018, 341; zur praktischen Anwendung der Datenminimierung im Rahmen der Gestaltung von beruflichen Erreichbarkeiten s. *Ossoinig* 2020, 174.

[230] Das Kriterium der Datenminimierung geht insofern über den Grundsatz in Art. 5 Abs. 1 lit. c DSGVO hinaus, als dass er im Rahmen der Erforderlichkeit zudem auf die Verarbeitung referenziert. S. auch *Roßnagel*, in: Simitis/Hornung/Spiecker 2025, Art. 5 DSGVO Rn. 129 ff.

8.5.2.1 Rahmenbedingungen für die Technik der Schlüsselverteilung

Im Rahmen der Technikgestaltung müssen die durch das System zur Schlüsselverteilung verarbeiteten Daten also zunächst *angemessen* im Rahmen der Zweckerreichung sein. Hieraus folgt, dass die mit der Verarbeitung verbundene Belastung für die Nutzer – auch im Hinblick auf eine Verarbeitung nach Treu und Glauben (s. Art. 5 Abs. 1 lit. a DSGVO) – in Relation zum verfolgten Zweck der Schlüsselverteilung stehen muss.[231] Überschießende Kollateraldaten, die objektiv nicht angemessen – also hinsichtlich ihrer Funktion, ihres Inhalts und Umfangs nicht sachgerecht – sind, um die durch das System verfolgten Zwecke zu erreichen, sollen demnach auch nicht verarbeitet werden.[232] In diesem Zusammenhang sollen nicht alle Klardaten, die zur Erfüllung des Primärzwecks der Schlüsselsuche und -verteilung benötigten personenbezogenen Daten auch für Subzwecke, wie bspw. die Störungsprävention, zur Verfügung stehen. Im Sinne der Datenminimierung sind die entsprechenden Einzelnachweise für Zwecke, die die Rahmenbedingungen des Schlüsselabrufs sichern sollen, hinreichend zu pseudonymisieren oder – wo dies möglich ist – zu anonymisieren.[233]

Exemplarisch reichen die Informationen über den Zeitpunkt und die Dauer einer Schlüsselsuche, wie viele Schlüssel innerhalb einer Suche abgerufen werden sollen und ob der jeweilige Schlüsselabruf erfolgreich war oder nicht, für ein Störungsmonitoring aus. Konkrete Informationen über die Schlüsselinhaber – wie bspw. die E-Mail-Adresse oder die Angabe, wie oft nach einem Schlüssel eines bestimmten Kommunikationsteilnehmers gesucht wurde – werden dafür i. d. R. nicht benötigt. Demgemäß muss, über alle Systemkomponenten hinweg, eine technische Reduzierung des Personenbezugs angestrebt werden, bei dem die Erfüllung des jeweils zugrundeliegenden Zwecks – nicht nur die Primärzwecke der Schlüsselsuche und -verteilung, sondern auch weitere Subzwecke der beteiligten Akteure – gerade noch ermöglicht wird.

Vor dem Hintergrund der Angemessenheit sind letztlich auch personenbezogene Daten zu beurteilen, die zum Zweck eines werbefinanzierten Geschäftsmodells durch E-Mail-Provider – die letztlich auch als Multiplikator für eine weite

---

[231] Weiterführend zum Grundsatz von Treu und Glauben s. *Selzer*, in: Selzer 2022, Art. 5 Rn. 12.

[232] Zur begrifflichen Konkretisierung der Angemessenheit *Roßnagel*, in: Simitis/Hornung/Spiecker 2025, Art. 5 DSGVO Rn. 119 unter Verweis auf *Frenzel*, in: Paal/Pauly 2021, Art. 5 DSGVO Rn. 35.

[233] Die Datenminimierung verfolgt die Reduzierung des Personenbezugs und nicht die Minimierung der Daten selbst. S. *Roßnagel*, in: Simitis/Hornung/Spiecker 2025, Art. 5 DSGVO Rn. 125; weiterführend hierzu *Roßnagel u. a.* 2017, 1 ff.

Verbreitung der Lösung in Betracht zu ziehen sind – verarbeitet werden.[234] Dies gilt insbesondere bei einer serverbasierten Nutzung, bei der die Systemkomponenten in die Oberfläche des Webmail-Clients integriert sind. Eine Suche und ein sich daran anschließender Abrufvorgang des Schlüssels des Kommunikationspartners gestatten es dem E-Mail-Provider, eine Vielzahl interaktionsbezogener und gerätebezogener Daten der Nutzer zu verarbeiten. Vor dem Hintergrund der Datenminimierung mag die Information, ob das serverseitige Plugin bereits grundsätzlich vom Nutzer verwendet wird, erheblich (dazu sogleich) sein, um das Vertragsverhältnis zwischen dem Nutzer und dem E-Mail-Provider für eine kostenfreie Nutzung der vom Provider zur Verfügung gestellten Dienste zu erfüllen.[235] Allerdings werden konkrete Daten zu den vom Nutzer angefragten Schlüsseln und den korrespondierenden Kommunikationspartnern regelmäßig als nicht erforderlich im Rahmen der Vertragserfüllung zu beurteilen sein. Demgemäß wäre allenfalls die Information darüber, ob ein Kunde des E-Mail-Providers bereits das angebotene Server-Plugin zur Schlüsselverteilung nutzt oder nicht, als angemessen i. S. d. der kostenlosen Bereitstellung der Dienste zu beurteilen. Für eine möglichst personalisierte Werbung im Interesse des E-Mail-Providers, für die es unter Umständen genauere Daten über das Nutzerverhalten benötigt, trägt die vertragliche Grundlage nicht. Hierfür bedürfte es entsprechend einer freiwilligen und informierten Einwilligung des Nutzers gem. Art. 6 Abs. 1 lit. a DSGVO. Ein wie auch immer geartetes Tracking der Anwendung hat ohne eine entsprechende Einwilligung der Nutzer konsequenterweise zu unterbleiben.

Ferner müssen die Daten, die beim Nutzen der zu gestaltenden Infrastruktur anfallen, auch einen nicht nur geringfügigen Unterschied im Rahmen der zugrundeliegenden Zweckerfüllung ausmachen; sie müssen also *erheblich* sein.[236] Durch das System und insbesondere für die beteiligten Akteure sollen primär nur die personenbezogenen Daten verarbeitet werden, die zur Zweckerreichung der Suche und der sich daran anschließenden Verteilung von Verschlüsselungsschlüsseln dienen. Auch zur Beurteilung der Erheblichkeit gilt – wie schon zuvor bei der Beurteilung der Angemessenheit –, dass die notwendigen personenbezogenen Daten, die für den Zweck der Schlüsselsuche erheblich sind – möglicherweise in teils aggregierter Form – für weitere (Neben-)Zwecke, wie etwa die Störungs-

---

[234] Vgl. zum Spannungsverhältnis zwischen Datenminimierung und datengetriebenen Geschäftsmodellen *Hacker*, ZfPW 2019, 191; *Schmitz/Buschuew*, MMR 2022, 172; weiterführend zum Thema Bezahlen mit personenbezogenen Daten s. *Klink-Straub*, NJW 2021, 3218 ff.

[235] Zur Einordnung der Leistung als Erweiterung des Provider-Vertrags s. Abschnitt 8.7.3.2.

[236] *Roßnagel*, in: Simitis/Hornung/Spiecker 2025, Art. 5 DSGVO Rn. 120; *Spindler/Dalby*, in: Spindler/Schuster 2019, Art. 5 DSGVO Rn. 12.

oder Missbrauchsprävention, genutzt werden können. Soll das System etwa eine ungenaue Abfrage von Schlüsseln – bspw. aller E-Mail-Adressen einer Domäne – vermeiden, bei denen – ohne Angabe einer konkreten E-Mail-Adresse – alle Schlüssel der entsprechenden Domäne ausgeliefert würden, so muss die Technik lediglich derart gestaltet sein, die ungenaue Abfrage zu unterbinden, nicht aber die genauen Umstände dieses Ereignisses zu protokollieren, da das für den Zweck der Störungs- und Missbrauchsprävention nicht erheblich wäre.

Um die unter der Angemessenheit beschriebene Problematik der Datennutzung für werbefinanzierte Geschäftsmodelle einiger E-Mail-Provider aufzugreifen, wäre es auch nicht erheblich, ob ein Kunde eines E-Mail-Providers das Tool nutzt oder nicht. Ob ein Tool oder ein anderes Angebot eines E-Mail-Providers genutzt wird oder nicht, ist für das Anzeigen von Werbung als Gegenleistung für die Nutzung eines W-Mail-Accounts nicht erheblich, denn es spielt für das Zurverfügungstellen eine E-Mail-Accounts keine Rolle, ob die ausgespielte Werbung personalisiert ist oder nicht.

Die Umsetzung des Kriteriums der Datenminimierung erfordert keine Anpassung des zugrundeliegenden Zwecks (diese Frage ist Teil des Kriteriums der Zweckbindung K6). Allerdings können personenbezogene Daten – die zwar als angemessen und erheblich zu qualifizieren sind – eine Aussagekraft, Genauigkeit, einen Umfang oder eine Dichte aufweisen, die für die Zweckerreichung nicht benötigt werden.[237] Demgemäß ist im Rahmen der Technikgestaltung die Frage nach der Beschränkung der personenbezogenen Daten auf das *notwendige Maß* zu stellen. Die Datenverarbeitung, die zur Erfüllung der verschiedenen Zwecke als erforderlich zu qualifizieren ist, muss also derart notwendig sein, dass i.S.e. Ultima Ratio keine alternative Verarbeitung denkbar ist, die den Zweck mit geringer Eingriffstiefe für die Rechte und Freiheiten der Nutzer erreichen könnte. In der Ausprägung kann man von einer Art *Übermaßverbot* im Hinblick auf die personenbezogenen Daten, die durch die zu gestaltende Technik verarbeitet werden sollen, sprechen. In diesem Sinne sollen durch die einzelnen Komponenten und Akteure der Infrastruktur immer nur die personenbezogenen Daten verarbeitet werden, die für die jeweilige Komponente oder den jeweiligen Akteur wirklich zur Zweckerreichung benötigt werden.

Bei der konkreten Bestimmung, was als notwendiges Maß der Datenverarbeitung anzusehen ist, besteht die Gefahr, dass das Kriterium der Datenminimierung mit anderen Kriterien in einem Konflikt steht, da eine Minimierung an sich immer noch besser umgesetzt – und mithin auch nicht (voll) erfüllt – werden

[237] *Roßnagel*, in: Simitis/Hornung/Spiecker 2025, Art. 5 DSGVO Rn. 121.

kann.[238] Eine uferlose Umsetzung der Datenminimierung darf nicht dazu führen, dass der Kernzweck – die Suche nach Schlüsseln und deren Down- bzw. Upload – unnötig erschwert oder gar in Teilen unmöglich gemacht wird. Auch gilt es Konflikte aufzulösen, in denen personenbezogene Daten nicht mehr zur Verfügung stünden oder Verarbeitungsschritte entfielen, die für die Verwirklichung der Daten und Systemsicherheit (K4) benötigt würden, bspw. zur Störungs- oder Missbrauchsprävention.

Spiegelbildlich zum Übermaßverbot verlangt das richtige Maß an personenbezogenen Daten konsequenterweise auch, dass die Komponenten der Technik nicht zu wenig Daten oder solche mit zu geringem informatorischem Wert verarbeiten, sodass sie die zugrundeliegenden Zwecke – allen voran die Schlüsselsuche und den Schlüsselabruf – nicht, nicht rechtzeitig, nicht vollständig oder nur mit unverhältnismäßigem Aufwand erfüllen können.[239] Somit statuiert das Kriterium der Datenminimierung auch eine Art *Untermaßverbot*. In dieser Hinsicht benötigt die Software also nicht lediglich die essenziellen personenbezogenen Daten, um überhaupt die wesentlichen Funktionen – wie Schlüsselupload, Schlüsselsuche, Schlüsseldownload, Schlüssellöschung – erbringen zu können, sondern es muss auch eine rechtzeitige und vollständige Ausführung der vom Nutzer erwünschten Aktionen erfolgen. Rechtzeitig bedeutet vor diesem Hintergrund, dass ein gesuchter Verschlüsselungsschlüssel dem Nutzer binnen einer kurzen Zeit präsentiert wird. Hierbei müssen die verschiedenen Akteure der Lösungsinfrastruktur – allen voran die E-Mail-Provider, die die Schlüsselserver für ihre Domäne verwalten – die gleichen Informationen verarbeiten, um diese Aktion auszuführen. So muss etwa vermieden werden, dass ein E-Mail-Provider neben der E-Mail-Adresse noch weitere Daten zum Auffinden eines gesuchten Schlüssels (etwa Angaben über dessen Gültigkeit) oder dessen Übermitteln an den Nutzer benötigt.

Zudem müssen durch die Infrastrukturkomponenten genügend personenbezogene Daten mit qualitativ ausreichendem Gehalt verarbeitet werden können, damit eine vollständige Bearbeitung von Nutzeranfragen ermöglicht wird. Das nutzerseitige Plugin (server- und clientseitig) muss alle personenbezogenen Daten für den nachgelagerten Prozess des Entschlüsselns einer E-Mail an die dafür notwendige Kryptokomponente des Nutzers ausliefern können. Hierfür sind unter Umständen geeignete Schnittstellen vorzusehen.[240]

---

[238] Zur Abwägung zwischen Funktionalität und Datenschutz s. *Lukas*, ZD 2023, 324; *Roßnagel*, in: Simitis/Hornung/Spiecker 2025, Art. 5 DSGVO Rn. 127 und 21.

[239] S. *Roßnagel*, in: Simitis/Hornung/Spiecker 2025, Art. 5 DSGVO Rn. 121.

[240] S. hierzu das korrespondierende Gestaltungsziel der Interoperabilität der Technikkomponenten (Z18) in Abschnitt 9.18.

Das richtige Maß der Datenverarbeitung bildet aus der Nutzerperspektive betrachtet zudem eine Prämisse für eine gute Benutzbarkeit (K1) und ist auch im Hinblick auf einen möglichst barrierefreien Einsatz der Software (K2) relevant. Das gilt insbesondere vor dem Hintergrund, dass eine Vielzahl von Technologien, die ebenfalls die Verteilung von Verschlüsselungsschlüsseln bezwecken, aufgrund mangelnder Nutzerfreundlichkeit und Laientauglichkeit keine entscheidende Verbreitung gefunden haben.[241] Ziel des zu gestaltenden Systems ist es gerade, diesen Umstand zu beseitigen. Aus der Perspektive der Nutzer darf die Verarbeitung personenbezogener Daten durch die Systemkomponenten deren Leistungsfähigkeit in Relation zum angestrebten Zweck nicht unverhältnismäßig behindern.

Die Vermeidung eines unverhältnismäßigen Aufwands bezieht sich indes nicht allein auf die bereits erwähnte benutzerfreundliche Ausgestaltung der Infrastrukturkomponenten, sondern muss auch den Aufwand der beteiligten Akteure, die zum Erfolg der Lösungsarchitektur beitragen, berücksichtigen. So dürfen die Prozesse, die eine vom Nutzer gewünschte Aktion herbeiführen sollen, oder wesentliche Randbedingungen wie etwa die Störungs- und Missbrauchsprävention, die E-Mail-Provider nicht vor unverhältnismäßige Aufwände stellen. Vielmehr müssen sich die Prozesse möglichst ohne Interferenzen in die Prozesse und Verarbeitungstätigkeiten des jeweiligen Akteurs einfügen lassen.

Indes ist fraglich, wann von einem unverhältnismäßigen Aufwand für die Akteure auszugehen ist. Eine objektive Bestimmung des unbestimmten Rechtsbegriffs „Unverhältnismäßigkeit" ist Aufgabe der Technikgestaltung, da sich nur so für alle Akteure verbindliche technische Zielsetzungen formulieren lassen. Hierfür wird indes wenig Raum bleiben, da sich ein unverhältnismäßiger Aufwand in der Praxis hauptsächlich aus individuellen Begebenheiten (bspw. prozessualer oder technischer Natur) des jeweiligen Akteurs ergeben wird.[242] Hieraus folgt, dass sich die zu gestaltende Technik vor allem durch Adaptivität auszeichnen muss, um einen akteurseitig subjektiven unverhältnismäßigen Aufwand – sei es durch Integration einzelner Komponenten oder im Regelbetrieb – soweit möglich auszuschließen.

Das notwendige Maß an personenbezogenen Daten, das durch die Lösungsinfrastruktur i. S. d. Erforderlichkeit verarbeitet werden soll, bewegt sich demnach

[241] S. *Herfert/Selzer/Waldmann*, DuD 2016, 290 ff.; *Whitten/Tygar* 1999, 183.

[242] Der Begriff des unverhältnismäßigen Aufwands findet an einigen Stellen der DSGVO Erwähnung. S. exemplarisch i. S. d. Art. 14 Abs. 5 lit. b DSGVO für eine objektive Bestimmbarkeit *Franck*, in: Gola/Heckmann 2022, Art. 14 DSGVO Rn. 25; demgegenüber für eine subjektive Bestimmung *Dallmann/Busse*, ZD 2019, 398; offen *Paal/Hennemann*, in: Paal/Pauli 2021, Art. 17 DSGVO Rn. 40d.

in einem Korridor zwischen Untermaß (dem Minimum an Information, das für eine ausreichende Funktionsweise und Nutzerakzeptanz benötigt wird) und Übermaß (also einer Verarbeitung zu weitreichenden Informationen, die im Rahmen der Zweckbindung nicht erforderlich sind oder für die kein hinreichend konkreter Zweck besteht).

8.5.2.2 Speicherbegrenzung als temporale Ausprägung der Datenminimierung

Eine Konkretisierung des Kriteriums der Datenminimierung (Art. 5 Abs. 1 lit. c DSGVO) ergibt sich in zeitlicher Hinsicht aus dem Grundsatz der Speicherbegrenzung in Art. 5 Abs. 1 lit. e DSGVO.[243] Die personenbezogenen Daten sollen demgemäß nur so lange verarbeitet werden, wie sie zur Zweckerreichung erforderlich sind. Somit ergibt sich durch die besondere Beachtung der Speicherbegrenzung als rechtliche Konkretisierung des Kriteriums der Datenminimierung ein direkter Anknüpfungspunkt zum Kriterium der Zweckbindung (K6).[244]

Als Prämisse müssen die einzelnen Komponenten der Infrastruktur zunächst technisch in der Lage sein, die im Rahmen ihrer Nutzung anfallenden personenbezogenen Daten zu löschen oder einen Personenbezug – der eventuell bereits im Rahmen der qualitativen Datenminimierung reduziert worden ist – gänzlich zu entfernen.[245] Anspruch der Technikgestaltung sollte es indes nicht sein, sich in der bloßen Möglichkeit einer Löschung oder Anonymisierung zu erschöpfen. Im Sinne von Art. 25 DSGVO können sowohl technische als auch organisatorische Maßnahmen getroffen werden, um die in diesem Fall relevante Speicherbegrenzung umzusetzen. Eine vorrangig technische Realisierung – etwa durch die Programmierung von automatischen Löschroutinen – erscheint am ehesten geeignet, um eine wirksame Speicherbegrenzung über alle Komponenten (server- und clientbasierte Anwendungen) und Akteure hinweg zu gewährleisten. Demgegenüber könnten organisatorische Maßnahmen – etwa entsprechende Löschkonzepte – nur durch die verschiedenen Akteure, auf die als Teil der Infrastruktur zurückgegriffen werden soll, realisiert werden. Organisatorische Rahmenbedingungen zur Umsetzung der Speicherbegrenzung i. S. d. Kriteriums der Datenminimierung müssten als verbindliche Standards von einer zentralen Stelle festgeschrieben werden, damit die Gefahr individueller Regelungen und

---

[243] *Ossoinig* 2020, 174; *Roßnagel*, in: Simitis/Hornung/Spiecker 2025, Art. 5 DSGVO Rn. 116.

[244] S. hierzu ausführlich K6.

[245] Das Kriterium der Datenrichtigkeit verlangt der Technik ebenfalls eine Löschfähigkeit ab, dies jedoch vor dem Hintergrund der Ausübung von Betroffenenrechten.

Anweisungen (und damit abweichender Löschfristen) durch die verschiedenen Akteure vermieden wird. Zugleich müsste die Einhaltung dieser zentralen Standards – nicht zuletzt im Rahmen der Rechenschaftspflicht aus Art. 5 Abs. 2 DSGVO – auch kontrolliert werden. In der Praxis erscheint daher die technische Festschreibung der Speicherbegrenzung in die verschiedenen Technikkomponenten selbst als erfolgversprechender als eine rein oder zumindest überwiegend organisatorische Realisation.

8.5.2.3 Zugänglichkeit als Voreinstellung i. S. d. Datenminimierung

Im Rahmen der Technikgestaltung widmet sich das Kriterium der Datenminimierung in besonderer Weise der datenschutzfreundlichen Voreinstellung i. S. v. Art. 25 Abs. 2 DSGVO. Hierbei wurden bereits die Dimensionen der Reduzierung des Personenbezugs, der Datenverarbeitung und Speicherbegrenzung diskutiert.[246] Gem. Art. 25 Abs. 2 Satz 2 DSGVO ist zudem die Zugänglichkeit personenbezogener Daten zu beschränken. Diese Ausprägung des Kriteriums der Datenminimierung weist eine direkte Schnittmenge mit der sich aus dem Kriterium der Daten- und Systemsicherheit (K4) ergebenden Vertraulichkeit auf, die allerdings auf eine – über den reinen Personenbezug hinausgehende – systemorientierte Zielsetzung für eine Zugangs- und Zugriffsregulierung abstellt. Die Zugänglichkeit aus Art. 25 Abs. 2 Satz 2 DSGVO bezieht sich auf alle Aspekte der zu gestaltenden Infrastruktur, unabhängig davon, ob personenbezogene Daten durch Algorithmen oder durch natürliche Personen – in Form von Endnutzern oder Beschäftigten von Akteuren – verarbeitet werden.[247]

Die Zugänglichkeit als Ausprägung des Kriteriums der Datenminimierung verfolgt einen nutzerzentrierten Ansatz und unterscheidet sich in dieser Hinsicht vom Kriterium der Daten- und Systemsicherheit (K4), das primär die Akteure der Infrastruktur in den Fokus nimmt. Mit Blick auf die Frage, woher man den öffentlichen Schlüssel des avisierten Kommunikationspartners erhält – ein zentrales Problem der Ende-zu-Ende-E-Mail-Verschlüsselung –, läuft eine Beschränkung der Zugänglichkeit im Kontext der Technikgestaltung zunächst zuwider. Von

---

[246] Die „Dimensionen" in Anlehnung an *Martini*, in: Paal/Pauly 2021, Art. 25 DSGVO, Rn. 48 sind durch treffendere Begriffe nach *Roßnagel u. a.* 2017, 4 angepasst worden, um die Datenminimierung nicht mit einer rein quantitativen Minimierung von Daten gleichzusetzen.

[247] Art. 25 Abs. 2 Satz 3 DSGVO stellt lediglich exemplarisch auf eine besondere Form des Zugänglichmachens gegenüber natürlichen Personen ab und sieht ein Zugänglichmachen durch technische Komponenten deshalb nicht weniger schutzwürdig an. S. *Martini*, in: Paal/Pauly 2021, Art. 25 DSGVO, Rn. 52a; verkennend *Nolte/Werkmeister*, in: Gola/Heckmann 2022, Art. 25 DSGVO, Fn. 33 zu Rn. 31.

einer nutzerzentrierten Betrachtung herkommend, ist es eventuell aber gar nicht gewünscht, dass allen Nutzern des zu gestaltenden Systems sämtliche Schlüssel eines Nutzers zugänglich sind.[248] Das wäre insbesondere von Relevanz, wenn der Nutzer mehrere unterstützte Verfahren zur Ende-zu-Ende-Verschlüsselung nutzt oder mehrere Verschlüsselungsschlüssel bei verschiedenen E-Mail-Providern auf deren Schlüsselservern hochgeladen hat, der Nutzer aber nur ein Verfahren (bspw. S/MIME) oder nur ein konkretes Schlüsselpaar nutzen möchte.

Soll das Auffinden von Schlüsseln also auf Zielebene aufgrund der geforderten Beschränkung der Zugänglichkeit eingeschränkt werden, kann das in einem Konflikt zum Kriterium der Barrierefreiheit (K2) und Benutzbarkeit (K1) stehen. Eine nutzerorientierte Begrenzung der Zugänglichkeit darf deshalb nicht die Sichtbarkeit hochgeladener Schlüssel per se unterbinden, sondern soll in erster Linie dem Nutzer die Möglichkeit geben, selbst darüber zu entscheiden, ob er die allgemeine Zugänglichkeit aller seiner Verschlüsselungsschlüssel durch Individualmaßnahmen zu begrenzen wünscht. Die Begrenzung der Zugänglichkeit wird im Rahmen der Technikgestaltung somit nicht starr oktroyiert, sondern entfaltet sich quasi nachgelagert und flexibel. Dieses Vorgehen würde das der Technikgestaltung zugrundeliegende Ziel, der einfachen Auffindbarkeit von Verschlüsselungsschlüsseln, nicht gefährden.

8.5.2.4 Datenminimierungspotenzial innerhalb des zu verteilenden Schlüsselmaterials

Mit Blick auf die personenbezogenen Daten, die im Schlüsselmaterial von PGP selbst gespeichert sind oder dort gespeichert werden können, ergibt sich grundsätzlich ein Problem mit der Datenminimierung.[249] PGP ermöglicht es den Nutzern, nichtstandardisierte Daten, wie Portraitfotos oder andere personenbezogene Daten, im öffentlichen Schlüssel zu speichern.[250] Solche Daten dienen nicht der Verschlüsselung von E-Mails, sind aber Teil der öffentlichen Schlüssel, die durch die zu gestaltende Infrastruktur verarbeitet werden. Der Zweck der zu gestaltenden Infrastruktur liegt nicht in der Verschlüsselung des E-Mail-Verkehrs selbst, sondern bestrebt diese durch eine einfache Verteilung des Schlüsselmaterials zu fördern. Insoweit ist die Frage der Minimierung personenbezogener Daten,

---

[248] Zum Empfängerkreis im Kern so auch *Roßnagel/Nebel/Richter*, ZD 2015, 459; aufgreifend *Laue/Nink/Kremer* 2024, § 9 Rn. 17.

[249] Das betrifft speziell den in Art. 25 Abs. 2 Satz 3 DSGVO kenntlich gemachten Fall, dass durch technische Voreinstellungen personenbezogene Daten einer unbestimmten Zahl natürlicher Personen zugänglich sind, s. dazu weiterführend *Martini*, in: Paal/Pauly 2021, Art. 25 DSGVO, Rn. 52 f.

[250] S. hierzu *Blazy u. a.*, in: Eibl/Gaedke 2017, 755.

die Teil des Schlüsselmaterials selbst sind, kein unmittelbarer oder gar zwingender Fokus im Rahmen der Technikgestaltung. Eine holistische Betrachtung des Einsatzszenarios der Technik erfordert allerdings, auch eine Minimierung personenbezogener Daten dort vorzusehen oder anzuregen, wo ein sich anschließender Zweck – wie der der technischen Verschlüsselung von E-Mails – dies erfordern würde. Werden personenbezogene Daten für die gesamte Kette von Verarbeitungszwecken nicht benötigt, so steigt das Risiko, das sich etwa aus einer unrechtmäßigen Verarbeitung durch Dritte ergibt, unnötig an.

Die im Rahmen der Technikgestaltung angestrebte Datenminimierung der Infrastruktur zur Schlüsselverteilung darf indes nicht dazu verleiten, jedwede nicht dem Zweck dienliche Datenverarbeitung beschneiden zu wollen. Dies muss insbesondere vor dem Hintergrund einer vom Nutzer selbst initiierten oder bewusst – das heißt informiert i. S. d. Art. 13 und 14 DSGVO i. V. m. Art. 12 DSGVO – in Kauf genommenen Verarbeitung personenbezogener Daten gelten.

Die informationelle Selbstbestimmung – die einen deutlichen Niederschlag in Art. 6 Abs. 1 lit. a DSGVO findet – unterstellt die Fähigkeit und Bereitschaft der Betroffenen, eine Einwilligung selbstbestimmt und eigenverantwortlich zu treffen.[251] Ziel des Datenschutzes – und mithin auch der Technikgestaltung – muss die Stärkung dieser Selbstbestimmung sein und nicht, den Betroffenen vor sich selbst zu schützen. Dass diese Auffassung gleichwohl nicht selbstverständlich ist, zeigt ein exemplarischer Blick auf die in der Vergangenheit kontrovers diskutierte Einwilligungsfähigkeit einer vom Betroffenen gewünschten Herabsenkung des Schutzniveaus im Rahmen der E-Mail-Kommunikation.[252]

Eine Stärkung des eigenverantwortlichen Handelns sollte nicht nur vor dem Hintergrund datenschutzrechtlicher Einwilligungen diskutiert werden, sondern ebenso in Gestalt eines nutzerzentrierten Ansatzes Einfluss in alle Datenschutzgrundsätze finden.[253] Ein Nutzer, der – um beim obigen Beispiel zu bleiben – Gesichtsbilder in seinen öffentlichen Schlüssel hinterlegt, tut dies eigenverantwortlich und selbstbestimmt. Demgemäß kann es nicht Aufgabe der

---

[251] *Hanloser*, ZD 2023, 65; s. weiterführend zur selbstbestimmten Einwilligung *Tinnefeld/Conrad*, ZD 2018, 391 f.

[252] Zuletzt bestätigend *SG Hamburg*, Urteil vom 30. Juni 2023, Az. S 39 AS 517/23, Rn. 88 f.; zuvor ebenfalls für die Möglichkeit einer vom Betroffenen gewünschten Herabsenkung des Schutzniveaus i. S. v. Art. 32 DSGVO aussprechend HbDI 2022, 6; zu den Anforderungen an die Einwilligung in den unverschlüsselten E-Mail-Versand BfDI 2020, 73.

[253] Das eigenverantwortliche Handeln zu unterstützen ist insbesondere i. S. d. Art. 25 Abs. 1 DSGVO bedeutsam. S. zur rechtlichen Relevanz von Verhaltenssteuerung am Beispiel von Consent-Bannern *Loy/Baumgartner*, ZD 2021, 405.

Technikgestaltung nach dem Kriterium der Datenminimierung sein, diese personenbezogenen Daten zu eradizieren, auch wenn die Daten weder dem Zweck der zu gestaltenden Infrastruktur noch dem der Infrastruktur nachgelagerten Zweck der E-Mail-Verschlüsselung dienlich sind. Die Datenminimierung wäre – dem Duktus der informationellen Selbstbestimmung folgend – vielmehr durch den Nutzer selbst vorzunehmen. Hier vermag das Kriterium der Transparenz einen Beitrag zu leisten, indem der Nutzer bspw. über die unnötigerweise erhöhten Risiken durch die Verwendung nicht erforderlicher personenbezogener Daten aufgeklärt wird.[254]

Was öffentliche Schlüssel anbelangt, so ist nicht jedes personenbezogene Datum, das im Rahmen der Techniknutzung verarbeitet wird, durch eine aktive Handlung des Benutzers in das Schlüsselmaterial gelangt. Bedingt durch die Funktionsweise des Vertrauensmodells von PGP können öffentliche Schlüssel durch die privaten Schlüssel anderer Nutzer signiert werden, was letztlich die Vertrauenswürdigkeit des öffentlichen Schlüssels stärken soll.[255] Die Signaturen der privaten Schlüssel können einem privaten Schlüssel und mithin seinem Eigner zugeordnet werden. Folglich kann ein öffentlicher Schlüssel eine Vielzahl an Signaturen anderer Nutzer enthalten, die durch die zu gestaltende Infrastruktur entsprechend mitausgeliefert werden.[256] Diese – im öffentlichen Schlüsselmaterial beinhalteten – Signaturen werden durch das zu gestaltende System der Schlüsselverteilung einerseits mit übertragen, andererseits wird durch das erklärte Ziel, die Ende-zu-Ende-E-Mail-Verschlüsselung zu stärken, mittelbar auch die Anzahl an Signaturen innerhalb der zu verteilenden PGP-Schlüssel steigen. Insofern drängt sich die Frage nach einer Begrenzung i.S.e. Minimierung dieser Daten im Rahmen der Technikgestaltung auf.[257]

Ein derartiges Vorgehen würde allerdings in die zugrundeliegende Technik – hier PGP – eingreifen und somit den gesteckten Gestaltungsrahmen verlassen. PGP basiert – wie bereits beschrieben – auf dem Prinzip des „Web of Trust“,

---

[254] Ein PGP-Nutzer wird sich – bedingt durch die Funktionsweise des Verfahrens, öffentliche Schlüssel auf Schlüsselservern zu veröffentlichen – über die damit verbundenen Konsequenzen bereits bewusst sein.

[255] Zur technischen Funktionsweise des Web of Trust durch das Signieren öffentlicher Schlüssel *Schwenk* 2020, 356; *Ertel/Löhmann* 2019, 120.

[256] S. zur Problematik der Signaturen in öffentlichen Schlüsseln Herfert/Selzer/Waldmann, DuD 2016, 291; s. auch *Spychalski/Eckstein/Herfer/Trick/Rubinstein*, in: Eibl/Gaedke 2017, 777.

[257] Ein „Abschneiden“ dieser im Schlüsselmaterial enthaltenen Signaturen wäre technisch durchaus realisierbar.

das gerade aus der Bestätigung eines Schlüssels durch andere Kommunikationspartner seine Vertrauenswürdigkeit und Akzeptanz zieht.[258] Ziel dieser Technikgestaltung ist die Entwicklung eines Systems zur benutzerfreundlichen Schlüsselsuche/-verteilung, das auf bereits bestehende Verschlüsselungstechnologien aufsetzt und diese zugrundeliegenden Technologien gerade nicht verändert. Durch einen Eingriff in das vertrauensbildende Fundament von PGP müssten das zu gestaltende System und dessen Akteure eine weitere Rolle – nämlich die einer vertrauensbildenden Instanz, gleich einer Zertifizierungsstelle für S/MIME-Zertifikate – wahrnehmen. Es steht zu befürchten, dass ein derartiges Vorgehen auf wenig Akzeptanz der Nutzerschaft von PGP stößt und sich das wiederum negativ auf die Akzeptanz der zu gestaltenden Technik auswirkt.

Mithin kann es im Rahmen des Kriteriums der Datenminimierung nicht geboten sein, die gesetzten Prämissen der Technikgestaltung von der Schlüsselsuche und -verteilung zu überdehnen. Es ist nicht Ziel dieser Technikgestaltung, neben der Funktion eines Verzeichnisdienstes weitere Bestandteile einer PKI – wie eine Zertifizierungsstelle für Verschlüsselungsschlüssel – zu erweitern.[259] Im Rahmen der Gestaltungsprämissen wurde zudem als Richtschnur für die Technikgestaltung festgelegt, dass die zugrundeliegenden Vertrauensmodelle der Verschlüsselungsverfahren (PGP und S/MIME) nicht verändert werden sollen.[260] Ein Abweichen von dieser Prämisse, vor dem Hintergrund des Kriteriums der Datenminimierung, erscheint aus den erwähnten Gründen jedenfalls nicht vorteilhaft für die Nutzerakzeptanz und den damit korrespondierenden Erfolg der Technik.

Im Hinblick auf den Zweck der Schlüsselverteilung sind diese Daten als angemessen zu beurteilen, da sie einen vom Nutzer selbst hinterlegten, integralen Bestandteil des zu verteilenden Schlüsselmaterials darstellen. Vor diesem Hintergrund muss die Frage nach der Angemessenheit vor allem aus der Perspektive der Nutzer der Infrastruktur betrachtet werden, da die Angemessenheit i. S. d. Datenminimierung im besonderen Maß auf eine adäquate – in der englischen Fassung der Grundverordnung „adequate“ – Eingriffstiefe abstellt.[261] Insofern sind diese personenbezogenen Daten gerade nicht als inadäquat oder unangemessen zu klassifizieren.

---

[258] S. hierzu *Müller* 2020, 178.

[259] Zu den Bestandteilen einer PKI *Bless* u. a. 2005, 361.

[260] S. hierzu bereits Kapitel 3.

[261] Ebenfalls unter Zuhilfenahme der englischen Fassung der Grundverordnung *Schantz*, in: BeckOK DSR 2024, Art. 5 DSGVO Rn. 26.

8.6 Zweckbindung (K6)

Der datenschutzrechtliche Grundsatz der Zweckbindung fand seine erste völkerrechtliche Kodifizierung bereits in Art. 5 lit. b der europäischen Datenschutzkonvention.[262] Im unionsrechtlichen Primärrecht ist er in Art. 8 Abs. 2 Satz 1 GRCh verankert und findet in Art. 5 Abs. 1 lit. b DSGVO seine sekundärrechtliche Entsprechung. Die Zweckbindung kann als zentraler „Grundpfeiler des Datenschutzrechts"[263] in Deutschland und der Union angesehen werden.[264] Hiernach ist die Verarbeitung personenbezogener Daten nur für festgelegte, eindeutige und legitime Zwecke erlaubt. Diese Zwecke gilt es im Fall der zu gestaltenden Technik vor einer erstmaligen Benutzung klar festzulegen und im weiteren Zeitverlauf der Nutzung sicherzustellen, dass abseits hiervon keine weitere Verarbeitung erfolgt.

8.6.1 Herleitung aus rechtlichen Anforderungen

Das Kriterium der Zweckbindung ist eine Konkretisierung der Anforderung des Geheimnisschutzes (A1). Um die Integrität von Geheimnissen gewährleisten zu können, muss die Infrastruktur, der sie anvertraut werden, für die Geheimnisträger berechenbar sein. Das heißt, die Technologie darf nur innerhalb der im Vorhinein festgelegten Parameter die Daten verarbeiten. Mithin darf der „Zweck" der Datenverarbeitung nicht – zumindest nicht ohne das Einverständnis der Geheimnisträger – einseitig abgeändert werden. Das gilt auch für sekundäre Technologien, denen Geheimnisse nicht unmittelbar anvertraut werden, die aber mittelbar die Verarbeitung der entsprechenden Informationen ermöglichen und somit ebenso erfolgskritisch für den Geheimnisschutz sind.

Die Zweckbindung ist ferner eine Ausprägung der informationellen Selbstbestimmung (A2). Für eine freie Persönlichkeitsentfaltung muss der Nutzer in

---

[262] Zur Genese des Übereinkommens Nr. 108 „zum Schutz des Menschen bei der automatischen Verarbeitung personenbezogener Daten" s. BMI, bmi.bund.de vom 10. September 2018, https://www.bmi.bund.de/SharedDocs/kurzmeldungen/DE/2018/10/eu-datenschutz.html#:~:text=Die%20Konvention%20108%20des%20Europarats%20stammt%20aus%20dem,Konvention%20108%20enth%C3%A4lt%20die%20wichtigsten%20Grunds%C3%A4tze%20des%20Datenschutzrechts.

[263] Art.-29-Gruppe WP 203, 4.

[264] *Roßnagel*, in: Simitis/Hornung/Spiecker 2025, Art. 5 DSGVO Rn. 63.

Gestalt einer natürlichen Person, die sich einer neuen IT bedient, wissen, welche personenbezogenen Daten für welche Zwecke verarbeitet werden.[265] Nur durch diese „Planungssicherheit" kann der Einzelne frei entscheiden, ob und unter welchen Bedingungen er sich einer neuen Technologie bedienen will. Eine unbegrenzte Nutzung von personenbezogenen Daten, die einem System anvertraut wurden, steht damit in einem Missverhältnis zur informationellen Selbstbestimmung. Aus ähnlichen Gründen ist die Zweckbindung auch eine Ausprägung der kommunikativen Selbstbestimmung (A3). Zentral ist auch hier das Element der „Planungssicherheit", was die Reichweite der Verarbeitung von personenbezogenen Daten anbelangt. Je unberechenbarer die Verarbeitungsprozesse personenbezogener Daten des jeweiligen Kommunikationsmediums sind, desto größer stellt sich der Eingriff in den Kommunikationsprozess des Einzelnen dar. Je enger die Datenverarbeitung an den im Vorhinein festgelegten Zweck gekoppelt ist, desto geringer sind hingegen die Interferenzen im Kommunikationsvorgang, die durch die jeweilige Kommunikationstechnologie verursacht werden. Die Zweckbindung ist zudem eine Ausprägung der Anforderung der Gewährleistung der Vertraulichkeit und Integrität informationstechnischer Systeme (A4). Je umfangreicher die Verarbeitung von personenbezogenen Daten durch IT-Systeme ist, desto wahrscheinlicher ist, dass durch Aggregation dieser Daten Rückschlüsse über den Nutzer gezogen werden können, die mit dem ursprünglichen Einsatzzweck der Technologie nichts mehr zu tun haben. In diesem Zusammenhang muss der Nutzer davon ausgehen können, dass das jeweilige System auch nur die personenbezogenen Daten verarbeitet, die für den im Vorhinein festgelegten Zweck erforderlich sind. Damit der Nutzer vor derlei Befürchtungen neue IT-Systeme unbefangen nutzen kann – ihnen mithin vertrauen kann –, ist eine uneingeschränkte Verarbeitung personenbezogener Daten durch das System zu vermeiden. Andererseits kann die Zweckbindung nicht absolut gelten, sondern muss gegebenenfalls zugunsten bestimmter Sicherheitserwägungen eingeschränkt werden. Die Zweckbindung ist letztlich auch eine Ausprägung der Anforderung der Rechtssicherheit (A7), um bspw. Rechtsansprüche gegenüber den Betreibern der IT-Infrastruktur oder anderen Kommunikationspartnern gegenüber durchzusetzen.

---

[265] S. BVerfGE 65, 1 (155); 130, 151 (183); die erforderliche Transparenz vor dem Hintergrund der Spruchpraxis des BVerfG aufzeigend *Rixen*, in: Sachs 2024, Art. 2 GG Rn. 73.

8.6.2 Auswirkungen auf das System zur Schlüsselverteilung

Personenbezogene Daten der Nutzer – allen voran in Gestalt des öffentlichen Schlüsselmaterials – können durch die Technik zu verschiedenen Zwecken verarbeitet werden. Im Rahmen der rechtsverträglichen Technikgestaltung ist eine zentrale Aufgabe festzulegen, welche personenbezogenen Daten für welche Zwecke durch die Technik selbst oder die beteiligten Akteure verarbeitet werden sollen und dürfen. Am Kriterium der Zweckbindung konturiert sich maßgeblich der technische Funktionsumfang auf der sich anschließenden Konkretisierungsebene der technischen Ziele.

8.6.2.1 Zweckbindung als Instrumentalkriterium

Die zentrale Bedeutung des Zweckbindungsgrundsatzes resultiert – sowohl innerhalb der Rechtsordnung als auch bei den Kriterien – aus mehrfachen Abhängigkeiten zu anderen datenschutzrechtlichen Grundsätzen. Besonders vor dem Hintergrund selbstdatenschutzfördernder Technologien nimmt die Zweckbindung eine Sonderrolle ein. So schafft sie es, das Vertrauen in die jeweilige Technologie zu erhöhen. Dieser Effekt wird durch die Förderung weiterer Kriterien erreicht, die in einer speziellen Abhängigkeit von der Zweckbindung stehen. Gegenüber diesen Kriterien ist die Zweckbindung als Instrumentalkriterium zu klassifizieren.

So konturiert sich das Kriterium der Transparenz (K9) an der Zweckbindung. Die Informationspflichten des Verantwortlichen und die spiegelbildlichen Auskunftsrechte des Betroffenen orientieren sich am Zweck der Verarbeitung der personenbezogenen Daten.[266] Die Datenverarbeitung kann dem Betroffenen nicht transparent gemacht werden, wenn diese ohne Zweckbindung ausufernd und schrankenlos ist. Eine entsprechende Information oder Auskunft würde mithin ins Leere laufen und die Betroffenenrechte ad absurdum führen. Umgekehrt ist im Rahmen der Transparenz dem Betroffenen nach Art. 13 Abs. 1 lit. b und 14 Abs. 1 lit. c DSGVO der Zweck der Verarbeitung mitzuteilen.

Auch das Kriterium der Datenrichtigkeit (K8) wird durch die Zweckbindung präzisiert. Nach Art. 5 Abs. 1 lit. d DSGVO müssen die personenbezogenen Daten „im Hinblick auf die Zwecke ihrer Verarbeitung unrichtig“ sein, um sie

---

[266] *Schantz*, in: BeckOK DSR 2025, Art. 5 DSGVO Rn. 14, unter Bezugnahme auf die Informationspflichten nach Art. 13 ff. DSGVO; Art.-29-Gruppe WP 203, 13 betont die starke Verbindung der Transparenz zur Zweckbindung; s. auch das Kriterium Transparenz (K9) Abschnitt 8.9; zum Verarbeitungsbegriff s. exemplarisch *Roßnagel*, in: Simitis/Hornung/Spiecker 2025, Art. 4 Nr. 2 DSGVO Rn. 14-33.

berichtigen oder löschen lassen zu können.[267] Um die Betroffenenrechte geltend machen zu können, muss der Verarbeitungszweck so präzise wie möglich beschrieben sein. Indes kann eine zu starre Zweckfestlegung ein Hindernis im Rahmen späterer Einsatzszenarien sein oder auf Ebene der Transparenz zu einer Überforderung des Nutzers führen, etwa wenn die Information über die zugrundeliegenden Zwecke zu detailliert und legalistisch ist.[268] Daher sollte im Rahmen der Zweckfestlegung ein verhältnismäßiger Ausgleich zwischen der praxisnahen Flexibilität einerseits und angemessenem Grundrechtsschutz der betroffenen Nutzer andererseits erreicht werden.[269]

Auch das Kriterium der Rechtmäßigkeit der Verarbeitung (K7) wird durch die Zweckbindung ergänzt. Die Zweckbestimmung ist ein elementarer Bestandteil der Rechtsgrundlage der Verarbeitung und muss vorbereitend vorgenommen werden.[270] Eine rechtmäßige Verarbeitung personenbezogener Daten ist nur im Rahmen dieser Zwecke möglich.

Die Benutzbarkeit (K1) und die stark mit ihr verbundene Barrierefreiheit (K2) sind ebenfalls von der Zweckbindung abhängig. Eine wirksame Steuerung der Technik durch den Nutzer wird nur dann erreicht, wenn der rahmengebende Zweck präzise festgelegt ist und die Verarbeitung somit vorhersagbar wird. Hierzu muss der Zweck zudem klar kommuniziert werden. Diese „Berechenbarkeit" ermöglicht es dem Nutzer bestmöglich seine personenbezogenen Daten zu kontrollieren, indem er etwa der Verarbeitung widersprechen oder von seinem Recht auf Berichtigung oder Löschung Gebrauch machen kann.[271]

Die Datenminimierung (K5) korreliert ebenfalls mit der Zweckbindung. Die Verarbeitung personenbezogener Daten soll gem. Art. 5 Abs. 1 lit. c DSGVO zum einen „dem Zweck angemessen und erheblich" sein, zum anderen begrenzt der Zweck die Verarbeitung auf das „notwendige Maß". Auch der im Kriterium der Datenminimierung inkorporierte Grundsatz der Speicherbegrenzung nach Art. 5 Abs. 1 lit. e DSGVO nimmt auf die Zweckbindung Bezug. Hiernach dürfen personenbezogene Daten nur so lange gespeichert werden, als es für die Verarbeitungszwecke erforderlich ist. Die Erforderlichkeit bemisst sich mithin maßgeblich an der Eindeutigkeit des im Vorhinein festgelegten Zwecks.

---

[267] S. das Kriterium Datenrichtigkeit (K8) Abschnitt 8.8; *Dammann*, ZD 2016, 311.

[268] *Ziegenhorn/Schulz-Große*, ZD 2023, 584; *Roßnagel*, in: Simitis/Hornung/Spiecker 2025, Art. 5 DSGVO Rn. 71.

[269] *Roßnagel*, in: Simitis/Hornung/Spiecker 2025, Art. 5 DSGVO Rn. 71.

[270] *Dammann*, ZD 2016, 311.

[271] Art.-29-Gruppe, WP 203, 14; s. auch die Kriterien Benutzbarkeit (K1) in Abschnitt 8.1 und Barrierefreiheit (K2) in Abschnitt 8.2.

8.6.2.2 Zweckbestimmung bei personenbezogenen Daten

Gem. Art. 5 Abs. 1 lit. b DSGVO dürfen personenbezogene Daten nur „für festgelegte, eindeutige und legitime Zwecke erhoben werden". ErwGr 39 Satz 6 DSGVO ergänzt in diesem Kontext, dass die Zwecke zudem rechtmäßig sein und bereits „zum Zeitpunkt der Erhebung" feststehen müssen. Diese Vorschriften stellen auf einen größtmöglichen Präzisierungsgrad der Zwecke ab und schließen gleichzeitig eine Verarbeitung personenbezogener Daten für allgemeine oder unbestimmte Zwecke aus.[272] Ein hoher Präzisionsgrad ist auch erforderlich, um zuverlässig beurteilen zu können, ob die Verarbeitung für die Zwecke erforderlich ist.[273]

8.6.2.2.1 Festlegung

Dem Grundsatz der Zweckfestlegung ist ein selbstregulierender Charakter zu attestieren. Hierdurch muss sich der Verantwortliche mit dem erstrebten Ziel der Verarbeitung auseinandersetzen und prüfen, ob dieser zulässig ist.[274] Prüfstein ist hier die Verhältnismäßigkeit der Datenverarbeitung und mithin die Vereinbarkeit mit dem Prinzip der Datenminimierung (K5). Die Zweckfestlegung und -überprüfung stellt somit auch einen ersten Schritt einer wirksamen Datenschutz-Compliance dar.[275] Der Verantwortlich sollte – nicht zuletzt im Rahmen der Rechenschaftspflicht nach Art. 5 Abs. 2 DSGVO – in der Lage sein, den Prozess der Zweckfestlegung auch nachzuweisen. Abseits der durch das Recht gesetzten Schranken ist der Verantwortliche bei der Definition der Zwecke jedoch frei.

Der Verantwortliche muss den Zweckfestlegungsprozess spätestens mit der „Erhebung" von personenbezogenen Daten abgeschlossen haben.[276] An dieser Stelle zeigt sich eine begriffliche Inkonsistenz der Grundverordnung. So wird lediglich der Begriff der „Verarbeitung" in Art. 4 Abs. 2 DSGVO legaldefiniert. Dieser umfasst indes auch das „Erheben" von personenbezogenen Daten, jedoch ohne den Begriff eingehender zu beschreiben. Weshalb die Verordnung in Art. 5 Abs. 1 lit. b DSGVO und ErwGr 39 Satz 6 DSGVO nun die ansonsten durchgängige Verwendung des Terminus „Verarbeiten" aufgibt, erscheint nicht logisch. Durch diese sprachliche Abweichung ergibt sich (ungewollt) eine Abgrenzung zu

[272] S. auch *Härting*, NJW 2015, 3286; *Herbst*, in: Kühling/Buchner 2020, Art. 5 DSGVO Rn. 22; *v. Grafenstein*, DuD 2015, 793; *Pötters*, in: Gola/Heckmann 2022, Art. 5 DSGVO Rn. 14 ff.

[273] *Richter*, DuD 2015, 735; zur verhältnismäßigen Präzisierung mit Blick auf die Informationsvermittlung s. *Ziegenhorn/Schulz-Große*, ZD 2023, 584.

[274] *Härting*, NJW 2015, 3286; *v. Grafenstein*, DuD 2015, 792.

[275] Art.-29-Gruppe, WP 203, 15.

[276] ErwGr 39 Satz 6 DSGVO.

jenen Sachverhalten, bei denen personenbezogene (oder -beziehbare) Daten von Betroffenen, die nicht Nutzer der zu gestaltenden Infrastruktur sind, vom verantwortlichen Provider erhoben werden. In solchen Fallkonstellationen setzt die Zweckbindung mit der Speicherung – ebenfalls ein genannter, aber nicht näher definierter Unterbegriff der Verarbeitung gem. Art. 4 Abs. 2 DSGVO – beim Verantwortlichen ein. Für die Technik muss folglich für beide Fallkonstellationen der Zweck vor Erstinbetriebnahme der Infrastruktur genau bestimmt werden, noch bevor entsprechend benötigte personenbezogene Daten dem System technisch zugeführt werden können. Erst dann kann auch eine Information der Betroffenen über den Zweck erfolgen.

Entscheidend bei der Zweckfestlegung ist der Präzisierungsgrad. Auf der einen Seite sind Zwecke wie „Datensicherheit" oder „Verbreitung von Verschlüsselungsverfahren" zu allgemein gehalten und werden die Anforderung der Präzision nicht erfüllen.[277] Auf der anderen Seite kann ein zu hoher Detaillierungsgrad zu Desinformation und einem Verwaschen des Wesentlichen führen. In der vorliegenden Technikgestaltung ist folglich darauf zu achten, dass der Zweck dem Nutzer hinreichend deutlich gemacht werden kann, jedoch ohne den Einsatz eines für Laien unverständlichen Fachvokabulars aus dem juristischen oder technischen Bereich.[278]

Aussagen, in welcher Form die Zweckfestlegung erfolgen muss, bleibt die Grundverordnung schuldig. Demzufolge kann der Verantwortliche grundsätzlich frei über die Form entscheiden. Hierbei bleibt allerdings zu berücksichtigen, dass der Verantwortliche im Rahmen seiner Rechenschaftspflicht nach Art. 5 Abs. 2 DSGVO die Einhaltung der Grundsätze des Art. 5 Abs. 1 DSGVO – und mithin auch den Grundsatz der Zweckbindung – auch nachweisen können muss.[279] Dieser Nachweisfunktion kann man unter Rückgriff auf eine „schriftliche" Fixierung des Zwecks nachkommen.[280] Demgegenüber kann die Form im Rahmen der Information des Betroffenen über den Zweck i. S. d. Art. 13 Abs. 1 lit. c DSGVO grundsätzlich frei gewählt werden. Vor dem Hintergrund des Technologieumfeldes des zu gestaltenden Systems könnte sich hier etwa die elektronische Form nach § 126a BGB oder aber die Textform nach § 126b BGB, aber auch

[277] S. Art.-29-Gruppe, WP 203, 16.

[278] S. hierzu eingehender das Kriterium der Transparenz (K9) und die Barrierefreiheit (K2).

[279] *Herbst*, in: Kühling/Buchner 2021, Art. 5 DSGVO Rn. 32; *Blazy*, in: Roßnagel 2018, § 5 Rn. 6.

[280] S. Art.-29-Gruppe, WP 203, 18; *Herbst*, in: Kühling/Buchner 2017, Art. 5 DSGVO Rn. 32; *Frenzel*, in: Paal/Pauly 2021, Art. 5 DSGVO Rn. 27.

jede andere vereinbarte Form nach § 127 BGB andienen.[281] Zu beachten ist indes, dass eine Information über die Verarbeitungszwecke nach Art. 14 Abs. 1 lit. c DSGVO zwar die grundsätzliche Funktion der Zweckfestlegung erfüllt, aber aufgrund der Benachrichtigung, die nach Art. 14 Abs. 3 DSGVO zeitlich gegebenenfalls nach der „Erhebung“ erfolgen kann, nicht rechtzeitig wäre.[282] Im Falle der zu gestaltenden Technik kann eine Information nach Maßgabe des Art. 14 DSGVO aber – wie auch im Rahmen der Transparenz (K9) festzustellen ist – unterbleiben, weshalb dieser Weg der Zweckfestlegung als nicht praktikabel zu werten wäre.[283] Da die Provider als Verantwortliche innerhalb der Systeminfrastruktur zur Führung eines Verfahrensverzeichnisses i. S. d. Art. 30 Abs. 1 Satz 1 DSGVO verpflichtet sind, kann auch dieses als statthafte Form der Zweckfestlegung dienen.[284]

8.6.2.2.2 Eindeutigkeit

Art. 5 Abs. 1 lit. b DSGVO bestimmt in Übereinstimmung mit ErwGr 39 Satz 6 DSGVO, dass personenbezogene Daten nur für eindeutige Zwecke erhoben werden dürfen. Die Anforderung der Eindeutigkeit kann nur erfüllt werden, wenn der Verarbeitungszweck sich mit hinreichender Bestimmtheit von anderen Zwecken unterscheiden lässt.[285] Entscheidend ist also ein hoher Präzisierungsgrad, der keinen Raum für Zweifel an dem Verarbeitungszweck entstehen lässt.[286] Bei der Zweckfestlegung der zu gestaltenden Technik ist allerdings zu beachten, dass nicht nur ein einziger Verarbeitungszweck – wie der Austausch von Verschlüsselungszertifikaten zwischen den Kommunikationsteilnehmern – festgelegt werden kann.[287] Sollten weitere Zwecke festgelegt werden, ist darauf zu achten, dass diese mit Bestimmtheit voneinander getrennt sind.

Mit Blick auf andere Sprachfassungen der Verordnung wird teilweise davon ausgegangen, dass die Eindeutigkeit, neben ihrem eigenständigen Charakter als Anforderung an den Zweck, überdies eine kommunikative Komponente

---

[281] S. dazu das Kriterium der Transparenz (K9) in Abschnitt 8.9.2.1.

[282] *Herbst*, in: Kühling/Buchner 2021, Art. 5 DSGVO Rn. 33.

[283] S. dazu die Ausführungen im Kriterium der Transparenz (K9) in Abschnitt 8.9.2.1.

[284] *Herbst*, in: Kühling/Buchner 2021, Art. 5 DSGVO Rn. 34; nach Art. 30 Abs. 1 lit. b DSGVO ist der Verantwortliche verpflichtet in diesem Verzeichnis die Verarbeitungszwecke anzugeben; weiterführend zum Verzeichnis von Verarbeitungstätigkeiten *Roth* 2023, 18.

[285] S. *Herbst*, in: Kühling/Buchner 2021, Art. 5 DSGVO Rn. 35; *Frenzel*, in: Paal/Pauly 2021, Art. 5 DSGVO Rn. 27; die „Eindeutigkeit“ als eigenständige Anforderung hingegen verneinend *Culik/Döpke*, ZD 2017, 228.

[286] *Monreal*, ZD 2016, 509.

[287] *Herbst*, in: Kühling/Buchner 2021, Art. 5 DSGVO Rn. 36.

aufweist.[288] Der Zweck soll demnach der betroffenen Person auch mitgeteilt werden.[289] Das ergibt sich jedoch nicht erst durch Auslegung des Eindeutigkeitsbegriffs des Art. 5 Abs. 1 lit. b DSGVO, sondern – wesentlich eindeutiger – aus dem Grundsatz der Transparenz gem. Art. 5 Abs. 1 lit. a DSGVO und den Informationspflichten gem. Art. 13 Abs. 1 lit. c DSGVO und Art. 14 Abs. 1 lit. c DSGVO.[290]

8.6.2.2.3 Legitimität

Nach Art. 5 Abs. 1 lit. b DSGVO müssen die festgelegten Verarbeitungszwecke legitim sein. Das ist der Fall, wenn die Verarbeitung von personenbezogenen Daten für den gesamten Verarbeitungszeitraum und über alle Phasen hinweg im Einklang mit der Rechtsordnung steht.[291] Der Zweck kann seine Legitimität etwa durch die informierte und freiwillige Einwilligung des Betroffenen i. S. d. Art. 7 DSGVO i. V. m. Art. 6 Abs. 1 UAbs. 1 lit. a DSGVO erhalten.[292] Darüberhinausgehend darf der Zweck, um legitim zu sein, nicht gegen außerhalb des Datenschutzrechts stehendes Recht verstoßen. Im Sinne einer grundrechtskonformen Auslegung sind vor allem solche Zwecke, aus denen sich für Endnutzer eine Diskriminierung oder auf Seiten der E-Mail-Provider eine Wettbewerbsverzerrung ergeben könnte, zu vermeiden. Die sich im folgenden vollziehende Zweckfestlegung für das System zur Schlüsselverteilung, die wiederum maßgeblich für den technischen Funktionsumfang ist, muss daher das Gesamtbild unter Einbindung aller beteiligten Akteure im Blick behalten, um einen dem Zweck entsprechenden, legitimen Einsatz des Systems zu ermöglichen.

8.6.2.3 Bindung an den Primärzweck der Schlüsselverteilung

Die Verarbeitung von personenbezogenen Daten ist an ihren Zweck gebunden. Nach Art. 5 Abs. 1 lit. b 1. Hs. DSGVO dürfen diese „nicht in einer mit diesen Zwecken nicht zu vereinbarenden Weise weiterverarbeitet werden". Die

---

[288] Verwiesen sei an dieser Stelle auf die französische Sprachfassung („explicites") und die englische Sprachfassung („explicit") die beide dem lateinischen „explicare" für „erklären" entlehnt sind.

[289] S. *Schantz*, in: BeckOK DSR 2024, Art. 5 DSGVO Rn. 16 mit entsprechenden Verweisen auf Art.-29-Gruppe WP 203, 17 in Fn. 42; *Monreal*, ZD 2016, 509.

[290] S. hierzu das Kriterium der Transparenz (K9), Abschnitt 8.9.2.1 und 8.9.2.2.

[291] Das Verständnis geht insofern über den Grundsatz der Rechtmäßigkeit des Art. 5 Abs. 1 lit. a 1. Alt. DSGVO und die Knüpfung an eine datenschutzrechtliche Rechtsgrundlage hinaus. Art.-29-Gruppe, WP 203, 20; Heberlein, in: Ehmann/Selmayr 2024, Art. 5 DSGVO Rn. 22; *Frenzel*, in: Paal/Pauly, Art. 5 DSGVO Rn. 28.

[292] *Roßnagel*, in: Simitis/Hornung/Spiecker 2025, Art. 5 DSGVO Rn. 91.

Weiterverarbeitung ist in diesem Kontext als jede Form der Verarbeitung von personenbezogenen Daten nach ihrer Erhebung zu verstehen.[293] Somit gilt der zur Erhebung festgelegte Primärzweck – im Fall der konkreten Technik also für die zielgerichtete Verteilung von Verschlüsselungsschlüsseln – als Ausgangspunkt für die Beurteilung, ob die jeweilige Phase und Form der Weiterverarbeitung mit dem ursprünglichen Primärzweck vereinbar ist.[294] Das entspricht der Erwartungshaltung des Betroffenen an die Verarbeitung, die er zum Zeitpunkt der Installation des nutzerseitigen Plugins durch die vermittelten Information über den Erhebungszweck hat. Zu diesem Zeitpunkt kann der Betroffene aktiv entscheiden, ob er seine Daten für den angegebenen Zweck preisgeben möchte oder nicht. Dieser Moment stellt für den Betroffenen den Zeitpunkt der größtmöglichen Transparenz dar, die jedoch mit der sich daran anschließenden Phase des Weiterverarbeitungsprozesses zunehmend intransparent wird.[295] Er ist dann darauf angewiesen, dass der Provider und die Technik mittelbar unterstützenden Akteure sich an den im Vorhinein festgelegten Zweck halten. An dieser Stelle sollte die Technik durch technische und organisatorische Maßnahmen – etwa durch ein Berechtigungskonzept – sicherstellen können, dass Datensätze, die personenbezogene Daten enthalten, nicht außerhalb des festgelegten Zwecks verarbeitet werden können.

8.6.2.4 Rechtmäßige Weiterverarbeitung für Subzwecke

Die Zweckbindung, wie sie die Verordnung in Art. 5 Abs. 1 lit. b 1. Hs. DSGVO vorsieht, ist allerdings nicht absolut. Diese würde ausschließlich eine Verarbeitung für die ursprünglich festgelegten Zwecke gestatten.[296] Stattdessen untersagt die Grundverordnung mit einer doppelten Verneinung eine Verarbeitung, die „nicht in einer mit diesen Zwecken nicht zu vereinbarenden Weise weiterverarbeitet werden“. Das heißt, dass jede Weiterverarbeitung so lange als vereinbar mit der Grundverordnung anzusehen ist, solange sie mit dem Zweck vereinbar ist.[297] Folglich können personenbezogene Daten, die im Rahmen des Technikeinsatzes benötigt werden, auch prinzipiell für andere mit dem Primärzweck zu vereinbarende Subzwecke weiterverarbeitet werden. Das ist etwa für die Störungserkennung relevant, bei der durch die Benutzung der Technik entstehende

---

[293] Art.-29-Gruppe, WP 203, 21; kritisch zu diesem Begriff *Herbst*, in: Kühling/Buchner 2021, Art. 5 DSGVO Rn. 39 f.

[294] *Frenzel*, in: Paal/Pauly 2021, Art. 5 DSGVO Rn. 30.

[295] S. *Frenzel*, in: Paal/Pauly 2021, Art. 5 DSGVO Rn. 30.

[296] S. *Schantz*, in: BeckOK DSR 2024, Art. 5 DSGVO Rn. 18.

[297] Art.-29-Gruppe, WP 203, 21.

(gegebenenfalls personenbeziehbare) Logfiles für eine reibungslose Schlüsseldistribution für einen bestimmten Zeitraum vorgehalten werden. Ob die jeweiligen Subzwecke, die nicht durch eine gesetzliche Grundlage ausdrücklich geregelt werden, mit dem Primärzweck des zu gestaltenden Systems vereinbar sind, ist im Einzelfall zu prüfen.[298]

Wie bereits dargelegt wurde, kann der E-Mail-Provider gem. § 12 Abs. 1 Satz 1 TDDDG zum Zwecke der Störungserkennung Verkehrsdaten und Steuerdaten informationstechnischer Protokolle des Betroffenen zur Störungsbeseitigung erheben und verwenden. Diese Möglichkeit soll den Verantwortlichen auf technischer Ebene dazu befähigen, seine geschuldeten Leistungen wie vereinbart erbringen zu können.[299] Die hierfür freigegebenen Verkehrs- und Steuerdaten stellen regelmäßig personenbezogene bzw. personenbeziehbare Daten dar und Erstere lassen sich zudem unter den Metadatenbegriff des e-Privacy-VO-E subsumieren.[300] In der Folge ist die Verarbeitung derlei Daten zwecks der mit § 12 Abs. 1 Satz 1 TDDDG vorgesehenen Störungserkennung nicht unmittelbar der Erbringung der Schlüsseldistribution und mithin dem Primärzweck zuzuordnen. Hinsichtlich der Grundverordnung ist dies wegen der genannten Sachnähe und der Vereinbarkeit zum Primärzweck unschädlich.

8.6.2.5 Verteilung von Verschlüsselungsschlüsseln als Subzweck/Zweckänderung

Das Einsatzumfeld der Technik zur Schlüsselverteilung könnte möglicherweise eine Änderung von Verarbeitungszwecken erfordern. Das kann etwa in den Fällen relevant werden, wenn dem Provider bereits personenbezogene Daten, die für den Betrieb der Technik benötigt werden, aus einem bestehenden E-Mail-Account bekannt sind und der Technikeinsatz mit diesem Zweck konfligiert. Auch wenn Elemente der zu gestaltenden Technik nicht mehr als einzelnes, isoliertes Produkt angeboten werden sollten, sondern als integraler Bestandteil eines E-Mail-Accounts – quasi als Komplettpaket eines Webmailers –, werden personenbezogene Daten sowohl für die Erbringung der E-Mail-Übermittlung als auch für den Austausch von Verschlüsselungsschlüsseln benötigt. Allerdings ist in derlei Fallkonstellationen regelmäßig nicht von einer Zweckänderung auszugehen.

---

[298] Weiterführend zur Verarbeitung für privilegierte Subzwecke s. Frenzel, in: Paal/Pauly 2021, Art. 5 DSGVO Rn. 32.

[299] S. *Redeker* 2023, Rn. 1113; zum Begriff der schon nicht im TTDSG legaldefinierten Steuerdaten s. *Braun*, in: Geppert/Schütz 2023, § 12 TTDSG Rn. 30. Die Definition ist auf die Nachfolgeregelung § 12 TDDDG zu übertragen.

[300] S. Art. 4 Abs. 3 lit. c e-Privacy-VO-E i. V. m. ErwGr 2 Satz 3 e-Privacy-VO-E und ErwGr 14 e-Privacy-VO-E.

Wenn der Primärzweck die Erbringung von E-Mail-Diensten zum Gegenstand hat, so ist er mit dem Zweck der Technik vereinbar. Mehr noch, die Technik zur Schlüsselverteilung leistet einen positiven Beitrag für den Primärzweck, da sie die Sicherheit der E-Mail-Kommunikation entscheidend verbessert. Eine Zweckänderung für die Fälle, bei denen der Betroffene bereits einen E-Mail-Account bei einem Provider hat, der die Technik im Rahmen seines Leistungsspektrums anbietet und nun zusätzlich den Dienst der Schlüsselverwaltung und -suche nutzen möchte, muss daher nicht vorgenommen werden.

Zweckänderungen sind aber nicht gänzlich auszuschließen. So können Weiterverarbeitungen – etwa im Bereich der Störungsprävention oder Maßnahmen der Gefahrenabwehr – gegebenenfalls mit dem der Technik zugrundeliegenden Verarbeitungszweck unvereinbar sein. Ob das der Fall ist, kann anhand einer formalen oder materiellen Prüfung festgestellt werden. Bei der formalen Variante wird der ursprünglich (schriftlich) festgelegte Zweck auf seine Verträglichkeit mit weiteren impliziten oder expliziten Weiterverarbeitungszwecken überprüft. Die materielle Prüfung ermöglicht eine kontextbezogene Betrachtung des primären und des sekundären Zwecks im Hinblick darauf, wie sie verstanden werden können oder sollten.[301] Zieht man die materielle Überprüfung eines Sekundärzwecks der zu gestaltenden Technik in Betracht, so orientiert sich die Prüfung an den Kriterien des Art. 6 Abs. 4 lit. a bis e DSGVO.[302] Hiernach hat der Verantwortliche zunächst jede Beziehung zwischen den Zwecken, für die die Daten gesammelt wurden, und die Zwecke der beabsichtigten Weiterverarbeitung zu berücksichtigen.[303] Ist eine Weiterverarbeitung bspw. notwendig, um die Performanz der Technikkomponenten zu gewährleisten oder zu verbessern, kann von einer engen logischen Verknüpfung mit dem Primärzweck ausgegangen werden, wohingegen der Weiterverarbeitung etwa zu Marketingzwecken eine Zweckferne zu attestieren ist.[304]

In einem weiteren Prüfungspunkt hat der Verantwortliche den Zusammenhang, in dem die Daten erhoben wurden, und das Verhältnis zwischen dem Betroffenen und dem Verantwortlichen zu berücksichtigen.[305] Dieser Kontextbezug wird

---

[301] S. Art.-29-Gruppe, WP 203, 21 f.

[302] Art. 6 Abs. 4 lit. a bis e DSGVO entsprechen im Wesentlichen den von der Art.-29-Datenschutzgruppe aufgestellten Prüfkriterien. S. Art.-29-Gruppe, WP 203, 23 ff.

[303] Art. 6 Abs. 4 lit. a DSGVO.

[304] In diesem Rahmen sei auf die Ausführungen zur datenschutzrechtlichen „Fairness" im Rahmen des Kriteriums der Vertrauenswürdigkeit (K3) in Abschnitt 8.3.3.3 verwiesen.

[305] Art. 6 Abs. 4 lit. b DSGVO.

durch ErwGr 50 Satz 6 DSGVO konkretisiert, indem er auf die „vernünftigen Erwartungen" des Betroffenen in Bezug zur Weiterverarbeitung abstellt, die aus seiner Beziehung zum Verantwortlichen resultieren. Beabsichtigt ein E-Mail-Provider den E-Mail-Verkehr mittels der Technik zur Schlüsselverteilung sicherer zu gestalten, ist dieses Verhalten sicherlich für den Betroffenen nicht unerwartet. Bei Weiterverarbeitungen zu Sekundärzwecken ist indes das besondere Vertrauen zu berücksichtigen, das der Betroffene Instrumenten des Selbstdatenschutzes entgegenbringt. In diesem Zusammenhang der Datenerhebung ist eine weite Auslegung der Zweckkompatibilität generell zu verneinen.

Ferner hat der Verantwortliche den Grad der Sensitivität der verarbeiteten personenbezogenen Daten nach Art. 9 und 10 DSGVO zu berücksichtigen.[306] Generell wird den im Rahmen des Technikeinsatzes verarbeiteten Daten kein besonders sensitiver Gehalt i. S. d genannten Normen zuzuschreiben sein. Allerdings kann die E-Mail-Adresse – soweit nicht ohnehin pseudonymisiert – sich aus dem Namen des Betroffenen zusammensetzen, der unter Umständen Rückschlüsse auf die Ethnie des Betroffenen zulässt und somit als sensitives Datum i. S. d. Art. 9 Abs. 1 DSGVO einzuordnen wäre.[307] Die Art.-29-Gruppe führt bei diesem Prüfungspunkt indes auch beispielhaft die Kategorie der Kommunikationsdaten an und stellt damit über den reinen Gesetzeswortlaut verstärkt auf den Kontext der Verarbeitung ab.[308] Elektronische Kommunikationsdaten i. S. d. Art. 4 Abs. 3 lit. a e-Privacy-VO-E sind zum einen Kommunikationsinhalte, die vom Technikeinsatz aber nur mittelbar betroffen werden, zum anderen Kommunikationsmetadaten, die nach Art. 4 Abs. 3 lit. c e-Privacy-VO-E ihrerseits Daten repräsentieren, „die in einem elektronischen Kommunikationsnetz zu Zwecken der Übermittlung, der Verbreitung oder des Austauschs elektronischer Kommunikationsinhalte verarbeitet werden". Insoweit kann den durch die Technik verarbeiteten Daten durchaus ein hoher sensitiver Charakter attestiert werden. Folglich begrenzt auch dieser Prüfungspunkt eine weite Auslegungsmöglichkeit des Primärzwecks des Technikeinsatzes.

Der Verantwortliche hat außerdem die möglichen Folgen der beabsichtigten Weiterverarbeitung für den Betroffenen zu berücksichtigen.[309] Hierbei ist insbesondere die Architektur der zu gestaltenden Technik zu beachten. Entscheidend

---

[306] Art. 6 Abs. 4 lit. c DSGVO.

[307] S. hierzu die im Rahmen der Risikoevaluation im Kriterium der Daten- und Systemsicherheit (K4) gemachten Aussagen zur potenziellen Sensitivität der im Schlüsselmaterial enthaltenen personenbezogenen Daten in Abschnitt 8.4.3.2.

[308] S. Art.-29-Gruppe, WP 203, 25; hierzu auch *Buchner/Petri*, in: Kühling/Buchner 2021, Art. 6 DSGVO Rn. 189.

[309] Art. 6 Abs. 4 lit. d DSGVO.

ist, welcher Akteur zu welchem Zeitpunkt welche personenbezogenen Daten verarbeitet oder von ihnen Kenntnis nehmen kann. Mögliche Weiterverarbeitungen, die den gewohnten Datenstrom und die damit korrespondierenden Berechtigungen im Rahmen des Technikeinsatzes verlassen, sprechen für eine Zweckänderung. Ist vorgesehen im Rahmen von Weiterverarbeitungen Dritte einzubinden, ist zu beachten, dass diese Form der Verarbeitung für den Betroffenen nicht transparent ist. In der Folge wird er auch die Folgen dieser Weiterverarbeitung nur schwer absehen können.

Schlussendlich sind im Rahmen der Prüfung zur Zweckkompatibilität geeignete Garantien zu berücksichtigen.[310] Die Grundverordnung führt hierzu in Art. 6 Abs. 4 lit. e DSGVO exemplarisch Pseudonymisierungen oder Verschlüsselungen an. Ausschlaggebend ist für diesen Prüfungspunkt folglich das Niveau der Datensicherheit.[311] Weiterverarbeitungen im Rahmen von Sekundärzwecken sollten demnach kein niedrigeres Schutzniveau als die Verarbeitung für den Primärzweck aufweisen. Ist hier indes eine Abweichung zu konstatieren, spricht dies gegen eine Kompatibilität mit dem ursprünglichen Primärzweck des Technikeinsatzes.

8.7 Rechtmäßigkeit der Verarbeitung (K7)

Grundsätzlich soll der Nutzer selbst darüber entscheiden können, welche personenbezogenen Daten durch die zu gestaltende Technik und die beteiligten infrastrukturellen Akteure verarbeitet werden.[312] Eine Verarbeitung dieser Daten ist nur in einem vom Gesetz abschließend normierten und eng umfriedeten Rahmen möglich.[313] Damit die Verarbeitung personenbezogener Daten im Rahmen der Technik zur Schlüsselverteilung rechtlich ermöglicht werden kann, muss sie auf einer einfachgesetzlichen legitimatorischen Grundlage basieren. Im Rahmen dieses Kriteriums soll der (datenschutz)rechtliche „Kern" der Verarbeitung personenbezogener Daten freigelegt werden, aus dem sich objektive Gestaltungsimplikationen für die Technik ergeben können. Im Fokus steht daher die

[310] Art. 6 Abs. 4 lit. e DSGVO; weiterführend hierzu *Roßnagel*, in: Simitis/Hornung/Spieker 2025, Art. 6 DSGVO Rn. 60. Die in Art. 6 Abs. 4 lit. e DSGVO genannten „geeigneten Garantien" entsprechen nicht denen aus Art. 46 DSGVO.

[311] S. dazu oben das Kriterium der Daten- und Systemsicherheit (K4), Abschnitt 8.4.3 ff.

[312] So im Kern BVerfGE 65, 1 (42).

[313] Art. 6 Abs. 1 lit. a 1. Alt. DSGVO i. V. m. Art. 6 DSGVO.

initiale Rechtsgrundlage, die es dem Nutzer – als natürliche Person – ermöglicht, an der Technik zu partizipieren. Die Technik muss in der Lage sein, die Anforderungen der jeweilig einschlägigen Rechtsgrundlagen – bspw. der Einwilligung – abbilden zu können. Weitere der initialen Rechtsgrundlage „nachgelagerte" Rechtsgrundlagen, die eine Basis für Zwecke im Rahmen des Betriebs der Infrastruktur ermöglichen und sich vornehmlich aus berechtigten Interessen gem. Art. 6 Abs. 1 UAbs. 1 lit. f DSGVO speisen, sollen hier nicht behandelt werden, da sie vornehmlich durch subjektive Rahmenbedingungen, bspw. Verträge mit den jeweiligen E-Mail-Providern, bestimmt werden und daher wenig technikformenden Charakter haben. Einen positiven Effekt auf die Verwirklichung dieses Kriteriums haben die flankierenden Kriterien der Zweckbindung (K6) und der Benutzbarkeit (K1).

8.7.1 Herleitung aus rechtlichen Anforderungen

Das Kriterium der Rechtmäßigkeit der Verarbeitung leitet sich direkt aus der Anforderung der informationellen Selbstbestimmung (A2) ab. Die Nutzer sollen selbstbestimmt ihre (personenbezogenen) Daten der Technik und den beteiligten Akteuren anvertrauen und die angebotenen Funktionen ebenso selbstbestimmt nutzen. Hierzu bedarf es der Einwilligung der Endnutzer. Diese Einwilligung muss auf den entsprechenden rechtlichen Rahmenbedingungen basieren, sowohl den Nutzern als auch den Akteuren ein Höchstmaß an Rechtssicherheit zu bieten. An dem Grad der Rechtmäßigkeit der Verarbeitung bemisst sich in der Folge die freie Entfaltung der Nutzer. Des Weiteren ist die Rechtmäßigkeit der Verarbeitung eine Konkretisierung der Anforderung Rechtssicherheit (A7). Die Anforderungen an die Rechtmäßigkeit ermöglichen letztlich in einem Umkehrschluss die Durchsetzung der entsprechenden Rechte. Je nach konkreter rechtlicher Grundlage hat der jeweilige Nutzer mitunter verschiedene Möglichkeiten, Einfluss auf die Verarbeitung seiner personenbezogenen Daten zu nehmen. Ferner ist das Kriterium ein mittelbares Derivat der kommunikativen Selbstbestimmung (A3). Die zu gestaltende Technik stellt selbst zwar kein Kommunikationsmedium dar, beeinflusst aber letztlich die Art der zugrundeliegenden E-Mail-Kommunikation. Die Rechtmäßigkeit der Verarbeitungen erzeugt insoweit (Rechts-)Klarheit, die zu einem gewissen Grad auf den Kommunikationsvorgang ausstrahlt.

8.7.2 Zulässigkeit der Verarbeitung personenbezogener Daten

Aus der Perspektive des Primärrechts stellt jedwede Verarbeitung personenbezogener Daten einen Eingriff in das Grundrecht auf Datenschutz gem. Art. 8 Abs. 1 GRCh dar und bedarf daher einer legitimatorischen Grundlage.[314] Dieses Prinzip spiegelt die Datenschutzgrundverordnung mit dem Grundsatz der Rechtmäßigkeit der Verarbeitung gem. Art. 5 Abs. 1 lit. a 1. Alt. DSGVO wieder, der in Art. 6 DSGVO und Art. 9 DSGVO eine nähere Konkretisierung erfährt. Der Grundsatz stellt – entgegen der weitverbreiteten Auffassung – kein „Verbot mit Erlaubnisvorbehalt“ dar.[315] Diese vielbemühte Rechtsfigur entstammt dem Verwaltungsrecht und bezeichnet eine gesetzliche Regelung, die ein bestimmtes Verhalten grundsätzlich unter dem Vorbehalt eines verwaltungsbehördlichen Genehmigungsverfahrens verbietet.[316] Die terminologische Übertragung auf das Datenschutzrecht ist insofern als unpassend einzustufen, als das gesetzliche Verbot der Verarbeitung personenbezogener Daten nicht erst durch einen Verwaltungsakt oder eine Erlaubnis im Einzelfall aufgehoben werden müsste. Die Zulässigkeit der Verarbeitung personenbezogener Daten ergibt sich indes direkt aus dem Gesetz in Gestalt des Art. 5 Abs. 1 lit. a 1. Alt. DSGVO i. V. m. Art. 6 DSGVO und dessen Konkretisierungen.[317] Neben die Vorgaben der Rechtmäßigkeit, die sich aus der Grundverordnung ergeben, treten bereichsspezifische Konkretisierungen der Rechtsgrundlagen. Vor dem Hintergrund dieser Technikgestaltung seien exemplarisch die Einwilligung im Rahmen der Nutzung digitaler Dienste (vormals Telemediendienste) für die Speicherung von Informationen oder den Zugriff auf Informationen in den Systemen des Nutzers in § 25 Abs. 1 TDDDG und die (geplante) Einwilligung des Nutzers in die Aufnahme öffentlich zugänglicher Verzeichnisse gem. Art. 15 e-Privacy-VO-E angeführt.

---

[314] S. EuGH, Urteil vom 1. Oktober 2015, Bara u. a., Rs. C-201/14, ECLI:EU:C:2015:638, Rn. 30; nach Maßgabe des Art. 52 Abs. 1 GRCh bedarf es zur Einschränkung dieses Grundrechts einer gesetzlichen Grundlage.

[315] So *Roßnagel*, NJW 2019, 1 ff.; im Schrifttum indes weit verbreitet. S. exemplarisch *Buchner/Petri*, in: Kühling/Buchner 2021, Art. 6 DSGVO Rn. 11; *v. Grafenstein*, DuD 2015, 789 (792); auf das BDSG „übertragend“ *Helfrich*, in: Sydow/Marsch 2022, § 54 BDSG Rn. 6.

[316] S. exemplarisch *Wiget*, in: Zeitler/Wiget 2023, Art. 18 BayStrWG Rn. 16; OLG Celle, NZV 2013, 610 ff.

[317] Weiterführend zur Konkretisierungsmöglichkeit durch die Öffnungsklausel des Art. 6 Abs. 3 DSGVO *Roßnagel*, in: Simitis/Hornung/Spiecker 2025, Art. 6 DSGVO Rn. 1.

8.7.3 Auswirkungen auf das System zur Schlüsselverteilung

Die zu gestaltende Technik zur Verteilung öffentlicher Schlüssel setzt für die Funktionsfähigkeit die Existenz eines Verzeichnisses, auf dem die öffentlichen Schlüssel der Nutzer zur Abfrage gespeichert werden, voraus. Diese Verwaltung der öffentlichen Schlüssel stellt eine Verarbeitung i. S. d. Art. 4 Nr. 2 DSGVO dar und muss für eine rechtliche Legitimation einen Tatbestand des Art. 6 Abs. 1 UAbs. 1 erfüllen.[318] Die Frage, die im Rahmen dieses Kriteriums geklärt werden soll, ist die, ob sich durch die konkrete Rechtsgrundlage, die es einer „betroffenen Person“ i. S. v. Art. 4 Nr. 1 1. Hs. DSGVO ermöglicht, durch das Hochladen ihrer öffentlichen Schlüssel zum Nutzer der Technik zu werden, konkrete Anforderungen an die technische Ausgestaltung ergeben.

8.7.3.1 Einwilligung in die Aufnahme eines öffentlich zugänglichen Verzeichnisses

Art. 15 e-Privacy-VO-E befasst sich mit der Regelung öffentlich zugänglicher Verzeichnisse. Was unter einem öffentlich zugänglichen Verzeichnis im Sinne des Verordnungsentwurfs zu verstehen ist, beschreibt Art. 4 Abs. 3 lit. d e-Privacy-VO-E. Hiernach handelt es sich um ein Verzeichnis der Endnutzer elektronischer Kommunikationsdienste in gedruckter oder elektronischer Form, das veröffentlicht oder der Öffentlichkeit bzw. einem Teil der Öffentlichkeit zugänglich gemacht wird, auch mithilfe eines Verzeichnisauskunftsdienstes. Die in derartigen Verzeichnissen gespeicherten Informationen umfassen etwa Telefonnummern, E-Mail-Adressen oder andere Kontaktangaben der Endnutzer.[319] Die hinterlegten Daten stellen mithin personenbezogene Daten dar, die im Rahmen eines hier diskutierten Verzeichnisses eine möglichst breite und barrierefreie Kommunikation ermöglichen sollen und die nur zu diesem Zweck verarbeitet werden sollen.[320] Öffentlich zugängliche Verzeichnisse i. S. d. Art. 4 Abs. 3 lit. d e-Privacy-VO-E erfüllen mithin die Funktion eines (elektronischen) Telefonbuchs. Allerdings lässt der Verordnungsentwurf – entgegen den Angaben in „klassischen“ Telefonbüchern – i. S. v. ErwGr 30 Satz 2 e-Privacy-VO-E explizit offen, welche (Kontakt-)Daten diese Verzeichnisse enthalten können.

---

[318] Sinngemäß *Frenzel*, in: Paal/Pauly 2021, Art. 6 DS-GVO Rn. 7.

[319] S. ErwGr 30 e-Privacy-VO-E.

[320] Kritisch zur Einwilligungsbedürftigkeit vor dem Hintergrund des Zwecks einer möglichst breiten, barrierefreien und netzwerkunabhängigen Kommunikation vdav 2017, 8; s. ergänzend das Kriterium der Zweckbindung (K6).

Die im Verordnungsentwurf exemplarisch aufgeführten Kontaktangaben wie Telefonnummer und E-Mail-Adresse repräsentieren ein eindeutiges Kommunikationsmedium. Der Versand einer unverschlüsselten E-Mail stellt in Relation zu einer Ende-zu-Ende-verschlüsselten E-Mail eine signifikante Veränderung der Kommunikationsform dar, die sich nicht allein in der technischen Absicherung der informationellen Selbstbestimmung, sondern zudem in der gefühlten kommunikativen Selbstbestimmung und damit dem kommunikativen Verhalten selbst äußert.[321] Eine vergleichbare Techniktransformation hat sich bezüglich der Festnetztelefonie hin zu Voice over IP (VoIP) vollzogen, bei der das Kommunikationsziel zwar als Telefonnummer angegeben wird, diese Verbindung aber im Gegensatz zum Ursprungsmedium unter einer IP-Adresse aufgebaut wird.[322] Ferner sind die in ErwGr 30 e-Privacy-VO-E aufgezählten Kontaktangaben nicht abschließend.[323] Folglich können auch öffentliche Schlüssel eine Form der Kontaktangabe darstellen, die es exklusiv ermöglichen, mit einem Kommunikationspartner Ende-zu-Ende-verschlüsselte E-Mails auszutauschen. Für eine Auslösung des Anwendungsbereichs des e-Privacy-VO-E auf die zu gestaltende Technik spricht zudem das erklärte Bestreben des europäischen Gesetzgebers, neuartige, bisher ungeregelte, internetbasierte Kommunikationsdienste zu regulieren.[324]

Zudem können Verzeichnisse i. S. d. Verordnungsentwurfs auch Verzeichnisauskunftsdienste umfassen, die nicht näher spezifiziert werden. Daher verbleibt bei einer technologieoffenen Interpretation der Norm Spielraum die zu gestaltende Technik – bestehend aus einem Verzeichnis in Form eines Keyservers i. V. m. einem Verzeichnisauskunftsdienst in Gestalt von Client- und Server-Plugins, die es dem Nutzer ermöglichen, in den Verzeichnissen nach dem öffentlichen Schlüssel eines spezifischen Kommunikationspartners (technisch) suchen zu lassen und diesen herunterzuladen – unter den Verzeichnisbegriff des Verordnungsentwurfs zu fassen.

Demgegenüber regelt § 17 Abs. 1 TDDDG die Aufnahme von personenbezogenen Daten in sog. „Endnutzerverzeichnisse" und setzt damit die Vorgaben der e-Privacy-RL um. Demgemäß steht Endnutzern ein Wahlrecht zu, in öffentlich zugängliche Verzeichnisse aufgenommen zu werden, die gem. § 17 Abs. 1 TDDDG die Rufnummer, Namen sowie Anschrift der Endnutzer enthalten.[325]

---

[321] S. hierzu bereits Abschnitt 5.2.

[322] S. zur Funktionsweise *Schmitz*, in: Hoeren/Sieber/Holznagel 2024, Teil 16.2 Rn. 141.

[323] „Oder andere Kontaktangaben", ErwGr 30 Satz 2 e-Privacy-VO-E.

[324] So ErwGr 6 e-Privacy-VO-E.

[325] Weiterführend hierzu *Emrich/Weber*, in: Assion 2022, § 17 TTDSG Rn. 1 und speziell Rn. 11 vor dem Hintergrund der Umsetzung von Art. 12 e-Privacy-RL.

Entgegen dem Verordnungsentwurf sind die Datenarten abschließend genannt und repräsentieren Angaben in (herkömmlichen) Telefonbüchern. Die Technikgestaltung soll indes auch künftige rechtliche Entwicklungen – soweit möglich und zielführend – antizipieren. Demgemäß müsste für die Aufnahme in das Verzeichnis der Nutzer grundsätzlich einwilligungsfähig sein, um den weiteren Begriff des Verzeichnisses aus dem Verordnungsentwurf bei einem künftigen Inkrafttreten rechtskonform abbilden zu können.

Zu beachten ist, dass juristischen Personen bezüglich der Aufnahme ihrer öffentlichen Schlüssel in das Verzeichnis gem. Art. 15 Abs. 3 e-Privacy-VO-E lediglich ein Widerspruchsrecht zusteht.[326] Das kann etwa in den Fällen von Relevanz sein, in denen die öffentlichen Schlüssel eines Unternehmens nicht durch dieses selbst auf die Keyserver der zu gestaltenden Infrastruktur hochgeladen werden, sondern von Dritten, wie etwa Unternehmensverbänden. Es stellt sich allerdings die Frage, ob fremde Entitäten grundsätzlich befähigt werden sollten, für Nutzer schlüsselbezogene Aktionen durchzuführen. Insbesondere vor dem Hintergrund des Kriteriums der Vertrauenswürdigkeit (K3) sollten nur die Nutzer, die auch die tatsächliche Gewalt über die mit dem jeweiligen Schlüssel korrespondierende E-Mail-Adresse haben, berechtigt sein, ihre öffentlichen Schlüssel hochzuladen, zu berichtigen oder zu löschen.

Im Rahmen der Einwilligung soll der (End-)Nutzer – neben der grundsätzlichen Aufnahme – zudem darüber entscheiden können, welche Kategorien personenbezogener Daten, wie etwa Name, E-Mail-Adresse oder Wohnanschrift, in das Verzeichnis aufgenommen werden.[327] Nach Art. 15 Abs. 2 e-Privacy-VO-E i. V. m. ErwGr 31 Satz 3 e-Privacy-VO-E sollen die Betroffenen mit ihrer Einwilligung ferner darüber entscheiden können, anhand welcher Kategorien von personenbezogenen Daten ihre Kontaktangaben im Verzeichnis durchsucht werden können. Diese Kategorien müssen nicht zwangsläufig mit (allen) im Verzeichnis hinterlegten (Daten-)Kategorien deckungsgleich sein.[328]

Für die Anforderungen, denen die Einwilligung genügen muss, verweist Art. 9 Abs. 1 e-Privacy-VO-E auf die einschlägigen Bestimmungen der Grundverordnung und mithin auf die Einwilligungsanforderungen gem. Art. 7 DSGVO.[329]

---

[326] Über dieses Widerspruchsrecht müssen die juristischen Personen im Rahmen der Transparenz (K9) aufgeklärt werden.

[327] ErwGr 31 Satz 1 e-Privacy-VO-E.

[328] S. ErwGr 31 Satz 4 e-Privacy-VO-E.

[329] Weiterführend zu den Anforderungen im Einzelnen *Klement*, in: Simitis/Hornung/Spiecker 2025, Art. 7 DSGVO Rn. 41–79; *Buchner/Kühling*, in: Kühling/Buchner 2021, Art. 7 DSGVO Rn. 55-70.

8.7.3.2 Verarbeitung auf vertraglicher Grundlage

Die zu gestaltende Technik setzt als modulare Technologie das Bestehen eines E-Mail-Accounts voraus. In derlei Fällen besteht also zwischen dem E-Mail-Provider und dem Nutzer von E-Mail-Dienstleistungen ein entsprechender Vertrag i. S. d. Art. 6 Abs. 1 UAbs. 1 lit. b DSGVO der die Verarbeitung personenbezogener Daten ermöglicht. Bietet der E-Mail-Provider als Akteur des zu gestaltenden Systems zudem Dienste wie das Verwalten der öffentlichen Schlüssel an, so stellt das eine Erweiterung des ursprünglichen Vertrags mit dem Provider i. S. d. Art. 6 Abs. 1 UAbs. 1 lit. b DSGVO dar. Das Hochladen des eigenen öffentlichen Schlüssels mit einem vom Provider bereitgestellten Verfahren kann in diesem Fall als konkludente Vertragserweiterung angesehen werden, auf die die Verarbeitung gestützt werden kann. Hiervon ist auch auszugehen, wenn die Erbringung des E-Mail-Dienstes mit einer entsprechenden client- oder serverseitigen Erweiterung kostenlos erfolgt. Im Rahmen der Vertragserweiterung sollte der Provider dem Betroffenen demnach alle Umstände der Datenverarbeitung hinreichend bekannt machen, bevor dieser seinen öffentlichen Schlüssel mittels der zu gestaltenden Technik publiziert. Hierzu ist es empfehlenswert den Vorgang des Schlüsselhochladens in einem eindeutig informierenden, bspw. Als opt-in gestalteten Verfahren vorzunehmen und die Umstände im Vertrag zu integrieren.[330]

Die Rechtsgrundlage des Vertrags zur Verarbeitung des Schlüsselmaterials ist zumindest für alle Nutzer anzunehmen, die über einen E-Mail-Account bei einem E-Mail-Provider verfügen, der Teil der Lösungsinfrastruktur ist. Die Verarbeitung personenbezogener Daten von Dritten, die etwa im Fall von PGP im öffentlichen Schlüsselmaterial in Form von Signaturen enthalten sein können, und von den E-Mail-Providern als maßgebliche Betreiber des Verzeichnisdienstes müsste sich entsprechend auf berechtigte Interessen gem. Art. 6 Abs. 1 UAbs. 1 lit. f DSGVO stützen.

Die im Kern stattfindende Verarbeitung personenbezogener Daten stellt folglich eine Form der Vertragserweiterung dar. Die Aufnahme in das Verzeichnis kann nach Inkrafttreten der e-Privacy-VO allerdings – sodann als speziellere Norm – auf der Grundlage einer Einwilligung erfolgen. Dass vor Inkrafttreten des Verordnungsentwurfs die Verarbeitung auf § 17 Abs. 1 TDDDG gestützt werden kann, erscheint vor den bereits gemachten Ausführungen zur Exklusivität der in der Norm gemachten Angaben zu den im Verzeichnis enthaltenen personenbezogenen Daten zweifelhaft. Selbst wenn man eine Einwilligungsbedürftigkeit de lege lata annehmen würde, ergäbe sich hinsichtlich der Anforderungen an die Technik kein Gestaltungsbedarf, da die (technische) Einwilligungsfähigkeit in

[330] *Blazy/Gonscherowski/Selzer*, in: Eibl/Gaedke 2017, 757.

Erwartung der de lege ferenda einschlägigen e-Privacy-VO sich bereit aus diesem Kriterium ergibt. Auch § 25 Abs. 1 TDDDG, der die Einwilligung für Fälle vorsieht, bei denen auf Informationen in den Endeinrichtungen des Nutzers zugegriffen wird, ist vorliegend nicht einschlägig. Zwar würde ein Zugriff des Plugins auf das Schlüsselmaterial, soweit dies durch die Technik autonom erfolgen würde, hierunter zu fassen sein, allerdings statuiert § 25 Abs. 2 Nr. 2 2. Alt. TDDDG eine Ausnahme vom Einwilligungserfordernis, wenn „der Zugriff auf bereits in der Endeinrichtung des Endnutzers gespeicherte Informationen unbedingt erforderlich ist, damit der Anbieter eines digitalen Dienstes einen vom Nutzer ausdrücklich gewünschten digitalen Dienst zur Verfügung stellen kann".

Mögliche Interferenzen der Rechtsgrundlagen sind vor dem Hintergrund des allgemeinen (nicht absoluten) Kopplungsverbots i. S. d. Art. 7 Abs. 4 DSGVO jedenfalls nicht per se unwirksam, sofern im Rahmen des Kriteriums der Transparenz (K9) eine ausreichende Klarstellung hinsichtlich der Abgrenzungen und Reichweite der jeweiligen Rechtsgrundlagen gegenüber dem Nutzer erfolgt. Das Kopplungsverbot wäre ohnehin erst dann relevant, wenn die Verarbeitung durch die Akteure der Infrastruktur nicht bereits initial auf eine vertragliche oder gesetzliche Grundlage gestützt werden kann.[331]

8.8 Datenrichtigkeit (K8)

Für die verschlüsselte E-Mail-Kommunikation ist neben der Verteilung der öffentlichen Schlüssel die Richtigkeit derselben von essenzieller Bedeutung. Für eine vertrauensvolle Kommunikation ist es erforderlich, die im Schlüsselmaterial hinterlegten Informationen des Schlüsselinhabers auf dem aktuellen Stand zu halten. Fehlerhafte oder ungültige öffentliche Schlüssel sind für eine verschlüsselte Kommunikation nutzlos. Die Aktualität der vom Nutzer eingesetzten öffentlichen Schlüssel ist somit ein zentrales Kriterium für die Funktionsfähigkeit der Technik. Ungültige oder fehlerhafte Daten müssen dementsprechend berichtigt werden können.

8.8.1 Herleitung aus rechtlichen Anforderungen

Dieses Kriterium speist sich unmittelbar aus dem Grundsatz des informationellen Selbstbestimmungsrechts (A2) der Nutzer des Verfahrens. Dieses Recht billigt

[331] So *Schulz*, in: Gola/Heckmann 2022, Art. 7 DSGVO Rn. 23.

dem Einzelnen die grundsätzlich uneingeschränkte Verfügungsmacht über die Preisgabe und Verwendung seiner personenbezogenen Daten zu.[332] Das umfasst auch die einmal gemachten Angaben zu löschen, zu ändern oder zu berichtigen. Die Technik zur Schlüsselverteilung darf diesem Grundsatz nicht entgegenstehen und muss es dem einzelnen Nutzer ermöglichen, fortwährend die Kontrolle über seine personenbezogenen Daten zu haben. Des Weiteren ist dem Kriterium der Datenrichtigkeit der Gedanke der kommunikativen Selbstbestimmung (A3) inhärent. Für eine vertrauensvolle Kommunikation, die die freie Entfaltung der Persönlichkeit nicht beeinträchtigt, ist die Richtigkeit der dem System zugrundeliegenden Daten essenziell. Unrichtige oder unvollständige personenbezogene Daten können zum einen die technische Funktionsfähigkeit des Kommunikationssystems beeinträchtigen und in der Folge zu Fehlfunktionen führen, die die betroffenen Nutzer zwingt auf andere, unsichere Kommunikationsmedien mit geringerer Absicherung auszuweichen. Zum anderen besteht die Gefahr, dass eine mangelnde Datenrichtigkeit Zweifel an der Vertrauenswürdigkeit des jeweiligen Kommunikationspartners oder des Kommunikationsmediums selbst erzeugt. Auch in diesem Falle können sich die Kommunikationspartner nicht uneingeschränkt frei entfalten. Aus diesen Gründen ist die Datenrichtigkeit zudem eine Konkretisierung des Geheimnisschutzes (A1). Sind die personenbezogenen Daten des Geheimnisträgers und des jeweiligen Kommunikationspartners nicht vollständig oder korrekt, kann die Integrität des übertragenen Geheimnisses – sofern die Übertragung im Falle einer mangelnden Datenrichtigkeit überhaupt möglich ist – nicht garantiert werden. Die Richtigkeit der personenbezogenen Daten, die dem System zugrunde liegen, ist ferner eine Facette der wirtschaftlichen Entfaltungsfreiheit (A6). Ist eine verschlüsselte Kommunikation aufgrund unrichtiger personenbezogener Daten nicht möglich, kann das die Kontaktaufnahme mit potenziellen Kommunikationspartnern erschweren und sich entsprechend negativ auf wirtschaftliche Prozesse auswirken. Auch stellen fehlerhafte personenbezogene Daten im Schlüsselmaterial für Schlüsselserver und vor allem für E-Mail-Provider ein potenzielles Reputationsrisiko dar. Die Folge könnte eine Abkehr von der Technik und den mit ihr verbundenen Diensten sein, wenn die Nutzer nicht in der Lage sind, ihre Datenherrschaft auszuüben.

[332] S. BVerfGE 65, 1 (42 f.); 84, 192 (194); 96, 171 (181); 113, 29 (46); zum Recht auf informationelle Selbstbestimmung als Ausprägung des allgemeinen Persönlichkeitsrechts s. bereits oben Abschnitt 7.2.

8.8.2 Auswirkungen auf das System zur Schlüsselverteilung

Der Grundsatz der Richtigkeit hat seine einfachgesetzliche Ausprägung in Art. 5 lit. d DSGVO. Hiernach ist sicherzustellen, dass die Daten einem sachlich richtigen Niveau entsprechen und erforderlichenfalls auf dem neusten Stand zu halten sind. Die Unrichtigkeit personenbezogener Daten ist gegeben, wenn sie Informationen enthalten, die nicht den realen Verhältnissen entsprechen. Das ist etwa der Fall, wenn sie unvollständig sind, im falschen Kontext präsentiert werden oder schlicht falsch sind.[333] Zweifel an der Richtigkeit personenbezogener Daten können vor dem Hintergrund des Technikeinsatzes insbesondere abgelaufene oder fehlerhafte Verschlüsselungsschlüssel auslösen. Das betrifft einerseits unmittelbar den personenbeziehbaren Verschlüsselungsalgorithmus. Werden die Schlüsselinformationen nicht korrekt in den dafür vorgesehenen Verzeichnisdienst übernommen oder ist der Verschlüsselungsschlüssel abgelaufen, ist eine Entschlüsselung der erhaltenen Nachricht für den Kommunikationspartner nicht möglich. Andererseits betrifft das die Aktualität und Richtigkeit der restlichen Bestandteile der Schlüsselstruktur wie etwa personenbezogene Daten des Schlüsselinhabers. Öffentliche Schlüssel behalten in der Regel auch nach ihrem Ablauf ihre Funktionsfähigkeit. Es stellt sich aber für den verschlüsselnden Kommunikationspartner die Frage, ob der abgelaufene Schlüssel auch für den Kommunikationsvorgang Verwendung finden soll.[334] Um die Aktualität der personenbezogenen Daten in Relation zu ihrem Verarbeitungszweck zu gewährleisten, sind entsprechende Maßnahmen zur unverzüglichen Löschung oder Berichtigung zu implementieren.

8.8.2.1 Berichtigung personenbezogener Daten

Das in Art. 5 Abs. 1 lit. d DSGVO enthaltene Recht des Betroffenen auf unverzügliche Berichtigung seiner fehlerhaften personenbezogenen Daten wird in Art. 16 DSGVO weiter auskonturiert. Es enthält einerseits einen subjektiven Gehalt, wonach der Betroffene selbst die Berichtigung verlangen kann. Andererseits ist der Berichtigung auch eine objektive Pflicht des Verantwortlichen inhärent. Erlangt der Verantwortliche, etwa selbstständig oder durch Dritte, Kenntnis über die Unrichtigkeit oder Unvollständigkeit personenbezogener Daten, so ist er regelmäßig zum Ergreifen entsprechender Maßnahmen verpflichtet.[335] Das Interesse

---

[333] S. auch *Buchner*, in: BeckOK DSR 2024, Art. 5 DSGVO Rn. 29.

[334] *Blazy/Gonscherowski/Selzer*, in: Eibl/Gaedke 2017, 758.

[335] *Worms*, in: BeckOK DSR 2024, Art. 16 DSGVO Rn. 7; *Pötters*, in: Gola/Heckmann 2022, Art. 5 DSGVO Rn. 25.

des E-Mail-Providers, die öffentlichen Schlüssel – und somit auch die in ihnen enthaltenen personenbezogenen Daten –, die er selbst verwaltet, auf einem aktuellen Niveau zu halten, speist sich zudem aus dem bestehenden Vertragsverhältnis mit dem Betroffenen.[336] Vor diesem Hintergrund darf die Technik die Berichtigung personenbezogener Daten nicht erschweren oder gar verhindern. Es muss sowohl dem Betroffenen als auch dem Verantwortlichen möglich sein auf die personenbezogenen Daten zuzugreifen und diese zu berichtigen. Als Bestandteil der E-Mail-Kommunikation stehen das Client- und das Server-Plugin zwischen dem Nutzer und dem Verantwortlichen. Insofern sollten die Technikkomponenten im Rahmen die Berichtigung personenbezogener Daten im Schlüsselmaterial auch nicht erschweren oder behindern. Um einen Beitrag zum selbstbestimmten Umgang mit personenbezogenen Daten des Betroffenen und der Berufsfreiheit des Verantwortlichen (respektive E-Mail-Providers) zu leisten, sollte die Lösungsarchitektur in ihrer Gesamtheit diesen Vorgang erleichtern. Insofern müsste dem Betroffenen unter der Prämisse einer einfachen benutzerfreundlichen Bedienung ein einfacher Zugriff auf seine personenbezogenen Daten ermöglicht werden.[337] Der Verantwortliche kann in diesem Zuge von den ihm zugänglichen Technikkomponenten aktiv in der Verwaltung und Berichtigung der öffentlichen Schlüssel unterstützt werden. Nichtsdestotrotz bleibt für die E-Mail-Provider, unabhängig von einer Vereinfachung durch die Technik zur Schlüsselverteilung, die objektive Pflicht zur Prüfung der Richtigkeit personenbezogener Daten bestehen.

Den Nutzern der Technik – unabhängig davon, ob es sich bei diesen um natürliche oder juristische Personen handelt – wird darüber hinaus nach Art. 15 e-Privacy-VO-E das Recht eingeräumt, ihre öffentlichen Schlüssel kostenlos auf ihre Richtigkeit hin zu überprüfen und gegebenenfalls zu löschen.

8.8.2.2 Löschung personenbezogener Daten

Ein weiteres Element der Datenrichtigkeit i. S. d. Art. 5 lit. d DSGVO ist das Recht, unzutreffende oder unvollständige personenbezogene Daten zu löschen.[338] Dieses „Recht auf Vergessenwerden" erfährt in Art. 17 DSGVO eine Konkretisierung.[339] Demnach ist der Verantwortliche verpflichtet personenbezogene Daten zu löschen, wenn einer der Gründe des Art. 17 Abs. 1 lit. a bis f DSGVO vorliegt.

---

336 S. zur Vertragserweiterung zwischen Nutzer und E-Mail-Provider Abschnitt 8.7.3.2.

337 S. bereits oben zur separaten Anforderung der Benutzbarkeit (K1) und Barrierefreiheit (K2).

338 *Pötters*, in: Gola/Heckmann 2022, Art. 5 DSGVO Rn. 25.

339 Weiterführend zur Konnexität der Datenrichtigkeit mit Art. 17 DSGVO s. Roßnagel, in: Simitis/Hornung/Spieker 2025, Art. 5 DSGVO Rn. 144; grundsätzlich *Nolte/Werkmeister* in Gola, Art. 17 Rn. 1.

In diesem Sinne ist eine unverzügliche Löschung immer dann geboten, wenn die Daten zur Zweckerreichung nicht mehr erforderlich sind, der Betroffene seine Einwilligung zur Verarbeitung widerruft oder deren Befristung abläuft, der Verarbeitung widersprochen wird oder diese unrechtmäßig erfolgte, die Löschung Teil einer rechtlichen Verpflichtung nach dem Unionsrecht ist oder Einwilligungen von Kindern im Rahmen von Diensten der Informationsgesellschaft widerrufen werden. In Bezug auf die Technik ist ein nutzerseitiges Begehren auf Löschung personenbezogener Daten regelmäßig in Verbindung mit einer Inaktivierung des E-Mail-Accounts oder dem Ablaufen eines öffentlichen Schlüssels zu erwarten. Ein Formzwang besteht bei diesem Antrag auf Löschung nicht, was ein möglichst nutzerfreundliches Verfahren mit geringen technischen und formalistischen Hürden ermöglicht.[340] Der Begriff der Löschung bezieht sich hierbei auf den technischen Vorgang des Überschreibens von personenbezogenen Daten, sodass auf diese im Nachhinein nicht mehr mit üblichen Verfahren zugegriffen werden kann.[341] Die „Unverzüglichkeit", mit der die Löschung erfolgen soll, ist als solche von der „Unverzüglichkeit" der Berichtigung von personenbezogenen Daten zu unterscheiden. Die einzelfallbezogene Bestimmung der „Unverzüglichkeit" erfordert eine Orientierung am jeweiligen Verarbeitungskontext, dem Löschungsaufwand sowie eine Prüfung der einschlägigen Ausnahmen von der Löschung gem. Art. 17 Abs. 3 DSGVO.[342] Als maximaler Referenzzeitrahmen kann der vom Gesetzgeber erwartete Kommunikationszeitraum des Art. 12 Abs. 4 DSGVO herangezogen werden, der eine Unterrichtung des Betroffenen „spätestens" nach einem Monat vorsieht. Der demgegenüber restriktiver ausgestaltete Zeitrahmen der Löschung sollte also ein Weniger an Zeit vorsehen.[343] In der Folge muss es die Technik jedenfalls ermöglichen, ein unverzügliches Tätigwerden der Provider im Rahmen der Löschung und letztlich auch der Berichtigung des Schlüsselmaterials ermöglichen. Eine Verzögerung, selbst wenn sie datenschutzrechtlich legitimierbar wäre, sollte durch den Technikeinsatz nicht resultieren. Entsprechendes muss für die nutzerseitigen Komponenten der Technik gelten, um die

[340] *Haidinger*, in: Knyrim 2016.

[341] *Paal*, in: Paal/Pauli 2021, Art. 17 DSGVO Rn. 30; die theoretische Möglichkeit der Wiederherstellung mit speziellen Programmen bleibt gem. *Hennemann*, PinG 2016, 177 hiervon unbeschadet.

[342] *Paal*, in: Paal/Pauli 2021, Art. 17 DS-GVO Rn. 31.

[343] Die in Art. 12 Abs. 3 Satz 1 DSGVO vorgesehene „Monatsfrist" stellt eine Maximalfrist dar, die vor dem Hintergrund der „Unverzüglichkeit" nicht auszureizen ist. S. hierzu *Brandt/Goffart*, NZA 2024, 240 f. Dagegen vermögen Argumentationen wie exemplarisch von *Barrein/Fuhlrott*, NZA 2024, 445, die u. a. für die Löschung eine Umdeutung der „Unverzüglichkeit" vornehmen, nicht zu überzeugen.

Kontrolle des Einzelnen über seine personenbezogenen Daten sicherstellen zu können.

Gem. Art. 17 Abs. 2 DSGVO hat der Verantwortliche auch angemessene Maßnahmen zu ergreifen, um Dritten, die die veröffentlichten personenbezogenen Daten verarbeiten, das ihnen gegenüber bestehende Löschverlangen mitzuteilen.[344] Das ist insbesondere vor dem Hintergrund der jüngsten Vergangenheit der technischen Beschaffenheit von PGP-Schlüsselservern von Relevanz. Eine Löschung von öffentlichen Schlüsseln und damit der in ihnen enthaltenen personenbezogenen Daten war nicht oder nur mit unverhältnismäßigem Aufwand möglich. Dieses Problem liegt darin begründet, dass einzelne Server miteinander vernetzt waren, sich synchronisierten und so eine Datenredundanz erzeugten. Das führte dazu, dass ein öffentlicher Schlüssel, der auf einem Server gelöscht wurde, in absehbarer Zeit wieder von einem anderen Server an diesen zurückgesendet wurde.[345] Um eine endgültige Löschung in derartigen Systemarchitekturen zu erreichen, müsste der öffentliche Schlüssel also simultan von allen dem Verbund angehörigen Schlüsselservern gelöscht werden. Eine zusätzliche Verschärfung erfährt diese technische Problematik dadurch, dass verschiedene Schlüsselserver unter unterschiedlicher Kontrolle stehen. Die Handlungspflichten, die sich aus Art. 17 Abs. 2 DSGVO im Rahmen der Löschung ergeben, liefen mithin im Rahmen vernetzter PGP-Server ins Leere. Vor diesem Hintergrund hatte es sich in der Praxis etabliert, den entsprechenden Schlüssel mittels eines Widerrufszertifikats zu revozieren.[346] Eine bloße Anmerkung, dass der entsprechende öffentliche Schlüssel in der Zukunft keine Verwendung mehr finden soll, entbindet die Verantwortlichen freilich nicht von ihrer eigentlichen Löschverpflichtung i. S. d. Art. 17 Abs. 1 DSGVO i. V. m. Art. 5 lit. d DSGVO. Daher wurde die bisherige Praxis der Verteilung von PGP-Schlüsseln als nicht datenschutzrechtskonform beurteilt und letztlich – in Gestalt der prominentesten Lösung SKS – abgeschaltet.[347] Die zu gestaltende Technik muss es in der Konsequenz dem Nutzer also unabhängig vom gewählten Verschlüsselungsverfahren ermöglichen, seine personenbezogenen Daten umfassend löschen zu können. Auf der anderen Seite ist die Systemarchitektur derart zu gestalten, dass den Verantwortlichen eine Löschung zum einen technisch möglich und zum anderen aber auch wirtschaftlich zumutbar ist.

---

[344] *Nolte/Werkmeister*, in: Gola/Heckmann 2022, Art. 17 DSGVO Rn. 35.

[345] S. dazu die bereits gemachten Ausführungen zur Synchronisation in Abschnitt 2.2.1.

[346] S. *Blazy/Gonscherowski/Selzer*, in: Eibl/Gaedke 2017, 759.

[347] *Böck*, golem.de vom 25. Juni 2021, https://www.golem.de/news/sks-das-ende-der-alten-pgp-keyserver-2106-157613.html.

Von der Löschung freigestellt sind lediglich die normierten Tatbestände des Art. 17 Abs. 3 lit. a bis e DSGVO. In diesen Fällen ist im Rahmen einer Interessenabwägung unter Umständen eine Einschränkung des Betroffenenrechts auf informationelle Selbstbestimmung möglich.[348] Namentlich ist dies der Fall bei dem der Löschung entgegenstehenden Recht auf Meinungsäußerung und Information; zur Erfüllung einer rechtlichen Verpflichtung oder Aufgabe, die im öffentlichen Interesse liegt oder in der Ausübung der öffentlichen Gewalt erfolgt; im Interesse der öffentlichen Gesundheit; für im öffentlichen Interesse liegende Archivzwecke; bei Geltendmachung, Ausübung oder Verteidigung von Rechtsansprüchen.

Im Rahmen der Technik zur Schlüsselverteilung könnte Art. 17 Abs. 3 lit. b DSGVO einer Löschung von personenbezogenen Daten und mithin des öffentlichen Schlüssels als Ganzes entgegenstehen.[349] Dem Provider als Betreiber des Schlüsselservers könnte eine entsprechende rechtliche Verpflichtung i. S. d. Art. 17 Abs. 3 lit. b 1. Alt. i. V. m. Art. 6 Abs. 1 lit. c DSGVO treffen, die jeweiligen Datensätze vorzuhalten. Voraussetzung ist hierbei das Vorliegen einer unionalen oder nationalen Rechtsvorschrift, die eine derartige Verpflichtung konkretisiert.[350] Welcher Natur eine derartige Rechtsvorschrift sein muss, verdeutlicht Art. 23 DSGVO. Im Falle der Gefahrenabwehr und Strafverfolgung kommen vor dem Hintergrund der zu gestaltenden Technik insbesondere die Sicherstellung der nationalen Sicherheit (Art. 23 Abs. 1 lit. a DSGVO) und der öffentlichen Sicherheit (Art. 23 Abs. 1 lit. c DSGVO), die Verhütung, Ermittlung, Aufdeckung oder Verfolgung von Straftaten oder die Strafvollstreckung, einschließlich des Schutzes vor und der Abwehr von Gefahren für die öffentliche Sicherheit (Art. 23 Abs. 1 lit. d DSGVO), der Schutz sonstiger wichtiger Ziele des allgemeinen öffentlichen Interesses der Union oder eines Mitgliedsstaats, speziell im Währungs- und Steuerbereich (Art. 20 Abs. 1 lit. e DSGVO), sowie der Schutz der betroffenen Person oder der Rechte und Freiheiten anderer Personen (Art. 20 Abs. 1 lit. i DSGVO) in

---

[348] Weiterführend hierzu *Nolte/Werkmeister*, in: Gola/Heckmann 2022, Art. 17 DSGVO Rn. 43 ff.

[349] Auf den Art. 17 Abs. 3 lit. b DSGVO flankierenden § 35 Abs. 3 BDSG soll aufgrund von Bedenken hinsichtlich dessen Unionsrechtswidrigkeit nicht eingegangen werden. Weiterführend hierzu *Dix*, in: Simitis/Hornung/Spiecker 2025, § 35 BDSG Rn. 11 m.w.N.; kritisch auch *Worms*, in: BeckOK DSR 2024, § 35 BDSG Rn. 38 f.; a.A. hingegen *Nolte/Werkmeister*, in: Gola/Heckmann 2022, § 35 BDSG Rn. 19 f.

[350] *Nolte/Werkmeister*, in: Gola/Heckmann 2022, Art. 17 DSGVO Rn. 46; so auch ErwGr 45 der DSGVO.

Frage.[351] Abseits einer besonderen Überwachungsanordnung der E-Mail-Provider zur Überwachung und Aufzeichnung der Telekommunikation i. S. v. § 11 Abs. 1a Nr. 1 lit. b G10, die auch die „Umstände der Kommunikation" – also prinzipiell auch den der Kommunikation vorgelagerten Schlüsselaustausch – umfasst, ist eine der Löschung entgegenstehende Norm, die auf den Schutz der öffentlichen Sicherheit abzielt, nicht einschlägig.[352] Etwas anderes könnte unter Umständen nur gelten, sofern auch der private Schlüssel durch ein System verwaltet werden würde, was aber explizit nicht Gegenstand dieser Technikgestaltung ist.[353]

Auch eine Weiterverarbeitung zu Zwecken der Störungs- oder Fehlererkennung i. S. v. § 12 Abs. 1 TDDDG steht einer Löschung des Schlüsselmaterials oder der durch den Austausch produzierten Metadaten nicht entgegen. § 12 Abs. 2 TDDDG regelt demgemäß, dass die für die Störungs- und Fehlerbeseitigung benötigten Verkehrs- und Steuerdaten unverzüglich zu löschen sind, sobald sie für diesen Zweck nicht mehr benötigt werden.

8.8.2.3 Mitteilungspflicht im Zusammenhang mit der Berichtigung oder Löschung

Gem. Art. 19 DSGVO trifft den Verantwortlichen die Pflicht, Berichtigungen oder Löschungen sowie Einschränkungen der Verarbeitung personenbezogener Daten, die auf der Grundlage von Art. 16, 17 Abs. 1 DSGVO und 18 DSGVO vorgenommen wurden, allen Empfängern – denen die Daten zuvor vom Verantwortlichen offengelegt worden sind – mitzuteilen. Die Verantwortlichkeit für die Verarbeitung bezieht sich i. S. d. Norm auf die gesamte Kette der Verarbeitung.[354] Vor dem Hintergrund der zu gestaltenden Technik zur Schlüsselverteilung wäre die Anforderung aus Art. 19 DSGVO relevant, sofern die Prozesse einen Datenaustausch zwischen den Schlüsselservern untereinander erfordern würden. Wie bereits erwähnt, stellt der Verbund von Schlüsselservern beim Verfahren PGP

---

[351] Weiterführend hierzu *Paal*, in: Paal/Pauli 2021, Art. 23 DSGVO Rn. 16 ff.; Rechtsvorschrift i. S. d. Art. 23 Abs. 1 DSGVO können sowohl formelle Gesetze als auch Verordnungen und Satzungen sein, s. *Stender-Vorwachs/Wolff/von Ungern-Sternberg*, in: BeckOK DSR 2024, Art. 23 DSGVO Rn. 12. In Deutschland bedarf es zur Einschränkung der informationellen Selbstbestimmung einer (verfassungsmäßigen) gesetzlichen Grundlage, s. BVerfGE 65, 1 (44).

[352] Zur „kleinen Online-Durchsuchung" des § 11 Abs. 1a Nr. 1 lit. b G10 s. *Günther/Rückert*, in: MüKo StPO 2025, § 11 G10 Rn. 28.

[353] Zum als „Key Escrow" bezeichneten Verfahren des Zurverfügungstellens privater Schlüssel an staatliche Sicherheitsorgane s. *Meyn* 2003, 42 f.

[354] In diesem Sinne EuGH, Proximus, C-129/21, ECLI:EU:C:2022:833, Rn. 83.

einen derartigen Austausch von Schlüsseln dar. Demgegenüber sind Schlüsselserver, die im Rahmen von PKIs des Verfahrens S/MIME genutzt werden, von anderen/externen Schlüsselservern getrennt. Ein Offenlegen i. S. d. Art. 19 DSGVO gegenüber anderen PKIs liegt bei den herkömmlichen Verfahren zur Verteilung von Verschlüsselungsschlüsseln bei S/MIME nicht vor.[355] Die zu gestaltende Technik soll letztlich die Verteilung von Verschlüsselungsschlüsseln beider Verfahren unterstützen. Aufgrund der in Abschnitt 8.8.2.2 bereits angesprochenen datenschutzrechtlichen Problematik im Zusammenhang mit der Löschung öffentlicher PGP-Schlüssel soll eine Synchronisation der Schlüsselserver untereinander unterbleiben. Die Schlüsselserver würden demgemäß kein Schlüsselmaterial untereinander austauschen.

Ein Offenlegen bestünde dann – abseits des providerindividuellen Hinzuziehens von Auftragsverarbeitern i. S. v. Art. 4 Nr. 8 DSGVO – nur gegenüber den Nutzern der Technik, wenn sie einen Schlüssel eines Kommunikationspartners von den Schlüsselservern des jeweiligen E-Mail-Providers abrufen.[356] Bei dem durch die Technik etablierten Verzeichnisdienst handelt es sich letztlich um eine automatisierte Bereitstellung zum Abruf der Daten und mithin um eine Offenlegung i. S. v. Art. 19 DSGVO.[357] Der Schutzzweck der Norm soll vor allem vor einer Weiterverarbeitung durch die Empfänger schützen, die negative oder ungewünschte Auswirkungen sowohl auf den Eigentümer der jeweiligen Verschlüsselungsschlüssel als auch auf den Kommunikationspartner haben kann.[358] Vorliegend wären negative Folgen, die in einer Weiterverarbeitung nicht mehr aktueller oder nicht mehr gültiger Verschlüsselungsschlüssel liegen, die Unmöglichkeit der Ende-zu-Ende-verschlüsselten E-Mail-Kommunikation, was gegebenenfalls zur unverschlüsselten oder transportverschlüsselten Kommunikation führen kann. Eine Benachrichtigung der Nutzer i. S. v. Art. 19 DSGVO erscheint aber insbesondere aus Benutzbarkeitserwägungen nicht zielführend, um dem Schutzzweck der Norm gerecht zu werden.[359] Die Nutzer müssten im Fall

[355] Weiterführend zum Begriff des „Offenlegens“ i. S. v. Art. 19 DSGVO *Kamann/Braun*, in: Ehmann/Selmay 2024, Art. 19 DSGVO Rn. 11 f.

[356] Zur Offenlegung gegenüber Auftragsverarbeitern s. *Herbst*, in: Kühling/Buchner 2021, Art. 19 DSGVO Rn. 6 f.; weiterführend zur Zuordnung der Auftragsverarbeiter in die Sphäre des Verantwortlichen s. *Hessel/Schneider*, ZD 2024, 621 f.

[357] *Piltz/zur Weihen*, RDV 2019, 107.

[358] *Dix*, in: Simitis/Hornung/Spiecker 2025, Art. 19 DSGVO Rn. 7; Gola, in: Gola/Heckmann 2022, Art. 19 DSGVO Rn. 6.

[359] S. hierzu den Fokus auf eine laientaugliche Handhabung im Kriterium der Benutzbarkeit (K1) unter Abschnitt 8.1.

einer Benachrichtigung, dass der öffentliche Schlüssel eines avisierten Kommunikationspartners gelöscht oder aktualisiert wurde, selbstständig tätig werden und bspw. erneut nach dem (aktuellen) Schlüssel suchen. Es erscheint zielführender, statt einer Benachrichtigung das Risiko einer nutzerseitigen Weiterverarbeitung zu reduzieren. Eine Benachrichtigung gem. Art. 19 DSGVO könnte in den Fällen entbehrlich werden, wenn die öffentlichen Schlüssel nicht lokal gespeichert werden, sondern im Anschluss der Auslieferung an die Kryptokomponente – die für die eigentliche Verschlüsselung zuständig ist – automatisch gelöscht werden. In der Konsequenz müsste so im Vorfeld jedes Kommunikationsvorganges der aktuelle Schlüssel vom Schlüsselserver des E-Mail-Providers abgerufen werden.[360] Im Fall einer Löschung würde kein Schlüssel an den Nutzer ausgeliefert werden.

8.9 Transparenz (K9)

Der Nutzer muss zu jeder Zeit Kenntnis darüber haben, welche Daten für welche Zwecke im Rahmen des Technikeinsatzes zur Schlüsselverteilung verarbeitet werden. Die Transparenz der Datenverarbeitung ist zum einen geboten, um das notwendige Vertrauen in das System zu gewährleisten – und somit die legitimatorische Grundlage für ein Instrument des Selbstdatenschutzes zu bereiten –, zum anderen, um den Nutzern die Möglichkeit zu geben, gegebenenfalls von ihren Betroffenenrechten Gebrauch zu machen. Die datenschutzrechtliche Transparenz ergänzt das Kriterium der Zweckbindung (K6), tritt neben die Benutzbarkeit (K1) und die Barrierefreiheit (K2) und flankiert zudem das Kriterium der Vertrauenswürdigkeit (K3).

8.9.1 Herleitung aus rechtlichen Anforderungen

Das Kriterium der Transparenz ist ein Derivat der informationellen Selbstbestimmung (A2). Um die Datensouveränität der Nutzer zu gewährleisten, muss die Möglichkeit der Kenntnisnahme über die Art und Weise der Verarbeitung durch den Einsatz der Technik realisiert werden. Gleiches gilt für Datenströme, die mittelbar durch den Technikeinsatz und die infrastrukturellen Akteure ausgetauscht werden. Vor dem Hintergrund, dass die zu gestaltende Technik als Instrument

[360] Das würde der Ansicht von *Kamann/Braun*, in: Ehmann/Selmayr 2024, Art. 19 DSGVO Rn. 20 entsprechen, wonach für ein Abrufverfahren die Korrektur des bereitgestellten Datenbestandes genügt, wenn mit einem (erneuten) Abruf in kurzer Zeit zu rechnen ist und eine gesonderte Benachrichtigung unterbleiben kann.

des Selbstdatenschutzes die Privatsphäre im besonderen Maße schützen soll, ist die Transparenz der zugrundeliegenden Verarbeitungsvorgänge von besonderer Bedeutung und folglich ein notwendiges vertrauensstiftendes Element.

Des Weiteren ist das Kriterium der Transparenz eine Konkretisierung der kommunikativen Selbstbestimmung (A3). Da die Technik auf das alltägliche Kommunikationsmedium der E-Mail aufsetzt, beeinflusst es durch seine Beschaffenheit den Kommunikationsvorgang als Ganzes und mithin auch das Kommunikationsverhalten der Nutzer. Als Instrument des Selbstdatenschutzes, das eine sichere Kommunikation verspricht, ist der Einfluss auf das zugrundeliegende Kommunikationsmedium zunächst als positiv zu beurteilen. Um den positiven Effekt auf die E-Mail-Kommunikation auszuschöpfen, muss die Technik – wie schon zuvor bei der informationellen Selbstbestimmung – in ihrer Funktionsweise selbst vertrauenswürdig sein. Die Information über die Rahmenbedingungen des Technikeinsatzes tritt als transparenzstiftendes Element neben das Kriterium der Vertrauenswürdigkeit (K3).

Das Kriterium der Transparenz ist ferner eine Konkretisierung der Anforderung der Chancengleichheit (A5). In diesem Hinblick müssen die Verarbeitung der (personenbezogenen) Daten sowie die jeweiligen Verantwortlichen für die Endnutzer nachvollziehbar sein. Diese Informationen müssen auf der Basis eines gewöhnlichen Empfängerhorizonts und ohne die Notwendigkeit eines erhöhten technischen Sachverstands gewonnen werden können. Ferner kann die Notwendigkeit der Transparenz aus der Anforderung der Rechtssicherheit (A7) abgeleitet werden. Damit die Nutzer im Kontext der Techniknutzung ihre Betroffenenrechte wirksam geltend machen können, müssen sie über den Stand der Verarbeitung sowie über die beteiligten Akteure aufgeklärt werden.

8.9.2 Auswirkungen auf das System zur Schlüsselverteilung

Der Grundsatz der datenschutzrechtlichen Transparenz entstammt in der Kodifizierung von Art. 8 Abs. 2 Satz 2 GRCh bereits dem Primärrecht.[361] Auf einfachgesetzlicher Ebene ist er in Art. 5 Abs. 1 lit. a DSGVO festgelegt. Hiernach müssen die personenbezogenen Daten „in einer für die betroffene Person nachvollziehbaren Weise verarbeitet werden". Der Terminus der „Nachvollziehbarkeit" verleitet zu einer reinen retrospektiven Auslegung des Transparenzgedankens. ErwGr 39 DSGVO präzisiert indes, dass die betroffene Person auch über

[361] *Pötters*, in: Gola/Heckmann 2022, Art. 5 DSGVO Rn. 12.

zukünftige Datenverarbeitungen Klarheit haben muss.[362] Das erscheint für eine individuelle Meinungsbildung des Betroffenen als Vorbedingung der informationellen Selbstbestimmung nur folgerichtig. Als Konsequenz müssen die Nutzer bereits vor der erstmaligen Nutzung der zu gestaltenden Technik über die Verarbeitung personenbezogener Daten umfassend aufgeklärt werden. Das Kriterium erschöpft sich jedoch nicht in der Information der Nutzer, sondern verlangt, dass das System und die damit einhergehenden Prozesse möglichst nachvollziehbar und für den Nutzer transparent gestaltet werden. Aus dem Blickwinkel der transparenten Information i. S. v. Art. 12 ff. DSGVO soll eine Gesamtschau der Technikkomponenten und mit ihnen verknüpften Prozesse stattfinden und Intransparenz, die sich aus einer isolierten Betrachtung einzelner Kriterien ergeben könnte, aufgelöst werden. Insofern vermag das Kriterium der Transparenz den übrigen (datenschutzrechtlichen) Kriterien weitere Kontur zu verleihen und prägt im Umkehrschluss durch die Anforderungen an die Technik wiederum den Gehalt der Informationspflichten der Art. 13 f. DSGVO.

8.9.2.1 Gestaltungsimplikationen aus den Informationspflichten des Art. 13 DSGVO

Art. 13 DSGVO betrifft die Informationspflichten in den Fällen, bei denen die personenbezogenen Daten bei der betroffenen Person selbst erhoben wurden. Aus dem Blickwinkel des Kriteriums der Transparenz ist indes nicht (nur) danach zu fragen, welcher Akteur über welche Verarbeitungsmodalitäten die (End-) Nutzer informieren muss, sondern welche Gestaltungsimplikationen sich aus den einzelnen Informationen für die Technik ableiten lassen.

Eine Informationspflicht besteht im Vorfeld einer Verarbeitung personenbezogener Daten. Die Informationen klären insoweit über einen Ist-Zustand auf, also darüber, welchen Modalitäten die Verarbeitung folgt. Im Rahmen der Technikgestaltung müssen die genauen Modalitäten jedoch erst festgelegt werden. Die übrigen rechtlichen Kriterien wirken zwar bereits formgebend, jedoch existiert noch kein formvollendeter Ist-Zustand, über den informiert werden könnte. Insofern nimmt das Kriterium der Transparenz den Katalog der in Art. 13 Abs. 1 und 2 DSGVO enthaltenen (Mindest-)Informationen zum Anlass, aus der Informationsperspektive den Technikeinsatz auf Transparenzprobleme und -verbesserungen hin zu untersuchen und gem. einem transparenten Soll-Zustand zu gestalten. Die Transparenz dockt an andere (datenschutzrechtlichen) Kriterien an und ergänzt sie bereichsspezifisch.

---

[362] So auch *Frenzel*, in: Paal/Pauly 2021, Art. 5 DSGVO Rn. 21; *Schantz*, in: BeckOK DSR 2024, Art. 5 DSGVO Rn. 11.

Eine Informationspflicht besteht gem. Art. 13 Abs. 1 DSGVO bei der zu gestaltenden Technik in Fällen, wenn der Nutzer sich das Client- oder Server-Plugin für die eigene Verwendung herunterlädt und der Technik die notwendigen (personenbezogenen) Daten anvertraut (Regelfall des initialen nutzerseitigen Technikeinsatzes). In diesem Fall sind vom Verantwortlichen – an dieser Stelle von den E-Mail-Providern, die entsprechende Schlüsselserver für ihre Domäne zur Verfügung stellen – zwingend die Informationen des Art. 13 Abs. 1 DSGVO mitzuteilen.

Nach Art. 13 Abs. 1 lit. a DSGVO ist über den Namen und die Kontaktdaten des Verantwortlichen sowie gem. Art. 13 Abs. 1 lit. b DSGVO die Kontaktdaten des Datenschutzbeauftragten zu informieren. Im vorliegenden Fall sind zunächst die E-Mail-Provider, die Teil der Lösungsinfrastruktur sind, als Verantwortliche i. S. v. Art. 4 Nr. 7 DSGVO zu betrachten.[363] Demgemäß scheint es zielführend, dass die E-Mail-Provider entsprechende Datenschutzinformationen über den Technikeinsatz für ihre Nutzer bereithalten. Zudem könnte es im Rahmen des Technikeinsatzes denkbar sein, dass die E-Mail-Provider im Rahmen einer gemeinsamen Verantwortung agieren. Das wäre vorliegend der Fall, wenn sie gem. Art. 26 Abs. 1 Satz 1 DSGVO gemeinsam die Zwecke und Mittel der Verarbeitung festlegen würden.[364] Die wesentlichen Zwecke der Verarbeitung, die mit dem Technikeinsatz auf E-Mail-Providerseite einhergehen, sind dem Kriterium der Zweckbindung (K6) zu entnehmen und sollten im Rahmen einer transparenten nutzerseitigen Verwendung nicht eigenmächtig durch die Provider abgeändert werden.[365] Gleiches gilt für die Mittel der Datenverarbeitung, also die Art und Weise, wie personenbezogene Daten im Rahmen des Technikeinsatzes E-Mail-providerseitig verarbeitet werden. Hier stellen das im Rahmen der Technikgestaltung entwickelte Produkt und die in diesem Rahmen festgelegten Verarbeitungsschritte im Wesentlichen das Mittel der Verarbeitung dar.

Fraglich ist, ob bereits in der Entscheidung der jeweiligen E-Mail-Provider, Teil der Infrastruktur zu werden, eine gemeinsame Festlegung von Zwecken und

[363] Weitere mittelbare Akteure, auf die sich die Technik stützt oder stützen kann, wie bspw. DNS-Provider, sind nicht unmittelbarer Teil der Technikgestaltung und sollen daher im Rahmen der transparenten Systemgestaltung nicht betrachtet werden.

[364] Weiterführend zum Konstrukt der gemeinsamen Verantwortung *Folkerts*, ZD 2022, 201 f.; *Gierschmann*, ZD 2020, 69.

[365] Zu den verfolgten Zwecken der Technik vgl. das Kriterium der Zweckbindung (K6) in Abschnitt 8.6.2.

Mitteln der Verarbeitung liegt.[366] Vor dem Hintergrund der extensiven Rechtsprechung des EuGH – die mitunter den Anwendungsbereich der Grundverordnung zu überdehnen scheint – ist eine gemeinsame Verantwortlichkeit jedenfalls durch das Ermöglichen der providerübergreifenden Schlüsselsuche nicht auszuschließen.[367] Die Frage, ob sich im Rahmen der Verwendung der Technik möglicherweise Fälle der gemeinsamen Verantwortlichkeit ergeben, ist letztlich keine eigentliche Aufgabe der Technikgestaltung, da sie mehr die organisatorischen und somit subjektiven Faktoren der beteiligten Akteure betrifft als die (objektiven) Eigenschaften der Technik. Vor dem Hintergrund des Kriteriums der Transparenz soll jedenfalls eine nachgelagerte Klärung datenschutzrechtlicher Verantwortlichkeiten vorgenommen werden, da Art. 26 Abs. 2 Satz 2 DSGVO für den Fall, dass eine gemeinsame Verantwortlichkeit durch den Technikeinsatz bejaht werden sollte, eine gesonderte Informationspflicht über die im Rahmen der gemeinsamen Verantwortlichkeit stattfindenden Verarbeitungen erfordert. Darüber hinaus muss die Zuständigkeitsverteilung unter anderem im Rahmen der Erfüllung der Informationspflichten gem. Art. 13 und 14 DSGVO zwischen den Verantwortlichen geklärt werden.[368] Vor dem Hintergrund der zu gestaltenden Technik erscheint es ratsam, die Informationspflicht durch jeden E-Mail-Provider gesondert zu erfüllen, da eine einseitige Verteilung der Zuständigkeiten (bspw. auf einen Akteur) im Rahmen des Einsatzszenarios nicht realisierbar scheint.

Neben der Nennung des oder der Verantwortlichen fordert Art. 13 Abs. 1 lit. c DSGVO über die Zwecke und Rechtsgrundlage der Verarbeitung personenbezogener Daten zu informieren und – sofern die Verarbeitung auf Basis berechtigter Interessen i. S. v. Art. 6 Abs. 1 UAbs. 1 lit. f DSGVO erfolgt – die Nennung

[366] Zur Problematik der eindeutigen Bestimmung der gemeinsamen Verantwortlichkeit am Beispiel klassischer Cloud-Dienste *Hessel/Schneider*, ZD 2024, 621; weiterführend hierzu auch *Völker/Schnatz/Breyer*, MMR 2022, 432 f.

[367] Exemplarisch ist gem. EuGH, Urteil vom 10. Juli 2018, Jehovan, C-25/17, ECLI:EU:C:2018:551, Rn. 68 eine Verarbeitung nicht erforderlich, um eine gemeinsame Verantwortlichkeit zu bejahen. Es reicht bereits ein Eigeninteresse an der Mitwirkung der jeweiligen Verarbeitung. So auch EuGH, Urteil vom 5. Dezember 2023, Nacionalinis, C-683/21, ECLI:EU:C:2023:949 Rn. 38, wonach die tatsächliche Veranlassung eines anderen Akteurs zur Datenverarbeitung ausreicht. Gem. EuGH, Urteil vom 7. März 2024, IAB Europe, C-604/22, ECLI:EU:C:2024:214, Rn. 77 kann bereits das Aufstellen von Verbandskriterien zur Einholung datenschutzrechtlicher Einwilligungen genügen. Einen guten Überblick über die Spruchpraxis bieten *Lewald/Haak*, haerting.de vom 14. März 2024, https://haerting.de/wissen/joint-control-neues-vom-eugh/.

[368] *Krasemann*, in: Jandt/Steidle 2025, III Nr. 4 lit. h Rn. 235; weiterführend zur Festlegung der Pflichten im Rahmen der gemeinsamen Verantwortlichkeit s. *Gierschmann*, ZD 2020, 72.

dieser Interessen.[369] An diesem Punkt steht das Kriterium der Transparenz in aufklärender Funktion neben den Kriterien der Rechtmäßigkeit der Verarbeitung (K7) und der Zweckbindung (6). Weitere (akteursspezifische) Zwecke und ihre korrespondierenden Rechtsgrundlagen müssen in der Praxis sorgsam mit den beiden Kriterien abgewogen werden und sollen insbesondere keine dem Gebot der Fairness widersprechende, für den Nutzer unerwartete Qualität haben.[370] Im Rahmen des konkreten Technikeinsatzes ist es denkbar, dass eine Verarbeitung personenbezogener Daten – etwa im Rahmen der Störungsprävention und -aufklärung – auf berechtigte Interessen gestützt wird. Hierüber müssen die jeweiligen E-Mail-Provider gesondert informieren. Im Rahmen der Technikgestaltung muss es den Nutzern ermöglicht werden, auf die providerspezifischen Informationen, die für sie relevant sind, zugreifen zu können. Das gilt insbesondere vor dem Hintergrund, dass die Technik nicht nur in die Benutzeroberfläche eines Webmailers – bei dem der jeweilige Nutzer einen E-Mail-Account besitzt – eingebunden ist, sondern auch als clientseitiges Plugin in einem lokalen MUA des Nutzers Verwendung finden kann. Im letzteren Fall muss zur Nutzung der Technik nicht gesondert auf die Benutzeroberfläche der Webseite eines Webmailers zugegriffen werden. Das hat zur Folge, dass eine Informationsvermittlung über die Webseite der E-Mail-Provider allein nicht ausreichend wäre, um über die individuellen Verarbeitungen, die gegebenenfalls bei den E-Mail-Providern stattfinden, zu informieren. Die Technik muss es folglich auch bei einem nutzerseitigen Client-Betrieb ermöglichen, dass neben der allgemeinen Information über die Zwecke und Rechtsgrundlagen im Rahmen des Technikeinsatzes auch auf die providerspezifischen Informationen zugegriffen werden kann. Das ließe sich bspw. durch eine Verlinkung auf eine zentrale Datenschutzinformation mit dynamischen Verweisen zu den jeweiligen Datenschutzinformationen der an der Lösungsinfrastruktur beteiligten E-Mail-Provider realisieren.

Im Rahmen der Übertragung der personenbezogenen Daten im Schlüsselmaterial muss der Verantwortliche nach Art. 13 Abs. 1 lit. e DSGVO ferner über die Empfänger oder die Kategorien von Empfängern informieren.[371] Hierunter sind primär alle an der Infrastruktur zur Schlüsselverteilung beteiligten Akteure zu verstehen. Es empfiehlt sich diese sowohl namentlich zu nennen als auch

[369] Zur Rechtsgrundlage s. eigenständiges Kriterium der Rechtmäßigkeit der Verarbeitung (K7). Weiterführend zum „berechtigten Interesse" *Veil*, NJW 2018, 3337.

[370] Hier sei auf die im Rahmen der datenschutzrechtlichen Fairness gemachten Angaben im Kriterium der Vertrauenswürdigkeit (K3) verwiesen.

[371] S. *Bäcker*, in: Kühling/Buchner 2021, Art. 13 DSGVO Rn. 28; als Empfänger wird gem. Art. 4 Nr. 9 Satz 1 DSGVO jede Stelle definiert, der personenbezogene Daten offengelegt werden.

eine Kategorisierung vorzunehmen, da zum einen auf diese Weise eine größere Transparenz gewährleistet werden kann und andererseits – mit Blick auf ErwGr 63 Satz 3 DSGVO – das Wort „oder" vielmehr als ein zwingendes „und" zu deuten ist.[372] Ferner ist der Betroffene nach Art. 13 Abs. 1 lit. f DSGVO „gegebenenfalls" über eine geplante Übermittlung seiner personenbezogenen Daten in Drittstaaten oder an internationale Organisationen zu informieren. Ist dies der Fall, so wird ferner das Vorhandensein oder das Fehlen eines Angemessenheitsbeschlusses der Kommission oder im Falle von Übermittlungen gem. Art. 46, 47 oder 49 Abs. 1 UAbs. 2 DSGVO ein Verweis auf die geeigneten oder angemessenen Garantien und die Möglichkeit, wie eine Kopie von ihnen zu erhalten ist oder wo sie verfügbar sind, zum Informationsgegenstand.[373] Im Fall des Systems zur Schlüsselverteilung würde dieser Punkt an Relevanz gewinnen, sobald Akteure, die ihren Sitz nicht in der Union haben, dem Systemverbund beitreten. Der Rechtsrahmen, der die Grenzen dieser Technikgestaltung vorgibt, sieht derzeit keine aktive Übermittlung an Akteure außerhalb der EU oder des EWR vor. Allerdings kann und soll nicht per se ausgeschlossen werden, dass sich E-Mail-Provider, mit Sitz in unsicheren Drittstaaten, der Technik anschließen und ihnen im Rahmen des Abrufs öffentlicher Schlüssel personenbezogene Nutzerdaten übermittelt werden. Im Rahmen des Kriteriums der Transparenz sollte in einem derartigen Anwendungsszenario besonderes Augenmerk auf eine kriterienorientierte Implementierung der Technik gelegt werden. Das gilt insbesondere für die prozessualen Implikationen, die sich aus den (datenschutzrechtlichen) Kriterien ergeben und die nicht direkt der Technik inhärent sind, wie bspw. Zweckbindung der Verarbeitung oder die Information der Betroffenen i. S. v. Art. 12 bis 14 DSGVO.[374]

---

[372] Für eine echte Wahlmöglichkeit *Paal*, in: Paal/Pauly 2021 Art. 15 DSGVO Rn. 26 oder Art. 13 DSGVO Rn. 18; gegen eine echte Wahlmöglichkeit *Schmidt-Wudy*, in: BeckOK DSR 2024, Art. 15 DSGVO Rn. 58 m. w. N.

[373] Weiterführend zu den geeigneten Garantien im Allgemeinen s. *Wybitul/Ströbel/Ruess*, ZD 2017, 504 ff. Würde die Übermittlung im Rahmen der Techniknutzung auf Standardvertragsklauseln gestützt werden (zu den Anforderungen nach Schrems II s. *Dehmel/Ossmann-Magiera/Weiss*, MMR 2023, 18), wäre zudem ein Transfer-Impact-Assessment (TIA) unter Berücksichtigung des drittlandspezifischen Datenschutzes durchzuführen. Hierzu am Beispiel der Übermittlung personenbezogener Daten in die Volksrepublik China *Eisenmenger*, ZD 2023, 204 ff.

[374] Eine kriteriengerechte Implementierung könnte sich – isoliert betrachtet – in Gestalt zusätzlicher technischer und organisatorischer Maßnahmen positiv im Rahmen der Durchführung eines TIA auswirken. Hierzu *Eisenmenger*, ZD 2023, 206 f.

Neben den Informationen des Art. 13 Abs. 1 DSGVO sind zudem die Informationen nach Art. 13 Abs. 2 DSGVO zu entrichten.[375] Mit der Maxime, Nutzervertrauen auch durch größtmögliche Transparenz zu erzielen, sollten die nachfolgenden Informationen standardmäßig über die Benutzeroberfläche der Technik erreichbar gemacht werden. Demnach ist gem. Art. 13 Abs. 2 lit. a DSGVO der Betroffene über die Dauer der Datenspeicherung aufzuklären oder über die Kriterien zu deren Festlegung zu informieren. Diese Information bezieht sich mithin auf die Modalitäten der Löschung gem. Art. 17 Abs. 1 lit. a bis f DSGVO i. V. m. der Rechtsgrundlage.[376] Im Rahmen des Anwendungsszenarios der zu gestaltenden Technik endet die Dauer des Vorhaltens der personenbezogenen Daten mit der Beendigung des Vertragsverhältnisses mit dem jeweiligen Provider.

Ferner hat der Verantwortliche den Betroffenen über seine Betroffenenrechte aus Art. 15 bis 18 DSGVO und Art. 20 und 21 DSGVO zu informieren. Das kann mittels einfacher Mitteilung und Erläuterung der einzelnen Betroffenenrechte realisiert werden.[377] Auch hat der Verantwortliche den Betroffenen über die Möglichkeit des Widerrufs im Falle einer erteilten Einwilligung als Grundlage der Datenverarbeitung nach Art. 13. Abs. 2 lit. b DSGVO aufzuklären. Für den nutzerseitigen Technikeinsatz ist die Grundlage der Verarbeitung personenbezogener Daten jedoch nicht die Einwilligung i. S. d. Art. 6 Abs. 1 lit. a DSGVO oder Art. 9 Abs. 2 lit. a DSGVO, sondern vielmehr der Vertrag i. S. d. Art. 6 Abs. 1 lit. b DSGVO. Allerdings besteht unabhängig von den Modalitäten der Verordnung eine Einwilligung in die Aufnahme eines Verzeichnisses i. S. d. Art. 15 Abs. 1 Satz 1 e-Privacy-VO-E.[378] Insofern ist an dieser Stelle auf die Möglichkeit eines entsprechenden Widerrufs und dessen Folgen für die weitere Nutzung der Technik sowie über den bestehenden Vertrag, respektive die durch die Nutzung der Technik resultierende Vertragserweiterung, mit dem E-Mail-Provider zu informieren.[379]

---

375 Als zwingend zu entrichtende Informationen s. *Schmidt-Wudy*, in: BeckOK DSR 2024, Art. 13 DSGVO Rn. 59 f.; als fakultativ zu entrichtende Informationen s. *Paal*, in: Paal/Pauly 2021, Art. 13 DSGVO Rn. 22.

376 S. zur Löschung das Kriterium der Datenrichtigkeit (K8), Abschnitt 8.8.2.2; zur Rechtsgrundlage s. das Kriterium der Rechtmäßigkeit der Verarbeitung (K7), Abschnitt 8.7.3.

377 S. *Bäcker*, in: Kühling/Buchner 2021, Art. 13 DSGVO Rn. 37.

378 S. das Kriterium der Rechtmäßigkeit der Verarbeitung (K7), Abschnitt 8.7.3.1 f.

379 Auf die Informationsinhalte gem. Art. 13 Abs. 2 lit. e DSGVO soll im Rahmen dieses Kriteriums nicht näher eingegangen werden, da die Information über die Erforderlichkeit der Datenbereitstellung und die Folgen der Nichtbereitstellung eher eine subjektive Einbindung in die Angebotsmodelle der E-Mail-Provider darstellen und vor allem keine objektiven

Neben diesen Informationen des Art. 13 Abs. 2 und 3 DSGVO, die im Vorfeld der Nutzung der Technik dem Nutzer zu vermitteln sind, statuiert Art. 13 Abs. 3 DSGVO eine (erneute) Benachrichtigung im Falle einer Zweckänderung. Damit nimmt Art. 13 Abs. 3 DSGVO Bezug auf Art. 6 Abs. 4 DSGVO. Hiernach sind Informationen über den geänderten Zweck sowie alle weiteren wesentlichen Informationen des Art. 13 Abs. 2 DSGVO mitzuteilen.[380] In diesen Fällen soll gewährleistet werden, dass entsprechende Nachrichten an die Nutzer, entweder über das jeweilige Plugin selbst oder über den E-Mail-Provider, ergehen können.

8.9.2.2 (Kein) abgeleiteter Gestaltungsauftrag aus Art. 14 DSGVO

Die Informationspflichten des Verantwortlichen gegenüber dem Betroffenen gelten unabhängig davon, ob die personenbezogenen Daten direkt bei dem Betroffenen oder an anderer Stelle erhoben wurden.[381] Um die Technik verwenden zu können, bedarf es zwar einer Installation seitens des Nutzers und damit einer direkten Erhebung personenbezogener Daten im Schlüsselmaterial. Allerdings ist es technisch möglich, dass personenbeziehbare Daten Dritter in den öffentlichen Schlüsseln der Nutzer hinterlegt sind, die das Verfahren PGP nutzen. Das zugrundeliegende Vertrauensmodell „Web of Trust"[382] verlangt, dass die (untereinander bekannten) Nutzer ihre öffentlichen Schlüssel gegenseitig signieren. Der Hashwert (sog. Key-ID) des Signierenden ist fortan im jeweiligen öffentlichen Schlüssel eingetragen. Mittels dieser Key-ID kann nun der öffentliche Schlüssel und damit der Signierende selbst identifiziert werden.[383]

Im Rahmen der Technik ist der Fall regelmäßig dann einschlägig, wenn der öffentliche Schlüssel eines Nutzers Key-IDs von Kommunikationspartnern aufweist, die nicht Teil der zu gestaltenden Infrastruktur sind und folglich nicht unter die Informationspflichten des Art. 13 DSGVO im Rahmen des Technikeinsatzes fallen. Die in diesen Fällen zu entrichtenden Angaben an den Betroffenen nach Art. 14 Abs. 1 und 2 DSGVO sind weitergehender als die des Art. 13 Abs. 1 und 2 DSGVO.[384] Im Kern kann an dieser Stelle aber auf die in dieser Untersuchung

---

Implikationen für diese Technikgestaltung bieten. Aufgrund mangelnder Einschlägigkeit vor dem Hintergrund der konkreten Technik soll auch die Information gem. Art. 13 Abs. 2 lit. f DSGVO nicht gesondert diskutiert werden.

[380] *Franck*, in: Gola/Heckmann 2022, Art. 13 DSGVO Rn. 36.

[381] *Blazy/Gonscherowski/Selzer*, in: Eibl/Gaedke 2017, 759; *Schmidt-Wudy*, in: BeckOK DSR 2024, Art. 14 DSGVO Rn. 2; s. ErwGr 60 und 61 DSGVO.

[382] S. *Schmeh* 2016, 566.

[383] Hierzu bereits Abschnitt 2.1.1 m. w. N.

[384] *Marschall*, DSB 2016, 233.

gemachten Ausführungen zu Art. 13 Abs. 1 und 2 DSGVO verwiesen werden. Darüberhinausgehend sind die Modalitäten zur Erteilung dieser Informationen in Art. 14 Abs. 3 DSGVO geregelt.

Möglicherweise kann jedoch eine Information i. S. d. Art. 14 Abs. 1 bis 4 DSGVO der Betroffenen durch den E-Mail-Provider unterbleiben. Art. 14 Abs. 5 lit. a bis d DSGVO bestimmt in Übereinstimmung mit ErwGr 62 Satz 1 DSGVO, in welchen Fällen eine Informationspflicht i. S. d. Art. 14 Abs. 1 bis 4 DSGVO nicht besteht.[385] Das ist der Fall, wenn der Betroffene bereits über die nötigen Informationen verfügt (lit. a); die Erteilung der Informationen unmöglich ist oder einen unverhältnismäßigen Aufwand erfordert (lit. b);[386] eine andere Rechtsvorschrift die Erlangung oder Offenlegung ausdrücklich regelt (lit. c); die personenbezogenen Daten unter das Berufsgeheimnis und eine Geheimhaltungspflicht fallen. Im zuvor beschriebenen Anwendungsfall könnte indes die Information der Betroffenen, deren Daten nicht bei ihr direkt erhoben wurden, aufgrund eines unverhältnismäßigen Aufwands den Ausschlusstatbestand des Art. 14 Abs. 5 lit. b DSGVO erfüllen und somit unterbleiben. Hierzu ist eine Abwägung zwischen dem voraussichtlichen Aufwand der Mitteilung einerseits und dem Informationsinteresse des Betroffenen anderseits vorzunehmen.[387]

Für ein Unterbleiben der Information spricht zunächst, dass es sich für den E-Mail-Provider, der sein Verzeichnis an öffentlichen Schlüsseln verwaltet, bereits bei der Eruierung, ob öffentliche Schlüssel Key-IDs von außerhalb der Infrastruktur stehenden Kommunikationspartnern enthalten, um einen unverhältnismäßig hohen Aufwand handelt. Dieser Aspekt birgt vor allem eine technische Problematik, da sämtliche Key-IDs innerhalb der öffentlichen PGP-Schlüssel mit sämtlichen existierenden öffentlichen Schlüsseln außerhalb der Schlüsselserver, die im Rahmen der Technik von den E-Mail-Providern eingesetzt werden, abgeglichen und zugeordnet werden müssten. Es erscheint bereits fraglich, ob eine derartige Aufgabe für alle öffentlichen Schlüssel, die im Rahmen der Technik auf den Schlüsselservern vorgehalten werden, überhaupt möglich wäre. Die betroffenen Personen überdies in einem zweiten Schritt zu identifizieren und

---

[385] *Schmidt-Wudy*, in: BeckOK DSR 2024, Art. 14 DSGVO Rn. 93; *Paal/Hennemann*, in: Paal/Pauly 2021, Art. 14 DSGVO Rn. 38.

[386] Ein unverhältnismäßiger Aufwand ist gem. Art. 14 Abs. 5 lit. b 2. Hs. DSGVO insbesondere für Verarbeitung im öffentlichen Interesse liegende Archivzwecke, für wissenschaftliche oder historische Forschungszwecke sowie für statistische Zwecke – vorbehaltlich Art. 89 Abs. 1 DSGVO – anzunehmen, soweit die in Art. 14 Abs. 1 DSGVO genannte Pflicht voraussichtlich die Verwirklichung der Ziele dieser Verarbeitung unmöglich macht oder ernsthaft beeinträchtigt.

[387] S. *Bäcker*, in: Kühling/Buchner 2021, Art. 14 DSGVO Rn. 55.

zu benachrichtigen, würde eine (weitere) unverhältnismäßige Anforderung an die E-Mail-Provider darstellen. Die Ausführungen machen bereits deutlich, dass eine Information der Betroffenen nach Art. 14 Abs. 1 bis 4 DSGVO die zur Verfügung stehenden Ressourcen der E-Mail-Provider im erheblichen Umfang beeinträchtigen würde. Dahingehend würde auch der Einzug der Technik in das Angebotsportfolio der E-Mail-Provider verhindert werden und gleichermaßen ein wirkungsvolles Instrument des Selbstdatenschutzes der E-Mail-Nutzer verlustig gehen.[388]

Für ein Bestehen der Informationspflichten des Art. 14 Abs. 1 bis 4 DSGVO spricht, dass fremden Dritten die Key-IDs des Betroffenen zugänglich gemacht werden. So wäre für den Betroffenen nicht abzuschätzen, wer ihn mittels dieser Daten identifizieren oder etwaige Kommunikationsbeziehungen nachverfolgen könnte. Das würde wiederum die informationelle Selbstbestimmung gem. Art. 2 Abs. 1 GG i. V. m. Art. 1 Abs. 1 GG des Betroffenen beeinträchtigen. Dieser Eingriff wird indes dadurch abgeschwächt, dass der Betroffene, sofern er einen öffentlichen PGP-Schlüssel mit seinem eigenen Schlüssel signiert, sich darüber im Klaren sein muss, dass Dritte, denen der Schlüssel zugeht, von seiner Key-ID Kenntnis nehmen können. Hierauf beruht letztlich das Vertrauensmodell von PGP.[389]

Daneben bestünde unter Umständen eine Informationspflicht gem. Art. 14 DSGVO, sofern Dritte in die Lage versetzt würden, öffentliche Schlüssel der Nutzer – bspw. in deren Auftrag – in die Technik einzuspeisen. Wie bereits im Rahmen der Rechtmäßigkeit (K7) untersucht wurde, sollte eine derartige Praxis allerdings unterbleiben und nicht durch die Technik unterstützt oder gefördert werden.[390] Es bleibt festzuhalten, dass sich aus Art. 14 DSGVO keine (unmittelbaren) Anforderungen an die Gestaltung der Technik oder die mit ihr verbundenen Prozesse ergeben.

8.9.2.3 Transparenzanforderungen des e-Privacy-VO-E an die Technik

Da die Lösungsarchitektur als öffentlich zugängliches Verzeichnis i. S. d. Art. 15 e-Privacy-VO-E i. V. m. Art. 4 Abs. 3 lit. d e-Privacy-VO-E zu klassifizieren ist,

[388] Bei der Frage, ob die Information nun nach Art. 14 Abs. 5 lit. b DSGVO unterbleiben kann, sind ferner die Anhaltspunkte des ErwGr 62 Satz 4 DSGVO mit zu berücksichtigen. Einen Anhaltspunkt, dass die Information unterbleiben kann, stellt dabei die Zahl der betroffenen Personen dar.

[389] S. *Schmeh* 2016, 566.

[390] S. hierzu Abschnitt 8.7.3.1.

sind neben den einschlägigen Transparenzvorschriften in Bezug zu personenbezogenen Daten der Datenschutzgrundverordnung die entsprechenden Normen des e-Privacy-VO-E zu beachten.

So kann es etwa vorgesehen sein, die Kompatibilität der Technikkomponenten – speziell des Client-Plugins – durch (regelmäßige) Updatezyklen zu gewährleisten. In diesen Fällen könnten Informationen von den Endgeräten der Nutzer ausgesandt werden, um sich mit anderen Geräten zu verbinden. Das kann etwa in Fällen von Versionsabgleichen einschlägig sein. Für diese Fälle sieht Art. 8 Abs. 2 lit. b e-Privacy-VO-E die Information der Nutzer mit Verweis auf die Inhalte des Art. 13 DSGVO vor. Derartige (Update-)Informationen sind zudem gem. Art. 8 Abs. 2 lit. b e-Privacy-VO-E um Informationen über die Beendigungs- und Minimierungsmöglichkeiten der Verarbeitung zu erweitern.

Nach Art. 15 Abs. 2 e-Privacy-VO-E haben die Betreiber öffentlicher Verzeichnisse die Endnutzer, deren personenbezogenen Daten im jeweiligen Verzeichnis gespeichert sind, über die entsprechenden Suchfunktionen des Verzeichnisses zu informieren. Im Fall der zu gestaltenden Technik mag eine eindeutige Feststellung, ob natürliche oder juristische Personen das Server- oder das Client-Plugin benutzen, nicht getroffen werden können. Insoweit erscheint es jedoch nicht schädlich, auch juristischen Personen diese spezielle Information im Rahmen eines standardisierten Verfahrens zu erteilen.[391] Nur wenn der Nutzer darüber im Bilde ist, wie die Suchfunktionen der Technik beschaffen sind, kann er sich ein fundiertes Urteil darüber bilden, unter welchen Voraussetzungen seine personenbezogenen Daten für andere Kommunikationsteilnehmer einsehbar sind, und in dieser Konsequenz sein Recht auf informationelle Selbstbestimmung ausüben. Des Weiteren ist diese Aufklärung – neben der Einwilligung der Nutzer in die Aufnahme des Verzeichnisses – gem. Art. 15 Abs. 2 e-Privacy-VO-E eine Bedingung, damit die entsprechenden Suchfunktionen zu dem Datensatz des entsprechenden Nutzers auch aktiviert werden. Ein Unterbleiben der Aufklärung über die Suchfunktionen würde in der Folge zwar das Hochladen der nutzerseitigen Schlüssel prinzipiell gestatten, aber die daran anschließenden Funktionen der Technik – insbesondere der Schlüsselsuche – verhindern.[392]

Juristische Personen in der Gestalt eines Nutzers der Technik sind analog zu Art. 13 Abs. 2 lit. d DSGVO nach Art. 15 Abs. 3 e-Privacy-VO-E überdies

---

[391] Eine definitorische Abgrenzung von „juristischen Personen" zu „natürlichen Personen" nimmt der Verordnungsentwurf nicht vor. S. zur diesbezüglichen Kritik, speziell bei wirtschaftlich agierenden Einzelpersonen, stellvertretend vdav 2017, 9.

[392] ErwGr 31 e-Privacy-VO-E knüpft an die Informiertheit bereits die Aufnahme in ein öffentliches Verzeichnis und nicht wie Art. 15 Abs. 2 e-Privacy-VO-E die Aktivierung der Suchfunktionen.

über ihr Widerspruchsrecht gegen die Aufnahme in das öffentlich zugängliche Verzeichnis in Kenntnis zu setzen. Diese Information ist ebenfalls im Rahmen der Installation zu erteilen.

8.9.2.4 Auskunftsermöglichung der Betroffenen

Im Gegensatz zu den Informationspflichten, die den Verantwortlichen zu einem aktiven Vermitteln der entsprechenden Informationen verpflichten, sind die Auskunftsrechte passiver Natur, also auf Antrag des Betroffenen hin, zu gewährleisten.[393] Die Auskunftsansprüche des Betroffenen nach Art. 15 DSGVO stellen einen wesentlichen Teil der Betroffenenrechte dar. So kann der Betroffene oftmals erst durch die Auskunft eine ausreichende Kenntnis über die ihn betreffende Verarbeitung personenbezogener Daten erhalten und sich in der Folge ein Urteil über deren Rechtmäßigkeit bilden.[394]

Nach Art. 15 Abs. 1 1. Hs. DSGVO hat der Betroffene zunächst ein grundlegendes Auskunftsrecht darüber, ob personenbezogene Daten von ihm verarbeitet werden oder nicht.[395] Wird dieses Auskunftsersuchen an einen schlüsselserververwaltenden E-Mail-Provider herangetragen, muss dieser in der Lage sein, anhand der ihm zur Verfügung stehenden Technikkomponenten diese Information zu ermitteln. Das sollte sich mittels einer einfachen Suche nach Schlüsseln, die der E-Mail-Adresse des jeweiligen Nutzers zugeordnet sind, problemlos realisieren lassen.

Werden personenbezogene Daten des jeweiligen Betroffenen verarbeitet, so hat er in der Folge das Recht gem. Art. 15 Abs. 1 1. Hs. DSGVO auf Auskunft über die personenbezogenen Daten sowie auf die Informationen nach Art. 15 Abs. 1 lit. a bis h sowie Abs. 2 DSGVO. Diese Auskünfte entsprechen weitestgehend den zu erteilenden Informationen aus Art. 13 und 14 DSGVO.[396] Diese Auskünfte sind auf Verlangen hin auch den Nutzern von der Technik zu erteilen, selbst wenn sie im Rahmen der Installation nach Art. 13 DSGVO informiert wurden.

---

[393] S. *Kamlah*, in: Plath 2023, Art. 15 DSGVO Rn. 1; *Bäcker*, in: Kühling/Buchner 2021, Art. 15 DSGVO Rn. 1.

[394] *Schmidt-Wudy*, in: BeckOK DSR 2024, Art. 15 DSGVO Rn. 2.

[395] Die Formulierung „oder nicht" war – im Gegensatz zur Endfassung – sowohl im Kommissions- als auch im Parlamentsentwurf enthalten. S. zur dadurch nicht entbehrlichen Negativmeldung *Franck*, in: Gola/Heckmann 2022, Art. 15 DSGVO Rn. 5.

[396] Vgl. dazu *Franck*, in: Gola/Heckmann 2022, Art. 15 DSGVO Rn. 3; *Bäcker*, in: Kühling/Buchner 2021, Art. 15 DSGVO Rn. 12 ff.; *Kamlah*, in: Plath 2023, Art. 15 DSGVO Rn. 6 ff.

8.9.2.5 Form der Transparenz

Transparenz soll in diesem Kontext nicht die größtmögliche Menge an Informationen sein, die an den Betroffenen herangetragen werden kann. Vielmehr ist darauf zu achten, dass der Informationsgehalt, der sich maßgeblich aus Art. 13 Abs. 1 und 2 DSGVO speist, auch wahrgenommen wird. An diesem Punkt bildet das Kriterium der Transparenz eine Schnittmenge mit der Benutzbarkeit (K1). Schließlich darf die Information den Nutzer nicht (qualitativ oder quantitativ) überfordern, was letztlich auch zulasten des Kriteriums der Vertrauenswürdigkeit (K3) gehen würde.

Wie die Transparenz im datenschutzrechtlichen Sinne auszugestalten ist, bestimmt Art. 12 DSGVO i. V. m. ErwGr 58 DSGVO. Nach Art. 12 Abs. 1 Satz 1 DSGVO sind alle Informationen und Mitteilungen nach Art. 13 bis 22 DSGVO und Art. 34 DSGVO „in präziser, transparenter, verständlicher und leicht zugänglicher Form in einer klaren und einfachen Sprache zu übermitteln; dies gilt insbesondere für Informationen, die sich speziell an Kinder richten“. Bei diesen Anforderungen, denen die Transparenz genügen muss, fällt auf, dass sie sich in Teilen zu widersprechen scheinen. So lässt sich aus der Anforderung der „Präzision“ noch ein hoher Detaillierungsgrad der zu erteilenden Informationen und Auskünfte schließen, wohingegen die „Verständlichkeit“ und „klare und einfache Sprache“ sowie die „verständliche und leicht zugängliche Form“ auf eine Reduzierung auf den wesentlichen Gehalt hindeuten.[397] Für Letzteres spricht auch, dass sich die Grundverordnung, was die Verständlichkeit anbelangt, an dem Empfängerhorizont der jeweiligen Zielgruppe orientiert, was speziell in Art. 12 Abs. 1 2. Hs. DSGVO i. V. m. ErwGr 58 Satz 4 DSGVO zutage tritt.[398] Die Technik soll prinzipiell für jedermann konzipiert werden und im Idealfall eine flächendeckende Verbreitung finden. Dementsprechend ist von einem durchschnittlichen Empfängerhorizont auszugehen, an dem sich der Gehalt der zu erteilenden Informationen und Auskünfte orientieren sollte. Auf komplexere technische und rechtliche Ausführungen sollte daher verzichtet werden.[399] Das bedeutet indes nicht, dass mit dieser Reduzierung auch ein Informationsverlust einhergehen darf und folglich die „Präzision“ abnimmt. Vielmehr ist die Sprache entsprechend der Zielgruppe derart anzupassen, dass der Betroffene sich für den konkreten Fall ein Bild über die Risiken der Verarbeitung und seine Rechte, die sich aus den jeweiligen

---

397 So auch zutreffend *Kamlah*, in: Plath 2023, Art. 12 DSGVO Rn. 2.

398 *Walther*, DSRITB 2016, 368; *Franck*, in: Gola/Heckmann 2022, Art. 12 DSGVO Rn. 22.

399 So auch *Walther*, DSRITB 2016, 368; ErwGr 58 Satz 4 DSGVO. Diesen Ausführungen ist auch der Gedanke der Chancengleichheit immanent, der sich wiederum in weitreichenderer Form im eigenständigen Kriterium der Barrierefreiheit (K2) wiederfindet.

Vorschriften ergeben, machen kann.[400] Es bietet sich zudem an, den Detaillierungsgrad individuell am Informationsbedarf des Nutzers entsprechend – in einer „verständlichen und leicht zugänglichen Form“ – anpassen zu können.[401] In der Konsequenz muss die geforderte „Präzision“ nicht zwangsläufig mit den anderen Anforderungen des Art. 12 Abs. 1 1. Hs. DSGVO konfligieren.

Indes ist es nicht ganz ersichtlich, was die Grundverordnung unter der Anforderung der „Transparenz“ in Art. 12 Abs. 1 Satz 1 DSGVO versteht. Sie stellt vielmehr eine inhaltsleere Wiederholung der Überschrift des Art. 12 DSGVO dar und erfährt im flankierenden ErwGr 58 DSGVO auch keine weitere Erwähnung.[402]

Um die Wahrnehmbarkeit zu erhöhen, können sowohl nach Art. 12 Abs. 7 DSGVO als auch nach Art. 8 Abs. 3 e-Privacy-VO-E die zu entrichtenden Informationen im Verbund mit standardisierten Bildsymbolen aufbereitet werden. Im Rahmen des hier zu diskutierenden Kriteriums der Transparenz (K9) betrifft das aber nur Informationen und Auskünfte nach Art. 13 und 14 DSGVO. Darüber hinaus finden die diesbezüglich sachnäheren Kriterien der Benutzbarkeit (K1) und Barrierefreiheit (K2) Anwendung. Anwendung fänden derartige Symbole folglich in einschlägigen Nutzerinformationen im Rahmen der Installation der clientseitigen Komponenten sowie im Rahmen von gesondertem Auskunftsersuchen. Die Verwendung derartiger visueller Hilfsmittel ist zwar nicht zwingend vorgesehen, sie entspricht aber zum einen dem Gedanken der Chancengleichheit, dem ein Instrument des Selbstdatenschutzes inhärent sein sollte, und zum anderen können sich durch die gesteigerte Nutzerfreundlichkeit ein Wettbewerbsvorteil und somit ein weiter Verbreitungsgrad ergeben.[403] Im Rahmen der Technikgestaltung wäre die Wahl der Symbole nicht vollends frei, wie Art. 12 Abs. 8 DSGVO indiziert. Zukünftig ist mit Rechtsakten seitens der Kommission zu rechnen, die die Verwendung von Bildsymbolen regeln. Eine Handreichung, welche Symbole im Rahmen des Technikeinsatzes Verwendung finden könnten, bietet der Annex des Parlamentsentwurfs zur Grundverordnung.[404]

---

[400] S. *Paal/Hennemann*, in: Paal/Pauly 2022, Art. 12 DSGVO Rn. 34, zur prägnanten und übersichtlichen Darstellung der wesentlichen Informationen s. *Robrecht* 2015, 63 f.; *Hermstrüver* 2016, 82 f.

[401] S. hierzu vertiefend das Kriterium der Barrierefreiheit (K2).

[402] So zutreffend *Kamlah*, in: Plath 2017, Art. 12 DSGVO Rn. 2.

[403] *Albrecht*, CR 2016, 93; siehe zum spiegelbildlichen Resultat außerhalb datenschutzrechtlicher Transparenzüberlegungen das Kriterium Benutzbarkeit (K1).

[404] Allgemein zu Problemen im Rahmen der Identifizierung von Betroffenen s. *Raji*, ZD 2020, 279 ff.

Hinsichtlich der Gewährleistung der Transparenz besteht nach Art. 12 Abs. 1 Satz 2 DSGVO weitgehende Formfreiheit. So ist die Informierung mittels Schriftform nach § 125 BGB ebenso statthaft wie die elektronische Form nach § 126a BGB, die Textform nach § 126b BGB oder jede andere vereinbarte Form nach § 127 BGB.[405] Betrifft eine bestimmte Information eine Vielzahl an Betroffenen, kann sie nach ErwGr 58 Satz 2 DSGVO auch auf einer Website – etwa der des jeweiligen E-Mail-Providers – veröffentlicht werden. Ein derartiger Schritt wäre z. B. im Vorfeld eines Updates oder bei Änderungen der Technikkomponenten angezeigt.

Bei individuellen Anträgen des Betroffenen gilt für die Form allgemein, dass entsprechende Antworten des Verantwortlichen in gleicher Form entrichtet werden sollen.[406] Ist es möglich die Identität des Betroffenen zweifelsfrei zu klären, kann die Auskunft nach Art. 12 Abs. 1 Satz 3 DSGVO auch mündlich erteilt werden, sofern dies vom Betroffenen verlangt wird.[407] In diesem Falle dient es sich allerdings an, die Unterrichtung providerseitig zu dokumentieren, um die ordnungsgemäße Erteilung im Zweifel auch nachweisen zu können.[408] Aufgrund der Technologienähe der zu gestaltenden Technik zur E-Mail erscheint ein mündliches respektive fernmündliches Auskunftsersuchen zwar unwahrscheinlich, der Provider sollte indes trotzdem einen entsprechenden Kommunikationskanal, etwa im Verbund mit einer Servicehotline, einrichten und auch im Vorfeld der Nutzung darauf hinweisen. Im Falle der Auskunft über die personenbezogenen Daten gem. Art. 15 Abs. 1 2. Hs. DSGVO sind – in Abhängigkeit von der Art der Antragstellung – dem Betroffenen gem. Art. 15 Abs. 3 Satz 1 DSGVO Kopien in Schriftform oder gem. Art. 15 Abs. 3 Satz 3 DSGVO in elektronischer Form zur Verfügung zu stellen.[409] Die Technik sollte daher die Möglichkeit vorsehen, die durch sie verbreiteten personenbezogenen Daten – allen voran das entsprechende Schlüsselmaterial – dem Nutzer bei Bedarf auszuspielen.

---

[405] *Franck*, in: Gola/Heckmann 2022, Art. 12 DSGVO Rn. 24.

[406] Überblicksartig zu den Formen der Information s. *Paal/Hennemann*, in: Paal/Pauly 2021, Art. 12 DSGVO Rn. 38 m. w. N.

[407] Weiterführend zur erforderlichen Identitätsprüfung i. S. v. Art. 12 Abs. 6 DSGVO s. *Franck*, in: Gola/Heckmann 2022, Art. 12 DSGVO Rn. 42.

[408] Zu den korrespondierenden Dokumentationspflichten s. *Härting* 2016, Rn. 655.

[409] Gänzlich anders formuliert es hingegen ErwGr 63 Satz 4 DSGVO, wonach der Verantwortliche nach Möglichkeit dem Betroffenen via Fernzugang einen direkten Zugang auf seine Daten erlauben soll. Dieser Aspekt soll – mit Blick auf die Systematik des Art. 12 Abs. 5 DSGVO und Art. 15 Abs. 3 DSGVO nicht weiterverfolgt werden. S. zur diesbezüglichen Kritik *Kamlah*, in: Plath 2023, Art. 15 DSGVO Rn. 18.

In jedem Falle bedarf es einer einwandfreien Identifikation des Betroffenen, um personenbezogene Daten nicht irrtümlich an Dritte weiterzugeben. Die Identifikation kann sich speziell bei elektronischen Anfragen als problematisch erweisen, wenn die vorhandenen Daten keinen ausreichenden Rückschluss auf den Betroffenen zulassen. Anfragen, die die Technik betreffen, sollten aber gerade auf elektronischem Weg eine Zuordnung ohne das Einholen weiterer Informationen i. S. d. Art. 12 Abs. 6 DSGVO ermöglichen, sofern sie über E-Mail erfolgen. Im Regelfall wird der Betroffene einen E-Mail-Account bei dem Verantwortlichen als Auskunftsverpflichteten besitzen. Werden Anfragen über diesen Kommunikationsweg geführt, kann in der Folge die Herrschaft des Betroffenen über den E-Mail-Account angenommen werden.

Die Kopien sind dem Betroffenen gem. Art. 12 Abs. 5 DSGVO – wie sämtliche Informationen oder Auskünfte nach Art. 13 bis 22 DSGVO und Art. 34 DSGVO – grundsätzlich unentgeltlich zu Verfügung zu stellen. Von diesem Grundsatz kann in den Fällen des exzessiven Auskunftsersuchens der Betroffenen gem. Art. 12 Abs. 5 i. V. m. Art. 15 Abs. 3 Satz 2 DSGVO abgewichen werden. Um die Beauskunftung hier zu unterlassen oder an ein „angemessenes Entgelt" zu knüpfen, muss der Verantwortliche indes den Nachweis über das exzessive Ersuchen erbringen. Wie schon in den Fällen der mündlichen Auskunft bietet es sich auch in diesen Fällen an, die Informations- und Auskunftshistorie im Rahmen der Rechenschaftspflicht zu protokollieren.[410]

Generell ist der Verantwortliche nach Art. 12 Abs. 2 Satz 1 DSGVO dazu angehalten, den Betroffenen ihre Rechtsausübung der Art. 15 bis 22 DSGVO zu erleichtern. Neben der transparenten Aufklärung über die Betroffenenrechte und deren technisch vereinfachte Geltendmachung gehört dazu auch, etwaige Anträge effizient zu bearbeiten und den Betroffenen eine zeitnahe Auskunft zu geben. Art. 12 Abs. 3 Satz 1 DSGVO bestimmt, in Übereinstimmung mit ErwGr 59 Satz 3 DSGVO, dass eine Auskunft unverzüglich, spätestens jedoch innerhalb eines Monats, erfolgen muss. Diese Handlungsfrist betrifft sowohl die Abhilfe nach Art. 12 Abs. 3 DSGVO als auch die Nichtabhilfe der Anfrage gem. Art. 12 Abs. 4 DSGVO.[411] Die einmonatige Frist kann, wenn es die Komplexität und die Anzahl von Auskunftsanträgen erforderlich machen, gem. Art. 12 Abs. 3 Satz 2 DSGVO um zwei Monate auf insgesamt drei Monate verlängert werden. In derlei Fällen ist die Fristverlängerung mit Begründung dem Betroffenen vor Ablauf eines Monats anzuzeigen.

---

[410] S. hierzu das gesonderte Kriterium der Vertrauenswürdigkeit (K3), Abschnitt 8.3.3.2.

[411] S. hierzu die Ausführungen in Abschnitt 8.8.2.2.

Die Beschaffenheit der Technik sollte es dem Verantwortlichen indes ermöglichen alle Daten, die im Rahmen eines Auskunftsersuchens abgefragt werden können, ohne größere Anstrengungen zu identifizieren und zu extrahieren. Daher sollte die Architektur der Technik, insbesondere im serverseitigen Backend des jeweiligen E-Mail-Providers, nicht zu komplex gestaltet werden und bspw. auf nicht erforderliche Schnittstellen zu anderen Systemen verzichten. Es ist zudem technisch zu gewährleisten, dass ein Zugriff auf die (personenbezogenen) Daten nur in genau beschriebenen Fällen – im vorliegenden Falle zur Auskunftserteilung an den Betroffenen – möglich wird.[412] Gleichwohl muss damit gerechnet werden, dass die erforderlichen (personenbezogenen) Daten nicht immer zur Auskunftserteilung zur Verfügung stehen. Das könnte etwa bei einem Servercrash mit unwiderruflichen Datenverlusten – verursacht durch Hackerangriffe auf Elemente der zugrundeliegenden Infrastruktur – der Fall sein.[413] Bei derlei Szenarien, in denen eine Auskunftserteilung an den Betroffenen auch innerhalb der verlängerten Frist von drei Monaten nicht möglich ist, ist der jeweilige Betroffene hierüber gem. Art. 12 Abs. 4 DSGVO binnen eines Monats in Kenntnis zu setzen. Er ist ferner über die Gründe, die für die Untätigkeit ursächlich sind, sowie über die Möglichkeit, Beschwerde bei einer Aufsichtsbehörde einzulegen, zu informieren. Um die Transparenz in diesen Fällen zu erhöhen, sollte die zuständige Aufsichtsbehörde mit entsprechenden Kontaktdaten genau bezeichnet werden.

8.10 Zusammenfassung

Die datenschutzrechtlichen Kriterien orientieren sich maßgeblich an den Datenschutzgrundsätzen der Grundverordnung. Sie vermögen einen grundrechtsschonenden Ausgleich der an der Technik beteiligten Akteure zu erreichen. Die Berücksichtigung datenschutzrechtlicher Kriterien ist vor dem Hintergrund des Gestaltungsziels, einen vertrauensvollen und zugleich laientauglichen Austausch von Verschlüsselungsschlüsseln zu ermöglichen, nicht ausreichend. Daher werden ihnen Kriterien mit Benutzbarkeits- und Vertrauensfokus zur Seite gestellt. Diese Kriterien verstärken letztlich die Kriterien des Datenschutzes. Nur wenn der Nutzer in die Lage versetzt wird, sich der Technik möglichst einfach und niederschwellig zu bedienen und die – besonders vor dem Hintergrund des Verschlüsselungs-Ökosystems relevante – Vertrauenswürdigkeit der Technik

[412] S. hierzu näher die Kriterien der Daten- und Systemsicherheit (K4) sowie Zweckbindung (K6).

[413] S. zur gesonderten Information bei Sicherheitsrisiken oben Abschnitt 8.3.3.2.

gewahrt wird, kann von einer nutzerseitigen Akzeptanz und damit einhergehenden weiten Verbreitung der Technik ausgegangen werden. Durch die Berücksichtigung dieser Faktoren in Form rechtlicher Kriterien vermitteln sie letztlich einen benutzerfreundlichen und vertrauenswürdigen Zugang zu einer Technik des Selbstdatenschutzes. Als Derivat rechtlicher Anforderungen stehen die Kriterien grundsätzlich gleichberechtigt nebeneinander. Durch die Konkretisierung von den allgemeinen Anforderungen hin zu den mehr am konkreten Technikeinsatz orientierten Kriterien sind die Kriterien kein monokausales Produkt einzelner Anforderungen, sondern lassen sich aus mehreren Anforderungen ableiten. Diese Mehrfachbindungen unterstreichen letztlich die Legitimität der einzelnen Kriterien. Abbildung 8.1 soll die verschiedenen Ableitungen veranschaulichen, die sich im Rahmen der Konkretisierung vollzogen haben.

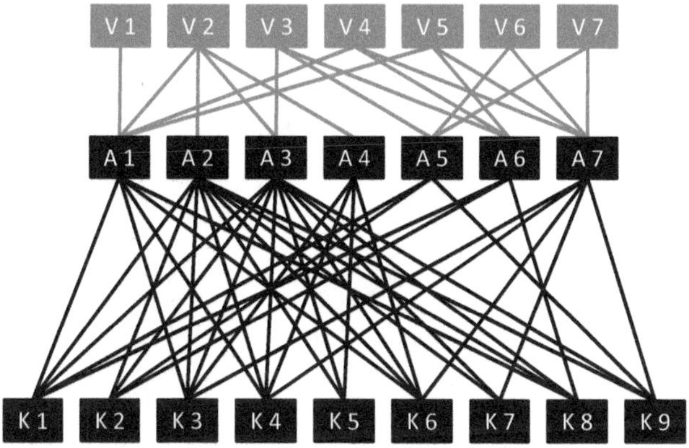

Abbildung 8.1 Ableitung rechtlicher Kriterien aus rechtlichen Anforderungen

Technische Gestaltungsziele 9

Im Nachfolgenden werden – im dritten Schritt der Methode KORA – die rechtlichen Kriterien weiter zu technischen Gestaltungszielen konkretisiert. Hierbei vollzieht sich ein Sprachwandel ausgehend vom Recht hin zur Technik.[1] Die Gestaltungsziele sollen die im Rahmen der rechtswissenschaftlichen Untersuchung entwickelten Ergebnisse in grundlegende Systemfunktionen, -architektur oder Daten überführen.[2] Indes sind die Formulierungen hinreichend abstrakt gehalten, sodass sie nicht den Anspruch von konkret umzusetzenden Maßnahmen der Technikgestaltung haben.[3] Vielmehr bilden sie einen technischen Rahmen, der sich flexibel dem jeweiligen technikspezifischen Szenario anpassen kann und dem Entwickler mehrere Handlungsoptionen offenlässt. Im Folgenden werden lediglich punktuell Ausblicke auf mögliche konkrete Gestaltungsvorschläge eröffnet, die eine Umsetzung der Gestaltungsziele ermöglichen könnten. Die Reihenfolge der verschiedenen Ziele folgt keinem priorisierten Aufbau.

9.1 Zentralisierte Verzeichnisse (Z1)

Dieses Ziel lässt sich aus den Kriterien Vertrauenswürdigkeit (K3) und Rechtmäßigkeit (K7) ableiten. Das Schlüsselmaterial sollte – entgegen der derzeitigen Praxis[4] – von zentralen Instanzen verwaltet werden. Ziel ist es, durch Kenntnis

[1] *Richter* 2012, 301; *Geminn* 2014, 360.

[2] *Pordesch* 2003, 266; *Bedner* 2012, 327.

[3] *Laue* 2009, 126.

[4] Derzeit stellen Verzeichnisse öffentlicher Schlüssel lediglich unterschiedliche Insellösungen dar; s. *Fischer/Kunz/Lorenz/Waldmann,* in: Eibl/Gaedke 2017, 738.

S. Blazy, *Rechtsverträgliche Gestaltung von Ende-zu-Ende-Verschlüsselung zur Förderung des Selbstdatenschutzes*, DuD-Fachbeiträge,
https://doi.org/10.1007/978-3-658-51256-9_9

der E-Mail-Adresse des Kommunikationspartners auf den (sicheren) Speicherort eines dazugehörigen öffentlichen Schlüssels zu schließen.[5]

Der Betreiber des Verzeichnisses übernimmt eine erfolgskritische Rolle innerhalb der technischen Komponenten-Infrastruktur.[6] Das Veröffentlichen, Löschen und die Zuordnung von Verschlüsselungsschlüsseln finden hier ihren Ausgangspunkt. Mit einem zentralen Verzeichnis wird dem Hauptproblem der asymmetrischen Kryptographie, dem Auffinden von öffentlichen Schlüsseln des Kommunikationspartners, begegnet. Es soll zudem gewährleisten, dass kein Erstkontakt zum reinen Schlüsselaustausch zwischen den Kommunikationspartnern erforderlich ist, der – wiederum unverschlüsselt – ein potenzielles Risiko für Man-in-the-Middle-Attacken bietet.

Technisch wäre es – entgegen diesem Ziel – dennoch möglich, dass die Technik anhand der derzeit bestehenden Struktur von öffentlich zugänglichen Schlüsselservern im Internet nach den entsprechenden öffentlichen Schlüsseln eines Kommunikationspartners sucht. Dem steht allerdings entgegen, dass es weder bei S/MIME noch bei PGP möglich ist, eine direkte Verbindung zwischen einer E-Mail-Adresse – in der Regel das einzige Datum, das dem Nutzer, der eine E-Mail-Kommunikation anstrebt, zur Verfügung steht – und dem Speicherort eines dazugehörigen Schlüssels zu ziehen. Folglich müsste die Technik bei einer Suchanfrage alle existierenden Schlüsselserver nach dem gewünschten Schlüssel durchsuchen. Diese Lösung erweist sich demnach sowohl technisch als auch datenschutzrechtlich als nicht empfehlenswert.[7]

Als zentrale Instanz für die Schlüsselverwaltung bieten sich die Akteure an, die bei einem regulären Versand einer E-Mail ohnehin beteiligt sind. Auf diese Weise muss der Nutzer auch keinem weiteren (fremden) Akteur Vertrauen entgegenbringen. Demnach ist auch eine neue Errichtung eines einzelnen großen Verzeichnisses im Zuge dieser Technikgestaltung nicht zielführend, da somit wiederum ein neuer und in der Folge unbekannter Akteur geschaffen werden würde, der sich aufgrund seiner Größe und Einzigartigkeit zudem einer erhöhten Vulnerabilität und mangelnden Leistungsfähigkeit aussetzen würde.

Als etablierte Akteure zur Schlüsselverwaltung kommen im Rahmen der Technik mithin DNS-Betreiber und E-Mail-Provider in Frage. Technisch gibt es Methoden, die Schlüssel sowohl für PGP als auch für S/MIME direkt im

---

[5] S. *Blazy u. a.*, BvD-News 3/2017, 71.

[6] Das technische Ziel der zentralen Verwaltung des Verzeichnisses ist ein grundsätzliches Strukturmerkmal und beeinflusst und unterstützt in der Folge die weiteren Ziele.

[7] Mit dieser Alternative würde an den datenschutzrechtlichen Problemen derzeitiger Schlüsselserver festgehalten werden. S. auch nach alter Rechtslage speziell zu PGP-Keyservern *Mommers*, DFN Infobrief Recht 4/2011, 2 ff.

DNS abzulegen.[8] Allerdings sind für diese Verfahren nur ungenügende Sicherheitsniveaus definiert. So verfügen die Verfahren nicht über eine zwingende TLS-Absicherung, welche weder die Authentizität der Schlüsselinformationen gewährleisten könnte noch deren sichere Übertragung im Falle einer Abfrage. Das DNS erweist sich mithin nicht als sicherer Speicherort für die öffentlichen Schlüssel im Rahmen der Infrastruktur.[9]

Aus zuordnungstechnischen Gründen empfiehlt sich hingegen die Speicherung der Schlüssel bei den E-Mail-Providern. Somit würde eine direkte Verbindung zwischen dem Speicherort des Schlüsselmaterials und dem Domänenteil einer E-Mail-Adresse hergestellt werden.[10] Jeder Provider würde somit die Schlüssel der bei ihm registrierten E-Mail-Accounts verwalten. Hierbei ist Sorge zu tragen, dass die Schlüsselserver und die Abfrage gegen unbefugte Zugriffe gesichert sind, um das Sicherheitsniveau gegenüber einer direkten Speicherung im DNS zu erhöhen. Für dieses Verfahren spricht auch das Vertrauensverhältnis des Nutzers zum E-Mail-Provider. Der Nutzer ist wahrscheinlich eher bereit sein Schlüsselmaterial der Instanz anzuvertrauen, die ohnehin für die Ermöglichung des E-Mail-Verkehrs verantwortlich ist und die er sich selbst ausgesucht hat. Das könnte letztlich zu einer erhöhten Akzeptanz der Technik und mithin einer weiteren Verbreitung beitragen.

9.2 Robustheit der Systemkomponenten (Z2)

Dieses Ziel leitet sich aus den Kriterien Daten- und Systemsicherheit (K4), Benutzbarkeit (K1) – mittelbar auch Barrierefreiheit (K2) und Vertrauenswürdigkeit (K3) – ab. Es beschreibt die Eigenschaft der Technik, im Falle unvorhergesehener Ereignisse belastbar genug zu sein und weiterhin zuverlässig

[8] S. für DNSSEC/DANE-basierte Verfahren für S/MIME und PGP *Hoffman/Schlyter*, Using Secure DNS to Associate Certificates with Domain Names for S/MIME, RFC 8162, Mai 2017, 1 ff., https://www.rfc-editor.org/rfc/rfc8162.html; *Wouters*, DNS-Based Authentication of Named Entities (DANE) Bindings for OpenPGP, RFC 7929, August 2016, 11 f., https://www.rfc-editor.org/rfc/rfc7929; demgegenüber ein vielversprechender Ansatz, zur Verknüpfung öffentlicher PGP-Schlüssel mit der E-Mail-Adresse, ohne Ablage des Schlüssels im DNS nach *Koch*, OpenPGP Web Key Directory, 5. Dezember 2024, 5 f., https://www.ietf.org/archive/id/draft-koch-openpgp-webkey-service-19.txt.

[9] Allerdings ist das DNS durchaus geeignet, auf den Speicherort der öffentlichen Schlüssel zu verweisen.

[10] So auch *Fischer/Kunz/Lorenz/Waldmann*, in: Eibl/Gaedke 2017, 741; kritisch hierzu *Koch*, OpenPGP Web Key Directory, 5. Dezember 2024, 2, https://www.ietf.org/archive/id/draft-koch-openpgp-webkey-service-19.txt.

zu funktionieren.[11] Der Fokus dieses Ziels liegt sowohl auf der störungsfreien Aufgabenerfüllung des Systems bei der Interaktion mit dem Nutzer als auch auf der Störanfälligkeit, die sich durch externe Faktoren ergeben könnte.

Kritisch für eine hohe Robustheit der Technik ist, dass die Interaktion mit dem Nutzer keine Fehlfunktionen erzeugt. Gem. diesem Ziel sind etwaige Doppeldeutigkeiten, die das System nicht verarbeiten kann und die in der Folge zu Fehlfunktionen führen könnten, zu vermeiden. Die Systemarchitektur muss demgemäß so gestaltet sein, das Suchabfragen nach klaren Strukturen erfolgen, die keine unlösbaren Konflikte produzieren. So sollte dem Nutzer im Rahmen einer Schlüsselabfrage regelmäßig nur ein öffentlicher Schlüssel – nach Maßgabe des Ziels Z14 der aktuellste – je Verschlüsselungsformat (PGP; S/MIME) präsentiert werden. Falls zu einer E-Mail-Adresse keine öffentlichen Schlüssel gefunden werden oder nur solche, deren Gültigkeit bereits abgelaufen ist, sollte das System als Konsequenz den Nutzer hierüber informieren und darüber hinaus den Suchvorgang abbrechen. Auch der Prozess des Hochladens eines Verschlüsselungsschlüssels im Rahmen des Veröffentlichens (Z12) sollte nach einem gewissen Zeitraum abgebrochen werden, falls der Vorgang nicht bis zum Ende durchgeführt werden kann. Die Benutzeroberfläche sollte nach Maßgabe dieses Zieles eindeutig gestaltet sein und keine durch den Nutzer verursachten technischen Dysfunktionen begünstigen. Der Nutzer sollte bspw. nicht in der Lage sein, ein anderes als die vorgesehenen Schlüsselformate zu veröffentlichen und im Ergebnis einen Datensatz zu produzieren, der für weitere Aktionen innerhalb der technischen Infrastruktur nutzlos ist. Auch sollte die Benutzbarkeit eine korrekte Konfigurationsmöglichkeit des nutzerseitigen Plugins gewährleisten.[12]

Die Robustheit der zu gestaltenden Technik konturiert sich indes nicht allein an Dysfunktionen, die durch eine fehlerhafte Bedienung des Nutzers hervorgerufen werden könnten (interne Dimension), sondern umfasst auch fehlerhafte Umgebungssituationen (externe Dimension).[13] Bei letzterer Dimension steht vor allem die Infrastruktur im Fokus der Robustheit. Diese kann etwa durch Beeinträchtigung, Ausfall oder Überlastung von Systemen der Akteure betroffen sein.[14] Derlei Störungen werden bei Kommunikationsinfrastrukturen häufig von Dritten provoziert. So können etwa DDoS-Attacken auf die Verzeichnisdienste oder das DNS in einem Ausfall oder einer Einschränkung des Dienstes

[11] Begrifflich anlehnend an *Holliday*, Informatik Spektrum 1/2014, 26.

[12] S. hierzu Z7.

[13] Weiterführend zu den Ursachenperspektiven von Störungen am Beispiel der Robustheit von Produktionsanlagen s. *Stockmann* 2021, 25.

[14] S. *Demant* 2018, 289.

münden.[15] Die Technik zur Schlüsselverteilung sollte daher solche externen Störeinflüsse soweit möglich undurchführbar machen. Eine Möglichkeit, extern begründete Ausfallrisiken zu mindern, bestünde bspw. in redundanten Strukturen, die bei einer Beeinträchtigung einzelner Komponenten die Kapazitäten entsprechend umverteilen. Hierbei ist allerdings zu beachten, dass eine redundante Haltung von Schlüsselinformationen nach Maßgabe von Z1 nicht als Maßnahme zur Erhöhung der Robustheit der Technik in Frage kommt. Die Technik zur Schlüsselverteilung sollte bereits im Vorhinein derlei externe Störfaktoren weitestgehend unmöglich machen. Das wäre bspw. durch ein umfassendes Berechtigungskonzept sowie die kryptographische Absicherung der Schnittstellen und Informationsübertragungswege realisierbar.

9.3 Widerstandskraft (Z3)

Das Ziel lässt sich aus den Kriterien Daten- und Systemsicherheit (K4) ableiten. Die Technik muss derart beschaffen sein, dass die Vertraulichkeit, Integrität und Authentizität der Schlüsselinformationen und in der Folge die E-Mail-Kommunikation im Allgemeinen gewahrt bleiben und nicht durch Angriffe kompromittiert werden.

Neben der Robustheit des Systems von vorrangig anwendungsbezogenen Fehlern, die die technische Verfügbarkeit des Dienstes betreffen, sollte die Technik zudem gegenüber unautorisierten systemfremden Einwirkungen resilient sein, die geeignet sind, das Vertrauensmodell der Technik zur Schlüsselverteilung zu untergraben.[16] Hierunter sind vorrangig Angriffe und Manipulationen im Zusammenhang mit kryptographischen Schlüsseln zu fassen. Die Konzeption der Infrastruktur sollte demnach Man-in-the-Middle-Angriffe von externen Angreifern vorbeugen. Ebenso sind aber auch derartige Angriffe, die von Akteuren aus der Infrastruktur heraus ausgeführt werden könnten – etwa Administratoren der E-Mail-Provider – zu verhindern.

Im Kontext der Widerstandskraft sind insbesondere der Speicherort der öffentlichen Schlüssel sowie deren Übertragungsweg abzusichern. Dem E-Mail-Provider, bei dem die öffentlichen Schlüssel verwaltet werden, sollte es technisch nicht möglich sein, unbemerkt falsche öffentliche Schlüssel mit dem Namen eines anderen Nutzers zu veröffentlichen und sich damit potenziellen Zugang zu

[15] Weiterführend auch zu Gegenmaßnahmen s. *Hellmann* 2023, 144.

[16] Zur Definition von Resilienz s. *Stockmann* 2021, 60; zur Abgrenzung von Robustheit s. *Holliday*, Informatik Spektrum 1/2014, 26.

Klartextinhalten zu verschaffen.[17] Hierzu sollte jede Änderung des Veröffentlichungsstatus durch den Nutzer initiiert werden und dieser jederzeit überprüfen können, welche Schlüssel in seinem Namen veröffentlicht sind und ob diese mit dem ehemals hochgeladenen Schlüssel übereinstimmen. Des Weiteren sollte der Übertragungsweg der öffentlichen Schlüssel gegen ein Kompromittieren abgesichert sein. Hierzu bietet sich eine standardmäßige Verschlüsselung des Übertragungswegs der öffentlichen Schlüssel an, sowohl zwischen Nutzer und Mailserver als auch zwischen den DNS-Servern des eigenen Mailanbieters und dem des jeweiligen Kommunikationspartners sowie den Schlüsselservern.[18] Auf diese Weise kann das Unterwandern des zugrundeliegenden Vertrauensmodells durch Dritte zuverlässig verhindert werden. Das könnte bspw. mittels einer TLS-Verschlüsselung umgesetzt werden. Hierbei sollte allerdings gewährleistet werden, dass der Empfänger lediglich den verschlüsselten Transport akzeptiert. Dies könnte etwa mit einem TLSA-Eintrag im DNS für das Kommunikationsziel erreicht werden.[19] Auch sollte sichergestellt werden, dass – in Übereinstimmung mit dem Ziel Z11 – eine eindeutige Authentifikation der Kommunikationspartner erfolgt, die die Gefahr von missbräuchlichen Umleitungen des Datenverkehrs zu einem anderen Ziel als dem anvisierten reduziert.[20]

9.4 Nichtverkettbarkeit (Z4)

Dieses Ziel lässt sich aus den Kriterien Vertrauenswürdigkeit (K3) und Datenminimierung (K5) ableiten. Die Nutzung der Technik soll keine Rückschlüsse auf das kommunikative Verhalten des Nutzers zulassen, die sich nicht bereits aus dem regulären E-Mail-Verkehr ergeben.

Die Nichtverkettbarkeit soll es unmöglich machen, dass mehrere kommunikative Ereignisse miteinander in Verbindung gebracht werden können.[21] Im Falle des zu gestaltenden Systems soll die Infrastruktur folglich in der Art

[17] S. *Schmeh* 2016, 562.

[18] Die jeweiligen TLS-Zertifikate sollten mit DNSSEC/DANE abgesichert werden.

[19] S. *Koetter/Strotmann*, Geleitschutz: DANE verbessert sicheren Transport zwischen Mailservern, heise.de vom 26. Juni 2015, https://www.heise.de/ratgeber/Geleitschutz-2626378.html?seite=all.

[20] Mögliche Angriffsformen sind das Einschleusen von falschen DNS-Informationen (BGP-Hijacking) oder das Fälschen von Routeninformationen; s. *Koetter/Strotmann*, Geleitschutz: DANE verbessert sicheren Transport zwischen Mailservern, heise.de vom 26. Juni 2015, https://www.heise.de/ratgeber/Geleitschutz-2626378.html?seite=all; *Schmeh* 2016, 435.

[21] S. *Bedner* 2012, 177; *Bedner/Ackermann*, DuD 2010, 324.

beschaffen sein, dass über und durch sie getätigte Abrufe von Informationen nicht zu Kommunikationsprofilen verknüpft werden können, die Aufschluss darüber geben, welcher Nutzer mit wem (verschlüsselt) kommuniziert. In diesem Zuge sollte die Anzahl der in die Lösungsinfrastruktur eingebundenen unterschiedlichen Akteure auf ein funktionsfähiges Minimum begrenzt werden. Ziel dessen ist es, dass im Rahmen der unterschiedlichen Funktionen (bspw. einen öffentlichen Schlüssel veröffentlichen oder den Schlüssel eines Kommunikationspartners suchen) möglichst wenig Akteure angesteuert werden müssen. Auf diese Weise könnte der Informationsaustausch auf vertrauenswürdige Akteure beschränkt werden, bei denen weder von einer Datenzusammenführung noch dem (un)bewussten Zugänglichmachen von Datensätzen gegenüber Dritten auszugehen ist. Ermöglicht werden könnte das bspw. durch die zentrale Verwaltung der Schlüssel beim E-Mail-Provider, der ohnehin für die Versendung einer E-Mail mit einbezogen werden muss. Das hätte zur Folge, dass durch die Technik keine weiteren Verzeichnisdienste abgefragt werden müssten, deren Integrität und Vertrauenswürdigkeit nicht garantiert werden kann.[22] Logdateien, die im Rahmen von Schlüsselabfragen anfallen, sind von anderweitigen im Rahmen des E-Mail-Verkehrs anfallenden Protokolldateien getrennt zu speichern und gegen unberechtigte Zugriffe, die eine Datenzusammenführung zur Kommunikationsprofilbildung ermöglichen würden, abzusichern.

Eine direkte Hinterlegung der Schlüssel in DNS Resource Records wäre als Alternative gegenüber herkömmlichen Verzeichnisdiensten technisch zwar auch möglich, allerdings erfolgen DNS-Abfragen grundsätzlich ungeschützt, sodass von Dritten nachvollzogen werden kann, wann der Nutzer welche Schlüssel abfragt und somit eine Kommunikationsprofilbildung möglich wäre.[23] Insofern sollte das DNS lediglich unterstützend im Rahmen der technischen Lösung vorgesehen werden. Bspw. könnten in DNS Service Resource Records lediglich Informationen über den Speicherort der Schlüssel angegeben sein. Die im Rahmen einer Schlüsselsuche getätigten Abfragen des Nutzers sollen aber für Dritte nicht einsehbar sein. Das könnte bspw. über eine Transportverschlüsselung umgesetzt werden.

---

[22] Dieses Vorgehen würde sich im Umkehrschluss vertrauensfördernd auf die Technik auswirken.

[23] *Fischer/Kunz/Lorenz/Waldmann*, in: Eibl/Gaedke 2017, 747; s. überdies *Wouters*, DNS-Based Authentication of Named Entities (DANE) Bindings for OpenPGP, RFC 7929, August 2016, 3 ff., https://www.rfc-editor.org/rfc/rfc7929; *Hoffman/Schlyter*, Using Secure DNS to Associate Certificates with Domain Names for S/MIME, RFC 8162, Mai 2017, 2 ff., https://www.rfc-editor.org/rfc/rfc8162.html.

Des Weiteren sollte der Informationsaustausch zwischen den Komponenten der Technik und Akteuren, der für die verschiedenen Funktionen essenziell ist, auf das notwendige Minimum begrenzt werden. Auf diese Weise kann vermieden werden, dass eine Vielzahl an Daten entsteht, die möglicherweise Rückschlüsse auf das kommunikative Verhalten oder auf den sozialen Graph des Nutzers zulassen. Um dies zu gewährleisten, sollte das nutzerseitige Client-Plugin nur anhand von eindeutigen Aktionen des Nutzers einen Kontakt mit dem Server-Plugin aufnehmen. Wird eine E-Mail-Adresse nicht vollständig in die Adresszeile eingegeben, sollte demnach keine Suchabfrage vom Client-Plugin gestartet werden.

9.5 Skalierbarkeit (Z5)

Dieses Ziel lässt sich aus den Kriterien Benutzbarkeit (K1) und Zweckbindung (K6) ableiten. Eine hohe Skalierbarkeit des Verzeichnisdienstes und damit die Leistungsfähigkeit der Datenbank ist seitens der wirtschaftlichen Akteure geboten, damit die Technik möglichst flächendeckend verbreitet werden kann und den Nutzern folglich eine effektive Infrastruktur für den Schutz ihrer Grundrechte zur Verfügung steht. Seitens der Nutzer manifestieren sich die Skalierbarkeitsanforderungen an die Technik in der ständigen Verfügbarkeit des Dienstes.[24]

Eine wesentliche Anforderung an einen Verzeichnisdienst ist seine Skalierbarkeit, um eine große Anzahl von Einträgen zu verwalten. Die Technik zur Schlüsselverteilung soll von einer möglichst großen Anzahl an Nutzern verwendet werden können. Im Jahr 2024 verfügten etwa 86 % der deutschen Bevölkerung über einen E-Mail-Account.[25] Neben dieser Gruppe, von der weiteres Wachstum zu erwarten ist, sind zudem ausländische Nutzer, die über einen E-Mail-Account bei einem deutschen, zur Lösungsinfrastruktur gehörenden E-Mail-Provider verfügen, als potenzielle Teilnehmer einzuordnen. Dementsprechend muss der Verzeichnisdienst, bei dem das Schlüsselmaterial der Nutzer hinterlegt ist, in der Lage sein, eine große Zahl von Nutzern aufnehmen zu können, ohne zugleich

[24] Das Ziel der Skalierbarkeit steht folglich in einem besonderen Spannungsverhältnis zur Robustheit (Z2) sowie der Performanz (Z19) sowohl auf Seiten der Provider als auch auf Seiten der Nutzer; s. auch *Schill/Springer* 2007, 157.

[25] Statista Research Department, Statista.de vom 18. Dezember 2024, https://de.statista.com/statistik/daten/studie/204272/umfrage/nutzung-des-internets-fuer-versenden-empfangen-von-e-mails-in-deutschland/.

die Performanz (Z19) auf Seiten der wirtschaftlichen Akteure der Infrastruktur negativ zu beeinflussen. Die Skalierbarkeit als technisches Gestaltungsziel beinhaltet jedoch nicht allein die Fähigkeit der Lösungsinfrastruktur, (linear) zu wachsen und eine große Anzahl an Schlüsseln zu verwalten. Vielmehr muss das Verzeichnis in der Art gestaltet sein, dass es agil auf schwankende Nutzer- respektive Schlüsselzahlen reagieren kann, ohne die anderen Gestaltungsziele – im Besonderen die Performanz und die Robustheit – negativ zu beeinflussen.[26]

Die Skalierbarkeit der technischen Lösung ist insbesondere für einen wirtschaftlichen Betrieb seitens der E-Mail-Provider relevant. Hierbei ist auf die Zeit, die für die Dauer einer Anpassung der Systeme aufgewendet werden muss, zu achten.[27] Ferner sind die Kosten zu berücksichtigen, die je nach Skalierbarkeitsfaktor fällig werden, um einen regelmäßigen Betrieb zu gewährleisten. Auch darf die Qualität der erbrachten Leistung nicht unter den Skalierungsmaßnahmen leiden. Schlussendlich ist der Umfang, der mit einem steigenden Skalierungsfaktor einhergeht, zu berücksichtigen. Diese im Rahmen des Controllings mit Kennzahlen zu messenden Kategorien müssen auf einem wirtschaftlich vertretbaren Niveau für die Akteure gehalten werden. Das Wachstum darf nicht ab einem bestimmten Punkt einem wirtschaftlichen Betrieb entgegenstehen und für die E-Mail-Provider unrentabel werden. Das würde einer flächendeckenden Verbreitung der Technik entgegenstehen.

Je größer ein System ist (je mehr Objekte es umfasst), desto mehr ist eine hierarchisch strukturierte Namensverteilung angemessen, um eine effiziente Skalierbarkeit (auf verschiedenen Stufen) zu gewährleisten. Die Struktur der Lösungsinfrastruktur, anhand derer hierarchische Abstufungen vorgenommen werden könnten, ist indes begrenzt. So stünden auf der obersten Stufe die E-Mail-Provider/Domänen, auf der zweiten Stufe die E-Mail-Nutzer / lokaler Teil und auf der untersten Stufe vorhandene PGP- und/oder S/MIME-Schlüssel. Insoweit ist die Struktur eher als flach zu beurteilen. Es ist daher sicherzustellen, dass die Technik trotz dieser Strukturen eine hohe Skalierbarkeit für die einzelnen E-Mail-Provider aufweist.

---

[26] *Nissen/Mladin*, HMD 2009, 42.

[27] Der Zeitfaktor ist neben den Kosten, der Qualität und dem Umfang Kategorien von Kennzahlen für die Skalierbarkeit; s. *Nissen/Mladin*, HMD 2009, 50.

9.6 Unreplizierte Verzeichnisstruktur (Z6)

Dieses Ziel lässt sich aus den Kriterien Datenrichtigkeit (K8) und Datenminimierung (K5) ableiten. Die einzelnen Verzeichnisse sollen ihren Datenbestand nicht miteinander abgleichen und entsprechende Einträge innerhalb der Lösungsinfrastruktur auf anderen Servern spiegeln. Im Ergebnis können die öffentlichen Schlüssel nur aus einem (zentralen) Verzeichnis entnommen werden.

Das technische Ziel der unreplizierten Verzeichnisstruktur soll in erster Linie Datenredundanzen vermeiden, die bei einer Replikation von Verzeichnissen naturgemäß entstehen. Der Nutzer soll so stets darauf vertrauen können, dass seine öffentlichen Schlüssel nur in dem Verzeichnis gespeichert sind, auf dem er sie veröffentlicht hat. Die Forderung entspricht nicht der gängigen Funktionsweise von PGP-Schlüsselserverstrukturen, die – als Sicherungsmaßnahme gegen Datenverlust – ihren Datenbestand in regelmäßigen Zyklen miteinander abgleichen.[28] Des Weiteren steht es teilweise im Widerspruch zu den leistungskritischen Zielen Robustheit (Z2) und Skalierbarkeit (Z5). Eine Replikation der Schlüsselinformationen würde die Ausfallsicherheit der Technik erhöhen, da immer eine Kopie des Schlüsselsatzes auf einem anderen, dem Verbund angehörigen, Server gespeichert ist. Außerdem würde die Zugriffsschnelligkeit hiervon profitieren.[29] Diese Verzeichniseigenschaften werden durch dieses Ziel aber nicht verhindert. Sie werden vielmehr durch andere Merkmale realisiert als durch die Fähigkeit des Verzeichnisses zur Reproduzierbarkeit.[30] Aus Leistungssicht ist allerdings ein nicht replizierbares Verzeichnis dahingehend förderlich, da es keinen Speicherplatz für Redundanzen auf anderen Servern im Technikverbund beansprucht und dementsprechend auch kein Synchronisationsaufwand für das System fällig wird. Ein weiterer Faktor für die Sicherheit der Infrastruktur und Technikkomponenten ist, dass im Falle einer möglichen Kompromittierung eines Schlüsselservers nicht die personenbezogenen Daten aller Nutzer der Technik hiervon betroffen wären.

Eine mangelnde Fähigkeit zur Synchronisation ist auch dahingehend förderlich, als sie einen konsequenten Löschvorgang (Z16) der veröffentlichten Schlüssel für den Nutzer ermöglicht.[31] So wird sichergestellt, dass ein möglicher Datenabgleich unter den Verzeichnissen einen gelöschten Schlüssel möglicherweise in einem anderen Verzeichnis wiederherstellen könnte.

---

[28] *Mommers*, DFN Infobrief Recht 4/2011, 2.

[29] Grundsätzlich hierzu *Ahrens*, computerwoche.de vom 18. Oktober 2002, http://www.cowo.de/a/1066921.

[30] S. dazu im Detail Z19, Z2 und Z3.

[31] S. im Detail zur Löschfunktion Z16.

Technisch ist es – im Gegensatz zu einem völligen Verzicht einer Replikation – zwar durchaus realisierbar, dass Replikationen von Schlüsselsätzen durch Filterregeln der entsprechenden Server nicht gefunden respektive angezeigt werden. Eine derartige Lösung würde aber den datenschutzrechtlichen Kriterien der Datenrichtigkeit und Transparenz nicht gerecht werden. Der Nutzer könnte sich nicht sicher sein, auf welchen Datenbanken seine personenbezogenen Daten hinterlegt sind und wer (gegebenenfalls Administratoren) potenziellen Zugang auf diese haben könnte.

Das Ziel eines Verzeichnisses, sich nicht mit anderen Verzeichnissen synchronisieren zu können, ist kein Novum. So sind etwa – entgegen der geschilderten Architektur von HKP-Protokoll-basierten PGP-Schlüsselservern – auf dem LDAPv3-Protokoll basierte S/MIME-Verzeichnisse als reine Zugriffsprotokolle ausgestaltet, die über keine Replikationsmechanismen verfügen.[32] Im Hinblick auf die Forderung nach Interoperabilität (Z18) der Technik sind die verbreiteten Standards PGP und S/MIME zu unterstützen, sodass Protokolleigenschaften, die von dem Ziel der archetypischen Verzeichnisstruktur abweichen, entsprechend anzupassen sind. Das ließe sich im Falle des PGP-Protokolls bspw. durch die Implementierung eines privaten HKP-Servers ohne die Fähigkeit der Synchronisation gewährleisten.

9.7 Konfigurierbarkeit (Z7)

Dieses Ziel lässt sich aus den Kriterien Benutzbarkeit (K1), Barrierefreiheit (K2), Vertrauenswürdigkeit (K3), Transparenz (K9), Rechtmäßigkeit (K7) sowie Zweckbindung (K6) ableiten. Die Konfigurierbarkeit der Anwendung soll dem Nutzer eine vollumfängliche Kontrolle über die Funktionalitäten der Technik ermöglichen, sodass er sie seinen Bedürfnissen entsprechend nutzen kann.

Die zu gestaltende Technik soll sich – besonders nutzerseitig – in eine bereits bestehende Kommunikationsinfrastruktur einfügen. In diesem Kontext steht das Ziel der Konfigurierbarkeit in einer engen Wechselwirkung mit dem Ziel der Interoperabilität (Z18). Im Gegensatz zu diesem Ziel ist die Konfigurierbarkeit indes nicht auf eine Vermeidung negativer Interferenzen des Plugins mit anderen technischen Kommunikationskomponenten ausgerichtet, sondern zielt auf die ordnungsgemäße nutzerorientierte Funktionsweise ab. Kern dessen ist,

[32] *Ahrens*, computerwoche.de vom 18. Oktober 2002, http://www.cowo.de/a/1066921.

dass der Nutzer eine bestimmte Erwartungshaltung gegenüber seinen Kommunikationstechnologien hat. Die Technik muss folglich dieser nutzerspezifischen Erwartungshaltung entsprechend konfigurierbar sein.

Der Nutzer soll entscheiden können, wann das clientseitige Plugin aktiv wird. Demnach soll es möglich sein, den Client unabhängig von einer automatischen Aktivierung der Technik zu starten und eine Nutzung auch ohne das Plugin zu ermöglichen. Auch sollte die Technik nicht standardmäßig nach Verschlüsselungsschlüsseln suchen und diese automatisiert an die installierte Verschlüsselungskomponente – bspw. OX-Guard – übergeben. Es muss für den Nutzer weiterhin möglich bleiben, E-Mails auch unverschlüsselt zu versenden.

Soll eine E-Mail an mehrere Empfänger übersendet werden, muss der Nutzer entscheiden können, zu welchem der Kommunikationspartner ein öffentlicher Schlüssel gesucht und in der Folge der Verschlüsselungskomponente übergeben wird. Gegebenenfalls präferiert der Nutzer in derlei Fällen einen Verschlüsselungsstandard (bspw. PGP) und beabsichtigt nur Schlüssel mit entsprechendem Format suchen zu lassen und mit Kommunikationspartnern, die S/MIME verwenden, unverschlüsselt zu kommunizieren. Die Lösungsarchitektur sollte infolgedessen graduell so beschaffen sein, dass sich möglichst viele Konfigurationen vornehmen lassen, ohne dass die voranschreitende Individualisierung zu einer – vom Nutzer nicht gewünschten – Verschlechterung oder gar Unmöglichkeit der Kernfunktionalität der Technik führt.

Das Ziel der Konfigurierbarkeit ist in diesem Punkt eng mit dem Ziel der einfachen Handhabung (Z15) verbunden. Nicht für jeden Nutzer bietet eine größtmögliche Konfigurierbarkeit der Technik einen erhöhten Grad an Flexibilität und damit einen Vorteil.[33] Daher sollte das System, je nach Ausprägung des technischen Sachverstands des Nutzers, die Möglichkeit einer tiefergehenden Konfiguration bieten.

Eine umfangreiche Konfigurationsmöglichkeit ist auch für eine breite Akzeptanz entscheidend. Als Instrument des Selbstdatenschutzes sollte sich die Anwendung auf eine Vielzahl individueller Bedürfnisse flexibel anpassen können. Hierdurch könnte ein zusätzlicher Anreiz für die Nutzung geschaffen werden.

[33] Hier ist insbesondere auf eine komplexitätsreduzierende Gestaltung der Technik zu achten; s. dazu auch *Rößner* 2010, 121; s. zudem Z15.

9.8 Modularer Aufbau des Systems (Z8)

Dieses Ziel lässt sich aus den Kriterien Daten- und Systemsicherheit (K4) ableiten. Die architektonische Beschaffenheit der Technik sollte durch standardisierte Systembausteine gekennzeichnet sein, die voneinander weitestgehend unabhängig sind, sodass Änderungen an einem Systembaustein keine Interferenzwirkung für andere Systembausteine produzieren.

Die Technik soll bei verschiedenen Akteuren auf unterschiedliche Basissysteme aufsetzen. Dementsprechend müssen die Komponenten flexibel auf etwaige technische Änderungen an diesen Systemen angepasst werden können.[34] Eine modulare Beschaffenheit ist insbesondere im Hinblick auf die Kompatibilität mit den verbreitetsten Verschlüsselungsstandards PGP und S/MIME von Bedeutung. Die Verfahren setzen etwa auf unterschiedliche Standards bei den Schlüsselformaten, sodass sie in der Folge durch getrennte Module für die Technik nutzbar gemacht werden müssten.[35] Diese Fähigkeit zur Unterstützung von unterschiedlichen Verschlüsselungsstandards – sowohl nutzerseitig als auch providerseitig – ist ein wesentlicher Erfolgsfaktor für eine möglichst weite Verbreitung der Technik und mit Blick auf die derzeitige Technologielandschaft zudem erforderlich. Auch sollte die Möglichkeit zu Funktionserweiterungen gegeben sein, um adaptiv auf künftige technologische Anforderungen reagieren zu können.

Diese Änderungen und Anpassungen sollen gezielt auf den jeweilig zu ändernden Systemkomponenten durchgeführt werden können und nicht weitere Teile des Systems betreffen. Bspw. sollte eine Änderung der Funktionalitäten im nutzerseitigen Client-Plugin nicht zwangsläufig eine korrespondierende Änderung im Server-Plugin nach sich ziehen. Demnach sollte eine Architektur vermieden werden, bei der die verschiedenen Komponenten in Abhängigkeit von einer zentralen Instanz (etwa dem E-Mail-providerseitigen Server-Plugin) stehen.[36]

Die Modularität sollte sich auch innerhalb der einzelnen Systemkomponenten fortsetzen. So sind die einzelnen Funktionen möglichst unabhängig voneinander zu implementieren. Auf diese Weise wären auch sehr spezifische Änderungen an einzelnen Komponenten möglich. So könnte bspw. die Funktion der Schlüsselveröffentlichung technisch separat von den anderen Funktionen des

---

[34] Der Anlass für eine Änderung einzelner Systembausteine könnte auch in einer geänderten Bedrohungslage für die Technik liegen.

[35] S/MIME verwendet etwa X.509-Zertifikate gegenüber dem im RFC4880 beschriebenen PGP-Dateiformat und unterstützt teils andere Verschlüsselungsalgorithmen.

[36] Eine Instanz, die alle Verantwortlichkeiten eines Systems in sich vereint, wird auch als sog. Gott-Klasse bezeichnet. Diese ist durch eine entsprechende Dekomposition des Gesamtsystems zu vermeiden; s. weiterführend hierzu *Vogel* u. a. 2009, 146.

Client-Plugins sein. Diese erweiterte Granularität kommt der Funktionsgewährleistung der Technik im Falle von Störungen zugute, die auf einzelne Funktionen oder Komponenten begrenzt sind. Die Fehlfunktionen können folglich isoliert betrachtet und behoben werden, ohne die gesamte Infrastruktur zu beeinträchtigen. Insofern trägt ein modularer Aufbau der Architektur zu einer erhöhten Wartbarkeit bei.

9.9 Nutzerkontrolle (Z9)

Das Ziel lässt sich aus den Kriterien Benutzbarkeit (K1), Vertrauenswürdigkeit (K3), Transparenz (K9), Rechtmäßigkeit (K7) und Zweckbindung (K6) ableiten. Um das Vertrauen in die Technik zu erhöhen und gleichsam die Sicherheit des Verfahrens insgesamt zu stärken, sollen die Schlüssel des Nutzers stets unter seiner vollen Kontrolle stehen.

Die zu gestaltende Technik soll das Schlüsselmaterial der Nutzer verwalten und somit den Versand einer Ende-zu-Ende-verschlüsselten E-Mail erleichtern. Es erfolgt mithin eine Delegation von Verantwortung des Nutzers auf die Technik. Mit dieser Delegation geht wiederum ein gewisses Maß an Kontrollverlust einher. Diesem Phänomen kann nur teilweise durch eine umfassende Information über die Funktionen und ausgeführte Aktionen der Technik begegnet werden.[37] Der Nutzer muss, um seine informationelle Selbstbestimmung wahrnehmen zu können, jederzeit in den Prozess der Schlüsselverwaltung eingreifen können. Diese umfassende Nutzerkontrolle schafft überdies Vertrauen in die Anwendung, die wiederum für eine weite Verbreitung eines Selbstdatenschutzinstruments essenziell ist.

Hinzu kommt, dass eine umfassende Übertragung der Schlüsselverwaltung auf die Technik ein potenzielles Sicherheitsrisiko für die Ende-zu-Ende-verschlüsselte E-Mail-Kommunikation darstellt. Dieser Umstand betrifft das Verwalten von öffentlichen und privaten Schlüsseln. In diesem Punkt steht das Ziel der Nutzerkontrolle in einem Widerspruch zur einfachen Handhabung (Z15). Eine Verwaltung privater Schlüssel (etwa beim E-Mail-Provider) könnte zwar eine erleichterte Handhabung begünstigen, da der Nutzer hierdurch befähigt würde verschlüsselte Nachrichten geräteunabhängig zu entschlüsseln.[38] Jedoch könnte

[37] S. hierzu Z17, Abschnitt 9.17.

[38] Die Option zum Hinterlegen eines öffentlichen Schlüssels bieten etwa Provider des De-Mail-Betreibers Web.de und GMX. S. auch *Jacobson*, DuD 2016, 218; *Herfert/Selzer/Waldmann*, DuD 2016, 291.

hierdurch der Akteur, bei dem der private Schlüssel verwaltet wird, potenziell Kenntnis vom verschlüsselten Inhalt der E-Mail nehmen. Das Risiko einer unberechtigten Kenntnisnahme erhöht sich entsprechend im Falle eines erfolgreichen Angriffs auf den (ausgelagerten) Speicherort des privaten Schlüssels.[39] Mithin wäre bei einer Verwaltung privater Schlüssel durch die Technik die nötige Nutzerkontrolle über die Anwendung selbst und in der Konsequenz auch die Vertraulichkeit und Integrität des E-Mail-Verkehrs selbst nicht gegeben.

Der Umstand, dass eine Verwaltung privater Schlüssel bei PKI-Unternehmenslösungen für die geschäftliche Kommunikation der Mitarbeiter gewünscht sein könnte, steht dem Risiko, das sich aus einer zentralen Verwaltung ergibt, nicht entgegen. Es empfiehlt sich in derlei Fällen, dass Unternehmen, die Nutzer der Technik sind, ein zusätzliches Unternehmensverzeichnis einrichten und private Schlüssel bspw. in einem PKCS#12-Container per E-Mail versenden.[40]

9.10 Protokollfunktion (Z10)

Dieses Ziel lässt sich aus den Kriterien Daten- und Systemsicherheit (K4), Rechtmäßigkeit (K7) und Transparenz (K9) ableiten. Um die Integrität und Verbindlichkeit der Technik zu gewährleisten, sollte jede Aktion, die das Schlüsselmaterial betrifft, protokolliert werden.

Die zu gestaltende Technik sollte es den Akteuren ermöglichen nachzuvollziehen, wann Aktionen mit dem hinterlegten Schlüsselmaterial getätigt wurden. Diese Aktionen können im Zusammenhang mit dem Registrieren, Hochladen, Löschen oder Abrufen eines öffentlichen Schlüssels in Verbindung stehen. Die Notwendigkeit einer derartigen Nachvollziehbarkeit begründet sich unter anderem in der Absicherung vor unbefugten Änderungen der Schlüsselinformationen und ist damit eine Ausprägung der IT-Sicherheit. Auf diese Weise kann ein zusätzliches Vertrauensmoment in die Korrektheit der Daten und damit in die Lösungsinfrastruktur selbst erzeugt werden. Auch können diese Daten Aufschluss über mögliche Fehlfunktionen liefern und damit einen Beitrag zur Störungsbeseitigung sowie zur Funktionsfähigkeit der Lösungsinfrastruktur im Allgemeinen

---

[39] S. zur unberechtigten Kenntnisnahme personenbezogener Daten und Schutzverletzungen *Marschall*, DuD 2015, 183 ff.

[40] *Jacobson*, DuD 2016, 218.

leisten. Allerdings sollte nicht lediglich eine Zugriffsprotokollierung des Verzeichnisses erfolgen, sondern es sollten auch Informationen über den (sicheren) Übertragungsweg der Schlüssel protokolliert werden.

Die durch eine Protokollfunktion erzeugten Daten könnten überdies die Grundlage für den Nachweis einer ordnungsgemäßen Funktionsweise der Technik, im Rahmen von Ansprüchen gegenüber den Akteuren, darstellen. Ein derartiger Fall wäre etwa denkbar, wenn das Plugin dem Nutzer fälschlicherweise signalisiert, es habe erfolgreich den Schlüssel des Kommunikationspartners ermittelt und diesen an die Kryptokomponente des E-Mail-Clients übergeben, sodass eine Ende-zu-Ende-verschlüsselte E-Mail-Kommunikation garantiert wäre. Erfolgt also eine unwissentlich unverschlüsselte E-Mail-Kommunikation und entsteht dem Nutzer hierdurch ein Schaden – etwa wenn die E-Mail Geschäftsgeheimnisse enthält –, muss festgestellt werden können, welcher Akteur hierfür haftbar gemacht werden könnte. Es bedarf einer eindeutigen Zuordnung von Daten zu Personen und einer Zurechenbarkeit von Aktionen innerhalb der technischen Komponenten.

Hierzu müssen die Protokolldaten einen Beweischarakter aufweisen. Das ist gegeben, wenn die Daten objektiv von bestimmbaren Nutzern erhoben wurden und datierbar sind.[41] In diesem Punkt ist das Ziel der Protokollfunktion in enger Weise mit dem Ziel der Authentizität von Verschlüsselungsschlüsseln (Z11) sowie der automatischen Schlüsselermittlung (Z13) verbunden, die gleichfalls auf diese Determinanten aufbauen. Für die Beweiskraft der Protokolldaten ist es des Weiteren erforderlich, diese gegen ein nachträgliches Löschen und Verfälschen abzusichern. Auch muss sichergestellt sein, dass die Protokolldatenbank gegen den Import falscher (vorgetäuschter) Nachweise geschützt ist.[42] Dieses Ziel ließe sich bspw. auf Seiten des Verzeichnisverwalters durch die Implementierung von mit Zeitstempeln versehenen Log-Datenbanken auf HKP- und LDAP-Servern teilweise realisieren.

Das Ziel der Protokollfunktion darf sich allerdings nur in den Grenzen des Datenschutzes verwirklichen. Eine Ausuferung ist insbesondere in der Bildung von unberechtigten Kommunikationsprofilen zu sehen. Auch müssen die Protokolldaten – in Analogie zur Beweissicherheit – gegen eine Manipulation und unberechtigten Zugriff abgesichert sein und bei Wegfall ihrer Erforderlichkeit gelöscht werden.

---

[41] *Kersten/Klett* 2015, 240.

[42] Weiterführend zur Beweissicherung und Auswertung *Kersten/Klett* 2015, 240 f.

9.11 Authentizität von Verschlüsselungsschlüsseln (Z11)

Dieses Ziel lässt sich aus den Kriterien Vertrauenswürdigkeit (K3), Benutzbarkeit (K1), Barrierefreiheit (K2), Datenrichtigkeit (K8) sowie aus dem Kriterium der Daten- und Systemsicherheit (K4) ableiten. Um das Vertrauen in das distribuierte Schlüsselmaterial zu erhöhen, sollte die Technik die Zugehörigkeit eines öffentlichen Schlüssels zum jeweiligen Nutzer authentisieren.

Beabsichtigen Kommunikationspartner miteinander über E-Mail Ende-zu-Ende-verschlüsselt zu kommunizieren, so sind sie regelmäßig mit dem Problem konfrontiert, zuverlässig überprüfen zu können, ob der jeweilige öffentliche Schlüssel auch zum jeweiligen Kommunikationspartner und mithin zur korrespondierenden E-Mail-Adresse gehört. Sowohl PGP als auch S/MIME basieren auf eigenen Vertrauensmodellen, die aber keineswegs als unbedingt vertrauenswürdig zu beurteilen sind. Im Falle von S/MIME ist der Nutzer auf ein blindes Vertrauen gegenüber einer ihm möglicherweise unbekannten CA angewiesen, die die Authentizität des öffentlichen Schlüssels bestätigt.[43] Bei PGP besteht das Risiko, einen gefälschten Schlüssel zu importieren, womit sich im Nachhinein mit diesem verschlüsselte E-Mails von dem anvisierten Kommunikationspartner nicht mehr entschlüsseln lassen.[44] Diese Umstände erschweren es dem Nutzer die Echtheit von öffentlichen Schlüsseln benutzerfreundlich überprüfen zu können.[45] Die zu gestaltende Technik sollte an dieser Stelle ein zusätzliches Vertrauensmoment abbilden, das dieses Problem behebt. Dabei sollten die zugrundeliegenden Vertrauensmodelle von PGP und S/MIME jedoch nicht verändert werden. Auch eine Adaption und Verbesserung eines der beiden Standards als Grundlage für eine zusätzliche Authentifizierung von Verschlüsselungsschlüsseln durch die Technik ist nicht ratsam. Da die beiden Standards – und mithin ihre Vertrauensmodelle – nicht miteinander kompatibel sind, würde eine einseitige Adaption gleichsam die Unterstützung des anderen Verfahrens durch die Technik ausschließen. Auch sollte unter der Maxime der einfachen Handhabung (Z15) der Nutzer nicht jeden Schlüssel seiner Kommunikationspartner separat auf seine

---

[43] *Hahn/Herfert/Lange* 2015, 39; *Brauckmann*, DuD 7/2014, 452.

[44] Name, E-Mail-Adresse und Nutzer-ID stimmen bei diesen gefälschten Schlüsseln häufig mit dem Original überein, s. *Schirrmacher*, Haufenweise Fake-PGP-Schlüssel im Umlauf, heise.de vom 17.8.2016, https://heise.de/-3297175.

[45] *Hahn/Herfert/Lange* 2015, 39.

Authentizität hin überprüfen müssen.[46] Die Authentizität der jeweiligen Schlüssel könnte im Idealfall durch die Konzeption der Lösungsinfrastruktur selbst gewährleistet werden. Es bietet sich an, die E-Mail-Provider als zentrale Vertrauensinstanz innerhalb der Lösungsarchitektur zu etablieren. Hierfür spricht, dass der Nutzer bereits die E-Mail-Korrespondenz über den von ihm gewählten E-Mail-Provider abwickelt und er folglich von einem vertrauenswürdigen Akteur ausgehen muss. Als Nachweis, dass ein Verschlüsselungsschlüssel auch zu dem jeweiligen Nutzer gehört, kann der Schlüssel durch den E-Mail-Provider mit der E-Mail-Adresse des Nutzers verknüpft werden. Diese Verknüpfung könnte bspw. in DNSSEC-signierten Service Records auf dem DNS-Server der Mail-Domain hinterlegt sein.[47] Als Voraussetzung für die eindeutige Verknüpfung einer E-Mail-Adresse zu einem öffentlichen Schlüssel sollte die Technik die Herrschaft des Nutzers über den entsprechenden Schlüssel nachweisen können. Hierzu könnte der Mail-Server eine mit dem jeweiligen öffentlichen Schlüssel verschlüsselte Nachricht (etwa einen Verifikationscode) an den Client des Nutzers senden, worauf dieser sie mit dem dazugehörigen privaten Schlüssel entschlüsselt und wieder an den Mail-Server zurückschickt. Erst dann sollte der Nutzer in der Lage sein, einen öffentlichen Schlüssel mittels der Technik zu veröffentlichen (Z12), und erst dann sollte die entsprechende Verknüpfung der E-Mail-Adresse im DNS-Server des E-Mail-Providers hinterlegt werden.

9.12 Veröffentlichung von Verschlüsselungsschlüsseln (Z12)

Die Veröffentlichung von öffentlichen Schlüsseln ist Grundvoraussetzung, damit diese innerhalb der Lösungsarchitektur distribuiert und anschließend für eine verschlüsselte E-Mail-Kommunikation verwendet werden können. Für diesen Schritt ist es erforderlich, dass sich der Nutzer im Vorfeld der Nutzung bereits öffentliche Schlüssel in einer entsprechenden Anwendung generiert hat.[48] Dieses Ziel leitet sich aus den Kriterien Zweckbindung (K6), Benutzbarkeit (K1) und Transparenz (K9) ab.

---

[46] Gleichwohl sollte dem Nutzer diese Möglichkeit weiterhin offenstehen und durch den Technikeinsatz nicht negativ beeinflusst werden.

[47] S. *Fischer/Kunz/Lorenz/Waldmann*, in: Eibl/Gaedke 2017, 741.

[48] So stellt etwa die Volksverschlüsselungs-Software eine Möglichkeit dar, Zertifikate (öffentliche Schlüssel) für S/MIME zu generieren. S. *Herfert/Selzer/Waldmann*, DuD 2016, 291.

Die Technik sollte das Veröffentlichen von öffentlichen PGP-Schlüsseln ermöglichen. Der zugrundeliegende Vertrauensmechanismus (WOT) sollte dabei nicht verändert werden. Indes sollte die Veröffentlichung der Schlüssel ein zusätzliches Vertrauensmoment hinzufügen, indem bspw. der Schlüsselserver (HKP-Server) vom entsprechenden E-Mail-Provider des Nutzers selbst betrieben wird. Gleiches sollte für öffentliche Schlüssel (X.509-Zertifikate) von S/MIME ermöglicht werden. Auch hier verwaltet der E-Mail-Provider ein S/MIME-kompatibles Verzeichnis (LDAP-Server). Um die öffentlichen Schlüssel im providerseitigen Verzeichnis zu veröffentlichen, sollte das nutzerseitige Client-Plugin über eine Funktion zur clientseitigen Registrierung der Schlüssel verfügen. Mittels dieser Funktion würde der Nutzer in die Lage versetzt, zu entscheiden, ob und welche Schlüssel er anderen Kommunikationspartnern zugänglich machen möchte. Diese Registrierung der Schlüssel sollte anhand von eingerichteten E-Mail-Accounts auf dem Client erfolgen. Hierzu sollte die Technik dem Nutzer alle im Client eingerichteten E-Mail-Adressen anzeigen, woraufhin der Nutzer die gewünschte E-Mail-Adresse auswählen kann, für die es Schlüssel zu veröffentlichen gilt. Anhand der Domain der ausgewählten E-Mail-Adresse kann die Technik nun eine Abfrage beim entsprechenden E-Mail-Provider starten, ob dieser Teil der Lösungsinfrastruktur ist und in der Folge auch öffentliche Schlüssel veröffentlichen kann. Fällt die Antwort vom Server des E-Mail-Providers negativ aus, so ist der Vorgang abzubrechen und der Nutzer hierüber zu informieren. Fällt die Antwort hingegen positiv aus, sollte die Technik die entsprechenden vorhandenen öffentlichen Schlüssel zur E-Mail-Adresse ermitteln. Für diese Aktion sollte das Client-Plugin direkt auf die lokalen „Keystores" zugreifen können, in denen der Nutzer seine Schlüssel hinterlegt hat.[49] Die von der Technik ermittelten öffentlichen Schlüssel sind sodann dem Nutzer anzuzeigen. In diesem Rahmen sollte dem Nutzer eine Auswahlmöglichkeit gegeben werden, welchen der zur E-Mail-Adresse gefundenen öffentlichen Schlüssel er durch die Technik veröffentlichen möchte. Werden zur korrespondierenden E-Mail-Adresse hingegen keine öffentlichen Schlüssel gefunden, sollte die Technik den Nutzer auch hierüber informieren.[50]

[49] PGP-Schlüssel wären so bspw. dem Keystore von GnuPG, S/MIME-Schlüssel dem Keystore von Thunderbird zu entnehmen.

[50] In solchen Fällen ist anzunehmen, dass die Prämisse für dieses Ziel nicht erfüllt ist und der Nutzer über keinen öffentlichen Schlüssel verfügt. In diesen Fällen könne eine Hilfestellung für das Generieren öffentlicher Schlüssel mit entsprechenden Verlinkungen präsentiert werden.

Nachdem der clientseitige Verschlüsselungsschlüssel ausgewählt wurde, kann er nun an das Server-Plugin übermittelt werden. Damit dieser Schritt ausgeführt werden kann, sollte eine Authentifikation des Nutzers erforderlich sein (bspw. über eine Anmeldung an das entsprechende Mailkonto). Dann kann eine Schlüsselübermittlung an den E-Mail-Server erfolgen, der durch ein Verfahren prüfen sollte, ob der Nutzer des öffentlichen Schlüssels auch tatsächlich im Besitz des zugehörigen privaten Schlüssels ist.[51] Anschließend kann der öffentliche Schlüssel vom E-Mail-Server an den providerseitigen HKP- oder LDAP-Server übergeben werden. Ist dort bereits ein Schlüssel desselben Verschlüsselungsformats hinterlegt, sollte eine Information des Nutzers erfolgen, da Schlüsselredundanzen zu vermeiden sind, um einem Konflikt, welcher Schlüssel nun verteilt werden soll, vorzubeugen. Im Falle des Vorhandenseins eines Schlüssels sollte demnach, mit Zustimmung des Nutzers, dieser durch den aktuellen ersetzt werden. Der nun veröffentlichte Schlüssel bedarf keiner gesonderten Kennzeichnung, um den Technikkomponenten anzuzeigen, dass er aktuell ist, sondern er gilt allein dadurch als autorisiert, dass er auf dem Schlüsselserver des E-Mail-Providers veröffentlicht ist. Er steht demnach für die Distribution im Rahmen einer Schlüsselabfrage zur Verfügung. Es bietet sich aus Gründen der Transparenz an, dem Nutzer eine Rückmeldung über die erfolgreiche Veröffentlichung durch das Client-Plugin zukommen zu lassen. Das kann bspw. durch ein Pop-up-Fenster erfolgen.

Soll das Veröffentlichen nicht über einen lokalen E-Mail-Client erfolgen, sondern über eine serverseitige Anwendung, so gilt das Gesagte mit der Ausnahme der Anmeldung des Nutzers an den E-Mail-Account entsprechend.[52]

9.13 Automatische Schlüsselermittlung (Z13)

Das Ziel der automatischen Schlüsselermittlung lässt sich aus den Kriterien Benutzbarkeit (K1), Rechtmäßigkeit (K7), Zweckbindung (K6) und Daten- und Systemsicherheit (K4) ableiten. Im Kern soll die Technik dem Nutzer ermöglichen, die öffentlichen Schlüssel seines Kommunikationspartners automatisch zu ermitteln und der clientseitigen Verschlüsselungsfunktion zur Verfügung zu stellen.

---

[51] S. hierzu ausführlich das Ziel der Authentizität von Verschlüsselungsschlüsseln (Z11).

[52] Diese ist zur Inanspruchnahme von E-Mail-Dienstleistungen obligatorisch.

Das Ziel soll der Problematik begegnen, dass viele Nutzer zwar über die technischen Möglichkeiten einer Ende-zu-Ende-verschlüsselten E-Mail-Kommunikation verfügen, diese jedoch an dem Nichtauffinden der öffentlichen Schlüssel der Kommunikationspartner scheitert.[53] Hier sollte die Technik einen Beitrag zur Benutzerfreundlichkeit leisten, indem sie die Suche nach den benötigten öffentlichen Schlüsseln weitestgehend automatisch – das heißt möglichst ohne Nutzerintervention – durchführt. Mit Blick auf das Ziel der einfachen Handhabung (Z15) sollte die Schlüsselsuche folglich möglichst im Hintergrund erfolgen. Um eine Schlüsselabfrage zu initiieren, sollte dennoch eine eindeutige Aktion des Nutzers erforderlich sein. Diese könnte in der Eingabe einer E-Mail-Adresse in das Adressfeld des E-Mail-Clients bestehen. Mit dieser Handlung legt der Nutzer eindeutig fest, an wen er die jeweilige E-Mail versenden möchte, und liefert zugleich eine eindeutige Zuordnungsmöglichkeit eines öffentlichen Schlüssels zu einem Empfänger der Nachricht. Um missbräuchlichen Massenabfragen (etwa durch Wildcard- oder Teilstring-Suchen) zu begegnen, sollte die Technik erst dann nach einem Schlüssel suchen respektive einen gefundenen Schlüssel ausliefern, wenn die E-Mail-Adresse auch vollständig in die Adresszeile eingegeben wurde. Wird eine E-Mail-Adresse mehrmals falsch eingegeben, kann das als Indikator für missbräuchliche Ermittlungsversuche gelten und sollte von der Technik entsprechend registriert und unterbunden werden. Wenn die jeweilige E-Mail-Adresse vollständig in das Adressfeld eingegeben wurde, sollte das Client-Plugin mit dieser Information (lokaler und Domänenteil der E-Mail-Adresse) in der Lage sein, den möglichen Speicherort eines öffentlichen Schlüssels zu ermitteln. Der Domänenteil gibt Aufschluss, bei welchem E-Mail-Provider der Nutzer einen E-Mail-Account eingerichtet hat und auch wo er seine öffentlichen Schlüssel hinterlegt hat. Der lokale Teil ist in Relation zum Domänenteil einzigartig, sodass mit dieser Angabe ein Auffinden der Schlüssel des zur E-Mail-Adresse gehörigen Kommunikationspartners möglich ist. Eine technische Realisierung dieser Abfrage ließe sich bei diesem Schritt über das Domain Name System (DNS) durchführen, wobei Angaben über den Fundort der Schlüssel in Resource Records hinterlegt werden könnten.[54] Die Suchanfrage auf Basis der eingegebenen E-Mail-Adresse wird vom Client-Plugin an das Server-Plugin übersandt.

[53] S. *Herfert/Selzer/Waldmann*, DuD 2016, 291; *Fischer/Kunz/Lorenz/Waldmann*, in: Eibl/Gaedke 2017, 738.

[54] *Fischer/Kunz/Lorenz/Waldmann*, in: Eibl/Gaedke 2017, 746 f.; s. konzeptionell auch *Hoffman/Schlyter*, Using Secure DNS to Associate Certificates with Domain Names for S/MIME, RFC 8162, Mai 2017, 1 ff., https://www.rfc-editor.org/rfc/rfc8162.html; *Wouters*, DNS-Based Authentication of Named Entities (DANE) Bindings for OpenPGP, RFC 7929, August 2016, 1, https://www.rfc-editor.org/rfc/rfc7929.

Dort ermittelt die providerseitige Komponente den gesuchten Schlüssel im jeweiligen Verzeichnis (LDAP für S/MIME; HKP für PGP) und übermittelt diesen wieder an das Client-Plugin. Das Client-Plugin übergibt den ermittelten öffentlichen Schlüssel sodann der entsprechenden Verschlüsselungskomponente des E-Mail-Clients.

Werden für einen Kommunikationspartner sowohl PGP als auch S/MIME-Schlüssel ermittelt, sollte der Nutzer hierüber in Kenntnis gesetzt werden, um im Zweifel eine Auswahl über das zu verwendende Verschlüsselungsverfahren zu treffen. Auch sollte eine nutzerseitige Information ergehen, wenn die Technik zur angegebenen E-Mail-Adresse des Empfängers keinen öffentlichen Schlüssel findet. Das Suchen von Verschlüsselungsschlüsseln sollte mehrmals je verfasster E-Mail möglich sein, um im Falle mehrerer Empfänger für jeden einen entsprechenden öffentlichen Schlüssel zu ermitteln. Somit wäre auch der verschlüsselte Versand von Gruppenmails möglich. Die Schlüsselermittlung sollte bei jeder E-Mail erneut erfolgen, ohne dass die ermittelten Schlüssel für die entsprechenden E-Mail-Adressen standardmäßig lokal im Keystore des Nutzers importiert werden. Auf diese Weise kann ein höheres Maß an Aktualität der Schlüsselinformationen gewährleistet werden.

9.14 Aktualität der Verschlüsselungsschlüssel (Z14)

Dieses Ziel lässt sich aus den Kriterien Datenrichtigkeit (K8) und Transparenz (K9) ableiten. Die öffentlichen Schlüssel, die durch die Technik verwaltet und verteilt werden, sollten nach Möglichkeit immer aktuell sein. Die Verteilung eines abgelaufenen Schlüssels stellt die mit ihm verschlüsselte Nachricht und die Integrität des öffentlichen Schlüssels selbst in Frage.[55]

Bei S/MIME-Zertifikaten wird nach dem X.509-Standard ein bestimmter Gültigkeitszeitraum angegeben, für den es die CA ausstellt. Auch bei PGP-Schlüsseln kann ein solcher Zeitraum definiert werden. Nach Ablauf des jeweiligen Datums ist der öffentliche Schlüssel technisch jedoch weiterhin funktionsfähig. Das wirft insbesondere beim Kommunikationspartner des Schlüsselinhabers die Frage auf, ob der öffentliche Schlüssel auch tatsächlich für die Ende-zu-Ende-Verschlüsselung eingesetzt werden soll.[56] Die zu gestaltende Technik sollte aus

[55] *Blazy/Gonscherowski/Selzer*, in: Eibl/Gaedke 2017, 758; die Überprüfung des Gültigkeitszeitraums sollte auf die öffentlichen Schlüssel beschränkt sein und nicht auf die privaten Schlüssel angewendet werden.

[56] *Blazy/Gonscherowski/Selzer*, in: Eibl/Gaedke 2017, 758.

diesem Grund über eine Funktion verfügen, die die Aktualität der öffentlichen Schlüssel überprüfen kann. Die Prüfung sollte bereits bei dem Prozess der Veröffentlichung der Verschlüsselungsschlüssel (Z12) ansetzen. Hier ist vor allem die nutzerseitige Komponente – das Client-Plugin – im Fokus. Die Prüfung sollte sich aber nur auf in der Lösungsinfrastruktur veröffentlichte Schlüssel beziehen und nicht etwa als Automatismus auf das gesamte Schlüsselmaterial im Keystore zugreifen. Um die clientseitige Gültigkeitsprüfung durchzuführen, muss der Nutzer also zunächst den zu veröffentlichenden Schlüssel auswählen. Wird durch die Technik festgestellt, dass der zu veröffentlichende Schlüssel ungültig ist, sollte eine entsprechende Information des Nutzers erfolgen. Das könnte bspw. durch ein Pop-up-Fenster mit weitergehenden Handlungsempfehlungen geschehen. Allerdings sollte die Technik den Nutzer nicht daran hindern, einen als abgelaufen identifizierten Schlüssel zu veröffentlichen.[57]

Auch sollte der Verzeichnisdienst der Lösungsinfrastruktur über eine Funktion zur Überprüfung der Gültigkeitszeiträume verfügen. Hat der Nutzer einen aktuellen Schlüssel veröffentlicht, wird dieser im Laufe der Zeit seine Gültigkeit verlieren. Im Rahmen des Technikeinsatzes könnten diese Verschlüsselungsschlüssel nun gesperrt werden, was ein Verschlüsseln von Nachrichten unmöglich machen würde. Das würde die Sicherheit der Kommunikation und hier insbesondere die Authentizität des Schlüsselmaterials (Z11) fördern, da auf diese Weise nur aktuelle Verschlüsselungsschlüssel im Umlauf wären. Unter der Maxime, die E-Mail-Verschlüsselung möglichst flächendeckend zu verbreiten, ist eine derartige Lösung indes nicht zu forcieren. In diesen Fällen wäre nämlich bis zu dem Zeitpunkt, an dem der Nutzer einen aktuellen Schlüssel veröffentlicht, keine Ende-zu-Ende-Verschlüsselung möglich. In der Folge erscheint es vertretbar einen veralteten Schlüssel zur Verfügung zu stellen, anstatt einen unverschlüsselten E-Mail-Verkehr zu erwirken. Folglich sollte der öffentliche Schlüssel nicht durch die Technik gesperrt werden. Allerdings sollte eine Information an den Kommunikationspartner über die abgelaufene Gültigkeit erfolgen, wenn er nach dem entsprechenden Schlüssel mittels der Technik gesucht hat. Somit wird er selbst befähigt zu entscheiden, ob er den ungültigen Schlüssel verwenden möchte oder die E-Mail unverschlüsselt versendet. Gleiches gilt auch für den Inhaber des ungültigen Schlüssels, an den eine korrespondierende Information bei der Aktivierung der Technik ergehen sollte. Um diesem Szenario vorzubeugen, sollte der

[57] Im Zweifel ist eine Verschlüsselung mit einem abgelaufenen Schlüssel als sicherer zu werten, als eine unverschlüsselte E-Mail zu versenden. Auch sollte der Nutzer durch die Unmöglichkeit, derartige Schlüssel zu veröffentlichen, nicht ein derart negatives Nutzererlebnis erfahren, dass die Technik im Effekt gar nicht genutzt wird.

Nutzer jedoch möglichst frühzeitig und gegebenenfalls mehrfach über ein baldiges Ablaufen seines öffentlichen Schlüssels in Kenntnis gesetzt werden, um einen aktuellen Schlüssel zu veröffentlichen. Diese Informationen sollten zielgerichtet nur dem Schlüsselinhaber und den jeweiligen Kommunikationspartnern zugänglich gemacht werden. Eine Veröffentlichung, etwa über eine frei einsehbare Liste mit abgelaufenen Schlüsseln, ist nicht empfehlenswert.

9.15 Einfache Handhabung (Ergonomie) (Z15)

Das Ziel der „einfachen Handhabung" lässt sich aus den Kriterien Benutzbarkeit (K1), Barrierefreiheit (K2) und Transparenz (K9) ableiten. Dieses Ziel ist in erster Linie endnutzerorientiert und soll eine möglichst intuitive und einfach nachvollziehbare Handhabung der Software bei ihrer Installation, im Alltagsbetrieb sowie bei der Deinstallation ermöglichen. Hierdurch soll der Endnutzer in die Lage versetzt werden, die zu gestaltende Technik effizient für den Schutz der eigenen Grundrechte einsetzen zu können.

Bereits während der Installation sollte eine Erläuterung über die Funktionalitäten und die richtige Bedienung der nutzerseitigen Komponenten erfolgen. Das scheint geboten, um dem Nutzer ein Bewusstsein für die neue Technologie zu schaffen und in der Folge die Gefahr möglicher Nutzungsfehler zu minimieren.[58] Ein zusätzlich positiver Effekt kann an dieser Stelle durch die Etablierung eines der alltäglichen Nutzung vorgeschalteten Tutorials oder eines Informationsfilmes erzeugt werden. Es soll gewährleistet werden, dass der Benutzer mit dem geringstmöglichen Aufwand die öffentlichen Schlüssel seines Kommunikationspartners auffinden und verwenden kann. Hierzu sollte lediglich die Kenntnis über die E-Mail-Adresse des jeweiligen Kommunikationspartners ausreichen. Um unnötige Hürden für den Benutzer zu vermeiden, sollte die Abfrage von Schlüsseln für PGP und S/MIME allein über den gewohnten Mail-Client ermöglicht werden. Das erfordert eine Integration der Technik in den bestehenden Mail-Client und folglich eine (optisch wahrnehmbare) Erweiterung der bestehenden Funktionalitäten.[59] Hierbei ist Sorge zu tragen, dass sich die nutzerseitigen Technikkomponenten zum einen in die bestehende graphische Benutzungsoberfläche integrieren, ohne die Grundfunktionalitäten des Mail-Clients zu beeinträchtigen,

---

[58] *Herfert/Selzer/Waldmann*, DuD 2016, 291; zur mangelnden Benutzerfreundlichkeit von PGP 5.0 s. *Whitten/Tygar* 1999, 169 ff.

[59] S. Interoperabilität (Z18), Abschnitt 9.18.

zum anderen müssen die Elemente der Technik für den Benutzer klar erkennbar und möglichst intuitiv gestaltet sein. Hierbei ist darauf zu achten, dass die verschiedenen Funktionalitäten der Technik klar unterscheidbar sind. Im Besonderen gilt das für das Auffinden von fremden Schlüsseln, das Verwalten der eigenen öffentlichen Schlüssel und das Verwalten des privaten Schlüssels.[60] Des Weiteren sollte der Nutzer über jede seiner ausgeführten Aktionen eine entsprechende Rückmeldung vom System erhalten. Das wäre bspw. der Fall, wenn zu einer E-Mail-Adresse eines Kommunikationspartners mehrere öffentliche Schlüssel – etwa gleichermaßen für PGP und S/MIME – gefunden werden. Hier sollte das Plugin mit dem Nutzer in einen Dialog treten und ihn über den Sachverhalt und seine möglichen Handlungsalternativen aufklären. Um Verwirrung und Überforderung seitens der Benutzer zu vermeiden, ist eine Komplexitätsreduzierung der Dialoge sowie der Funktionen insgesamt anzustreben.[61] Das ist insbesondere geboten, da bei den Nutzern in der Regel nicht von einem erweiterten IT-Sachverstand ausgegangen werden kann und ein Mehr an Funktionalitäten daher eine zunehmende Überforderung und somit ein negatives Nutzungserlebnis bedeuten würde.[62] Um eine allgemeine Handlungsfreiheit für den Nutzer zu ermöglichen, sollte eine einfache Handhabung – neben der Installation und der alltäglichen Nutzung – auch für die Deinstallation gegeben sein. Diese Aktion sollte sich unkompliziert ausführen lassen und jederzeit zugänglich angeboten werden. Analog zur Installation sollte auch bei der Deinstallation eine umfangreiche Information des Nutzers erfolgen, um ihm die Durchführung dieses Schritts zu erleichtern.[63]

9.16 Löschfunktion für öffentliche Schlüssel (Z16)

Dieses Ziel lässt sich aus den Kriterien Datenminimierung (K5) und Zweckbindung (K6) ableiten. Hat der Nutzer einen öffentlichen Schlüssel im Rahmen der Lösungsinfrastruktur veröffentlicht, muss er in die Lage versetzt werden, diesen jederzeit wieder löschen zu können. Hierdurch soll er befähigt werden, jederzeit die Herrschaft über seine personenbezogenen Daten ausüben zu können.

[60] S. zu Beurteilung unterschiedlicher Symbole als Repräsentanten für Funktionen in PGP 5.0 *Whitten/Tygar* 1999, 173.

[61] Auch nach *Rößner* 2010, 116 ist eine hohe Funktionalität von Webangeboten nicht mit einer hohen Benutzerfreundlichkeit gleichzusetzen.

[62] S. *Rößner* 2010, 121.

[63] An dieser Stelle unterstützt die Nutzerkontrolle (Z9) eine einfache Handhabung.

Die Notwendigkeit, einen veröffentlichten Schlüssel zu löschen, kann verschiedenste Ursachen haben. Das kann bspw. der Fall sein, wenn der Schlüssel durch Angriffe kompromittiert wurde, der angegebene Gültigkeitszeitraum überschritten wurde oder der Nutzer mit seiner E-Mail-Adresse schlicht nicht mehr in einem öffentlichen Verzeichnis gelistet werden möchte.[64] Mit Blick auf die bereits beschriebene Problematik bei PGP-Verzeichnisdiensten ist eine Löschung technisch nicht realisierbar, da sich die einzelnen Schlüsselserver untereinander synchronisieren. Demnach müsste eine Löschung des entsprechenden Schlüssels simultan auf allen dem Verbund angehörigen Schlüsselservern erfolgen, die unter unterschiedlicher Kontrolle stehen. Der öffentliche Schlüssel kann in einer solchen Architektur nur als ungültig markiert oder durch die Veröffentlichung eines zusätzlichen Widerrufszertifikats als ungültig erklärt werden.[65] Eine Orientierung an dieser Praxis ist für die zu gestaltende Technik mithin keine Option. Daher sollte im Rahmen der Lösungsarchitektur keine Synchronisation der Verzeichnisse untereinander erfolgen, die einen gelöschten Schlüssel möglicherweise wiederherstellen könnte. Mit der Löschfunktion sollen sowohl PGP- als auch S/MIME-Schlüssel vom Schlüsselserver entfernt werden können, die vom Nutzer veröffentlicht wurden. Hierzu sollte eine Authentifizierung des Nutzers erfolgen, um einer missbräuchlichen Löschung vorzubeugen. Eine qualifizierte Authentifikation, etwa unter Zuhilfenahme des privaten Schlüssels, ist indes nicht empfehlenswert, da das Motiv für ein Löschbegehren des öffentlichen Schlüssels mit dem Verlust des privaten Schlüssels, dem entsprechenden Passwort oder gar des Endgerätes einhergehen könnte.[66] Demnach kann die einfache Anmeldung im E-Mail-Account als eine ausreichende Authentifizierung des Nutzers qualifiziert werden. Unabhängig hiervon sollte die Technik einem möglichen zusätzlichen Authentifizierungserfordernis von Seiten des E-Mail-Providers nicht entgegenstehen.[67]

Die Löschung sollte, analog zur Veröffentlichung der Verschlüsselungsschlüssel (Z12), vom nutzerseitigen Client-Plugin initiiert werden. Dem Nutzer soll dabei eine Übersicht über seine zur jeweiligen E-Mail-Adresse veröffentlichten Verschlüsselungsschlüssel präsentiert werden, damit er den zur Löschung vorgesehenen Schlüssel auswählen kann. Hiernach übermittelt das Client-Plugin

[64] *Fischer/Kunz/Lorenz/Waldmann*, in: Eibl/Gaedke 2017, 742.

[65] *Blazy/Gonscherowski/Selzer*, in: Eibl/Gaedke 2017, 759; *Mommers*, DFN-Infobrief Recht, 4/2011, 2.

[66] S. Authentizität von Verschlüsselungsschlüsseln (Z11), Abschnitt 9.11.

[67] Bspw. in Form einer 2-Faktor-Authentisierung oder die Eingabe einer Kundennummer.

den jeweiligen Löschungswunsch an den Mail-Server. Sodann wird der entsprechende Schlüssel aus dem Verzeichnis (HKP oder LDAP) gelöscht. Dieser Vorgang betrifft mithin nur serverseitig gespeicherte Verschlüsselungsschlüssel und lässt etwaige lokal beim Nutzer gespeicherte Schlüssel unberührt, sodass das von der Löschung entsprechend betroffene Schlüsselpaar vom Nutzer (außerhalb der Infrastruktur) weiterhin verwendet werden könnte.[68] Nachdem der serverseitige Löschvorgang abgeschlossen wurde, ist der Nutzer hierüber – bspw. durch ein Statusfenster – zu informieren. Gleiches sollte für den Fall eines erfolglosen Löschversuchs gelten, wobei hier zusätzliche Informationen für eine mögliche Problembehandlung bereitgestellt werden sollten.

9.17 Transparente Informationsvermittlung und Einrichtung (Z17)

Das Kriterium leitet sich aus den Kriterien Transparenz (K9), Vertrauenswürdigkeit (K3), Benutzbarkeit (K1) und Barrierefreiheit (K2) ab. Dieses Ziel stellt den Komplementär zur einfachen Handhabung (Z15) dar. Letzteres soll die technische Bedienbarkeit für den Nutzer gewährleisten, wohingegen dieses Ziel die transparente Informationsvermittlung und Einrichtung sowie die Konsequenzen im Rahmen der Nutzung vermitteln soll, die aus der Bedienung der Technik resultieren.

Der Nutzer sollte im Rahmen dieses Ziels möglichst frühzeitig darüber aufgeklärt werden, wann die Technik welche Daten von ihm erhebt und verwendet. Für eine grundsätzliche Information bietet sich hierfür die Phase der Installation an. In diesem Rahmen sollte sich der Nutzer über die einzelnen Akteure der Infrastruktur und über deren Rolle bei der Verarbeitung personenbezogener Daten informieren können. Des Weiteren müssen ihm die für die Verarbeitung zugrundeliegenden Verarbeitungszwecke in verständlicher Weise mitgeteilt werden.[69] An dieser Stelle sollte auf eine möglichst barrierefreie Ausgestaltung der Informationsvermittlung geachtet werden, um ein möglichst breites Spektrum an Empfängerhorizonten unterschiedlichster Nutzer zu berücksichtigen. Das könnte bspw. durch eine redundante Informationsaufbereitung in einfacher Sprache realisiert werden, die zu Beginn des Installations- und Einrichtungsprozesses dem Nutzer zur Auswahl steht. Die Aufklärung im Hinblick auf die Datenverarbeitung

[68] Das könnte etwa zum Entschlüsseln alter E-Mails erforderlich sein.

[69] S. *Laue* 2010, 395.

durch die Technik sollte durch die Möglichkeit einer grundsätzlichen Kenntnisnahme über den Aufbau und die Funktionsweise ergänzt werden. Es bietet sich an, die einzelnen Komponenten und Akteure der Infrastruktur zunächst separat zu beschreiben, um einer möglichen Überforderung des Nutzers vorzubeugen. In diesem Schritt soll das nötige Wissen vermittelt werden, welche Rolle den einzelnen Komponenten der Technik zufällt und welche Daten sie zum Ausführen verschiedener Aktionen benötigen. Um den Kontextbezug herzustellen, sollte auch das Zusammenwirken der nun bekannten Elemente der Technik als funktionsfähige Infrastruktur aufgezeigt werden. Das könnte bspw. anhand exemplarischer Anwendungsfälle (eigenen öffentlichen Schlüssel veröffentlichen; öffentlichen Schlüssel des Kommunikationspartners auffinden; eigenen öffentlichen Schlüssel löschen) mittels einer animierten Grafik umgesetzt werden. Zu beachten ist in diesem Kontext auch, dass die Technik im Rahmen einer hohen Interoperabilität (Z18) möglichst viele verschiedene E-Mail-Clients auf verschiedenen Endgeräten unterstützen soll. Daher sind dem Nutzer auch verschiedene Anwendungsszenarien zu veranschaulichen. Diese Information ist notwendig, um einerseits einen transparenten Datenumgang zu vermitteln und andererseits um die notwendige Akzeptanz der Infrastruktur als Instrument des Selbstdatenschutzes zu erreichen.

Der Nutzer soll neben den Funktionalitäten der Technik selbst auch über das Technologieumfeld aufgeklärt werden. Das betrifft im Besonderen bereits bestehende Technologien und Infrastrukturen, die im Rahmen der Technik zum Einsatz kommen, um den Schlüsselaustausch möglichst vertraulich zu gestalten.[70] Das sollte indes nur rudimentär und gegebenenfalls auf einer abstrakten Ebene erfolgen, um den Nutzer nicht unnötig zu überfordern. Im Ergebnis sollte jedoch erreicht werden, dass der Nutzer in der Lage ist, die Technik auch in einem erweiterten Rahmen einzurichten, um seine dem System anvertrauten Daten bestmöglich schützen zu können. Die Informationen über die Funktionsweise der Lösungsinfrastruktur, den Zweck der Verarbeitung von personenbezogenen Daten sowie die verantwortlichen Akteure sollten dem Nutzer auf Wunsch jederzeit zur Verfügung stehen und nicht auf einen statischen Zeitraum (etwa nur während der Installation) beschränkt sein. Im Falle von Änderungen der Funktionsweise der Technik (bspw. bei Updates oder Fehlfunktionen) ist der Nutzer auch hierüber entsprechend zu unterrichten, sodass er gegebenenfalls die Einstellungen seinen (Schutz-)Bedürfnissen gemäß anpassen kann.

[70] Bspw. bereits mit der Anwendung installierte Sicherheitsanker wie einen DNS-Root-Schlüssel oder andere, optional hinzufügbare Schlüssel wie einen DNSSEC-Schlüssel des E-Mail-Providers.

9.18 Interoperabilität der Komponenten (Z18)

Das Ziel der „Interoperabilität“ lässt sich aus den Kriterien Benutzbarkeit (K1), Vertrauenswürdigkeit (K3) und Zweckbindung (K6) ableiten. Um eine weite Verbreitung und effiziente Anwendung der Technik zu gewährleisten, sollten möglichst standardisierte Protokolle und Schnittstellen verwendet werden. Ziel ist es, dass sich die Technologie, die auf bereits bestehende Kommunikationstechnologien aufsetzt, nahtlos in diese integrieren lässt.

Die Integration in die Vielzahl der sich auf dem Markt befindlichen E-Mail-Dienste stellt eine besondere Herausforderung an das Server- oder Client-Plugin als Einzelkomponente dar. Hierzu zählt auch gerade die geräteübergreifende und die damit verbundene mobile Verwendung von E-Mail-Clients (sein dies nun Webmail-Clients oder deren Erweiterungen).[71] Um die Interoperabilität zu einer möglichst großen Anzahl an (gängigen) E-Mail-Clients und Verschlüsselungskomponenten – die im Hintergrund von Mail-Clients das Ver- und Entschlüsseln unterstützen – zu gewährleisten, bietet es sich an, bei der Konzeption der Komponenten weit verbreitete Standards zugrunde zu legen. „Je breiter ein Standard in der Praxis Anwendung findet, desto größer ist der Markt für Anbieter und Kunden entsprechender Infrastrukturkomponenten.“[72] Dieses Ziel könnte bei der Integration in nutzerseitige Systeme bspw. durch eine besondere Berücksichtigung der Programmierung der gängigen Verschlüsselungstools GNU Privacy Guard oder OX-Guard erreicht werden.[73]

Die Interoperabilität der Komponenten sollte für eine reibungslose Funktionsfähigkeit aber nicht nur das nutzernahe Front-End, sondern auch das serverseitige Back-End berücksichtigen. Für eine reibungslose Verwaltung von öffentlichen Schlüsseln und den Einzug der Technik in das Dienstleistungsportfolio des E-Mail-Providers müssen sich die Komponenten – speziell die serverseitigen Komponenten – in die bestehende Infrastruktur einfügen. Die Schlüsselverwaltung sollte demzufolge auf standardisierten Protokollen basieren, die eine Kommunikation zwischen den Mailservern, HKP-Servern und LDAP-Servern ermöglichen.

Neben der Basis, auf weit verbreitete Standards zurückzugreifen, spielt die Transparenz (K9) eine entscheidende Rolle für die Interoperabilität. Transparenter

---

[71] *Esslinger/Schmidt/Strenge/Wacker*, DuD 2016, 283.

[72] *Thun/Dewenter*, in: Müller-Mielitz/Lux 2017, 670; s. zudem *Esslinger/Schmidt/Strenge/Wacker*, DuD 2016, 288.

[73] GNU Privacy Guard ist in verschiedenen Front-Ends von Mail-Clients eingebunden; der OX-Guard ist das Verschlüsselungsprogramm für den Open-Xchange WebMail-Client.

und mithin offener Quellcode ist einfacher im Rahmen neuer Programmierungen (E-Mail-Client-Erweiterungen) zu berücksichtigen und zu inkorporieren. Auch können so mögliche Fehlfunktionen effektiver gegenüber proprietärer Software beseitigt werden. Offener Quellcode beugt zudem einer möglichen Dekompilierung zu Zwecken der Interoperabilität vor, so wie sie § 69e UrhG vorsieht. Somit sollten die Standards, an denen sich die technische Lösung orientiert, einerseits Open-Source-basiert sein, andererseits aber auch der Quellcode der Technik selbst. Das scheint auch die Technik als Instrument des Selbstdatenschutzes hinreichend transparent zu machen und mithin zu legitimieren.

9.19 Performanzerhalt (Z19)

Dieses Ziel lässt sich aus den Kriterien Benutzbarkeit (K1), Vertrauenswürdigkeit (K3) und Zweckbindung (K6) ableiten. Als Instrument des Selbstdatenschutzes ist eine hohe Nutzerakzeptanz für das System essenziell. Diese kann aber nur flächendeckend erreicht werden, wenn die Komponenten der Lösungsarchitektur die Leistung der verbundenen oder genutzten Technik nicht negativ beeinflussen.[74]

In Form einer Erweiterung wird die Technik auf eine bereits bestehende E-Mail-Infrastruktur aufsetzen. In diesem Kontext sollte die Integration in bestehende Systeme deren Funktionalitäten nicht beeinträchtigen und die Technik selbst sollte hiernach erwartungsgemäß ausgeführt werden. Insoweit ergänzt dieses Ziel die Interoperabilität (Z18) durch einen effizienzorientierten Aspekt.

Das ursprüngliche Leistungsverhalten der Basistechnologie, ohne eingebundene Komponenten der zu gestaltenden Technik gilt als einzuhaltender Sollwert, der durch die Integration nicht verschlechtert werden soll. Auf Seite des Nutzers kann sich die Beeinträchtigung der Performanz in einer Verlangsamung der Systemoperationen äußern. Das ist etwa bereits beim Start des nutzerseitigen E-Mail-Clients möglich, bei dem das Client-Plugin den Prozess verlangsamen könnte. Auch während des alltäglichen Gebrauchs wäre eine Verschlechterung der Systemleistungsfähigkeit denkbar. So etwa bei der Eingabe der E-Mail-Adresse in das Empfängerfeld des E-Mail-Clients, wenn das Client-Plugin tätig werden könnte (siehe Z15). Um die Systemperformanz zu erhalten, sollte das System auf dem nutzerseitigen Endgerät daher so wenig Rechenleistung wie möglich beanspruchen. Eine negative Auswirkung auf die Performanz der nutzerseitigen Systeme stellt aber auch die Bedienbarkeit der einzelnen Komponenten

[74] S. *Johannes/Roßnagel* 2016, 24.

durch den Nutzer dar. Es sollte demnach vermieden werden, dass die graphische Ausgestaltung des Client-Plugins den Nutzer überfordert. In diesem Punkt tritt also die einfache Handhabung (Z15) des Systems in eine enge Wechselwirkung mit dem Ziel des Performanzerhalts. Letzteres ist jedoch insoweit spezieller, als dass die graphischen Komponenten des Systems die gewohnte Handhabung des E-Mail-Clients nicht erschweren sollen. Die Bedienelemente der Technik könnten demnach bspw. über Dropdown-Menüs (im Falle von nutzerseitigen E-Mail-Clients) angesteuert werden oder zumindest nicht die gewohnte Interfaceaufteilung (bei serverseitigen E-Mail-Clients) verkomplizieren.

Neben der nutzerseitigen Perspektive ist der Performanzerhalt auch bei den infrastrukturbetreibenden Akteuren zu wahren. Die serverseitige Integration soll die übrigen Funktionen – insbesondere den E-Mail-Versand – nicht beeinträchtigen. Das soll auch bei hohen Suchanfragevolumina nach öffentlichen Schlüsseln über die zu gestaltende Infrastruktur gewährleistet werden können.[75] Des Weiteren sollte sich im Rahmen der technischen Lösung neu anzuschaffende Hardware ohne Leistungseinbußen in die bestehenden Komponenten einfügen. Zu denken wäre hier bspw. an LDAP- und HKP-Server, die im Falle einer Verortung des Verzeichnisdienstes beim E-Mail-Provider angeschafft werden müssten.

9.20 Ausschluss der Verwaltung privater Schlüssel (Z20)

Das Ziel „Ausschluss der Verwaltung privater Schlüssel“ knüpft an die bereits auf Anforderungsebene und bei den technisch-organisatorischen Gestaltungsprämissen vollzogene Klarstellung an, dass die zu gestaltende Technik das Management öffentlicher Schlüssel zum Gegenstand hat und die Betrachtung privater Schlüssel nicht Gegenstand dieser Technikgestaltung sein soll.[76] Trotzdem steht dieses Ziel nicht losgelöst von den Kriterien da. Das Ziel lässt sich vom Kriterium der Vertrauenswürdigkeit (K3), der Daten- und Systemsicherheit (K4) und letztlich der Datenminimierung (K5) ableiten.

---

[75] Insofern ist der Performanzerhalt als Form der IT-Agilität zu verstehen. Hierzu weiterführend *Nissen/Mladin*, HMD 2009, Vol. 269, 42.

[76] S. hierzu bereits Kapitel 3.

Die Verwaltung privater Schlüssel durch die systemseitigen Akteure in Form eines Key Escrow birgt das reelle Risiko des Untergrabens einer wirksamen Ende-zu-Ende-verschlüsselten Kommunikation.[77] Das damit einhergehende Risiko des Verlusts der Kontrolle und Vertraulichkeit mag für den Ansatz einer opportunistischen Verschlüsselung (i. S. e. schlechten Verschlüsselung ist besser als keine Verschlüsselung) tragbar erscheinen, für den mit dieser Technikgestaltung verfolgten Fokus auf die Verteilung öffentlicher Schlüssel ist das Risiko indes nicht nötig und wird als kontraproduktiv im Hinblick auf die Vertrauenswürdigkeit der Technik eingestuft. Für maximale Sicherheit sollten private Schlüssel ausschließlich vom Nutzer verwaltet werden.

Konsequenterweise muss das serverseitige und das clientseitige Plugin derart gestaltet sein, dass der Upload privater Schlüssel auf die Server der E-Mail-Provider nicht möglich ist. Es ist entsprechend dafür zu sorgen, dass das Schlüsselmaterial dahingehend geprüft wird, ob es sich um einen öffentlichen Schlüssel in einem unterstützten Format handelt. Darüber hinaus sollen die nutzerseitigen Plugins zudem private Schlüssel erkennen können, da die Technik ansonsten nur das Scheitern des Uploads mit einer Fehlermeldung aufgrund eines nicht unterstützten Schlüsselformats abbricht.

Vor dem Hintergrund einer möglichst benutzbaren und transparenten Technikgestaltung sollte der Nutzer mittels Dialogen über die entsprechenden Sicherheitsbedenken einer Fremdverwaltung privater Schlüssel informiert werden. Zudem sollten die Plugins – für den Fall, dass ein privater Schlüssel für einen intendierten Upload identifiziert wurde – ebenfalls eine entsprechende Nutzerinteraktion vorsehen, in der der Nutzer über die Gründe für den fehlgeschlagenen Upload und die dahinterstehende Motivation der nutzerseitigen Verwaltung privater Schlüssel informiert wird. Es bietet sich zudem an, in diesem Rahmen auf einen Leitfaden zu verweisen, der dem Nutzer einen sicheren Umgang mit dem privaten Schlüssel ermöglichen kann.

9.21 Verwendung von Vertrauensdiensten (Z21)

Das Ziel der „Verwendung von Vertrauensdiensten“ fördert das Kriterium der Vertrauenswürdigkeit (K3) und der Daten- und Systemsicherheit (K4) der Technik und soll die Integrität und Authentizität des auf die Serverinfrastruktur hochgeladenen und letztlich durch die Technik verteilten Schlüsselmaterials stärken. Das

[77] *Straub/Baust/Mitzel*, in: Paulsen 2015, B-10 sehen bei der anbieterseitigen Verwaltung privater Schlüssel keine echte Ende-zu-Ende-Verschlüsselung gegeben.

Ziel, das die Verwendung von Vertrauensdiensten i. S. d. eIDAS-VO beinhaltet, hat zwei Ausrichtungen. Zum einen können Vertrauensdienste auf der Serverinfrastruktur des E-Mail-Providers eingesetzt werden, zum anderen können sie nutzerseitige Verwendung finden.

Der Einsatz von Vertrauensdiensten der eIDAS-VO steht in Konkurrenz zu dem Ziel der Authentizität von Verschlüsselungsschlüsseln (Z11). Beide Ziele haben gemein, die Authentizität der öffentlichen Schlüssel zu gewährleisten. Dabei ist der aufgezeigte Weg des Ziels der Authentizität von Verschlüsselungsschlüsseln (Z11) ein technischer Ansatz, der vergleichsweise kosten- und aufwandsarm realisiert werden kann. Demgegenüber ist der Einsatz von Vertrauensdiensten der eIDAS-VO zwar kostenaufwändig, bietet aber rechtliche Verbindlichkeit, die mit dem konkurrierenden technischen Ziel nicht erreicht werden kann.[78] Die Verwendung von Vertrauensdiensten kann daher fakultativ in einem vom Nutzer explizit angeforderten Modul erfolgen, das nicht als standardisierte, nutzerseitige Funktion vorgesehen ist. Der Einsatz von elektronischen Signaturen, die bei dem Upload auf dem clientseitigen Plugin oder als hinzubuchbare Funktion im serverseitigen Plugin des Webmailers zur Verfügung steht, wäre etwa für Geheimnisträger eine Option, die eine erhöhte Nachweisbarkeit und Beweissicherheit im Rahmen des Uploads ihrer öffentlichen Schlüssel erzielen wollen.

9.22 Zusammenfassung

Durch die Überführung der Kriterien in Gestaltungsziele vollzieht sich ein Perspektivenwechsel vom Recht hin zur Technik. Der Schlüssel für einen datenschutzkonformen Technikeinsatz liegt dabei im Zusammenspiel aller technischen Gestaltungsziele. Die datenschutzrechtlichen Kriterien gehen zusammen mit den flankierenden Kriterien der Benutzbarkeit und Vertrauenswürdigkeit in dem Katalog der Ziele auf. Exemplarisch stellt das Ziel der Authentizität des Schlüsselmaterials (Z11) ein Derivat der Vertrauenswürdigkeit (K1), Benutzbarkeit (K2), Barrierefreiheit (K3) sowie der Datenrichtigkeit (K8) und Daten- und Systemsicherheit (K4) dar und verwirklicht demnach gleich mehrere Teilgehalte der rechtlichen Kriterien.

[78] Den Kostenfaktor auch im Rahmen die Gestaltung IT-forensischer Systeme feststellend *Marschall* 2019, 408.

Zudem greifen verschiedene technische Ziele ineinander – wie Verweise auf andere Ziele entsprechend verdeutlichen – und sollten daher nicht losgelöst voneinander betrachtet werden. Bspw. vermag das Ziel der unreplizierten Verzeichnisstruktur (Z6) einen positiven Effekt auf die Löschmöglichkeit der öffentlichen Schlüssel (Z16) zu erwirken. Allerdings wird ebenso deutlich, dass auch auf Ebene der Gestaltungsziele (technische) Konflikte resultieren können, die im Rahmen der Formulierung der Gestaltungsziele aufzulösen sind. Bspw. kann das Ziel der unreplizierten Verzeichnisstruktur (Z6) nachteilig für die Robustheit (Z2) und Skalierbarkeit (Z5) des Systems sein. Die Gestaltungsziele sind daher nicht absolut in ihrem individuellen Anspruch, sondern technisch ausgewogen i. S. d. rechtlichen Kriterien zu interpretieren.

In der Abbildung 9.1 veranschaulichen die ausgegrauten Kästchen die Zuordnung der Kriterien (vertikale Achse) zu den technischen Gestaltungszielen (horizontale Achse).

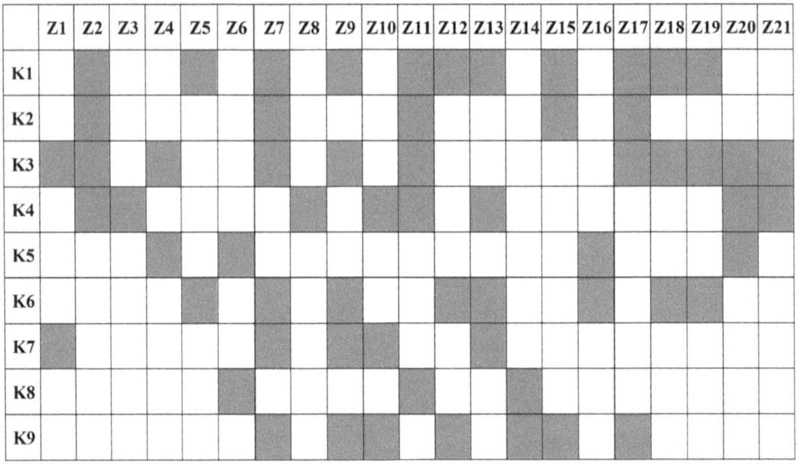

Abbildung 9.1 Ableitung technischer Ziele aus rechtlichen Kriterien

10 Technische Gestaltungsvorschläge

Die letzte Konkretisierungsstufe der Methode KORA bilden die technischen Gestaltungsvorschläge. Komplexe Merkmale einer Technik werden dabei auf die in ihnen enthaltenen Grundfunktionen hin analysiert, um durch geeignete Kombination der relevanten Gestaltungsziele technische Gestaltungsvorschläge abzuleiten. Technische Gestaltungsvorschläge sind damit eine Sammlung konkreter Maßnahmen und ihrer gegebenenfalls existierenden Alternativvorschläge, die aus Sicht der rechtlichen Vorgaben realisiert werden sollten. Sie müssen dabei in der Sprache der Technik formuliert werden, um unmittelbar umsetzbar zu sein. Bei dem folgenden Katalog technischer Gestaltungsvorschläge handelt es sich um eine exemplarische und mithin nicht abschließende Auswahl an Vorschlägen, die den zuvor diskutierten technischen Gestaltungszielen entstammen. Vor dem Hintergrund, dass es sich vorliegend um eine juristische Arbeit handelt, hat die nachfolgende (Teil-)Übersicht eine rein demonstrative/veranschaulichende Funktion. Eine Formulierung konkreter Gestaltungsvorschläge, mit ausreichendem Technikbezug für eine Technikgestaltung, kann deshalb hier nicht vorgenommen werden. Es obliegt daher technischen Disziplinen, der letzten Konkretisierungsstufe einen höheren technischen Detailgrad zu verleihen.[1] Abbildung 10.1 skizziert mögliche Gestaltungsvorschläge, die aus den Gestaltungszielen abgeleitet werden können.

[1] Bei den nachfolgenden Gestaltungsvorschlägen handelt es sich um gemeinsam mit den Projektpartnern des Projekts VVV entwickelte technische Spezifikationen.

S. Blazy, *Rechtsverträgliche Gestaltung von Ende-zu-Ende-Verschlüsselung zur Förderung des Selbstdatenschutzes*, DuD-Fachbeiträge,
https://doi.org/10.1007/978-3-658-51256-9_10

Gestaltungsvorschläge	
G1	Um eine Replikation von PGP-Schlüsseln zu vermeiden, sind private HKP-Server mit Service Resource Records (SRV-RRs) zu verwenden (erweitertes HKP).
G2	Die Übertragungen von SVR-RRs sind mit TLS abzusichern.
G3	Die Technik sichert das TLS-Zertifikat zur HTTPS-gesicherten Übertragung der SRV-RRs vom DNS-Server zusätzlich mittels DNSSEC/DANE ab.
G4	Die Technik sichert das TLS-Zertifikat zur HTTPS-gesicherten Übertragung der PGP-Schlüssel vom HKP-Server mittels DNSSEC/DANE ab.
G5	PGP-Schlüssel, die mehrere User-IDs enthalten, werden entsprechend beschnitten.
G6	Die Technik verwendet LDAP-Server zum Abrufen von Zertifikaten.
G7	Die Technik sichert das TLS-Zertifikat zur Kommunikation mit dem LDAP-Server mittels DNSSEC/DANE ab.
G8	Implementation einer TTL (Time to Live) für alle beteiligten Kommunikationsprozesse.
G9	Unmöglichkeit von Wildcard-/Massenabfragen: Das Auslesen aller auf dem Server veröffentlichten Zertifikats- und Nutzerdaten darf nicht möglich sein.
G10	Attribution auf E-Mail-Adresse: Die Suche nach einem Schlüssel soll ausschließlich mit Angabe einer vollständigen Mail-Adresse möglich sein.
G11	Verwaltung der HKP- und LDAP-Server durch den Provider.
G12	Challenge-Response-basierte Authentifizierung des öffentlichen Schlüssels.
G13	Das Client-Plugin vermittelt zwischen dem Mail-Client (Thunderbird) mit der zugehörigen Kryptokomponente GnuPG und dem Server-Plugin zum Veröffentlichen und Löschen von veröffentlichten PGP- und S/MIME-Schlüsseln durch den Nutzer.
G14	Bei der Installation des Client-Plugins für PGP und S/MIME werden die öffentlich verfügbaren Schlüssel der DNS-Root-Zone vorinstalliert, um anschließend dem Plugin in der Anwendung als Sicherheitsanker für die Verifikation der DNSSEC-Signaturen der SRV-RRs und TLSA-RRs zur Verfügung zu stehen.
G15	Die Anwendung muss auf einen DNS-Resolver als DNSSEC- und DANE-Validator zurückgreifen können.

Abbildung 10.1 Gestaltungsvorschläge

G16	Das Server-Plugin stellt die Funktionen für den Webmail-Client zur Verfügung.
G17	Die Veröffentlichung des öffentlichen Schlüssels des Nutzers ist nicht optional, sondern wird in jedem Fall durchgeführt, um die Benutzungsfreundlichkeit der Lösung zu erhöhen.
G18	Pro Verschlüsselungsverfahren (S/MIME, PGP) wird maximal genau ein aktiver Schlüssel angezeigt.
G19	Die Technik greift auf die Zonen und zugehörige Informationen in Form von „Resource Records“ (RR) zu, die durch DNS-Server öffentlich zur Verfügung gestellt werden.
G20	Für die Technik werden „Service Resource Records“ (SRV-RRs) gemäß RFC 6335 benötigt, um innerhalb der Lösungsinfrastruktur die notwendigen Informationen zu den HKP-Servern und LDAP-Servern zur Verfügung zu stellen.
G21	Die veröffentlichten Schlüssel werden über das TCP-Protokoll angeboten.
G22	SRV-RRs sollen Namenskollisionen im selben Namensraum vermeiden.
G23	Die Veröffentlichung der SRV-RRs erfolgt unter der entsprechenden Mail-Domain des Providers.
G24	Die Technik soll kompatibel zu gängigen Mail-Clients und Webmail-Clients sein.
G25	Der Nutzer soll auf ein Tutorial für Einrichtung und Benutzung sowie Deinstallation der Technik zurückgreifen können.
G26	Informations-/Statusfenster sollen den Nutzer über jeden Vorgang, der eine Entscheidung vom Nutzer verlangt, hinweisen. Das kann etwa bei Nichtauffinden eines Schlüssels der Fall sein.
G27	Die Technik muss die Installation und den Alltagsgebrauch in einer einfachen Sprache ermöglichen.
G28	Das Client-Plugin muss sich in das gewohnte Client-Interface eingliedern.
G29	Es soll eine abgestufte Menünavigation ermöglicht werden, die eine tiefergehende Konfiguration der Funktionen erlaubt.
G30	Der Quellcode der technischen Anwendungen sollte für jedermann einsehbar sein.

Abbildung 10.1 (Fortsetzung)

11 Zusammenfassung und Schlussbetrachtung

Die Zielsetzung dieser Arbeit bestand in der Entwicklung eines Systems zur Verteilung öffentlicher Schlüssel für die gängigen Verschlüsselungsverfahren PGP und S/MIME. Die beiden Verfahren sind nicht miteinander kompatibel und basieren auf unterschiedlichen Vertrauensmodellen. Als Public-Key-Verfahren ist ihnen jedoch gemein, dass öffentliche Schlüssel den avisierten Kommunikationspartnern zugänglich gemacht werden müssen, um verschlüsselt zu kommunizieren. Die derzeit gängigen Methoden zum Schlüsselaustausch sind zumeist nur auf ein Verschlüsselungsverfahren begrenzt anwendbar und nicht ausreichend benutzerfreundlich. Zudem wird der Frage, ob der Nutzer einem öffentlichen Schlüssel auch vertrauen kann, nicht zufriedenstellend in allen derzeit praktizierten Methoden Rechnung getragen.

Die Verteilung von öffentlichen Schlüsseln wurde in der Vergangenheit ausschließlich auf technischer Ebene diskutiert. Im Rahmen der Methode KORA wurde das Problemfeld nun erstmalig aus einer rechtlichen Perspektive analysiert. (Datenschutz-)Rechtliche Vorgaben konnten so erstmalig und bereits während des schrittweisen Entwicklungsprozesses berücksichtigt werden. Das hat auf rechtlich-abstrakter Ebene die Weichen für konkrete technische Eigenschaften des Systems gestellt.

Eine zentrale Frage, die sich im Zusammenhang der Entwicklung von Systemen zur Ende-zu-Ende-Verschlüsselung und mit ihr verbundenen Technologien stellt, ist die Vereinbarkeit mit staatlichen Aufklärungsinteressen zum Zwecke der Strafverfolgung und -verhinderung. Daher sind grundsätzlich auch Systeme zur Verwaltung kryptographischer Schlüssel in einen (grundrechts)schonenden Ausgleich zwischen den Polen der individuellen Freiheit und Sicherheit zu bringen. Die Voraussetzung dafür, dass staatliche Aufklärungsinteressen im Rahmen der

S. Blazy, *Rechtsverträgliche Gestaltung von Ende-zu-Ende-Verschlüsselung zur Förderung des Selbstdatenschutzes*, DuD-Fachbeiträge,
https://doi.org/10.1007/978-3-658-51256-9_11

Technikgestaltung berücksichtigt werden, erfordert jedoch das Vorliegen eines konkreten Risikos, das aus der Technologie erwachsen kann. Hierfür müsste die Technik unmittelbaren Einfluss auf das Ver- und Entschlüsseln der Kommunikationsinhalte haben. Das wäre etwa der Fall, wenn für ein Höchstmaß an Laientauglichkeit auch die automatisierte Verwaltung der privaten Schlüssel der Nutzer Gegenstand der Technikgestaltung gewesen wäre. Ein solcher Ansatz – etwa mittels sog. opportunistischer Verschlüsselung, die Kommunikationsinhalte selbstständig ver- und entschlüsselt, sofern es die technischen Rahmenbedingungen zulassen – wurde jedoch auf der Ebene der rechtlichen Anforderungen ausgeschlossen und erfüllte somit eine der gesetzten Gestaltungsprämissen. Das führte dazu, dass staatliche Aufklärungsinteressen durch den absehbaren Funktionsumfang nicht konterkariert werden. Folglich stellen Aspekte der Gefahrenabwehr und Strafverfolgung keine Anforderung i. S. d. rechtsverträglichen Technikgestaltung dar. Diese Erkenntnis lässt sich auch auf bereits bestehende Systeme zur Schlüsselverteilung übertragen, die lediglich die Verteilung öffentlicher Schlüssel umfassen.

Verschlüsselungsverfahren und mit ihnen verbundene Technologien stellen Instrumente des Selbstdatenschutzes der Nutzer dar. Vor diesem Hintergrund ist die Benutzbarkeit i. S. e. Werkzeugeignung der Technik essenziell, um von den Schutzwirkungen der Ende-zu-Ende-Verschlüsselung profitieren zu können. Die Benutzbarkeit wird vom Recht hingegen vorausgesetzt und ist – speziell vor dem Hintergrund datenschutzrechtlicher Normen – nicht Gegenstand konkreter regulatorischer Vorgaben. In diesem Kontext vermochte die Arbeit eine aus dem Recht abgeleitete Benutzbarkeitsanforderung zu formulieren, die als Katalysator die Verwirklichungsbedingungen der datenschutzrechtlichen Kriterien fördert. An diesem Beispiel zeigt sich, dass eine Orientierung an rechtlichen Normen nicht an die Eröffnung eines Anwendungsbereichs geknüpft werden muss, um im Rahmen der rechtsverträglichen Technikgestaltung Wirkung zu entfalten. Anknüpfungspunkte sind im Rahmen der gewählten Methode die grundrechtlichen Vorgaben. Sie gilt es im Rahmen fortschreitender Konkretisierung bestmöglich zu verwirklichen. Daher ist es möglich, auch implizite Gestaltungsaufträge des Rechts abzuleiten, wenn sie geeignet sind, die grundrechtlichen Verwirklichungsbedingungen zu fördern und entsprechende Risiken abzumildern. Diesem Duktus folgend, konnten auch Elemente aus dem Entwurf der ePrivacy-VO Eingang in die rechtlichen Kriterien finden. Zum Zeitpunkt dieser Technikgestaltung konnte freilich noch nicht abgesehen werden, ob die als einschlägig identifizierten Normen des Verordnungsentwurfs in dieser oder einer abgewandelten Form letztlich auch geltendes Recht werden. Daher nahmen sie im Rahmen der Technikgestaltung nicht den gleichen Rang ein wie geltende Rechtsnormen. Im Ergebnis soll es durch das Antizipieren des Verordnungsentwurfs ermöglicht werden, sich bestmöglich auf eine veränderte Rechtslage einstellen zu können und eine eventuelle Rechtswidrigkeit der Technik oder des mit ihr verbundenen Einsatzszenarios zu verhindern. Die im Rahmen des e-Privacy-VO-E diskutierten Normen für Verzeichnisse wurden in diesem Rahmen erstmalig für Verzeichnisse öffentlicher Verschlüsselungsschlüssel diskutiert.

Die datenschutzrechtlichen Kriterien orientieren sich im Wesentlichen an den Grundsätzen der Datenschutzgrundverordnung und sind den leistungserbringenden Akteuren bekannt. Allerdings ermöglichte es die Methode, dass die einzelnen Kriterien sich nicht grundsätzlich aus nur einem Gesetz speisen. Vielmehr sind die Kriterien das Ergebnis einzelner Teilgehalte verschiedener gesetzlicher Normen. So enthält bspw. die Anforderung der Vertrauenswürdigkeit (K3) Elemente aus dem Datenschutzrecht und dem Recht der Vertrauensdienste. Das Nebeneinander von datenschutzrechtlichen Kriterien und solchen der Benutzbarkeit und Vertrauenswürdigkeit ist ein Alleinstellungsmerkmal dieser Arbeit. Zudem konnte gezeigt werden, dass die Orientierung an datenschutzrechtlichen Grundsätzen der Technik und den zugrundeliegenden und bereits bestehenden Infrastrukturen nicht entgegensteht. Im Gegenteil münden die rechtlichen Kriterien in technische Ziele, die sich zum Teil an bereits bestehenden Technologien orientieren. Auf diese Weise ist das Produkt der Technikgestaltung keine vollkommen neue Technik, die mit den sonst üblichen Nachteilen einhergeht, wie bspw. einer fehlenden Praxiserprobung und fraglichen Kompatibilität zu angrenzenden Technologien und Verfahren. Eine Orientierung an bereits bekannten (Teil-)Technologien soll die letztendliche Realisierbarkeit der Technik erhöhen.

Zudem wurde im Rahmen der rechtlichen Kriterien der Effizienzgedanke mitberücksichtigt. So wird bspw. der Einsatz von Vertrauensdiensten nicht obligatorisch vorgesehen, sondern als eine optionale Alternative. Des Weiteren wurde darauf geachtet, dass die zu gestaltende Technik möglichst ohne Interferenzen in das Angebotsportfolio der E-Mail-Provider Einzug halten kann. Nur auf diese Weise kann ein möglichst flächendeckender Einsatz der Technik erreicht werden, der wiederum entscheidend für den Erfolg der Technik ist. Die Effizienz ist – ähnlich wie die Benutzbarkeit – kein explizit dem Recht zu entnehmender Faktor. Jedoch ermöglicht erst sie, die Bedürfnisse – in Gestalt der grundrechtlichen Vorgaben – der Nutzer und der E-Mail-Provider in einen angemessenen Ausgleich miteinander zu bringen.

Effizienz und die eng mit ihr verbundene Benutzbarkeit sind jedoch nicht die einzigen Faktoren, die kritisch für einen erfolgreichen und (grund)rechtsverträglichen Technikeinsatz sind. Vor dem Hintergrund von Ende-zu-Ende-Verschlüsselungstechnologien spielt Vertrauen in die zugrundeliegende

Technik eine zentrale Rolle. Misstrauen in die zur Verfügung stehenden Kommunikationsinfrastrukturen sind überhaupt erst der Grund, sich einer Ende-zu-Ende-Verschlüsselung zu bedienen. Vertrauen in die Technik ist demnach ebenso essenziell für den Erfolg wie die Benutzbarkeit. Vertrauen ist indes ein subjektives Empfinden, das von einer Vielzahl an individuellen Faktoren abhängig ist. Im Rahmen der Technikgestaltung konnten jedoch die objektiv bestimmbaren Einflussfaktoren, die sich aus der vertrauensbildenden Funktion des Rechts ergeben, gezielt genutzt werden. Vertrauen ist konstituierend zur Verwirklichung verschiedener grundrechtlicher Vorgaben und findet sich – neben dem expliziten Kriterium der Vertrauenswürdigkeit – in einer Vielzahl datenschutzrechtlicher Kriterien wieder. Im Rahmen dieser Arbeit wurden notwendige vertrauensbildende Faktoren gegenüber einer möglichst laientauglichen Konzeption der Technik abgewogen und in einen rechtsverträglichen Ausgleich miteinander gebracht. Es wäre bspw. eine Option gewesen, neben der Problematik der Verteilung öffentlicher Schlüssel auch die privaten Schlüssel der Nutzer durch das System zu verwalten und aktiv an dem Verschlüsselungsvorgang zu beteiligen. Eins solches Konzept wurde jedoch zugunsten einer erhöhten Vertraulichkeit der Technik nicht weiterverfolgt. Zudem wurden aus dem Recht abgeleitete Kriterien definiert, die im Rahmen des Technikeinsatzes die Vertrauenswürdigkeit der öffentlichen Schlüssel erhöhen. In der praktischen Handhabung der Verschlüsselungsverfahren PGP und S/MIME sehen sich die Nutzer häufig mit der Frage konfrontiert, ob der öffentliche Schlüssel auch wirklich von dem avisierten Kommunikationspartner stammt oder ob er noch aktuell ist. Diese Probleme konnten mittels der gewählten Gestaltungsmethode aus rechtlicher Sicht adressiert und in ein Konzept für eine technische Lösung überführt werden.

Ziel dieser Arbeit war es nicht, ein Verfahren zu entwickeln, das alle Probleme im Zusammenhang mit der Handhabung von Verschlüsselungsschlüsseln löst. Ziel war es, eine rechtsverträgliche Lösung für ein technisches Teilproblem der Ende-zu-Ende-Verschlüsselung von E-Mails zu entwickeln. Ein Erfolg des gestalteten Systems hängt von verschiedenen Rahmenbedingungen ab, die teils außerhalb des Einwirkungsbereichs einer rechtsverträglichen Technikgestaltung liegen und entweder nicht oder bestenfalls konzeptionell verändert werden können. So kommt es maßgeblich auf Nutzer und E-Mail-Provider an, die entwickelte Technik in der Praxis zum Erfolg zu führen. Allerdings konnte das Problem mit der gewählten Methode ganzheitlich gelöst werden und somit die Gefahr eines (auch nur in Teilen) rechtswidrigen Technikeinsatzes für alle Akteure vermieden werden.

Der Ansatz und die entwickelten rechtlichen Konkretisierungen sind daher geeignet, auch bei vergleichbaren Technologien zur Anwendung zu kommen und damit nicht auf das Anwendungsszenario der Verteilung von öffentlichen Schlüsseln begrenzt zu sein. Die prinzipielle Übertragbarkeit auf andere Technologien wird durch das gewählte Abstraktionsniveau der rechtlichen Konkretisierungsebenen und der technischen Ziele ermöglicht. Somit bietet diese Arbeit einen Mehrwert für das Feld der rechtsverträglichen Technikgestaltung im Allgemeinen. Letztlich ist auch das technologische Gestaltungsumfeld einem stetigen Wandel unterworfen. Die gewählten Technologien, die die rechtlichen Kriterien mit technischen Mitteln realisieren, stellen eine Momentaufnahme des derzeit technisch Abbildbaren dar. Eine zu starre Orientierung an konkreten technischen und organisatorischen Rahmenbedingungen hätte zu einer inflexiblen und wenig abstrahierungsfähigen Technikgestaltung geführt. Dementgegen können anhand der in dieser Arbeit vorgenommenen Konkretisierungsebenen auch künftige technologische Entwicklungen im Bereich der Schlüsselverteilung abgebildet werden. Wesentliche Faktoren ist auch hier eine Orientierung an den langlebigen sozialen Funktionen der grundrechtlichen Vorgaben und eine möglichst offene Detaillierung auf den technologienäheren Konkretisierungsebenen.

Literaturverzeichnis

Albrecht, Jan Philipp, Das neue EU-Datenschutzrecht – von der Richtlinie zur Verordnung, CR 2016, 88.

Apel, Simon/Huber, Christopher, Das neue Datenrecht der EU – Eine Übersicht, JuS 2024, 410.

Artikel-29-Datenschutzgruppe, Arbeitspapier – Datenschutzfragen im Zusammenhang mit der RFID-Technik, 10107/05/DE, WP 105 vom 19. Januar 2005, https://ec.europa.eu/justice/article-29/documentation/opinion-recommendation/files/2005/wp105_de.pdf (zitiert: Art.-29-Gruppe, WP 105).

Artikel-29-Datenschutzgruppe, Leitlinien zum Recht auf Datenübertragbarkeit, 16/DE, WP 242 rev.01 vom 5. April 2017, https://www.datenschutzkonferenz-online.de/media/wp/20170405_wp242_rev01.pdf (zitiert: Art.-29-Gruppe, WP 242).

Artikel-29-Datenschutzgruppe, Opinion 03/2013 on purpose limitation, 00569/13/EN WP 203 vom 2. April 2013, https://ec.europa.eu/justice/article-29/documentation/opinion-recommendation/files/2013/wp203_en.pdf (zitiert: Art.-29-Gruppe, WP 203).

Artikel-29-Datenschutzgruppe, Stellungnahme 3/2010 zum Grundsatz der Rechenschaftspflicht, 00062/10/DE, WP 173 vom 13. Juli 2010, https://datenschutz.hessen.de/sites/datenschutz.hessen.de/files/2022-11/wp173_de.pdf (zitiert: Art.-29-Gruppe, WP 173).

Artikel-29-Datenschutzgruppe, Stellungnahme 4/2007 zum Begriff „personenbezogene Daten", 01248/07/DE, WP 136 vom 20. Juli 2007, https://cnpd.public.lu/dam-assets/de/publications/groupe-art29/wp136_de.pdf (zitiert: Art.-29-Gruppe, WP 136).

Artikel-29-Datenschutzgruppe, Stellungnahme 5/2014 zu Anonymisierungstechniken, 0829/14/DE, WP 216 vom 10. April 2014, https://ec.europa.eu/justice/article-29/documentation/opinion-recommendation/files/2014/wp216_de.pdf (zitiert: Art.-29-Gruppe, WP 216).

Assion, Simon (Hrsg.), TTDSG – Telekommunikation-Telemedien-Datenschutz-Gesetz – Handkommentar, Baden-Baden 2022 (zitiert: *Autor*, in: Assion 2022).

Auer-Reinsdorff, Astrid/Conrad, Isabell (Hrsg.), Handbuch IT- und Datenschutzrecht, 3. Aufl., München 2019 (zitiert: *Autor*, in: Auer-Reinsdorff/Conrad 2019).

Baader, Johann/Ronellenfitsch, Michael (Hrsg.), BeckOK VwVfG, 66. Edition, München 2025 (zitier: *Autor*, in: BeckOK VwVfG 2025).

S. Blazy, *Rechtsverträgliche Gestaltung von Ende-zu-Ende-Verschlüsselung zur Förderung des Selbstdatenschutzes*, DuD-Fachbeiträge,
https://doi.org/10.1007/978-3-658-51256-9

Barrein, Anton/Fuhlrott, Michael, Erfüllungsfrist und Schadensersatz bei datenschutzrechtlichen Auskunftsersuchen, NZA 2024, 443.

Battis, Ulrich (Hrsg.), Bundesbeamtengesetz, 6. Aufl., München 2022 (zitiert: *Autor*, in: Battis 2022).

Baumgartner, Ulrich/Gausling, Tina, Datenschutz durch Technikgestaltung und datenschutzfreundliche Voreinstellungen – Was Unternehmen jetzt nach der DS-GVO beachten müssen, ZD 2017, 308.

Baumgartner, Ulrich/Brunnbauer, Jonas H./Cross, Samuel, Anforderungen der DS-GVO an den Einsatz von Künstlicher Intelligenz – Welche Regelungen gelten für Anbieter und Anwender?, MMR 2023, 543.

Bäumler, Helmut, Normenklarheit als Instrument der Transparenz, Bäumler, JR 1984, 361.

Becker, Ulrich/Hatje, Armin/Schoo, Johann/Schwarze, Jürgen (Hrsg.), EU-Kommentar, 4. Aufl., Baden-Baden 2019 (zitiert: *Autor*, in: Schwarze).

Bedner, Mark, Cloud Computing – Technik, Sicherheit und rechtliche Gestaltung, Kassel 2013.

Bedner, Mark/Ackermann, Tobias, Schutzziele der IT-Sicherheit, DuD 2010, 323.

Beinke, Lukas/Daute, Ingvar, Der Fairnesstest des Data Act – Verdrängung der nationalen Klauselkontrolle?, RDi 2024, 69.

Bergt, Matthias, Die Bedeutung von Verhaltensregeln und Zertifizierungen nach der Datenschutz- Grundverordnung, DSRITB 2016, 483.

Bethke, Inga, Technische und rechtliche Besonderheiten der E-Mail-Kommunikation mit Mandant und FA, DStR 2019, 1228.

Betz, Joachim/Kübler, Hans-Dieter, Internet Governance – Wer regiert wie das Internet?, Wiesbaden 2013.

BfDI, Verhaltensregeln für Notare genehmigt, ZD-Aktuell 2022, 0115.

Bieker, Felix/Bremert, Benjamin, Identifizierung von Risiken für die Grundrechte von Individuen – Auslegung und Anwendung des Risikobegriffs der DS-GVO, ZD 2020, 7.

Billing, Tom/Bremenkamp, Fernanda, Barrierefreiheit im E-Commerce – Was müssen Betreiber eines Online-Shops zukünftig für ihren Webauftritt beachten?ZVertriebsR 2025, 9.

Bizer, Johann, Kryptokontroverse – Teilnehmerautonome Verschlüsselung und Innere Sicherheit, in: Kubicek Kubicek/Klumpp/Muller/Neumann/Raubold/Roßnagel (Hrsg.), Jahrbuch Telekommunikation und Gesellschaft 1995, Heidelberg 1995, 214.

Blazy, Stephan, Projekt Vertrauenswürdige Verteilung von Verschlüsselungsschlüsseln (VVV), ZD-Aktuell 2018, 06058.

Blazy, Stephan, Verantwortung für die Datenverarbeitung, in: Roßnagel, Alexander (Hrsg.), Das neue Datenschutzrecht – Europäische Datenschutz-Grundverordnung und deutsche Datenschutzgesetze, Baden-Baden 2018, § 5, Rn. 1.

Blazy, Stephan/Gonscherowski, Susan/Kunz, Thomas/Selzer, Annika/Waldmann Ulrich, Die vertrauenswürdige Verteilung von Verschlüsselungsschlüsseln als Hemmschuh der E-Mail-Verschlüsselung – Ein Lösungsansatz, BvD-News 3/2017, 71.

Blazy, Stephan/Gonscherowski, Susan/Selzer, Annika, Anforderungen des künftigen europäischen Datenschutzrechts an die vertrauenswürdige Verteilung von Verschlüsselungsschlüsseln, in: Eibl/Gaedke (Hrsg.), GI-Edition – Lecture Notes in Informatics – Informatik 2017, Chemnitz 2017, 751, https://informatik2017.de/files/2017/10/proceedings2.pdf (Stand 21.02.2025).

Bleich, Holger, Mitleser-Sperren – Alternative Dienste für komfortable und abhörsichere Mail-Kommunikation, c´t 13/2015, 138.

Bless, Roland/Mink, Stefan/Blaß, Erik-Oliver/Conrad, Michael/Hof, Hans-Joachim/Kutzner, Kendy/Schöller, Marcus, Sichere Netzwerkkommunikation, Heidelberg 2005.

Boehme-Neßler, Volker, Das Ende der Anonymität – Wie Big Data das Datenschutzrecht verändert, DuD 2016, 419.

Boehme-Neßler, Volker, Vertrauen im Internet – Die Rolle des Rechts, MMR 2009, 439.

Bomhard, David, Auswirkungen des Data Act auf die Geschäftsmodelle von Cloud-Anbietern, MMR 2024, 109.

Boos, Carina, Verbraucher- und Datenschutz bei Online-Versanddiensten – automatisierte Einschätzung der Vertrauenswürdigkeit durch ein Browser-Add-on, Kassel 2015.

Brandt, Philipp/Goffart, Pascal, Ist ein Auskunftsersuchen nach der DS-GVO „unverzüglich" oder binnen Monatsfrist zu erfüllen?, NZA 2024, 240.

Brauckmann, Jürgen, Datenschutzüberraschungen durch Authentisierung und Verschlüsselung, DuD 2015, 440.

Brauckmann, Jürgen, Zukunft der Web-PKI? – Wege aus der Vertrauenskrise, DuD 7/2014, 452.

Breuer, Marten, Staatshaftung für judikatives Unrecht, Tübingen 2011.

Britz, Gabriele, Vertraulichkeit und Integrität informationstechnischer Systeme, DÖV 2008, 411.

Brosch, Christopher/Sandkühler, Christoph, Das besondere elektronische Anwaltspostfach – Nutzungsobliegenheiten, Funktionen und Sicherheit, NJW 2015, 2760.

Brüggemann, Sebastian/Hötzel, Gerrit, Digitalisierung, in Kipker, Dennis-Kenji/Voskamp, Frederike (Hrsg.), Sozialdatenschutz in der Praxis, Baden-Baden 2021, Kapitel 4.

Brunhöber, Beatrice, Für ein Grundrecht auf ein faires Verfahren in der strafprozessualen Praxis, ZIS 2010, 761

Buchner, Benedikt, Datengetriebene Geschäftsmodelle rund um das vernetzte Auto, in: Roßnagel, Alexander/Hornung, Gerrit (Hrsg.), Grundrechtsschutz im Smart Car – Kommunikation, Sicherheit und Datenschutz im vernetzten Fahrzeug, Wiesbaden 2019, 59.

Buchner, Benedikt, Informationelle Selbstbestimmung im Privatrecht, Tübingen 2006.

Bundesamt für Sicherheit in der Informationstechnik, Hochverfügbarkeit, Band G, Kapitel 2: Definitionen, Bonn 2013, https://www.bsi.bund.de/SharedDocs/Downloads/DE/BSI/Hochverfuegbarkeit/BandG/G2_Definitionen.pdf?__blob=publicationFile&v=3 (zitiert: BSI 2013).

Bundesamt für Sicherheit in der Informationstechnik, IT-Grundschutz-Kompendium, Bonn 2023, https://www.bsi.bund.de/SharedDocs/Downloads/DE/BSI/Grundschutz/IT-GS-Kompendium/IT_Grundschutz_Kompendium_Edition2023.pdf?__blob=publicationFile&v=4#download=1 (zitiert: BSI 2023).

Bundesministerium der Justiz, Handbuch der Rechtsförmlichkeit, 4. Aufl., Köln 2024 (zitiert: BMJ 2024).

Calmes-Brunet, Sylvia, Rechtssicherheit und Vertrauensschutz im Verfassungsrecht – Ein Vergleich zwischen deutschem und französischem Recht, JuS 2014, 602.

Chibanguza, Kuuya/Kuß, Christian/Steege, Hans (Hrsg.), Künstliche Intelligenz, Baden-Baden 2022 (zitiert: *Autor*, in: Chibanguza/Kuß/Steege 2022).

Cornelius, Malte/Paal, Boris/Seeland, Tim, Ausgewählte Probleme des Data Act – insbesondere im Zusammenspiel mit der DS-GVO, RDV 1/2024, 5.

Culik, Nicolai/Döpke, Christian, Zweckbindungsgrundsatz gegen unkontrollierten Einsatz von Big Data-Anwendungen, ZD 2017, 226.

Dallmann, Michael/Busse, Philipp, Verarbeitung von öffentlich zugänglichen personenbezogenen Daten – Datenschutzrechtliche Voraussetzungen und Grenzen, ZD 2019, 394.

Dammann, Ulrich, Erfolge und Defizite der EU-Datenschutzgrundverordnung – Erwarteter Fortschritt, Schwächen und überraschende Innovationen, ZD 2016, 307.

Datenschutzbehörde, Anfechtung beim BVwG/VwGH/VfGH, Geschäftszahl 2023–0.544.853, Wien 2023, https://ris.bka.gv.at/Dokumente/Dsk/DSBT_20230801_2023_0_544_853_00/DSBT_20230801_2023_0_544_853_00.html (zitiert: Datenschutzbehörde, Geschäftszahl 2023–0.544.853).

Datenschutzkonferenz, Orientierungshilfe der Aufsichtsbehörden zur Verarbeitung von personenbezogenen Daten für Zwecke der Direktwerbung unter Geltung der Datenschutz-Grundverordnung (DS-GVO), Ansbach 2022, https://www.datenschutzkonferenz-online.de/media/oh/OH-Werbung_Februar%202022_final.pdf (zitiert: DSK 2022).

Dehmel, Susanne/Ossmann-Magiera, Lea Ludmilla/Weiss, Rebekka, Drittstaatentransfers nach Schrems II – Wie können Daten international übermittelt werden und gleichzeitig ein angemessenes Datenschutzniveau gewährleisten?, MMR 2023, 17.

Deinert, Olaf/Welti, Felix/Luik, Steffen/Brockmann, Judith (Hrsg.), StichwortKommentar Behindertenrecht, 3. Aufl., Baden-Baden 2022 (zitiert: *Autor*, in: StichwortKommentar Behindertenrecht 2022).

Delventhal, Marlene, Quick-Freeze-Verfahren statt Vorratsdatenspeicherung, ZD-Aktuell 2024, 01673.

Demant, Christian, Software Due Diligence – Softwareentwicklung als Asset bewertet, Berlin 2018.

Denninger, Erhard/Hoffmann-Riem, Wolfgang/Schneider, Hans P./Stein, Ekkehart, Reihe Alternativkommentare: Kommentar zum Grundgesetz für die Bundesrepublik Deutschland, 3. Aufl., Neuwied 2001 (zitiert: *Autor*, in: Alternativkommentar GG 2001).

Der Bundesbeauftragte für den Datenschutz und die Informationsfreiheit, Tätigkeitsbericht 2020 – 29. Tätigkeitsbericht für den Datenschutz und die Informationsfreiheit, Berlin 2020, https://www.bfdi.bund.de/SharedDocs/Downloads/DE/Taetigkeitsberichte/29TB_20.pdf?__blob=publicationFile&v=8 (zitiert: BfDI 2020).

Der Hamburgische Beauftragte für Datenschutz und Informationsfreiheit, Vermerk: Abdingbarkeit von TOMs (Art. 32 DSGVO), Hamburg 2022, https://datenschutz-hamburg.de/fileadmin/user_upload/HmbBfDI/Vermerke_und_Stellungnahmen/Vermerk-Abdingbar keit_TOMs.pdf (zitiert: HBdI 2022).

Deusch, Florian, Verschlüsselte Kommunikation im Unternehmensalltag: nice-to-have oder notwendige Compliance?, DSRITB 2014, 539.

Dietrich, Jan-Hendrik, Der Einsatz von Verschlüsselungstechniken zwischen Grundrechtsschutz und staatlicher Sicherheitsgewährleistung, GSZ 2021, 1.

Dix, Alexander, Gesetzliche Verschlüsselungsstandards – Möglichkeiten und Grenzen der Gesetzgebung, CR 1997, 38.

Dreier, Horst (Begr.)/Brosius-Gersdorf, Frauke (Hrsg.), Grundgesetz-Kommentar, Band 1, 4. Aufl., Tübingen 2023 (zitiert: *Autor*, in: Dreier 2023, Bd. 1).

Dreier, Horst (Begr.)/Brosius-Gersdorf, Frauke (Hrsg.), Grundgesetz-Kommentar, Band 2, 3. Aufl., Tübingen 2015 (zitiert: *Autor*, in: Dreier 2015, Bd. 2).

Eckel, Philipp/Rottmeier, Christian, „Liken als Haten": Strafverfolgung von Hatespeech in Sozialen Netzwerken, NStZ, 2021, 1.

Eckert, Claudia, IT-Sicherheit – Konzepte – Verfahren – Protokolle, 11. Aufl., Berlin 2023.

Edelhoff, Matthias/Schmeh, Klaus, PGP und S/MIME gemeinsam verarbeiten: Ein Praxisbericht, in: BSI (Hrsg.), Cyber-Sicherheit ist Chefinnen- und Chefsache! – Tagungsband zum 18. Deutschen IT-Sicherheitskongress, Norderstedt 2022 139.

EDSA, Guidelines 8/2020 on the targeting of social media users – Version 2.0, Brüssel 2021, https://www.edpb.europa.eu/system/files/2021-04/edpb_guidelines_082020_on_the_targeting_of_social_media_users_en.pdf (zitiert: EDSA 2021).

EDSA, Leitlinien 2/2019 für die Verarbeitung personenbezogener Daten gemäß Artikel 6 Absatz 1 Buchstabe b DSGVO im Zusammenhang mit der Erbringung von Online-Diensten für betroffene Personen – Version 2.0, Brüssel 2019, https://www.edpb.europa.eu/sites/default/files/files/file1/edpb_guidelines-art_6-1-b-adopted_after_public_consultation_de_0.pdf (zitiert: EDSA 2019).

Ehmann, Eugen/Selmayr, Martin (Hrsg.), Datenschutz-Grundverordnung: DS-GVO, 3. Aufl., München 2024 (zitiert: *Autor*, in: Eugen/Selmayr 2024).

Einwiller, Sabine, Vertrauen durch Reputation im elektronischen Handel, Wiesbaden 2013.

Eisenmenger, Florian, Durchführung von Transfer Impact Assessments am Beispiel der VR China – Können personenbezogene Daten noch datenschutzkonform nach China übermittelt werden?, ZD 2023, 204.

Endreß, Martin, Vertrauen und Vertrautheit, in: Hartmann, Martin/Offe, Claus (Hrsg.), Vertrauen – die Grundlage des sozialen Zusammenhalts, Frankfurt a.M. 2021, 162.

Engeler, Malte/Felber, Wolfram, Entwurf der ePrivacy-VO aus Perspektive der aufsichtsbehördlichen Praxis, ZD 2017, 251.

Enzmann, Matthias, Technisch-organisatorische Gestaltungsmöglichkeiten, in: Roßnagel, Alexander (Hrsg.), Datenschutz beim Online-Einkauf – Herausforderungen, Konzepte, Lösungen, Wiesbaden 2002, 73.

Enzmann, Matthias/Selzer, Annika/Volkamer, Melanie/Waldmann Ulrich, Keys4All – Herausforderungen von Schlüsselverzeichnissen für die E-Mail-Verschlüsselung, in: Eibl/Gaedke (Hrsg.), GI-Edition – Lecture Notes in Informatics – Informatik 2017, Chemnitz 2017, 735, https://informatik2017.de/files/2017/10/proceedings2.pdf (Stand 21.02.2025).

Epping, Volker/Hillgruber, Christian (Hrsg.), BeckOK Grundgesetz, 59. Ergänzungslieferung, München 2024 (zitiert: *Autor*, in: BeckOK GG 2024).

Ertel, Wolfgang/Löhmann, Ekkehard, Angewandte Kryptographie, 6. Aufl., München 2019.

Esslinger, Bernhard, Das CrypTool-Buch: Kryptografie lernen und anwenden mit CrypTool und SageMath, Köln 2025.

Esslinger, Bernhard, Sichere E-Mail mit S/MIME, DuD 2014, 305.

Esslinger, Bernhard/Schmidt, Ludger/Strenge, Benjamin/Wacker, Arno, Unpopuläre E-Mail-Verschlüsselung – Auflösung des Henne-Ei-Problems – Konzepte für anwenderfreundliche E-Mail-Sicherheit, DuD 2016, 283.

Etteldorf, Christina, EGMR: Vorratsdatenspeicherung und Backdoors in Messengern als Menschenrechtsverletzungen, MMR-Aktuell 2024, 01438.

Fehenberger, Tobias, Kryptoagilität: Ist die Zeit gekommen?, DuD 2024, 21.

Fikentscher, Wolfgang, Zur Generalklausel des § 242 BGB als Schlüssel des zivilrechtlichen Vertrauensschutzes: „Sonderverbindung“ oder „neue Sachnormen“? – Ein Beitrag zur Rechtsverhaltensforschung, in: Hof, Hagen/Kummer, Hans/Weingart, Peter/Maasen, Sabine (Hrsg.), Verhaltensgrundlage des Rechts – zum Beispiel Vertrauen, Baden-Baden 1994, 165.

Fischer/Kunz/Lorenz/Waldmann, Verfahren zur vertrauenswürdigen Verteilung von Verschlüsselungsschlüsseln, in: Eibl/Gaedke (Hrsg.), GI-Edition – Lecture Notes in Informatics – Informatik 2017, Chemnitz 2017, 737, https://informatik2017.de/files/2017/10/proceedings2.pdf (Stand 21.02.2025).

Fokken, Martin, Telekommunikationsrechtliche Pflichten des Arbeitgebers bei privater E-Mail-Nutzung der Mitarbeiter, NZA 2020, 629.

Folkerts, Elena, Gemeinsame Verantwortlichkeit: Grenzen der Aufteilung datenschutzrechtlicher Verpflichtungen, Anforderungen an die Gestaltung von Vereinbarungen zwischen gemeinsam Verantwortlichen, ZD 2022, 201.

Franke, Lucia, Digitale Barrierefreiheit von Produkten und Dienstleistungen, ZfPC 2024, 21.

Franzius, Claudio, Das Recht auf informationelle Selbstbestimmung, ZJS 2015, 259.

Freund, Matthias, Die Überbrückung des „Digital Divide" – Telekommunikations-Universaldienstkonzepte in Asien und Europa, MMR 2002, 666.

Friedrich, Lutz, Nachträglicher gerichtlicher Rechtsschutz gegen G 10-Maßnahmen – Beweislast im Spannungsfeld zwischen Sicherheit und Freiheit, GSZ 2025, 19.

Funk, Christian, Allgemeine Geschäftsbedingungen in Peer-to-Peer-Märkten, Karlsruhe 2010.

Galle, René/Dressel, Felix, Private Rechtsdurchsetzung des DMA, EuZW 2024, 107.

Gebhardt, Ulrich, Herabsetzung der Gegenleistung nach culpa in contrahendo, Berlin 2019.

Geminn, Christian Ludwig, Rechtsverträglicher Einsatz von Sicherheitsmaßnahmen im öffentlichen Verkehr, Wiesbaden 2014.

Generalanwalt beim EuGH, Datenschutzrecht: Verpflichtung zur Angabe der Anrede „Herr" oder „Frau", EuZW 2024, 810.

Geppert, Martin/Schütz, Raimund, Beck'scher TKG-Kommentar: Telekommunikationsgesetz, 4. Aufl., München 2013 (zitiert: *Autor*, in: Beck TKG 2023).

Geppert, Martin/Schütz, Raimund (Hrsg.), Beck'scher Kommentar zum TKG, 5. Aufl., München 2023 (zitiert: *Autor*, in: Geppert/Schütz 2023).

Gerber, Paul/Volkamer, Melanie/Gerber, Nina, Das Privacy-Paradoxon – Ein Erklärungsversuch und Handlungsempfehlungen, in: Deutscher Dialogmarketing Verband e.V. (Hrsg.), Dialogmarketing Perspektiven 2016/2017 – Tagungsband 11. wissenschaftlicher interdisziplinärer Kongress für Dialogmarketing, Wiesbaden 2017, 139.

Gerdemann, Simon/Spindler, Gerald, Das Gesetz über digitale Dienste (Digital Services Act) (Teil 1), GRUR 2023, 3.

Gerhards, Julia, (Grund-)Recht auf Verschlüsselung?, Baden-Baden 2010.

Gersdorf, Hubertus, Telekommunikationsrechtliche Einordnung von OTT-Diensten am Beispiel von Gmail, K&R, 2/2016, 91.

Gersdorf, Hubertus/Paal, Boris (Hrsg.), BeckOK Informations- und Medienrecht, 46. Edition, München 2024 (zitiert: *Autor*, in: Gersdorf/Paal 2024).

Gersdorf, Hubertus/Paal, Boris (Hrsg.), BeckOK Informations- und Medienrecht, 30. Edition, München 2019 (zitiert: *Autor*, in: Gersdorf/Paal 2019).

Gierschmann, Sybille, Gemeinsame Verantwortlichkeit in der Praxis – Systematische Vorgehensweise zur Bewertung und Festlegung, ZD 2020, 69.

Gitter, Rotraud, Softwareagenten im elektronischen Geschäftsverkehr – rechtliche Vorgaben und Gestaltungsvorschläge, Baden-Baden 2007.

Gliss, Hans, Verschlüsselte E-Mails bei deutschen „Providern" – „E-Mail-made-in-Germany" lässt Fragen offen, DSB 2014, 153.

Gola, Peter/Heckmann, Dirk (Hrsg.), Datenschutz-Grundverordnung – Bundesdatenschutzgesetz, 3. Aufl., München 2022 (zitiert: *Autor*, in: Gola/Heckmann 2022).

Götz, Matthias/Blöink, Sophie, Datenvertrag: Lösungsansatz für das Spannungsfeld zwischen Data Act und DS-GVO, MMR 2024, 451.

Grabenwarter, Christoph/Pabel, Katharina, Europäische Menschenrechtskonvention, 7. Aufl., München 2021.

Grigorjew, Olga, Beweiseignung fortgeschrittener elektronischer Signaturen, Kassel 2015.

Grosskopf, Lambert/Momsen, Carsten, Outsourcing bei Berufsgeheimnisträgern – strafrechtliche Verpflichtung zur Compliance?, CCZ 2018, 98.

Gruber, Jan/Brodowski, Dominik/Freiling, Felix, Die polizeiliche Aufgabe und Pflicht zur digitalen Gefahrenabwehr, GSZ 2022, 171.

Grünendahl, Ralf-T./Steinbacher, Andreas F./Will, Peter, Das IT-Gesetz: Compliance in der IT-Sicherheit – Leitfaden für ein Regelwerk zur IT-Sicherheit im Unternehmen, 3. Aufl., Wiesbaden 2017.

Grünwald, Andreas/Nüßing, Christoph, Kommunikation over the Top – Regulierung für Skype, WhatsApp oder Gmail?, MMR 2016, 91.

Gudermann, Anne, Online-Durchsuchung im Lichte des Verfassungsrechts, Hamburg 2010.

Gurlit, Elke, Verfassungsrechtliche Rahmenbedingungen des Datenschutzes, NJW 2010, 1035.

Hacker, Philipp, Daten als Gegenleistung: Rechtsgeschäfte im Spannungsfeld von DS-GVO und allgemeinem Vertragsrecht, ZfPW 2019, 148.

Hahn, Tobias/Herfert, Michael/Lange, Benjamin, Pro Privacy – Abschlussbericht des Fraunhofer SIT – Verbundprojekt ProPrivacy – Technische und rechtliche Untersuchung von Privatheit unterstützenden Technologien, Darmstadt 2015, https://www.sit.fraunhofer.de/fileadmin/dokumente/studien_und_technical_reports/Abschlussbericht-Pro-Privacy.pdf (Stand: 21.02.2025).

Hahn, Tobias/Johannes, Paul Christopher/Lange, Benjamin, Schutzschilde gegen die NSA – Wie Deutschland seine Bürger durch Anleitungen zur Selbsthilfe vor Internetspionage schützen muss, DuD 2015, 71.

Haidinger, Viktoria, Die Rechte auf Auskunft, Berichtigung, Löschung, Einschränkung, Datenübertragbarkeit und Widerspruch (Art. 15–21 DSGVO), in: Kyrim, Rainer (Hrsg.), Datenschutz-Grundverordnung DSGVO – Das neue Datenschutzrecht in Österreich und der EU, Wien 2016, 125.

Hammer, Volker/Pordesch, Ulrich/Roßnagel, Alexander, Betriebliche Telefon- und ISDN-Anlagen rechtsgemäß gestaltet, Kassel 1993.

Hammer, Volker/Pordesch, Ulrich/Roßnagel, Alexander, KORA – Eine Methode zur Konkretisierung rechtlicher Anforderungen zu technischen Gestaltungsvorschlägen für Informations- und Kommunikationssysteme, Infotech/I+G 1993, 21.

Han, Byung-Chul, Digitale Rationalität und das Ende des kommunikativen Handelns, Berlin 2013.

Hanloser, Stefan, Informationelle Selbstbestimmung und informationelle Eigenverantwortung – zwei Seiten einer Medaille, ZD 2023, 65.

Hanloser, Stefan, Schutz der Geräteintegrität durch § 25 TTDSG – Neue Cookie-Regeln ab dem 1.12.2021, ZD 2021, 399.

Härting, Nico, Datenschutz-Grundverordnung – Das neue Datenschutzrecht in der betrieblichen Praxis, Köln 2016.

Härting, Nico, Unverschlüsselte E-Mails im anwaltlichen Geschäftsverkehr – Ein Verstoß gegen die Verschwiegenheitspflicht?, MDR 2001, 61.

Härting, Nico, Zweckbindung und Zweckänderung im Datenschutzrecht, NJW 2015, 3284.

Heckmann, Dirk, Rechtspflichten zur Gewährleistung von IT-Sicherheit im Unternehmen – Maßstäbe für ein IT-Sicherheitsrecht, MMR 2006, 280.

Heidel, Thomas/Hüßtege, Rainer/Mansel, Heinz-Peter/Noack, Ulrich (Hrsg.), BGB Allgemeiner Teil / EGBGB, 4. Aufl., Baden-Baden 2021 (zitiert: Autor, in: Heidel/Hüßtege/Mansel/Noack 2021).

Heinlein, Peer, Das Postfix-Buch – sichere Mailserver mit Linux, 3. Aufl., München 2008.

Heinrich, Clemens, Pretty Good Privacy (PGP), in: Jajodia, Sushil/Samarati, Pierangela/Yung, Moti (Hrsg.), Encyclopedia of Cryptography, Security and Privacy, 3. Aufl., Basel 2025, 1863.

Heitmann, Marcus, IT-Sicherheit in vertikalen F&E-Kooperationen der Automobilindustrie, Wiesbaden 2007.

Hellmann, Roland, IT-Sicherheit – Methoden und Schutzmaßnahmen für Sichere Cybersysteme, Berlin 2023.

Hemker, Thomas, Kann das jeder? — Ja, eigentlich schon!, DuD 2010, 626.

Hennemann, Moritz, Das Recht auf Löschung gemäß Art. 17 Datenschutz-Grundverordnung PinG 2016, 176.

Hennemann, Moritz/Steinrötter, Björn, Der Data Act, NJW 2024, 1.

Henning-Schulz, Maria, Transparente Demokratie – Verfassungsverträglichkeit elektronischer Wahlgeräte, Baden-Baden 2016.

Herbers, Björn/Savary, Fiona/Gröf, Sophia Catharina, (K)ein Monopol der Kommission bei der Torwächter-Regulierung – Welche Rolle spielt der Digital Markets Act im deutschen Recht?, GRUR-Prax 2023, 185

Herfert, Michael/Selzer, Annika/Waldmann, Ullrich, Selbstdatenschutz in Zeiten massenhafter E-Mail-Überwachungen. BvD-News 1/2016, 57.

Herfert, Michael/Selzer, Annika/Waldmann, Ulrich, Laientaugliche Schlüsselgenerierung für die Ende-zu-Ende-Verschlüsselung, DuD 2016, 290.

Herfert, Michael/Waidner, Michael, Privatsphärenschutz und Vertraulichkeit im Internet – Trend- und Strategiebericht, Darmstadt 2013, https://www.sit.fraunhofer.de/fileadmin/dokumente/studien_und_technical_reports/TuS-Bericht_Privacy.pdf (Stand: 21.02.2025).

Hermstrüwer, Yoan, Informationelle Selbstgefährdung – zur rechtsfunktionalen, spieltheoretischen und empirischen Rationalität der datenschutzrechtlichen Einwilligung und des Rechts auf informationelle Selbstbestimmung, Tübingen 2016.

Herrmann, Günther, Fernsehen und Hörfunk in der Verfassung der Bundesrepublik Deutschland, Tübingen 1975.

Herrn, Juliane, Elektronischer Datenversand und Verschwiegenheitspflicht – E-Mail-Sicherheit und Berufsrecht, NWB 2012, 4249.

Hesse, Konrad, Grundzüge des Verfassungsrechts der Bundesrepublik Deutschland, Heidelberg 1999.

Hessel, Stefan/Potel, Karin, Anforderungen an die E-Mail-Verschlüsselung, RDi 2021, 303.

Hessel, Steffen/Schneider, Moritz, Datenschutzrechtliche Verantwortlichkeit bei Cloud-Diensten, ZD 2024, 620.

Heuser, Ansgar, Verschlüsselung im Spannungsfeld von staatlichem – Anspruch und individueller Freiheit – ein Beitrag zur 'Kryptokontroverse', in: Kubicek/Klumpp/Muller/Neumann/Raubold/Roßnagel (Hrsg.), Jahrbuch Telekommunikation und Gesellschaft 1995, Heidelberg 1995, 214.

Hiltz, Starr, Roxanne/Johnson, Kenneth/Turoff, Murray, Experiments in group decision making – Communication process and outcome in face-to-face versus computerized conferences, Human Communication Research 2/1986, 225.

Hoeren, Thomas, Datenbesitz statt Dateneigentum, MMR 2019, 5.

Hoeren, Thomas/Sieber, Ulrich/Holznagel, Bernd (Hrsg.), Handbuch Multimedia-Recht – Rechtsfragen des elektronischen Geschäftsverkehrs, 62. Ergänzungslieferung, München 2024 (zitiert: *Autor*, in: Hoeren/Sieber/Holznagel 2024).

Hoffmann-Riem, Wolfgang, Freiheitsschutz in den globalen Kommunikationsinfrastrukturen, JZ 2014, 53.

Hofmann, Franz, Auf leisen Sohlen angeschlichen: Internetangebotssperren im Digitale-Dienste-Gesetz (DDG), GRUR 2024, 81.

Hofmann, Johanna/Johannes, Paul, Christopher, DS-GVO: Anleitung zur autonomen Auslegung des Personenbezugs, ZD 2017, 221.

Holliday, Frank, IT-Sicherheitsmanagement – Zeit für einen Paradigmenwechsel, Informatik Spektrum 1/2014, 25.

Holznagel, Bernd, Das neue TKG: Im Mittelpunkt steht der Verbraucher, NJW 2012, 1622.

Holznagel, Bernd/Verhulst, Stefan/Grünwald, Andreas/Hahne, Kathrin, Verhinderung des Digital Divide als Zukunftsaufgabe – Ein Plädoyer gegen die Errichtung von E-Barriers, K&R 2000, 425.

Hoppe, Gabriela/Prieß, Andreas, Sicherheit von Informationssystemen – Gefahren, Maßnahmen und Management im IT-Bereich, Herne 2003.

Hoppen, Peter, Sicherung von Eigentumsrechten an Daten, CR 2015, 802.

Hornung, Gerrit, Die digitale Identität – Rechtsprobleme von Chipkartenausweisen: Digitaler Personalausweis, elektronische Gesundheitskarte, JobCard-Verfahren, Baden-Baden 2005.

Hornung, Gerrit, Die Krypto-Debatte: Wiederkehr einer Untoten, MMR 2015, 145.

Hornung, Gerrit, Ein neues Grundrecht, CR 2008, 299.

Hornung, Gerrit/Schallbruch, Martin (Hrsg.), IT-Sicherheitsrecht – Praxishandbuch, 2. Aufl., Baden-Baden 2024 (zitiert: *Autor*, in: Hornung/Schallbruch 2024).

Hornung, Gerrit, Zwei runde Geburtstage: Das Recht auf informationelle Selbstbestimmung und das WWW, MMR 2004, 3.

Horster, Patrick, Trust Center – Grundlagen, rechtliche Aspekte, Standardisierung und Realisierung, Braunschweig/Wiesbaden 1995.

Houseley, Russell, IEEE Communications Magazine, 11/2022, 6.

Hsieh, Shuo-Chun, E-Mail-Überwachung zur Gefahrenabwehr – Präventiv-polizeilicher Zugriff auf Internetbasierte Telekommunikation als neue polizeirechtliche Problematik im Digitalzeitalter am Beispiel der E-Mail-Überwachung zur Gefahrenabwehr, Stuttgart 2011.

Huber, Berthold, Das BVerfG und die Ausland-Ausland-Fernmeldeaufklärung des BND, NVwZ-Beilage 2020, 3.

Huber, Michael/Voßkuhle, Andreas (Hrsg.), Grundgesetz, Band 1, 8. Aufl., München 2024 (zitiert: *Autor*, in: Huber/Voßkuhle 2024, Bd. 1).

Huber, Michael/Voßkuhle, Andreas (Hrsg.), Grundgesetz, Band 2, 8. Aufl., München 2024 (zitiert: *Autor*, in: Huber/Voßkuhle 2024, Bd. 2).

Hussner, Manja, Die Umsetzung von Art. 6 Abs. 3 EMRK in der neuen Strafprozessordnung Russlands, Berlin 2010.

Idecke-Lux, Sabrina, Der Einsatz von multimedialen Dokumenten bei der Genehmigung von neuen Anlagen nach dem Bundesimmissionsschutz-Gesetz, Baden-Baden 2000.

Jacobson, Gunnar/Neppach, Andreas, Öffentliche Zertifikatsverzeichnisse für Public Keys, DuD 2009, 399.

Jacobson, Gunnar, Schlüsselverteilung für Mobilgeräte – Automatisierte, benutzertransparente Ende-zu-Ende Verschlüsselung mit digitalen Zertifikaten, DuD 2016, 217.

Jaksch, Christian, Datenschutzrechtliche Fragen des IT-gestützten Arbeitsplatzes – Grundrechtsschutz in einem Konzern vor dem Hintergrund neuer Technologien, Wiesbaden 2020.

Jandt, Silke, Beweissicherheit im elektronischen Rechtsverkehr – Folgen der europäischen Harmonisierung, NJW 2015, 1205.

Jandt, Silke, Vertrauen im Mobile Commerce – Vorschläge für die rechtsverträgliche Gestaltung von Location Based Services, Baden-Baden 2008.

Jandt, Silke/Steidle, Roland (Hrsg.), Datenschutz und Internet, 2. Auflage, Baden-Baden 2025 (zitiert: *Autor*, in: Jandt/Steidle 2025).

Jarass, Hans Dieter/Pieroth, Bodo/Kment, Martin, Grundgesetz Kommentar, München, 18. Aufl., 2024 (zitiert: *Autor*, in: Jarass/Pieroth 2024).

Jarass, Hans Dieter, Charta der Grundrechte der Europäischen Union – GRCh – Kommentar, 4. Auflage, München 2021.

Jauernig, Othmar (Begr.)/Stürner, Rolf (Hrsg.), Bürgerliches Gesetzbuch, 19. Aufl., München 2023 (zitiert: *Autor*, in: Jauernig 2023).

Jellinek, Georg, Allgemeine Staatslehre, Berlin 1914.

Johannes, Paul C./Potthoff, Jan/Roßnagel, Alexander/Neumair, Bernhard/Madiesh, Moaaz/Hackel, Siegfried, Beweissicheres elektronisches Laborbuch: Anforderungen, Konzepte und Umsetzung zur langfristigen, beweiswerterhaltenden Archivierung elektronischer Forschungsdaten und -dokumentation, Baden-Baden 2013.

Johannes, Paul C./Roßnagel, Alexander, Der Rechtsrahmen für einen Selbstschutz der Grundrechte in der Digitalen Welt, Kassel 2016.

Johannes, Paul C., Europäisches Datenrecht – ein Spickzettel, ZD-Aktuell 2022, 01166.

Johannes, Paul C., Vertrauensdienste oder Bärendienste? Rechtssicherheit von Kundenportalen, Blockchain & Co. durch und neben der eIDAS-VO, in: Jandt, Silke/Hentschel, Anja/Hornung, Gerrit (Hrsg.), Mensch – Technik – Umwelt: Verantwortung für eine sozialverträgliche Zukunft – Festschrift für Alexander Roßnagel zum 70. Geburtstag, Baden-Baden 2020, 587.

Jones, Christopher, Anforderungen an die Barrierefreiheit für Dienstleistungen im elektronischen Geschäftsverkehr, DSRITB 2022, 487.

Jungkind, Vera/Raspé, Carolin/Schramm, Michael, Risikoanalyse und zusätzliche Maßnahmen – Konzerninterner US-Datentransfer nach „Schrems II“, NZG 2020, 1056.

Kaeo, Merike, Designing Network Security, Indianapolis (IN) 2004.

Kalisz, Sven, Barrierefreiheit von Bankprodukten und -dienstleistungen – Oder warum Kreditinstitute zukünftig auch besser als Gesetzgeber formulieren können müssen, BKR 2023, 292.

Kania, Stefan/Ollenburg, Andreas, OpenLDAP in der Praxis – Das Handbuch für Administratoren, 2. Aufl., München 2023.

Karg, Moritz, Die Rechtsfigur des personenbezogenen Datums – Ein Anachronismus des Datenschutzes?, ZD 2012, 255.

Karl, Christian, Wettlauf von Technik und Recht – Geschichte der Rechtswissenschaft am Karlsruher Institut für Technologie (KIT) als Technische Hochschule, Berlin 2018.

Kersten, Heinrich/Klett, Gerhard, Der IT Security Manager – Aktuelles Praxiswissen für IT Security Manager und IT-Sicherheitsbeauftragte in Unternehmen und Behörden, 4. Aufl., Wiesbaden 2015.

Kindhäuser, Urs/Neumann, Ulfried/Paeffgen, Hans-Ulrich/Sali, Frank (Hrsg.), Strafgesetzbuch, 6. Aufl., Baden-Baden 2023 (zitiert: *Autor*, in: Kindhäuser/Neumann/Paeffgen/Sali 2023).

Kindhäuser, Urs/Neumann, Ulfried/Paeffgen, Hans-Ulrich/Saliger Frank (Hrsg.), Strafgesetzbuch, 6. Aufl., Baden-Baden 2023 (zitiert: *Autor*, in: Kindhäuser/Neumann/Paeffgen/Saliger 2023).

Kiparski, Gerd, Der EuGH schafft Klarheit: OTT-Dienste sind in der Regel keine Telekommunikationsdienste – Zugleich Anmerkung zu EuGH, Urt. v. 13.6.2019 – C-193/18 (Google) und Urt. v. 5.6.2019 – C-142/18 (Skype), CR 2019, 460.

Kipker, Dennis-Kenji, Neue EU-Cybersicherheitsstrategie vorgestellt, MMR-Aktuell 2021, 435332.

Klein, Martin, Einführung in die DIN-Normen, 13. Aufl., Berlin/Wien/Zürich 2001.

Klett, Detlef/Lee, Sang-Woon, Vertraulichkeit des E-Mailverkehrs – Vertragliche und gesetzliche Pflichten zur Verschlüsselung von E-Mails mit sensiblen Daten, CR 2010, 644.

Klink-Straub, Judith, Do ut des data – Bezahlen mit Daten im digitalen Vertragsrecht, NJW 2021, 3217.

Klink-Straub, Judith, eIDAS-Verordnung 2.0 – auf dem Weg zur europäischen digitalen Identität, ZD-Aktuell 2023, 01126.

Klink-Straub, Judith, Zu spät, zu kompliziert – Entwurf des DDG, MMR-Aktuell 2024 01286.

Knauer, Christoph/Hans Kudlich/Schneider, Hartmut (Hrsg.), Münchener Kommentar zur StPO, 2. Aufl., München 2025 (zitiert: *Autor*, in: MüKo StPO 2025).

Koch, Alexander, Rechtliche und ethische Verschlüsselungspflichten? – am Beispiel der Rechtsanwaltschaft, DuD 2014, 691.

Koch, Werner, Public Key Association, 16. Februar 2006, https://www.g10code.com/docs/pka-intro.de.pdf (Stand: 21.02.2025).

Koenig, Christian/Neumann, Andreas, Wettbewerbsrechtliche Aspekte vertrauenswürdiger Systemumgebungen, in: Koenig, Christian/Neumann, Andreas/Katzschmann, Tobias (Hrsg.), Trusted Computing: Technik, Recht und gesellschaftspolitische Implikationen vertrauenswürdiger Systemumgebungen, Heidelberg 2004

Kollmann, Tobias, Akzeptanz innovativer Nutzungsgüter und -systeme. Konsequenzen für die Einführung von Telekommunikations- und Multimediasystemen, Wiesbaden 1998.

Kossens, Michael/von der Heide, Dirk/Maaß, Michael (Hrsg.), SGB IX – Rehabilitation und Teilhabe von Menschen mit Behinderungen mit Behindertengleichstellungsgesetz, 5. Aufl., München 2023 (zitiert: *Autor*, in: Kossens/von der Heide/Maaß).

Kranz, Dagmar/Hildebrandt, Jan/Müller, Dennis, Anforderungen an die qualifizierte elektronische Signatur in gerichtlichen Dokumenten, NVwZ 2019, 1495.

Kremer, Sascha/Völkel, Christian, Cloud Storage und Cloud Collaboration als Telekommunikationsdienste, CR 2015, 501.

Kroschwald, Steffen, Informationelle Selbstbestimmung in der Cloud – Datenschutzrechtliche Bewertung und Gestaltung des Cloud Computing aus dem Blickwinkel des Mittelstands, Wiesbaden 2015.

Kroschwald, Steffen, Verschlüsseltes Cloud Computing – Auswirkung der Kryptografie auf den Personenbezug in der Cloud, ZD 2014, 75.

Krügel, Tina, Das personenbezogene Datum nach der DS-GVO, ZD 2017, 455.

Kruth, Wilhelm, Grundlagen der Informationstechnik – Kompaktwissen für Datenschutz- und Security-Management, 3. Aufl., Heidelberg/München/Landsberg/Frechen/Hamburg, 2009.

Kühling, Jürgen/Schall, Tobias, E-Mail-Dienste sind Telekommunikationsdienste i.S.d. § 3 Nr. 24 TKG – Warum OTT-Kommunikationsdienste sehr wohl TK-Dienste sein können – zugleich Anmerkung zum Gmail-Urteil des VG Köln (Urt. v. 11.11.2015 – Az. 21 K 450/15, CR 2016, 131) und Erwiderung auf die Aufsätze von Gersdorf, K&R 2016, 91 und Schuster, CR 2016, 173 (in diesem Heft), CR 2016, 185.

Kühling, Jürgen/Martini, Mario, Die Datenschutz-Grundverordnung: Revolution oder Evolution im europäischen und deutschen Datenschutzrecht?, EuZW 2016, 488.

Kühling, Jürgen/Sackmann, Florian, Irrweg „Dateneigentum“, ZD 2020, 24.

Kuhlmann, Simone, Der Digital Services Act und seine Folgen für das nationale Medienrecht ZUM 2023, 170.

Kuntz, Wolfgang, Selbstdatenschutz als wichtiges Instrument für Datenschutz, ZD-Aktuell 2016, 05177.

Kutscha, Martin, Schutzpflichten des Staates für die informationelle Selbstbestimmung, in: Roßnagel, Alexander (Hrsg.), Die Fortentwicklung des Datenschutzes – Zwischen Systemgestaltung und Selbstregulierung, Wiesbaden 2018, 123.

Küveler, Gerd/Schwoch, Dietrich, Arbeitsbuch Informatik – Eine praxisorientierte Einführung in die Datenverarbeitung mit Projektaufgabe, Wiesbaden 1996.

Lach, Sebastian/Polly, Sebastian, Produktsicherheitsgesetz – Leitfaden für Hersteller und Händler, 2. Aufl., Wiesbaden 2015.

Lang, Markus, TTDSG – Neuregelung des Datenschutzes in den Bereichen Telekommunikation und Telemedien geplant, K&R 2020, 714.

Laue, Philip, Vorgangsbearbeitungssysteme in der öffentlichen Verwaltung – Rechtliche Rahmenbedingungen und Gestaltungsanforderungen, Kassel 2010.

Laue, Philip/Nink, Judith/Kremer, Sascha, Datenschutzrecht in der betrieblichen Praxis, Baden-Baden 2024.

Legner, Sarah, Der Digital Services Act – Ein neuer Grundstein der Digitalregulierung ZUM 2024, 99.

Lorenzo-Dus, Nuria, Digital Grooming – Discourses of Manipulation and Cyber-crime, New York 2023.

Loy, Carolin/Baumgartner, Ulrich, Consent-Banner und Nudging – Tracking-Mechanismen: Wie viel „Anstupsen“ ist erlaubt?, ZD 2021, 404.

Lucks, Kai, Der Wettlauf um die Digitalisierung – Potenziale und Hürden in Industrie, Gesellschaft und Verwaltung, Stuttgart 2020.

Ludwigs, Markus/Huller, Felix, OTT-Kommunikation: (Noch) Keine TK-Regulierung für Gmail & Co., NVwZ 2019, 1099.

Luhmann, Niklas, Vertrauen – ein Mechanismus der Reduktion sozialer Komplexität, Stuttgart 1989.

Lukas, Arnold, Privacy Enhancing Technologies im Zusammenspiel mit der DS-GVO, ZD 2023, 321.

Maier, Benjamin, Grundrechtsschutz bei der Durchführung von Richtlinien – Eine Analyse im Spannungsfeld von Grundrechten der Europäischen Union, nationalen Grundrechten und EMRK-Rechten, Baden-Baden 2014.

Maier, Natalie, Erweiterte berufsbezogene Erreichbarkeit – Lösungsvorschläge zum Gesundheits- und Persönlichkeitsschutz, Wiesbaden 2018.

Maier, Nathalie/Schaller, Fabian, ePrivacy-VO – alle Risiken der elektronischen Kommunikation gebannt?, ZD 2017, 373.

Mann, Thomas/Sennekamp, Christoph/Uechtritz, Mihael (Hrsg.), Verwaltungsverfahrensgesetz – Großkommentar, 2. Aufl., Baden-Baden 2019 (zitiert: *Autor*, in: Mann/Sennekamp/Uechtritz 2019).

Marquard, Lina, EGMR: Vorratsdatenspeicherung und Chatkontrolle sind menschenrechtswidrig, ZD-Aktuell 2024, 01628.

Marschall, Kevin, Datenpannen – neue Meldepflicht nach der europäischen DS-GVO?, DuD 03/2015, 183.

Marschall, Kevin, Datenschutz-Folgenabschätzung und Dokumentation, in: Roßnagel, Alexander (Hrsg.), Das neue Datenschutzrecht – Europäische Datenschutz-Grundverordnung und deutsche Datenschutzgesetze, Baden-Baden 2018, § 5 V. Rdnr. 160.

Marschall, Kevin, Erweiterte Informationspflichten in der DSGVO: Änderungen für die Unternehmen, DSB 11/2016, 230.

Marschall, Kevin, Rechtsverträgliche Gestaltung IT-forensischer Systeme – Eine Untersuchung am Beispiel der Aufdeckung und Beweisbarkeit von Versicherungsbetrug, Wiesbaden, 2019.

Martini, Mario/von Zimmermann, Georg, E-Mail und integrierte VoIP-Services: Telekommunikationsdienste i.S.d. § 3 Nr. 24 TKG?, CR 2007, 427.

Martini, Mario/Botta, Jonas, Der Staat und das Metaversum – Zur Ordnungs- und Gestaltungsmacht im Internet von morgen, MMR 2023, 887.

Marxsen, Christian, Strategische Fernmeldeaufklärung, DÖV 2018, 218.

Matthes, Alexandra, Die Wirkung von Vertrauen auf die Ex-Post-Transaktionskosten in Kooperation und Hierarchie, Wiesbaden 2007.

Maunz, Theodor/Dürig, Günter (Begr.)/Herzog, Roman/Scholz, Rupert (Hrsg.), Grundgesetz – Kommentar, 105. Ergänzungslieferung, München 2024 (zitiert: *Autor*, in: Dürig/Herzog/Scholz 2024).

Mayer, Roger C./Davis, James H./Schoorman, David F., An Integrative Model of Organizational Trust, The Academy of Management Review (AMR) 1995, 709 (zitiert: *Mayer/Davis/Schoorman*, AMR 1995).

Mehnert, Dieter/Kalina-Kerschbaum, Claudia, Die Steuerberaterplattform und das besondere elektronische Steuerberaterpostfach (beSt), DStR 2022, 257.

Meininghaus, Florian, Der Zugriff auf E-Mails im strafrechtlichen Ermittlungsverfahren, Hamburg 2007.

M*eßerschmidt, Klaus*, Umweltabgaben als Rechtsproblem, Berlin 1986.

Meyer, Jürgen/Hölscheidt, Sven (Hrsg.), Charta der Grundrechte der Europäischen Union, 6. Aufl., Baden-Baden 2024 (zitiert: *Autor*, in: Meyer/Hölscheidt 2024).

Meyer, Lennart, Bestreitbare Märkte im digitalen Sektor durch Wettbewerb um besseren Datenschutz?, EuZW 2023, 1134.

Meyerdierks, Per, Sind IP-Adressen personenbezogene Daten?, MMR 2009, 8.

Meyn, Christian, Verschlüsselung und innere Sicherheit – Die verfassungsrechtliche Zulässigkeit eines Verschlüsselungsverbots bei elektronischer Datenkommunikation, Wiesbaden 2003.

Mill, John Stuart, Utilitarianism, London 1891.

Mommers, Christian, PGP-Keyserver. Ein rechtliches Risiko, DFN-Infobrief Recht 4/2011, 2.

Monreal, Manfred, Weiterverarbeitung nach einer Zweckänderung in der DS-GVO – Chancen nicht nur für das europäische Verständnis des Zweckbindungsgrundsatzes, ZD 2016, 507.

Moser-Knierim, Antonie, Vorratsdatenspeicherung – Zwischen Überwachungsstaat und Terrorabwehr, Wiesbaden 2014.

Mueller, Tobias/Stuebs, Marius, Another Nail in the Coffin – OpenPGP-Servers Gone Rouge, in: Ude, Albrecht (Hrsg.), Sicherheit in vernetzten Systemen – 26. DFN-Konferenz, Hamburg 2019, F-1.

Mueller, Tobias/Wittner, Florian/Federrath, Hannes, OpenPGP-Keyserver und die DSGVO – ein Spannungsfeld ohne einfache Lösung, in: Ude, Albrecht (Hrsg.), Sicherheit in vernetzten Systemen – 28. DFN-Konferenz, Hamburg 2021, B-1.

Müller, Günter, Protektion 4.0: Das Digitalisierungsdilemma, Berlin 2020.

Müller, Johannes Karl Martin, Datenschutz und IT-Sicherheitsmaßnahmen in der Industrie 4.0 – Rechtsverträgliche Technikgestaltung, Wiesbaden 2024.

Müller, Klaus-Rainer, IT-Sicherheit mit Systemen, 6. Auflage, Wiesbaden 2018.

Müller, Thomas, „Ich kann niemandem mehr vertrauen.“ – Konzepte von Vertrauen und ihre Relevanz für die Pädagogik bei Verhaltensstörungen, Bad Heilbrunn 2017.

Nehab, Tobias, Veröffentlichung von Schiffspositionen im Internet – Rechtliche Bewertung und Analyse der Erhebung von AIS-Daten, ZD 2013, 382.

Nink, Judith/Pohle, Jan, Die Bestimmbarkeit des Personenbezugs – Von der IP-Adresse zum Anwendungsbereich der Datenschutzgesetze, MMR 2015, 563.

Nissen, Volker/Mladin, Alexander, Messung und Management von IT-Agilität, HMD 2009, 42.

Obert, Thomas/Paulus, Sachar, Kriterien für eine erfolgreiche PKI, in: Horster, Patrick (Hrsg.), Kommunikationssicherheit im Zeichen des Internet, 2001, 120.

Ochs, Carsten/Richter, Philip/Uhlmann, Markus, Technikgestaltung demokratisieren – Partizipatives Privacy by Design, ZD-Aktuell 2016, 05424.

Oppliger, Rolf, End-to-end Encrypted Messaging, Norwood 2020.

Oppliger, Rolf, IT-Sicherheit Grundlagen und Umsetzung in der Praxis, Wiesbaden 1997.

Ossoinig, Verena, Regulierung von Wissensarbeit – Betriebliche Regelungen zum Umgang mit erweiterter berufsbezogener Erreichbarkeit, Kassel 2020.

Osterkamp, Thomas, Juristische Gerechtigkeit, Tübingen 2004.

Osterloh, Lerke, § 20 Gleichheit, in: Kube, Hanno/Mellinghoff, Rudolf/Morgenthaler, Gerd/Palm, Ulrich/Puhl, Thomas/Seiler, Christian (Hrsg.), Leitgedanken des Rechts zu Staat und Verfassung, Heidelberg 2015, 217.

Paal, Boris/Götz, Matthias, Aktuelle Rechtsfragen zur Datenübertragbarkeit aus Art. 20 DS-GVO, ZD 2023, 67.

Paal, Boris/Pauly, Daniel A. (Hrsg.), Datenschutz-Grundverordnung Bundesdatenschutzgesetz: DS-GVO BDSG, 3. Aufl., München 2021 (zitiert: *Autor*, in: Paal/Pauly 2021).

Paefgen, Franziska, Der von Art. 8 EMRK gewährleistete Schutz vor staatlichen Eingriffen in die Persönlichkeitsrechte im Internet, Heidelberg 2017.

Partsch, Christoph, Bundesarchivgesetz – Handkommentar, 2. Aufl., Baden-Baden 2021 (zitiert: *Autor*, in: Partsch 2021).

Petrlic, Ronald/Dessani, Leo, E-Mail-Sicherheit auf dem Prüfstand – Forderungen der Aufsichtsbehörden vs. Absicherung in der Realität, DuD 2021, 534.

Pieper, Niels, Grundstrukturen des verfassungsrechtlichen Datenschutzes – Zum Schutz personenbezogener Daten durch die Grundrechte des Grundgesetzes bei Maßnahmen der Gefahrenabwehr, JA 2018, 598.

Piltz, Carlo/zur Weihen, Moritz, Die Mitteilungspflicht nach Art. 19 DS-GVO, RDV 2019, 107.

Plath, Kai-Uwe (Hrsg.), DSGVO – BDSG – TTDSG – Kommentar zu DSGVO, BDSH und TTDSG, 4. Aufl., Köln 2023 (zitiert: *Autor*, in: Plath 2023).

Pohlmann, Norbert, Cyber-Sicherheit – Das Lehrbuch für Konzepte, Prinzipien, Mechanismen, Architekturen und Eigenschaften von Cyber-Sicherheitssystemen in der Digitalisierung, Wiesbaden 2019.

Pordesch, Ulrich, Die elektronische Signatur und das Präsentationsproblem, Baden-Baden 2003.

Rachut, Sarah, Datenaltruismus unter dem Data Governance Act – Verpasste Chance beim Zusammenspiel von DGA und DS-GVO, ZD 2024, 248.

Raffler, Andrea/Hellich, Peter, Unter welchen Voraussetzungen ist die Überwachung von Arbeitnehmer-e-mails zulässig?, NZA 1997, 862.

Raji, Behrang, Auskunftsanspruch in der Praxis – Ausgewählte Fragen zum Auskunftsrecht nach Art. 15 DS-GVO, ZD 2020, 279.

Rannenberg, Kai, Zertifizierung mehrseitiger IT-Sicherheit – Kriterien und organisatorische Rahmenbedingungen, Wiesbaden 1998.

Raue, Benjamin, Der Digital Services Act, NJW 2022, 3537.

Redaktion MMR-Aktuell: Das (vorläufige?) Ende der e-Privacy-VO, MMR-Aktuell 2019, 422777.

Redaktion, Verhaltensregeln der Bundesnotarkammer zu technischen und organisatorischen Maßnahmen der Notarinnen und Notare im Hinblick auf deren elektronische Aufzeichnungen und die zur Führung notarieller Akten und Verzeichnisse verwendeten elektronischen Hilfsmittel, DNotZ 2022, 405.

Redeker, Helmut, IT-Recht, 8. Aufl., München 2023.

Reding, Viviane, Sieben Grundbausteine der europäischen Datenschutzreform, ZD 2012, 195.

Rehbinder, Manfred, Rechtssoziologie, München 2007.

Reichwald, Ralf/Möslein, Kathrin/Sachenbacher, Hans/Englberger, Hermann/Oldenburg, Stephan, Telekooperation – Verteilte Arbeits- und Organisationsformen, Berlin/Heidelberg 1998.

Remmertz, Frank, Legal Tech-Update im anwaltlichen Berufsrecht und im RDG, LTZ 2024, 95.

Richerter, Heiko, Looking at the Data Governance Act and Beyond: How to Better Integrate Data Intermediaries in the Market Order for Data Sharing, GRUR Int. 2023, 458.

Richter, Philipp, Datenschutz durch Technik und die Grundverordnung der EU-Kommission, DuD 2012 576.

Richter, Philipp, Datenschutz zwecklos? – Das Prinzip der Zweckbindung im Ratsentwurf der DSGVO, DuD 2015, 735.

Richter, Philipp, Wahlen im Internet rechtsgemäß gestalten, Baden-Baden 2012.

Rill, Maria, Neue Herausforderungen an der Schnittstelle von Recht und Technik – Rechtswissenschaftliche Forschung am FZI Forschungszentrum Informatik, DuD 2023, 688.

Robrecht, Bettina, EU-Datenschutzgrundverordnung: Transparenzgewinn oder Information-Overkill, Edewecht 2015.

Roos, Philipp, Der neue Entwurf eines IT-Sicherheitsgesetzes – Bewegung oder Stillstand?, MMR 2014, 723.

Roßnagel, Alexander, Allianz von IT-Sicherheit und Datenschutz, in: Fox, D., Fuchs, K. u.a., Gestaltungslinien für Sicherheit und Datenschutz im Energieinformationsnetz, Stuttgart 2011, 3.

Roßnagel, Alexander, Auf der Suche nach einem zeitgemäßen Verhältnis zwischen Recht und Technik, in: Roßnagel, Alexander (Hrsg.), Recht und Technik im Spannungsfeld der Kernenergiekontroverse, Opladen 1984, 13.

Roßnagel, Alexander, Beweiswirkungen elektronischer Vertrauensdienste – Neue Regelungen durch die eIDAS-Verordnung der Europäischen Union, MMR 2016, 647.

Roßnagel, Alexander, Das De-Mail-Gesetz – Grundlage für mehr Rechtssicherheit im Internet NJW 2011, 1473.

Roßnagel, Alexander, Das Recht auf (tele-)kommunikative Selbstbestimmung, KJ 1990, 267.

Roßnagel, Alexander, Das Recht der Vertrauensdienste – Die eIDAS-Verordnung in der deutschen Rechtsordnung, Baden-Baden 2016.

Roßnagel, Alexander, Das Vertrauensdienstegesetz – Neue Regelungen zur Anpassung des deutschen Rechts an die EU-eIDAS-VO, MMR 2018, 31.

Roßnagel, Alexander, Datenschutz in einem informatisierten Alltag – Gutachten im Auftrag der Fridrich-Ebert-Stiftung, 2007, https://library.fes.de/pdf-files/stabsabteilung/04548.pdf (Stand 21.02.2025).

Roßnagel, Alexander, Datenschutz in globalen Netzen. Das TDDSG — ein wichtiger erster Schritt, DuD 1999, 253.

Roßnagel, Alexander, Datenschutzgrundsätze – unverbindliches Programm oder verbindliches Recht? – Bedeutung der Grundsätze für die datenschutzrechtliche Praxis, ZD 2018, 339

Roßnagel, Alexander, Der Anwendungsvorrang der eIDAS-Verordnung – Welche Regelungen des deutschen Rechts sind weiterhin für elektronische Signaturen anwendbar?, MMR 2015, 359.

Roßnagel, Alexander, Einleitung: Das künftige Datenschutzrecht in Europa, in: Roßnagel, Alexander (Hrsg.), Das neue Datenschutzrecht – Europäische Datenschutz-Grundverordnung und deutsche Datenschutzgesetze, Baden-Baden 2018, § 1.

Roßnagel, Alexander, E-Privacy-Verordnung der Europäischen Union, MedienWirtschaft, 1/2018, 32.

Roßnagel, Alexander, Kein „Verbotsprinzip" und kein „Verbot mit Erlaubnisvorbehalt" im Datenschutzrecht – Zur Dogmatik der Datenverarbeitung als Grundrechtseingriff, NJW 2019, 1.

Roßnagel, Alexander, Modernisierung des Datenschutzrechts für eine Welt allgegenwärtiger Datenverarbeitung, MMR 2005, 71.

Roßnagel, Alexander, Neue Regeln für sichere elektronische Transaktionen – Die EU-Verordnung über elektronische Identifizierung und Vertrauensdienste, NJW 2014, 3686.

Roßnagel, Alexander, Rechtswissenschaftliche Technikfolgenforschung – am Beispiel der Informations- und Kommunikationstechniken, in: Schulte, M. (Hrsg.), Technische Innovationen und Recht, Antrieb oder Hemmnis?, Heidelberg 1997, 139

Roßnagel, Alexander, Rechtswissenschaftliche Technikfolgenforschung – Umrisse einer Forschungsdisziplin, Baden-Baden 1993.

Roßnagel, Alexander/Scholz, Philip, Datenschutz durch Anonymität und Pseudonymität – Rechtsfolgen der Verwendung anonymer und pseudonymer Daten, MMR 2000, 721.

Roßnagel, Alexander/Friedewald, Michael/Geminn, Christian/Hagendorf, Thilo/Heesen, Jessica/Hess, Thomas/Kreutzer, Michael/Neubaum, German/Ochs, Carsten/Fhom, Hervais Simo, Datensparsamkeit oder Datenreichtum? – Zur neuen politischen Diskussion über den datenschutzrechtlichen Grundsatz der Datensparsamkeit, Karlsruhe 2017, https://plattform-privatheit.de/p-prv-wAssets/wp-content/uploads/PolicyPaper-Datensparsamkeit.pdf (Stand 21.02.2025).

Roßnagel, Alexander/Geminn, Christian, Ludwig, Datenschutz-Grundverordnung verbessern – Änderungsvorschläge aus Verbrauchersicht, Baden-Baden 2020.

Roßnagel, Alexander/Johannes, Paul C., Entwurf einer EU-Verordnung über elektronische Identifizierung und Vertrauensdienste – Neue Regeln für elektronische Sicherheitsdienste, ZD 2013, 65.

Roßnagel, Alexander/Kroschwald, Steffen, Was wird aus der Datenschutzgrundverordnung? – Die Entschließung des Europäischen Parlaments über ein Verhandlungsdokument, ZD 2014, 496.

Roßnagel, Alexander/Moser-Knierim, Antonie/Schweda, Sebastian, Interessenausgleich im Rahmen der Vorratsdatenspeicherung – Analysen und Empfehlungen, Baden-Baden 2013.

Roßnagel, Alexander/Nebel, Maxi/Richter, Philip, Was bleibt vom Europäischen Datenschutzrecht? – Überlegungen zum Ratsentwurf der DS-GVO, ZD 2015, 455.

Roßnagel, Alexander/Richter, Philipp/Nebel, Maxi, Internet Privacy aus Rechtswissenschaftlicher Sicht, in: Buchmann, Johannes (Hrsg.), Internet Privacy – Eine multidisziplinäre Bestandsaufnahme, Wiesbaden 2012, 281.

Roßnagel, Alexander/Schnabel, Christoph, Das Grundrecht auf Gewährleistung der Vertraulichkeit und Integrität informationstechnischer Systeme und sein Einfluss auf das Privatrecht, NJW 2008, 3534.

Rößner, Michael, Partizipation, Exklusion und Inklusion von jugendlichen Mediennutzern im Internet: Zur lebens-weltlichen Relevanz der barrierearmen Zugänglichkeit. Eine empirische Studie, Leipzig 2010.

Roth, Hans-Peter, Neuer Referentenentwurf zum IT-Sicherheitsgesetz – Dringende Neuregelung der Netz- und Informationssicherheit, ZD 2015, 17.

Roth, Heiko Markus/Hense, Peter, Risk-Assessment der Datenschutz-Folgenabschätzung und Einordnung im betrieblichen Risikomanagement – Teil 1, CB 2020, 276.

Roth, Heiko, Verzeichnis von Verarbeitungstätigkeiten – Leitfaden für Verantwortliche zur praktischen Umsetzung aus rechtlicher, organisatorischer und technischer Sicht, Frankfurt a.M. 2023.

Rothe, Ina/Eder, Doro, Datenschutz: Mangelnde Verschlüsselung von E-Mails ein DSGVO-Verstoß ohne Schaden? Ein Überblick und Perspektiven für Unternehmen, CCZ 2024, 50.

Rottmann, Frank, Totalüberwachung des Internets: Kapitulation vor der „Macht der Fakten"?, AnwBl 2014, 966.

Rudolph, Louisa/Selzer, Annika/Pordesch Ulrich, Datenschutzkonformes Löschen bei Datenschutz- und Informationssicherheitsvorfällen, BvD-News 2/2021, 36.

Sachs, Michael (Begr.)/von Coelln, Christian/Mann, Thomas (Hrsg.), Grundgesetz – Kommentar, 10. Aufl., München 2024 (zitiert: *Autor*, in: Sachs 2024).

Säcker, Franz Jürgen/Rixecke, Roland/Oetker, Hartmut/Limperg, Bettina/Schubert, Claudia (Hrsg.), Münchener Kommentar zum Bürgerlichen Gesetzbuch, Band 3, 9. Aufl., München 2022 (zitiert: *Autor*, in: MüKo BGB 2022, Bd. 3).

Sakowski, Klaus, Grundlagen des bürgerlichen Rechts, 6. Aufl., Wiesbaden 2023.

Schachtschneider, Karl Albrecht, Res publica res populi – Grundlegung einer allgemeinen republiklehre – ein Beitrag zur Freiheits-, Rechts- und Staatslehre Berlin 1994.

Schantz, Peter, Rechtsschutz gegen die strategische Fernmeldeüberwachung: Ein „blinder Fleck" im Rechtsstaat?, NVwZ 2015, 873

Schäufele, Johannes/Krück, Christoph, Der Digital Services Act – Revolution für Vermittlungsdienste?, GRUR-Prax 2023, 120.

Scherer, Joachim, Die Entwicklung des Telekommunikationsrechts in den Jahren 1996 bis 1998, NJW, 1607.

Scherer, Joachim, Die Entwicklung des Telekommunikationsrechts in den Jahren 2000 bis 2002, NJW 2003, 1004.

Scherer, Joachim, Die Entwicklung des Telekommunikationsrechts in den Jahren 2003 bis 2006, NJW 2006, 2016.

Scherer, Joachim/Heinickel, Caroline, Die Entwicklung des Telekommunikationsrechts in den Jahren 2007–2009, NVwZ 2009, 1405.

Scherer, Joachim/Heinickel, Caroline, Die Entwicklung des Telekommunikationsrechts in den Jahren 2011–2015, NVwZ 2016, 965.

Scherer, Joachim/Heinickel, Caroline, Die Entwicklung des Telekommunikationsrechts in den Jahren 2016–2018, NVwZ 2018, 1014.

Scherer, Joachim/Heinickel, Caroline, Entwicklung des Telekommunikationsrechts, NVwZ 2012, 142.

Scherer, Joachim, Das neue Telekommunikationsgesetz, NJW 1996, 2953.

Scherer, Joachim, Das neue Telekommunikationsgesetz, NJW 2004, 3001.

Schill, Alexander/Springer, Thomas, Verteilte Systeme – Grundlagen und Basistechnologien, Berlin/Heidelberg 2007.

Schiller, Katharina/Adamsky, Florian, Work in Progress: Can Johnny Encrypt Emails on Smartphones?, in: Parkin, Simon/Viganò, Luca (Hrsg.), Socio-Technical Aspects in Security – 11th International Workshop, STAST 2021, Virtual Event, October 8, 2021, Revised Selected Papers, Cham 2022, 182.

Schlömer, Jan, Rechtskontrolle nachrichtendienstlicher Maßnahmen, ZRP 2024, 143.

Schmeh, Klaus, Kryptografie – Verfahren, Protokolle, Infrastrukturen, 6. Aufl., Heidelberg 2016.

Schmidt, Jürgen, Briefgeheimnis – So sichern E-Mail-Provider Ihre Privatsphäre, c´t 4/2014, 86.

Schmidt, Jürgen, Mail-Empfang verschlüsselt – Viele Mail-Server verschlüsseln nicht, c´t 9/ 2014, 30.

Schmidt-Bleibtreu, Bruno (Begr.)/Hofmann, Hans/Henneke, Hans-Günter (Hrsg.), Grundgesetz – Kommentar, 15. Aufl., Köln 2021 (zitiert: *Autor*, in: Schmidt-Bleibtreu 2021).

Schmitz, Babara/Buschuew, Ellen, (Be-)Zahlen mit Daten – Im Spannungsverhältnis zwischen Verbot mit Erlaubnisvorbehalt und Privatautonomie, MMR 2022, 171.

Schmitz, Peter, DSK-Beschluss zur sachlichen Zuständigkeit für E-Mail und andere OTT-Dienste, ZD 2019, 541.

Schmitz, Peter, E-Privacy-VO – unzureichende Regeln für klassische Dienste, ZRP 2017, 172.

Schneider, Jochen, Datenschutzeignung bei digitalen Produkten und Mangelbegriff – Unmittelbare Adressierung der Anbieter hinsichtlich DS-GVO-Konformität, ZD 2021, 458.

Schneider, Mathias, WhatsApp & Co. – Dilemma um anwendbare Datenschutzregeln – Problemstellung und Regelungsbedarf bei Smartphone-Messengern, ZD 2014, 231.

Schöttle, Hendrik, Anwaltliche Kommunikation per E-Mail – Nur verschlüsselt?, BRAK-Mitt., 2018, 118.

Schöttle, Hendrik, Software als digitales Produkt, MMR 2021, 683.

Schreiber, Kristina, Zu neuem Glanz erwacht: Die Interoperabilität, ZD 2022, 357.

Schreiber, Kristina/Pommerening, Patrick/Schoel, Philipp, Der neue Data Act (DA) – mit Data Governance Act (DGA), 2. Aufl., Baden-Baden 2024.

Schreiber, Kristina/Schoel, Philipp, Data Governance Act: Mehr Daten für Legal Tech-Anwendungen?, LTZ 2024, 3.

Schulze, Reiner/Staudenmayer, Dirk (Hrsg.), EU Digital Law – Article-by-Article Commentary, 1. Aufl., Baden-Baden/Oxford 2020 (zitiert: *Autor*, in: Schulze/Staudenmayer 2020).

Schulze, Reiner, Die Digitale-Inhalte-Richtlinie – Innovation und Kontinuität im europäischen Vertragsrecht, ZEuP 2019, 695.

Schumacher, Pascal, OTT-Dienste und Telekommunikationsrecht – Einordnung der neuen Dienste im Kontext der TK-Regulierung, K&R 12/2015, 771.

Schuster, Fabian, E-Mail-Dienste als Telekommunikationsdienste? – Warum OTT-Dienste keine TK-Dienste sein können – zugleich Erwiderung auf Kühling/Schall, CR 2015, 641 und VG Köln zu „Google Mail", CR 2016, 173.

Schwartmann, Rolf/Benedikt, Kristin/Reif, Yvette, Entwurf zum TTDSG: Für einen zeitgemäßen Online-Datenschutz?, MMR 2021, 99.

Schwenk, Jörg, Sicherheit und Kryptographie im Internet – Theorie und Praxis, 5. Aufl., Wiesbaden 2020.

Selzer, Annika, Datenschutzrecht. Ein Kommentar für Studium und Praxis, Stuttgart 2022 (zitiert: *Autor*, in: Selzer 2022).

Sheng, Steve/Koranda, Colleen/Hyland, Jeremy/Broderick, Levi, Why Johnny still can't encrypt: evaluating the usability of email encryption software. in: Symposium On Usable Privacy and Security (SOUPS), Pittsburgh 2006, https://cups.cs.cmu.edu/soups/2006/posters/sheng-poster_abstract.pdf (Stand: 21.02.2025).

Siglmüller, Jonas, Standardisierungsbestrebungen für das Rückgrat der europäischen Digitalwirtschaft. MMR 2024, 112.

Simitis, Spiros/Hornung, Gerrit/Spiecker gen. Döhmann, Indra (Hrsg.), Datenschutzrecht – DS-GVO/BDSG, 2. Aufl., Baden-Baden 2025 (zitiert: *Autor*, in: Simitis/Hornung/ Spiecker 2025).

Skistims, Hendrik, Smart Homes – Rechtsprobleme intelligenter Haussysteme unter besonderer Beachtung des Grundrechts auf Gewährleistung der Vertraulichkeit und Integrität informationstechnischer Systeme, Baden-Baden 2016.

Sodan, Helge/Ziekow, Jan (Hrsg.), Verwaltungsgerichtsordnung – Großkommentar, 5. Aufl., Baden-Baden 2018 (zitiert: *Autor*, in: Sodan/Ziekow 2018).

Specht-Riemenschneider, Louisa, Datennutz und Datenschutz: Zum Verhältnis zwischen Datenwirtschaftsrecht und DSGVO, ZEuP 2023, 638.

Spiecker gen. Döhmann, Indra/Eisenbarth, Markus, Kommt das »Volkszählungsurteil« nun durch den EuGH? – Der Europäische Datenschutz nach Inkrafttreten des Vertrags von Lissabon, JZ 2011, 169.

Spiecker gen. Döhmann, Indra/Bretthauer, Sebastian, Dokumentation zum Datenschutz – mit Informationsfreiheitsrecht, 96. Ergänzungslieferung, Baden-Baden 2024 (zitiert: Autor, in: *Spieker/Betthauer* 2024).

Spiecker gen. Döhmann, Indra/Bretthauer, Sebastian, Maßnahmen zum Schutz personenbezogener Daten bei der Übermittlung per E-Mail, in: Spiecker gen. Döhmann/Bretthauer (Hrsg.), Dokumentation zum Datenschutz, 96. Ergänzungslieferung, Baden-Baden 2024, G 2.4.117 (zitiert: Spiecker/Bretthauer, in: Spiecker/Bretthauer 2024).

Spindler, Gerald, Der neue Vorschlag einer E-Commerce-Richtlinie, ZUM 1999, 775.

Spindler, Gerald, Der Referentenentwurf für ein Digitales Dienste Gesetz (DDG-RefE) – good bye TMG und NetzDG – Erster Überblick über die wesentlichen Weichenstellungen, CR 2023, 602.

Spindler, Gerald, Der Vorschlag für ein neues Haftungsregime für Internetprovider – der EU-Digital Services Act (Teil 1), GRUR 2021, 545.

Spindler, Gerald, Haftung ohne Ende?, MMR 2018, 48.

Spindler, Gerald, Umsetzung der Richtlinie über digitale Inhalte in das BGB, MMR 2021, MMR 2021, 451.

Spindler, Gerald/Schuster, Fabian (Hrsg.), Recht der elektronischen Medien, 4. Aufl., München 2019 (zitiert: *Autor*, in: Spindler/Schuster 2019).

Spitznagel, Albert/Schmidt-Atzert, Lothar, Sprechen und Schweigen – zur Psychologie der Selbstenthüllung, Stuttgart 1986.

Spychalski, Dominik/Eckstein, Levona/Herfert, Michael/Trick, Daniel/Rubinstein, Tatjana, Die Volksverschlüsselung, in: Eibl/Gaedke (Hrsg.), GI-Edition – Lecture Notes in Informatics – Informatik 2017, Chemnitz 2017, 773, https://informatik2017.de/files/2017/10/proceedings2.pdf (Stand 21.02.2025).

Steege, Hans/Chibanguza, Kuuja J. (Hrsg.), Metaverse – Rechtshandbuch, Baden-Baden 2023 (zitiert: *Autor*, in: Steege/Chibanguza 2023).

Steinrötter, Björn (Hrsg.), Europäische Plattformregulierung, Baden-Baden 2023 (zitiert: *Autor*, in: Steinrötter 2023).

Stelkens, Paul/Bonk, Heinz-Joachim/Leonhardt, Klaus (Begr.)/Sachs, Michael/Schmitz, Heribert/Stelkens, Ulrich (Hrsg.), Verwaltungsverfahrensgesetz – Kommentar, 10. Aufl., München 2023 (zitiert: *Autor*, in: Stelkens/Bonk/Sachs 2023).

Stiegler, Sascha, Was bringt die deutsche EU-Ratspräsidentschaft für die E-Privacy-Verordnung?, MMR 2020, 641.

Stiemerling, Oliver, Qualitätssicherung in der Softwareentwicklung, in: Leupold, Andreas/ Wiebe, Andreas/Glossner, Silke (Hrsg.), IT-Recht – Recht, Wirtschaft und Technik der digitalen Transformation, 4. Aufl., München 2021, Teil 2.3.2 Rn. 1.

Stiemerling, Oliver/Hartung, Jürgen, Datenschutz und Verschlüsselung – Wie belastbar ist Verschlüsselung gegenüber dem Anwendungsbereich des Datenschutzrechts?, CR1/ 2012, 60.

Stinner, Julia, Staatliche Schutzpflichten im Rahmen informationstechnischer Systeme, Baden-Baden 2018.

Stockmann, Christian, Untersuchung der Robustheit in Produktionssystemen – Konzeptionelles Verständnis, Bewertungsmethode und Managementansatz, Berlin 2021.

Stögmüller, Thomas, Die Entwicklung des IT-Rechts im Jahr 2020, NJW 2020, 3762.

Stögmüller, Thomas, Die Entwicklung des IT-Rechts im Jahr 2021, NJW 2021, 3761.

Straub, Tobias, Usability Challenges of PKI, Darmstadt 2005, https://tuprints.ulb.tu-darmstadt.de/682/1/tstraub_diss.pdf (Stand: 21.02.2025).

Straub, Tobias/Baust, Stefan/Mitzel, Wladislaw, E-Mail-Verschlüsselung leicht gemacht – oder nur neuer Wein in alten Schläuchen?, in: Paulsen (Hrsg.), Sicherheit in vernetzten Systemen – 22. DFN-Konferenz, Hamburg 2015, B-1.

Streinz, Rudolf/Michl, Walther, Die Drittwirkung des europäischen Datenschutzgrundrechts (Art. 8 GRCh) im deutschen Privatrecht, EuZW 2011, 384.

Sydow, Gernot/Marsch, Nikolaus (Hrsg.), DS-GVO / BDSG – Datenschutz-Grundverordnung / Bundesdatenschutzgesetz, 3. Aufl., Baden-Baden 2022 (zitiert: *Autor*, in: Sydow/Marsch 2022).

Tabbara, Anette, Barrierefreiheit für elektronische Produkte und Dienstleistungen – das Barrierefreiheitsstärkungsgesetz, NZS 2021, 497.

Tamblé, Philipp, Der Anwendungsbereich der EU-Grundrechtecharta (GRC) gem. Art. 51 I 1 GRC – Grundlagen und aktuelle Entwicklungen, Halle 2014.

Tausch, Karin/Tausch, Sebastian, Datenschutz-Grundverordnung: Sicherer Datenaustausch im Finanzwesen, BC 2018, 440.

Thies, Laura/Knote, Robin/Jandt, Silke/Söllner, Matthias/Roßnagel, Alexander/Leimeister, Jan, Anforderungs- und Entwurfsmuster als Instrumente des Privacy by Design, in: Roßnagel, Alexander/Friedewald, Martin/Hansen, Marit (Hrsg.), Die Fortentwicklung des Datenschutzes – Zwischen Systemgestaltung und Selbstregulierung, Wiesbaden 2018, 175.

Thress, Konstantin, Geheimnisschutz-Compliance im Unternehmen – Ein Wettlauf mit der Zeit, BB 2023, 1027.

Thun, Sylvia/Dewenter, Heike, Syntaktische und semantische Interoperabilität, in: Müller-Mielitz, Stefan/Lux, Thomas (Hrsg.), E-Health-Ökonomie, Wiesbaden 2017, 669.

Tinnefeld, Marie-Theres/Conrad, Isabell, Die selbstbestimmte Einwilligung im europäischen Recht – Voraussetzungen und Probleme, ZD 2018, 391.

Tremmel, Sylvester, E-Mails bestmöglich absichern, c´t 8/2021, 26.

Uerpmann-Wittzack, Robert, Gleiche Freiheit im Verhältnis zwischen Privaten: Artikel 3 Abs. 3 GG als unterschätzte Verfassungsnorm, ZaöRV 2008, 359.

Uerpmann-Wittzack, Robert/Jankowska-Gilberg, Magdalena, Die Europäische Menschenrechtskonvention als Ordnungsrahmen für das Internet, MMR 2008, 83.

van Oorschot, Paul C., Computer Security and the Internet – Tools and Jewels from Malware to Bitcoin, 2. Aufl., Cham 2021.

Veil, Winfried, Accountability – Wie weit reicht die Rechenschaftspflicht der DS-GVO? – Praktische Relevanz und Auslegung eines unbestimmten Begriffs, ZD 2018, 9.

Veil, Winfried, DS-GVO: Risikobasierter Ansatz statt rigides Verbotsprinzip – Eine erste Bestandsaufnahme, ZD 2015, 347.

Verband der Internetwirtschaft e.V. (eco), Stellungnahme zum Entwurf des Fünften Medienänderungsstaatsvertrages, Berlin 2023, https://rundfunkkommission.rlp.de/fileadmin/rundfunkkommission/Dokumente/Medienstaatsvertrag/Onlinebeteiligung_2023/20231124_eco_STN_5.MAEStV__002_.pdf (zitiert: eco 2023).

Verband Deutscher Auskunfts- und Verzeichnismedien e.V., Stellungnahme des [vdav] – Verband Deutscher Auskunfts- und Verzeichnismedien e.V. zum Entwurf der Directive 2002/58/EC – Regulation on Privacy and Electronic Communications, Willich 2017, https://www.vdav.de/files/themes/vdav/fontawesome/200417final-%20Entwurf%20VDAV%20Stellungnahme%20eprivacyBB.pdf (zitiert: vdav 2017).

Vogel, Oliver/Arnold, Ingo/Chughtai, Arif/Ihler, Edmund/Kehrer, Timo/Mehlig, Uwe/Zdun, Uwe, Software-Architektur: Grundlagen – Konzepte – Praxis, 2. Aufl., Heidelberg 2009.

Voigt, Paul, Datenschutz bei Google, MMR 2009, 377.

Voigt, Paul/Herrmann, Volker/Danz, Rita, Die elektronische Signatur und ihre Einsatzmöglichkeiten für digitale VertragsschlüsseNJW 2020, 2991.

Völker, Jan, Christoph/Schnatz, Andreas/Breyer, Jonas, Chancen und Risiken von Cloud-Produkten im Unternehmen – Cloud Computing – mehr als nur SaaS, MMR 2022, 427.

von Grafenstein, Maximilian, Das Zweckbindungsprinzip zwischen Innovationsoffenheit und Rechtssicherheit – Zur mangelnden Differenzierung der Rechtsgüterbetroffenheit in der Datenschutzgrund-VO, DuD 2015, 789.

von Lewinski, Kai, Compliance-Pflichten nach dem DSA – ein umfassender Überblick, RDi 2023, 183.

von Münch, Ingo/Kunig, Philip (Begr.)/Kämmerer, Jörn-Axel/Kotzur, Markus (Hrsg.), Grundgesetz-Kommentar, Band 1, 7. Aufl., München 2021 (zitiert: *Autor*, in: von Münch/Kunig).

von Rohr, Alexandre, Evolutionsbiologische Grundlagen des Rechts – Zum Einfluss neurogenetischer Information auf das Recht. Ein Beitrag zur Rechtsethologie unter besonderer Berücksichtigung des Vertrauens im Recht, Berlin 2001.

Voßhoff, Andrea/Büttgen, Peter, Verschlüsselung tut Not, ZRP 2014, 232.

Waegner, Hannah, BVerfG: Teilweise Verfassungswidrigkeit der strategischen Inland-Ausland-Fernmeldeüberwachung im Bereich der Cybergefahren, ZD-Aktuell 2024, 01908.

Wagner, Gerald, Vertrauen in Technik, ZfS 1994, 145.

Wagner, Maximilian, Der Weg in eine barrierefreie Zukunft? – Der European Accessibility Act und das Barrierefreiheitsstärkungsgesetz, MMR 2024, 755.

Wallau, Philipp, Die Menschenwürde in der Grundrechtsordnung der Europäischen Union, Bonn 2010.

Walter, Die datenschutzrechtlichen Transparenzpflichten nach der Europäischen Datenschutz-Grundverordnung, DSRITB 2016, 367.

Wander Matthäus, Über die Auswirkungen von DNSSEC auf das Internet, in: Hölldobler, Steffen (Hrsg.), GI-Edition – Lecture Notes in Informatics – Ausgezeichnete Informatikdissertationen, Bonn 2016, 349, https://dl.gi.de/server/api/core/bitstreams/5f19eef6-465f-46d8-84e4-54623301f303/content (Stand: 21.02.2025).

Weichert, Thilo, Geodaten – datenschutzrechtliche Erfahrungen, Erwartungen und Empfehlungen, DuD 2009, 347.
Weigand, Friedrich/Ludwig, Karl, Deutsches Wörterbuch, Band 2, 2. Aufl., Gießen 1876.
Weis, Stephen A., PGP (Pretty Good Privacy), in: Bidgoli, Hossein (Hrsg.), Handbook of Information Security, Key Concepts, Infrastructure, Standards, and Protocols, Vol. 1, Hoboken (NJ) 2006, 868.
Welti, Felix, Barrierefreiheit als Rechtsbegriff, DÖV 2013, 795.
Welti, Felix, Rechtliche Voraussetzungen von Barrierefreiheit, NVwZ 2012, 725.
Welti, Felix, Reformbedarf zur Gleichstellung und Barrierefreiheit, ZRP 2015, 184.
Wendehorst, Christiane, Die neuen Regelungen im BGB zu Verträgen über digitale Produkte, NJW 2021, 2913.
Wendzel, Steffen, Tunnel und verdeckte Kanäle im Netz – Grundlagen, Protokolle, Sicherheit und Methoden, Wiesbaden 2012.
Wessels, Nora/Laubach, Anne/Buxmann, Peter, Personenbezogene Daten in der digitalen Ökonomie – Eine wirtschaftliche und juristische Betrachtung, in: Ochs, Carsten/ Friedewald, Michael/Hess, Thomas/Lamla, Jörn (Hrsg.), Die Zukunft der Datenökonomie – Zwischen Geschäftsmodell, Kollektivgut und Verbraucherschutz, Wiesbaden 2019, 11.
Whitten, Alma /Tygar, J.D., „Why Johnny Can'T Encrypt: A Usability Evaluation of PGP 5.0", in: USENIX Association (Hrsg.), Proceedings of the 8th Conference on USENIX Security Symposium – Volume 8, 1999, 169.
Wiebe, Andreas, Der Data Act – Innovation oder Illusion?GRUR 2023, 1569.
Wilke, Daniel, Die rechtssichere Transformation von Dokumenten, Baden-Baden 2010.
Winkelmüller, Michael/Felz, Sebastian/Hussing, Marcus (Hrsg.), BeckOK Arbeitsschutzrecht, 21. Edition, München 2024 (zitiert: *Autor*, in: BeckOK Arbeitsschutzrecht 2024).
Wittmaack, Lars/Esslinger, Bernhard/Schmidt, Ludger/Strenge, Benjamin/Wacker, Arno, Vertrauensvolle E-Mail-Kommunikation, DuD 2016, 271.
Wobst, Reinhard, Abenteuer Kryptologie – Methoden, Risiken und Nutzen der Datenverschlüsselung, 3. Aufl., München 2001.
Wolff, Heinrich Amadeus/Brink, Stefan/von Ungern-Sternberg, Antje (Hrsg.), BeckOK Datenschutzrecht – DS-GVO, DA, DGA, BDSG. Datenschutz und Datennutzung, 50. Edition, München 2024 (zitiert: *Autor*, in: BeckOK DSR 2024).
Wong, David, Kryptografie in der Praxis – Eine Einführung in die bewährten Tools, Frameworks und Protokolle, Heidelberg 2023.
Wybitul, Tim, Vermeidung von DS-GVO-Risiken nach Datenpannen und Cyberangriffen, NJW 2020, 2577.
Wybitul, Tim/Ströbel, Lukas/Ruess, Marian, Übermittlung personenbezogener Daten in Drittländer – Überblick und Checkliste für die Prüfung nach der DS-GVO, ZD 2017, 503.
Yildirim, Nuriye, Datenschutz im Electronic Government, Wiesbaden 2004.
Zeitler, Herbert (Begr.)/Wiget, Max (Hrsg.), Bayrisches Straßen- und Wegegesetz – Kommentar, 32. Ergänzungslieferung, München 2023 (zitiert: *Autor*, in: Zeitler/Wiget 2023).
Ziegenhorn, Gero/Schulz-Große, Stefanie, Der Grundsatz der Zweckbindung – Anforderungen an die Erhebung und weitere Verarbeitung personenbezogener Daten, ZD 2023, 581.
Zillien, Nicole, Digitale Ungleichheit – Neue Technologien und alte Ungleichheiten in der Informations- und Wissensgesellschaft, 2. Aufl., Wiesbaden 2009.

Zimmer, Heiko, Zugriff auf Internetzugangsdaten – Unter besonderer Berücksichtigung der Verhältnismäßigkeit einer verdachtsunabhängigen Vorratsdatenspeicherung, Frankfurt a.M. 2012.

Zimmermann, Philip R., The Offical PGP User's Guide, Cambridge (MA) 1995.

Zurawski, Paul, EU-Kommission: Vorschlag „Chatkontrolle" – Verhältnisse der Überwachung, ZD-Aktuell 2022, 01240.

FSC
www.fsc.org
MIX
Papier | Fördert
gute Waldnutzung
FSC® C083411

Kolibri 360 GmbH
Ferdinand-Jühlke-Straße 7
99095 Erfurt, Deutschland
produktsicherheit@kolibri360.de